Der Loipenatlas

Heinrich Bauregger (Hrsg.)

Der Loipenatlas

Alle großen Langlaufgebiete in
Deutschland, Österreich, Italien,
der Schweiz und Skandinavien

Inhalt

Vorwort

Über den Spruch: »Ein Urlaubstag im Winter entspricht zwei Urlaubstagen im Sommer« kann man vielleicht geteilter Meinung sein, aber wer schon einmal einen herrlichen Skitag in den Bergen erlebt hat, der wird bestätigen, dass es (fast) nichts Schöneres gibt. Besonders erholsam und erlebnisreich ist dabei ein Wintertag (oder mehrere) in Verbindung mit Skifahren. Und dass Langlaufen – immerhin die älteste Skisportart – in vernünftigem Maße eine gesundheitsfördernde Wirkung hat, ist unbestritten. Überdies ist es eine Freizeitsportart, die man gemächlich oder extrem betreiben kann und die für jedes Lebensalter geeignet ist, da jedenfalls die klassische Skilanglauftechnik einen vollkommen natürlichen Bewegungsablauf bedingt. Bei Beachtung einiger Grundregeln ist Langlaufen zudem ein relativ verletzungsarmer Sport.

Für Kostenbewusste – und damit auch für die Familien – erweist sich das Langlaufen überdies als erschwingliche Sportart: denn es ist keine kostspielige Ausrüstung erforderlich, und die mancherorts erhobenen Loipengebühren sind gering.

Langlaufen besitzt in Mitteleuropa sowie in den Alpen so gut wie keine Tradition, wo hingegen die Menschen in den nördlichen Breitegraden sich schon immer mit dem Element »Schnee« auseinander setzen mussten, um auch im Winter die zur Ernährung notwendige Jagdbeute machen zu können. Dieses Fortbewegungs-»Problem« konnte nur mit der Erfindung des Schneeschuhs gelöst werden. Ein schnelleres Vorwärtskommen durch Gleiten war erst durch die Weiterentwicklung zum Ski möglich. Dies erfolgte vermutlich bereits vor mehr als 5000 Jahren. Erst im 19. Jahrhundert kann man dann jedoch von einer Weiterentwicklung zum modernen Skisport sprechen. Erst dann wurden der erste Spezialrennski gebaut und die erste Skibindung in Norwegen – der Heimat des europäischen Skisports – erfunden. Man verwendete nun erstmals zwei Stöcke (statt vorher einen) zur Fortbewegung und die ersten Rennen fanden statt. Bald kam auch das erste Skiwachs in Verkauf. In Deutschland wurde der Skilauf dann durch den Bericht von Fritjof Nansens Grönlanddurchquerung per Ski, der 1891 ins Deutsche übersetzt wurde, populär. Im gleichen Jahr wurde in Tottnau im Schwarzwald der erste deutsche Skiclub gegründet und bereits 1900 fanden am Feldberg die ersten deutschen Skimeisterschaften statt. Zu Beginn dominierte der alpine Skisport, und erst langsam (ab etwa 1965) konnte sich der Langlauf als Massensport durchsetzen. Dann jedoch war kein Halten mehr. Und unter dem Motto: »LLL – Langläufer leben länger« wurde Langlaufen sogar zum Modesport.

Wer also heute nach Herzenslust den Spuren im Schnee folgen will, wer die besten Voraussetzungen für »seinen« Wintersport sucht, sich Schneesicherheit und Sonne wünscht, sich dabei aber möglichst abseits des Rummels wohlfühlt oder lieber das mondäne Flair weltberühmter Skitreffs sucht oder die gemütliche, familienfreundliche Atmosphäre eines Bergdorfes schätzt, der kann mit dem vorliegenden Buch seinen »Wintertraum« finden.

Dass es solche Paradiese im Schnee noch gibt, verraten wir Ihnen gerne. Und damit Sie sie leichter finden können, haben wir Ihnen im Loipenatlas eine Auswahl der schönsten Langlauf-Gebiete von Deutschland, Österreich, der Schweiz, Italien und Skandinavien zusammengestellt.

Das große Handbuch für Langlauffans bieten wir Ihnen jetzt mit einem neuen optischen Gestaltung und einer kompletten inhaltlichen Aktualisierung an: Ein übersichtlicher Aufbau gewährleistet ein leichtes Zurechtfinden in der Fülle der Loipengebiete; ein verbesserter und erweiterter Serviceteil garantiert optimale Information. Alle Loipenkarten wurden überprüft und durch weitere ergänzt, wobei wir die Bewertung der eingezeichneten Loipen beibehalten haben.

Blau = leichte Loipe
Rot = mittelschwere Loipe
Schwarz = schwierige Loipe

Für den anspruchsvollen Langläufer haben wir die Top-Loipe des jeweiligen Langlaufgebietes ausführlich dargestellt und – wo sinnvoll – durch ein Höhendiagramm bereichert. Zum Abschluss stellen wir Ihnen in einer detaillieren, nach Ländern geordneten Übersicht die beliebtesten Volksläufe vor.

Der Loipenatlas bietet also allen Langläufern und denen, die es werden wollen, ein ebenso kompetentes wie auch faszinierendes Kompendium an, das über eine kurzweilige Aktualität hinaus einen bleibenden Wert behalten wird.

Viel Spaß beim Lesen und Langlaufen wünscht Ihnen Ihr

Heinrich Bauregger

Die beiden gut gelaunten Langläufer sind im Kaiserwinkl in Tirol unterwegs und streben vermutlich eine zünftige Einkehrstation an.

Unterwegs in der Flachau; die längste Spur im Salzkammergut verbindet die Orte Altenmarkt, Radstadt, Eben, Flachau und Wagrain.

Magazin

Das Gasteiner Tal lockt mit einem erlesenen Langlaufangebot zwischen 830 und 1600 m Höhe.

Allgemeines und Aktuelles für Langläufer

Langlauf-Ausrüstung

Eine spezielle Grundausrüstung ist unumgänglich, egal, in welcher Form man den Skilanglauf betreiben möchte, Die Industrie überrascht uns dabei ständig mit technischen Materialverbesserun-

Sportlich weniger ambitionierte Läufer sind in der klassischen Langlauftechnik unterwegs.

gen, die allerdings hauptsächlich Rennläufer betreffen. Eine langfristige Wirkung auf den Normalverbraucher bleibt jedoch nicht aus. Im Gegensatz zum alpinen Skisport sind die Grundkosten jedoch vergleichsweise gering und sind auch nicht so sehr von den diversen Moden abhängig.

Ski

Für die richtige Auswahl dieses wichtigsten Gerätes können die Kriterien »Skityp, Material, Spannung, Länge, Breite und Verarbeitung« zugrunde gelegt werden.

Skityp

Früher gab es im wesentlichen nur die Wahl zwischen Renn- und Wanderski. Wie vielschichtig der Komplex Ski inzwischen geworden ist, verdeutlicht das Schema der Grafik 2.
Die Wahl zwischen den einzelnen Skimodellen wird bestimmt vom Leistungsvermögen und vom Verwendungszweck. Den Rennski, egal ob klassische oder Skatingtechnik, verwenden Rennläufer und gute sportliche Läufer. Der Touren-, Wander- oder Cross-Country-Ski wird von weniger sportlich ambitionierten oder ungeübten Läufern verwendet.

Längen- und Härteklassen-Einteilung der Ski

Diagonaltechnik (siehe Grafik 1): Diese Längen und Härteklassen-Einteilung kann auch für Touren- oder Wander-Ski verwendet werden, obwohl feststeht, dass bei diesen Skitypen die Einteilung keine so bedeutende Rolle spielt. Ratsam ist, bei Touren- oder Wander-Ski den etwas weicheren Ski zu nehmen, um einen guten Abdruck zu haben.

Stöcke

Der Schaft soll leicht, elastisch und bruchsicher sein. Diese Bedingungen erfüllen Rohre aus Leichtmetall, Glasfiber und Karbonfaser am überzeugendsten. Der Handgriff sollte weich und bequem sein und die verstellbare Schlaufe muss so knapp angepasst werden, dass die Hand am Ende des Stockschubs geöffnet werden kann, ohne dass die Schlaufe über die Hand rutscht. **Tipp:** Wichtig ist, dass man in die Schlaufe mit der Hand von unten hineingreift. Die Spitze muss einwandfreien Halt auch in harter Spur gewährleisten und sich dennoch leicht aus dem Schnee ziehen lassen. Sie muss deshalb leicht nach vorne gekrümmt sein. Bei anspruchsvolleren Stöcken ist die Spitze direkt in den Stockteller integriert. Man verwendet hauptsächlich sogenannte »Halbteller«.

Die Stocklänge: Als ungefähre Anhaltspunkte kann bei Stöcken für den Klassischen Stil die Schultermitte oder Achselhöhle, bei Stöcken für die Skating-Technik der Ohrenansatz (Ohrläppchen) genommen werden. Die Stocklänge kann natürlich individuell sehr unterschiedlich ausgewählt werden, ist sie doch auch abhängig vom Leistungsniveau des Läufers.

Bindung

Die LL-Bindung muss drei Forderungen erfüllen:

Sie muss die Schuhspitze auf den Ski fixieren, der Ferse vertikale Bewegungsfreiheit lassen – bei der Bindung für Skating ist die Bewegungsfreiheit etwas eingeschränkt – und ein seitliches Verrutschen der Ferse verhindern.

An diesen Grundsätzen hat sich seit den ersten »Rattenfallen«-Bindungen nichts geändert. Trotzdem wurden auch hier ständig Verbesserungen vorgenommen. Obwohl die einteilige Bindung gegenüber der zweiteiligen Bindung (mit Fersenteil) viele Vorteile aufweist, wird beim Skiwandern noch immer sehr häufig die zweiteilige Bindung verwendet, wenngleich dieser Bindungstyp einen zu hohen seitlichen Reibungswiderstand in der Spur hat und beim Abrollen des Fu-

DIAGONALTECHNIK					
Körpergröße	**Länge**	**Gewicht**			
			weich	mittel	hart
Herren über 185 cm	215 cm		unter 80 kg	80–90 kg	über 90 kg
Herren 175–185 cm	210 cm		unter 70 kg	70–80 kg	über 80 kg
Damen 175–185 cm					
Herren 165–175 cm	205 cm		unter 65 kg	66–75 kg	über 75 kg
Damen 155–175 cm					
Herren 155–165 cm	200 cm		unter 55 kg	55–65 kg	über 65 kg
Damen unter 155 cm	195 cm		unter 50 kg	50–55 kg	
Damen unter 145 cm	190 cm		unter 45 kg	45–50 kg	
	180 cm		unter 45 kg		

SKATING				
Körpergröße	**Länge**	**Gewicht**		
			mittel	hart
Herren über 185 cm	200 cm		unter 75 kg	75 kg und darüber
Herren 175–185 cm	195 cm		unter 70 kg	70 kg und darüber
Damen 175–185 cm				
Herren 165–175 cm	190 cm		unter 60 kg	60 kg und darüber
Damen 155–175 cm				
Herren 155–160 cm	185 cm		unter 55 kg	55 kg und darüber
Damen unter 155 cm	180 cm		unter 50 kg	50 kg und darüber
Damen unter 145 cm	180 cm		unter 45 kg	45 kg und darüber

Grafik1: Skilängen- und Härteklasseneinteilung für beide Skitechniken

ßes die Zehengelenke zu stark belastet. Bei der einteiligen Bindung gibt es diese Nachteile nicht. Für alle Arten des Skilanglaufs und egal, ob Renn-, Tourenläufer oder Skiwanderer, ob »Klassiker« oder »Skater«, für jeden Langläufer gibt es auf dem Markt die passende Bindung.

Schuhe

Auch hier gibt es eine sehr breite Palette von Modellen: Für den Skiwanderer empfehlen sich Stiefel, die den Knöchel umschließen und dadurch besseren Halt geben, der Tourenläufer wählt am besten zwischen Wander- und Rennschuh, der Rennläufer unterscheidet klar zwischen einem Schuh für die klassische Technik (Halbschuh) und für die Skatingechnik (Stiefel). Der Rennläufer muss, um konkurrenzfähig zu sein, heutzutage mit beiden Modellen ausgerüstet sein.

Wachsen

Das Thema »Wachsen« war schon immer eine knifflige, weil wetterabhängige Angelegenheit. Die unterschiedlichen LL-Techniken, wie Diagnonal- und Schlittschuhschritt (Skating), haben auch zu neuen Erkenntnissen bei der Wachswahl und Präparierung der Ski geführt. Ähnlich wie ein Gourmet, der genussvoll sein Essen auswählt, muss der Langläufer wissen, welche Zutaten er zum Wachsen benötigt.

Er muss wissen:
- warum er wachst
- welche Überlegungen er vor dem Wachsen treffen muss
- welches Wachs er auswählt
- wie er dieses Wachs richtig aufträgt.

Beim Schlittschuhschritt sollte das Wachs »nur« eine Gleitverbesserung bewirken, beim Diagonalschritt muss es

Die modernere Skatingtechnik, die vor allem Rennläufer anspricht, erfordert einen etwas kürzeren und härteren Langlaufski.

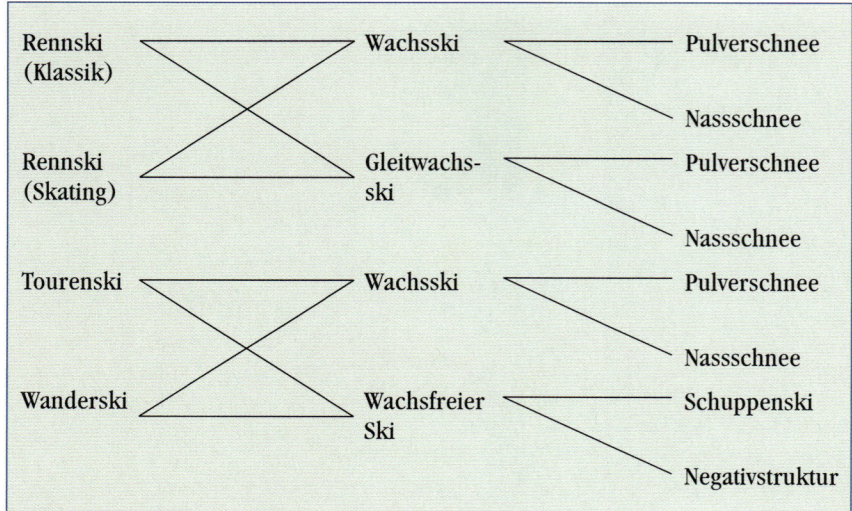

Grafik 2: Skitypen – zugeordnet zur Schneeart

Rennski (Klassik) — Wachsski — Pulverschnee / Nassschnee
Rennski (Skating) — Gleitwachsski — Pulverschnee / Nassschnee
Tourenski — Wachsski — Pulverschnee / Nassschnee
Wanderski — Wachsfreier Ski — Schuppenski / Negativstruktur

dem LL-Ski gleichzeitig Gleit- und Steig-eigenschaften geben. Unerfahrenen Langläufern kommt das sehr geheimnis-voll vor und stiftet Verwirrung. Dies führt oft dazu, dass viele Anfänger aufgrund der Wachsprobleme das Skilanglaufen wieder aufgeben. Stark vereinfachte Wachssortimente und erst recht die wachsfreien Ski (No-Wax-Ski) haben hier große Hilfe geleistet.

Einige Tipps für angehende »Profis« zum Wachsen und zur Wachswahl:

- Schnee- und wenn möglich Lufttempe-ratur vor dem Start messen
- Feuchtigkeitsgehalt von Luft und Schnee einschätzen
- »Aggressivität« des Schnees – wegen der Wachsabnützung – feststellen
- Wetterentwicklung beobachten (Wet-terbericht hören)
- über die genaue Streckenlänge und den Loipen-Verlauf informieren

Allgemeine Wachsregeln

Zwischen der Anwendung von Trocken-wachsen und Klister bestehen weitge-hende Unterschiede. Trockenwachse verwendet man bei Pulver- und kaltem Schnee (kristalliner Schnee). Klister-wachse verwendet man bei nassem Alt- und Neuschnee (amorpher Schnee).

Vor dem Wachsen sollten die Laufflächen gereinigt und getrocknet werden. Mo-derne LL-Skibeläge werden in Gleit- und Abdruckzonen unterteilt. Daher werden Ski für die klassische Technik in den Gleitzonen vorne und hinten mit Paraf-fin/Gleitwachs präpariert. In der Ab-druckzone wird das LL-Wachs entweder trocken und/oder Klisterwachs aufgetra-

gen. Wenn der gewachste Ski beim Ab-druck nicht richtig greift, kann etwas mehr LL-Wachs aufgetragen werden. Man kann auch die Abdruck-/Wachs-zone etwas nach vorne verlängern.

Skating-Ski werden durchgehend mit Pa-raffin/Gleitwachs präpariert. Das aufge-bügelte Paraffin/Gleitwachs wird nach dem Erkalten mit einer Plastikziehklinge abgezogen, damit die Lauffläche wieder glatt ist. Die Lauffläche kann auch nach dem Abziehen mit einer Nylonbürste ab-gebürstet werden, um das Paraffin bes-ser aus dem Belag zu bekommen. Je we-niger Paraffinreste auf der Belagoberflä-che verbleiben, desto schneller wird der Ski. Spezialisten behandeln den Belag mit sogenannten Strukturgeräten, um den Ski für die unterschiedlichsten Schneearten schneller, das heißt gleitfä-higer zu machen.

Bekleidung

Die Kleidung soll den Körper des Lang-läufers vor Kälte und Wind schützen, an-dererseits die beim Laufen erzeugte Kör-perwärme nicht stauen und damit das Schwitzen nicht zusätzlich begünstigen. Die Bekleidung soll den Schweiß nicht auf dem Körper binden, sondern ihn nach außen transportieren. Tipp: Nicht zu viel anziehen! Bei starker Kälte und geringem Bewegungstempo lieber meh-rere dünne Schichten, als wenige dicke Kleidungsstücke tragen. Die Kleidung sollte nicht durch Verrutschen Körper-partien freigeben, z. B. Rücken oder Knie. Loipenläufer sollten auch auf gute Passform und geringes Gewicht achten. Die normale Standardbekleidung wird durch spezielle, einteilige und zweitei-lige, enganliegende Laufanzüge, meist aus Stretchmaterial, zum Teil mit leich-tem Innenfutter, ergänzt. Aus Gesund-heitsgründen sollte man immer eine leichte Mütze oder ein Stirnband tragen. Bei den Handschuhen sind spezielle Ski-langlaufhandschuhe aus dünnem Leder ratsam. Diese Handschuhe schützen nicht nur vor Kälte und Blasenbildung, sondern gewährleisten auch eine gute Stockführung.

Bei starker Kälte kann man die Füße noch zusätzlich mit Überschuhen aus Ny-longewebe schützen. Diese Überschuhe zieht man direkt über die Skilanglauf-schuhe. Es gibt sie sowohl für Halb-schuhe als auch für Stiefel.

Toni Reiter

Demonstration der perfekten klassischen Diagonaltechnik.

Die meisten Langlaufloipen sind gut ausgeschildert – wie hier auf der **Papageno-Höhenloipe in Filzmoos** im Salzkammergut.

Hinweise zur Benutzung

Überschrift:
Die Titel der einzelnen Regionen beziehen sich immer auf den Langlauf-Großraum. Zum Beispiel »Kitzbühel« bezeichnet die LL-Region Kitzbühel mit den Nachbargemeinden Kirchberg, Ellmau, Going und Fieberbrunn.

km-Angaben:
Die im Buch angegebenen Kilometerzahlen sind nur Richtwerte, da jährlich die Streckenführung von den jeweiligen Verkehrsämtern und Loipenbetreuern geändert werden kann.

Loipenkarten:
Die speziell angefertigten Karten zeigen den Verlauf von Loipen, die nur eine kleine Auswahl der Spuren des entsprechenden Gebietes darstellen.

Top-Loipe:
Um Ihnen die Wahl aus der Vielzahl an Spuren noch leichter zu machen, wurde die bekannteste, beliebteste oder anspruchsvollste Loipe vor Ort ausgewählt, ausführlich beschrieben und teilweise mit topographischen Höhen-/Längen-Diagrammen illustriert.

Sterne-Bewertung:
Die Sterne-Bewertung soll Ihnen die Auswahl des Langlaufangebotes der Skiregionen leichter machen. Die Bewertung richtet sich nach folgenden Kriterien:

Vier Skifahrer verdient eine Region, die eine reiche Auswahl an unterschiedlich strukturierten Loipen aller Schwierigkeitsgrade vorweisen kann (leicht, mittel, schwer, + Skatingloipen, + Höhenloipen). Günstig erweisen sich dabei Punkte wie Schneesicherheit, ein landschaftlich besonders reizvolles Gelände und/oder ein Loipengütesiegel. Zudem sollte eine Langlaufschule und ein breites Après- bzw. Alternativangebot an weiteren Sportmöglichkeiten vor Ort gegeben sein. Von Vorteil sind auch spezielle Angebote für Kinder.

Ein Stern bedeutet ein kleineres, ruhiges Langlaufgebiet mit wenigen Loipen mittlerer oder leichter Schwierigkeit und einem nur kleineren Angebot an weiterem Sport bzw. Alternativangeboten.

Aktualität:
Natürlich kann es vorkommen, dass unsere Autoren ausgerechnet an Ihrem Geheimtipp vorbeigelaufen sind. Außerdem kann sich der Verlauf der einen oder anderen Loipe von einem Winter zum andern ändern. Falls Sie Ihren Tipp verraten wollen, helfen Sie uns, den Loipenatlas immer auf dem neuesten Stand zu halten.
Unsere Adresse:

Bruckmann Verlag GmbH
Der Loipenatlas
Heinrich Bauregger
Innsbrucker Ring 15
81637 München

Telefon:
Die in den Info-Kästen angegebenen Nummern beziehen sich auf Anrufe im Land. Von Deutschland aus gelten folgende Vorwahl-Nummern:

A   0043
CH   0041
I   0039 und dann mit 0 weiterwählen
N   0047
S   0046
FIN 00358 – die 9 weglassen

Deutschland

Langlaufen in deutschen Landen boomt – wenn die Schneegötter mitspielen – auch weiterhin. Die wichtigsten 26 Langlaufregionen und alle wichtigen Loipen auf einen Blick.

Mit Beginn des Langlaufbooms Ende der 60er-Jahre traten die deutschen Mittelgebirge und die Voralpen – touristisch gesehen – aus dem Schatten der »Alpen Schneehochburg«. Mit der deutschen Wiedervereinigung wurden die Möglichkeiten für Langläufer erweitert und die traditionsreichen Wintersportorte im ERZGEBIRGE und THÜRINGER WALD rückten etwas mehr in die Mitte Deutschlands. Ideales LL-Terrain finden Freunde des Loipensports im HARZ ebenso wie im TAUNUS, im SAUERLAND oder in der RHÖN. Ursprünglichkeit und Schneesicherheit sind zwei der Hauptargumente für die Spuren im Schnee in Ostbayern. Ob im FICHTELGEBIRGE, im OBERPFÄLZER WALD oder im BAYERISCHEN WALD – die großen Naturparks haben alles, was ein Langläufer braucht. Das Pendant im Südwesten, die SCHWÄBISCHE ALB und der SCHWARZWALD, entwickelte sich in den letzten Jahren zum Mekka des LL-Sports mit all seinen Facetten.

Zum Inbegriff des Wintersports in Deutschland hat sich das ALLGÄU entwickelt. Langlaufen vor der märchenhaften Kulisse eines König-Ludwig-Schlosses mit einem herrlichen Alpenpanorama lockt immer mehr Skiurlauber in die Loipen zwischen Bodensee und Lech. Und ganz nach bayerischer Lebensart findet jeder in den Loipen von OBERBAYERN seinen Platz. Langlaufen ist in Deutschland zum Volkssport geworden.

26 LL-Regionen in Deutschland

Schwarzwald und Schwäbische Alb S. 16

Der weltberühmte Schwarzwald entwickelte sich in den letzten Jahren zum Mekka für Anhänger der schmalen Ski: Das größte Loipennetz Deutschlands lässt bei über 2000 Loipenkilometern so manches Mal die Qual der Wahl aufkommen. Ein schneesicheres Loipennetz der Spitzenklasse breitet sich im nördlichen Schwarzwald, zwischen Freudenstadt und Kniebis – **Schwarzwald 1 ❶** – aus. Hier kommen Langläufer auf über 800 km gespurten Loipen ins Schwärmen und erst recht ins Schwitzen. Das Loipenrevier von **Schwarzwald 2 ❷** – Schonach, im Mittleren Schwarzwald – ist eine der »Stufen« auf der langen Treppe in den Hochschwarzwald und gilt als »Wintermärchenlandschaft«. Vor allem Anfänger und Familien fühlen sich in den Wintersportorten im Osten Freiburgs, zwischen 850 und 1150 m Höhe, wohl. **Schwarzwald 3 ❸** – Hinterzarten, Titisee, Feldberg: Rund um den 1493 m hohen Feldberg im Hochschwarzwald wurde Skigeschichte geschrieben. Schon vor fast 100 Jahren fuhren im Südschwarzwald die ersten Skipioniere auf den langen Latten ab. Im Herzen Baden-Württembergs eröffnet sich Langläufern in der **Schwäbischen Alb ❹** – Albstadt, Meßstetten – ein Loipenrevier der Extraklasse. Vor allem die Wintersportler aus Stuttgart schätzen die rund 100 reizvollen Spuren mit einer Gesamtlänge von 1700 km.

Allgäu S. 26

Zum Inbegriff des Wintersports wurde die herrliche Berg- und Hügellandschaft zwischen Bodensee und Lech mit Beginn des Langlaufbooms vor etwa 20 Jahren. Die inzwischen 1000 km gespurter Loipen locken Zigtausende von Langläufern in die schöne Allgäuer Winterlandschaft. Das Allgäu ist unterdessen sogar zu einem der beliebtesten Langlaufgebiete Europas geworden. Das größte Spurenangebot hat der LL-Großraum **Oberallgäu ❺** – Oberstdorf/Sonthofen – mit 400 Loipen zu bieten. Zu den begehrten Langlaufrevieren im Allgäu zählen außerdem noch **Ober**staufen ❻, das **Ostallgäu ❼** – Füssen/Pfronten – und die Voralpenregion **Isny und Buchenberg ❽**.

Oberbayern S. 36

Beliebt sind sie alle, die oberbayerischen Skigebiete. Im Westen angefangen bei **Garmisch-Partenkirchen ❾**, das durch die Olympischen Winterspiele von 1936 zum bekannten Skitreff Deutschlands wurde, mit 200 feinen LL-Spuren zwischen Wendelstein- und Karwendelgebirge, mit dem schönsten Blick auf die Zugspitze (2963 m) und mit Anschlussmöglichkeiten bis ins Tiroler Leutaschtal. Rund um den Garmischer Loipenvorort **Oberammergau ❿** heißt die Devise »auf König Ludwigs Spuren laufen«. Vor prachtvoller Kulisse des Schlosses Linderhof oder in märchenhafter Winterlandschaft. Der **Isarwinkel ⓫** zählt zu den beliebtesten Tummelplätzen der Münchner Loipenfreunde. Kein Wunder, erstrecken sich doch rund 100 LL-Kilometer vom Feinsten von Lenggries bis in die schneesichere Jachenau, mit Anschluss an das Loipennetz von Hinterriß in Tirol. Das **Tegernseer Tal ⓬** und das **Schlierseer Tal ⓭** sind bei allen beliebt, vom alpinen Pistenraser bis zum langlaufenden Flachlandtiroler. Der **Chiemgau ⓮** ist der Bayern populärstes Loipenland, und der mächtige Wochenendzustrom kann stellenweise nur noch mit einer Präparierungsgebühr gedrosselt werden. Wenn der Watzmann ruft, heißt es bei **Berchtesgaden ⓯**: ab in die Loipe.

Ostbayern S. 52

Die großen Naturparks im Osten Bayerns haben alles, was ein Langläuferherz begehrt: unberührte Natur, ein weitläufiges Loipennetz mit frisch präparierten Spuren (hauptsächlich für den klassischen Stil), kleine ruhige Bergdörfer, die (noch) mit familienfreundlichen Preisen locken und eine breite Après-Ski-Palette für Jung und Alt. Rund um den Vorzeigeberg, den durch diverse Weltcup-Veranstaltungen zu Ruhm gekommenen Großen Arber (1456 m), das Biathlon-Leistungszentrum am Arbersee und das Langlaufleistungszentrum in Silberglashütten, breitet sich das Langlaufparadies des Naturparks **Oberpfälzer Wald ⓰** aus. Mit der ersten grenzüberschreitenden Loipe vom Oberpfälzer Wald in die Tschechische Republik wurde signalisiert, dass dem Grenzgebiet eine große Zukunft bevorsteht. Über 4000 km Loipen werden jetzt schon zwischen den Skibergen **Dreisessel ⓱** und **Bayerischer Wald ⓲** (über 3000 km LL-Trassen) sowie dem Ochsenberg im **Fichtelgebirge ⓳** (300 km Loipen), regelmäßig in den Schnee »gezaubert«. Als schneesicher gilt der Osten Bayerns in den Monaten Januar und Februar.

Deutschland Ost S. 62

Der Wintersport hat im Erzgebirge Tradition: »Sächsisches St. Moritz« oder »Sächsischer Nordpol« waren einst die Schlagworte, die Skifahrer in das **Erzgebirge ⓴** an der tschechischen Grenze locken sollten. Im sächsischen Erzgebirgsland werden regelmäßig in acht verschiedenen LL-Revieren über 240 km Loipen vom Feinsten gespurt, darunter auch die etwa 34 km lange schneesichere »Kammloipe« bei Klingenthal. Eine Erweiterung des LL-Hori-

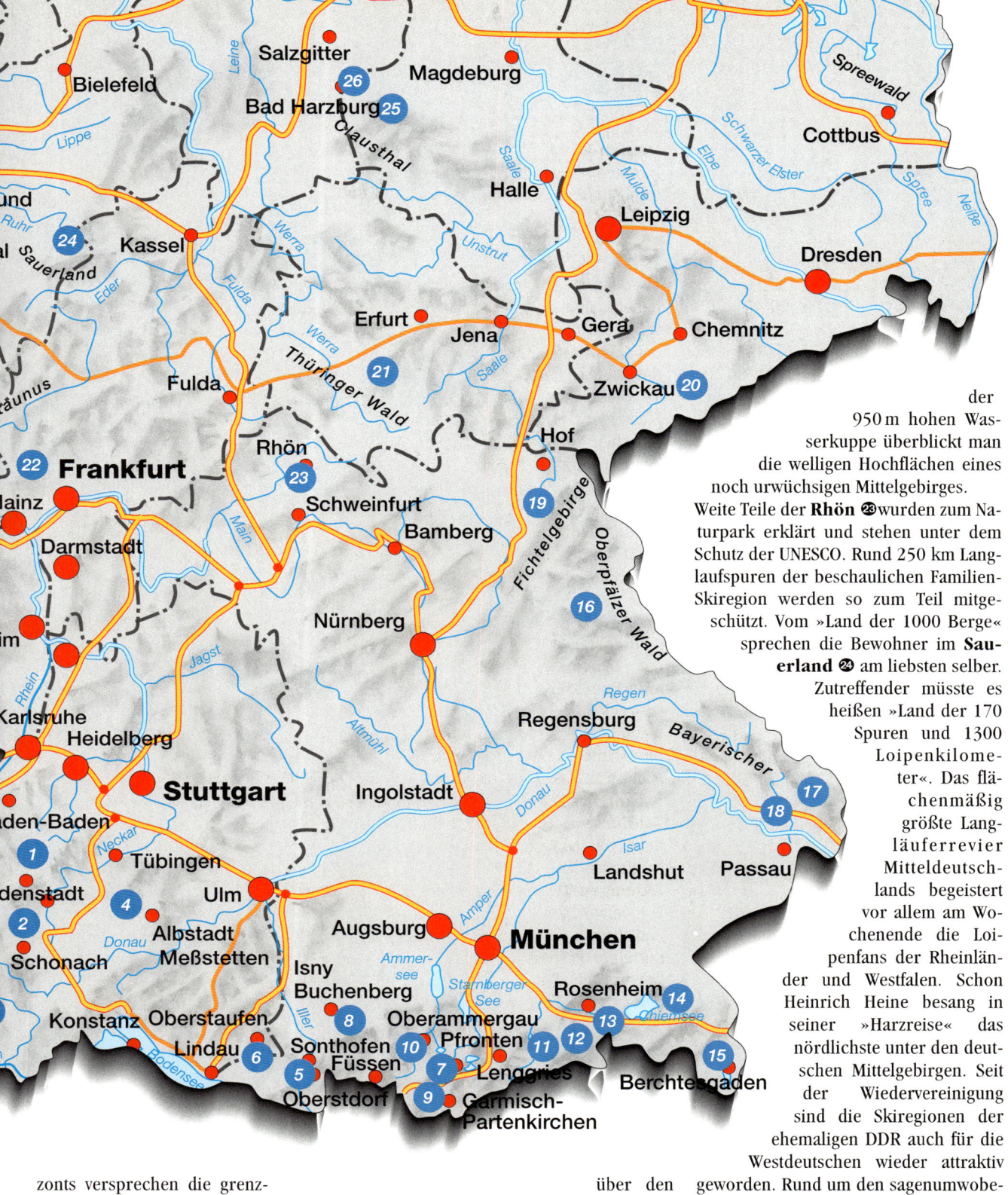

der 950 m hohen Wasserkuppe überblickt man die welligen Hochflächen eines noch urwüchsigen Mittelgebirges. Weite Teile der **Rhön ㉓** wurden zum Naturpark erklärt und stehen unter dem Schutz der UNESCO. Rund 250 km Langlaufspuren der beschaulichen Familien-Skiregion werden so zum Teil mitgeschützt. Vom »Land der 1000 Berge« sprechen die Bewohner im **Sauerland ㉔** am liebsten selber. Zutreffender müsste es heißen »Land der 170 Spuren und 1300 Loipenkilometer«. Das flächenmäßig größte Langläuferrevier Mitteldeutschlands begeistert vor allem am Wochenende die Loipenfans der Rheinländer und Westfalen. Schon Heinrich Heine besang in seiner »Harzreise« das nördlichste unter den deutschen Mittelgebirgen. Seit der Wiedervereinigung sind die Skiregionen der ehemaligen DDR auch für die Westdeutschen wieder attraktiv geworden. Rund um den sagenumwobenen »Brocken« im **Ost-Harz ㉕** hat der Fremdenverkehr auch im Winter eine lange Tradition. Im Mittelpunkt sportlichen Interesses stehen die beiden Kurorte und Loipenreviere des **West-Harz ㉖**: Bad Harzburg und Clausthal-Zellerfeld. Auch unter der Devise: »Erst spuren, dann kuren.« Denn gekurt wird in den beiden heilklimatischen Orten schon seit über 170 Jahren.

zonts versprechen die grenzüberschreitenden Loipen ins Böhmische. Die reizvollsten Loipenreviere des zweiten bedeutenden Skiareals, des **Thüringer Waldes ㉑** finden Langläufer rund um die bekannten Wintersporttreffs Oberhof, Neustadt am Rennsteig, Zella-Mehlis und Brotterode. Insgesamt erstreckt sich das Loipennetz auf über 500 km gespurter LL-Trassen. Die beliebtesten Spuren im Schnee werden

über den Kamm des Thüringer Waldes, den historisch altbekannten »Rennsteig« präpariert.

Deutschland Mitte S. 68
Der Frankfurter liebster Skitreff breitet sich rund um den 880 m hohen »Großen Feldberg« im **Hochtaunus ㉒** aus. Von

Winter-märchen

Der Schwarzwald entwickelte sich in den letzten Jahren zu einem wahren Mekka für Langläufer – über 2000 km Loipen gibt es hier: Die Schwäbische Alb ist das beliebteste LL-Revier in Baden-Württemberg.

Schwarzwald 1

Rund um das Wintersportgebiet im nördlichen Schwarzwald erstreckt sich ein schneesicheres Loipennetz der Spitzenklasse. Ob in anspruchsvollen Wald- und Wiesenspuren oder in luftiger Höhe, zwischen Freudenstadt und Kniebis lassen über 120 Loipenkilometer Langläufer ins Schwärmen und ins Schwitzen kommen.

Schwärmer und Lokalpatrioten lassen sich immer wieder dazu hinreißen, »ihr« **Freudenstadt** als Tor zum Schwarzwald zu bezeichnen. Geografisch gesehen kann man da zwar beim besten Willen nicht zustimmen, vom Wintersport aus betrachtet jedoch kann ein Einverständnis zu erzielen sein. Und das keineswegs nur, weil sich am **Kniebis**, dem »Hausberg« der Freudenstädter, die Alpinskifahrer von einem Lift hochschleppen lassen können, sondern

weil rund um das schmucke Städtchen ein Loipennetz der Spitzenklasse wartet, das übrigens auch in schneearmen Wintern mit beruhigenden Reserven überrascht. Bei der Quartiersuche muss man allerdings trotz des sehr guten Gesamtangebots Voraussicht walten lassen. Bis auf eine Ausnahme beginnen die Loipen am südwestlichen Stadtrand. Und wem morgens der Sinn nicht unbedingt nach vertrauter Rushhour steht, sollte bei der Hotelsuche den Ortslageplan genau im Auge behalten. Ein Loipenbus existiert bisher nicht. Bei der Schwierigkeitsskala muss man sich vorerst mit der »Schwarzwälder Norm« vertraut machen. »Leicht« bedeutet in der Regel, dass die technischen Ansprüche, also die Anstiege und Abfahrten, keine besonderen Probleme bereiten. Die Gesamtansprüche an die Kondition aber sind da nicht enthalten. Die als leicht eingestufte Langenwaldspur von Freudenstadt zum Kniebis bringt es auf 10,5 km Länge zum

Beispiel auf rund 300 m Höhendifferenz. Was das bei Vereisung oder nur Verwachsung bedeuten kann, wird jeder selbst leicht beurteilen können. An anderen Orten rangiert so eine Spur bereits in den oberen Klassen. Die mittelschwere Kienbergspur bringt es, trotz ihrer nur 6,5 km langen Schleife bei eher mäßigen Ansprüchen an die Kondition, bereits auf ein Mittelschwer. Ein paar recht sportliche Abfahrtseinlagen sorgen für die höhere Klassifizierung. Landschaftlich müssen jedoch sämtliche Loipen als empfehlenswert eingestuft werden. Der ständige Wechsel zwischen freien Wiesen und dichten Wäldern, zwischen dem uneingeschränkten Blick über die sanft geschwungenen Konturen der Landschaft und den strengen Licht- und Schattenspielen auf den Waldstrecken machen den besonderen Reiz aus. Dass sich die Langlauffreunde in der beliebten Region auch bei größerem Andrang nicht in die Quere kommen, dafür sor-

Rund um Baiersbronn erwartet uns ein abwechslungsreiches Loipenangebot.

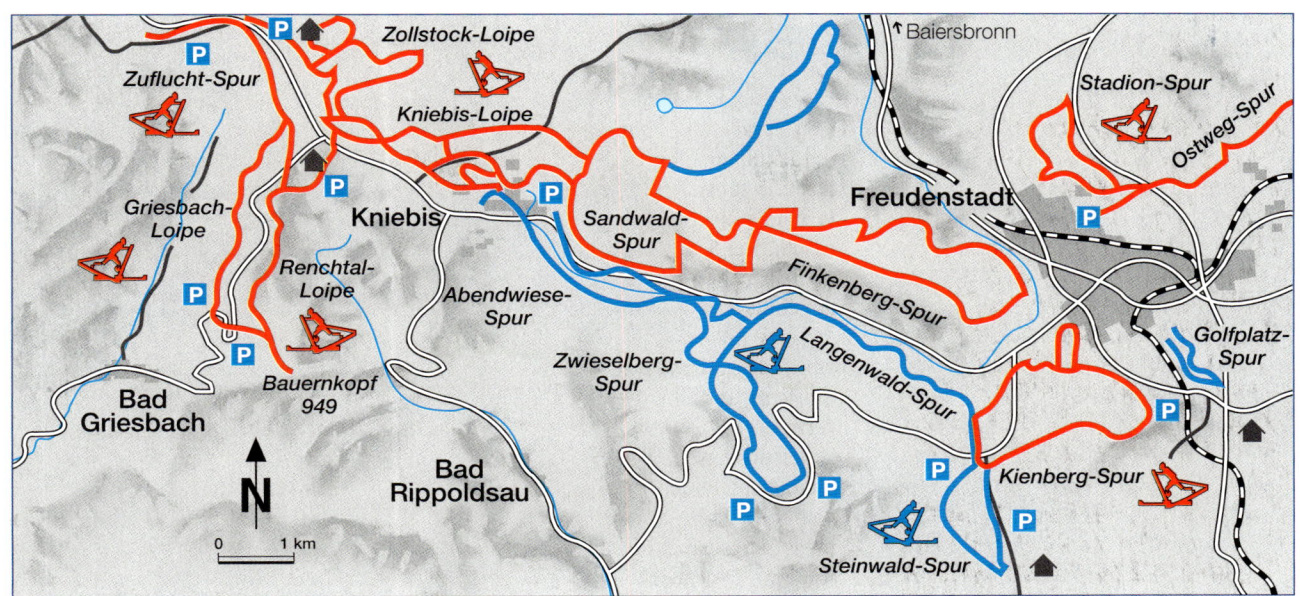

gen die vorgeschriebenen Laufrichtungen. Bei der Finkenbergspur, die parallel ein Stück oberhalb der Schwarzwaldhochstraße verläuft, herrscht zum Beispiel Gegenverkehr, während auf der Fortsetzung in der Sandwaldspur teilweise im Einbahnverkehr gelaufen wird. Nachtschwärmer werden droben am Kniebis im Fluchtlicht beim Skistadion fündig. Fortgeschrittene und sportlich ambitionierte Läufer werden in die Zollstockspur steigen, die ihren offiziellen Start rund 5 km hinter dem Kniebis bei der Zollstockhütte hat. Auf bis zu 10 km Länge können die diversen Varianten der anspruchsvollen Loipe kombiniert werden. Die Anstiege summieren sich dabei auf mehrere hundert Meter. Auch die Puristen unter den Brettlfans kommen auf ihre Kosten. Eine ganze Reihe von Spuren sind als Skiwanderrouten angelegt und laden zum Selbermachen ein. Das Vorbild für diese Variante im Langlauf dürfte wohl der große Bruder namens »Skiwanderweg Nordschwarzwald« gewesen sein, der sich mitten durch die Region hindurchzieht. Ein Abstecher auf diesem gen Norden ist jedem, der gerne einmal so richtig lange laufen möchte, dringend ans Herz gelegt. Am nördlichen Stadtrand startet die Ostwegspur, die über **Frutenhof, Musbach** und **Igelsberg** dem originalen Fernwanderweg über 25 km bis nach **Besenfeld** folgt. An Werktagen ist hier die große Einsamkeit garantiert. Diverse, in optimalem Abstand befindliche Gasthäuser sorgen für die nötige Energiezufuhr. Da erlebt man plötzlich ein Stückchen Langlauf, das es fast nirgends mehr sonst gibt.

SCHWARZWALD 1

→ **Die Langlaufgebiete**

Freudenstadt, 690 m
Kniebis, 950–1000 m
Baiersbronn, 500–1050 m

Saison: Januar bis April.

Anreise: A 5 Karlsruhe–Basel, Ausfahrt Baden-Baden, B 500 bis Kniebis und weiter nach Freudenstadt oder A 81 Stuttgart–Singen, Ausfahrt Horb, L 370, bis man die B 28 kreuzt und auf dieser nach Freudenstadt–Kniebis; Bahnstationen in Freudenstadt, über Karlsruhe–Rastatt oder Offenburg–Hausach.

Kongresse Touristik Kur, 72250 Freudenstadt, Marktplatz 64, Tel. 07441/864–0, Fax 07441/85176, www.freudenstadt.de, E-Mail touristinfo@freudenstadt.de; Baiersbronn Touristik, 72270 Baiersbronn, Rosenplatz 3, Tel. 07442/8414–0, Fax 07442/8414–48, www.baiersbronn.de, E-Mail ti-baiersbronn@t-online.de.

→ **Die Loipen**

28, davon 27 Rundloipen und 1 Skifernwanderweg

Gesamtlänge: 50 km Kniebis, 74 km Freudenstadt, 60 km Baiersbronn

Schwierigkeit: Überwiegend leicht und mittel.

Längste Loipe: Gaiskopfloipe (12 km).

Skatingloipen: Kniebis (2,5 und 5 km), Baiersbronn (3 km und 7 km Obertal-Buhlbach), Baiersbronn-Sankenbach (2,5 km).

Nachtloipen: 3 (jeweils mit Skatingstrecke): Nachtloipe am Kniebis-Stadion (mittel), Obertal-Buhlbach (mittel) und die Loipe im Sankenbachtal in Baiersbronn (leicht), jeweils bis 22 Uhr.

Loipenhöhe: 550–1050 m.

Loipenbenutzung: Eine Loipe mit Gebühr (Seibelseckle), sonst gratis.

Loipenplan: Bei den Verkehrsämtern.

Loipenstart: Am Stadtrand von Freudenstadt, am Skistadion Kniebis und an der Zollstockhütte.

LL-Schulen: Skischule Frey, Murgtalstraße 157, 72270 Baiersbronn, Tel. 07442/6468, Sport Klumpp, Bildstöckleweg 27, 72270 Baiersbronn.

Leihausrüstung: In den Sportgeschäften in mehreren Orten.

Rennen/Volksläufe: Skimarathon Kniebis über 42,2 km, meistens am letzten Sonntag im Januar, Auskunft unter Tel. 07442/3888 oder 7570. Startgebühr DM 40,–.

→ **Allgemeine Informationen**

Bei der Zollstockhütte, am Skilift Walshorn, an der Straße Freudenstadt-Schömberg, am Teuchtelwald, Bärenschlößle, Alexanderschanze; am Skistadion Kniebis.

Ski alpin: 12 Schlepplifte und 1 Sesselbahn.

Sport: Winterwandern, Eislaufen, Reiten, Tennis, Kegeln, Gymnastik, Panorama-Hallenbad mit Solarium, Rodeln, Winterwandern, Eisstockschießen.

Einkehr an der Loipe: Skihütte Kniebis, Ruhesteinschänke Ruhestein, Grenzstüble Ruhestein, Darmstädter Hütte.

Après-Ski: Restaurants, Cafés, Tanz, Disko, Folklore, Kino, Pferdeschlittenfahrten.

 Nein.

3960 Betten in Freudenstadt und Kniebis und 9250 Betten in Baiersbronn.

Schwarzwald 2

Auf der nördlichsten Stufe der langen Treppe in den Hochschwarzwald gilt das Skidorf Schonach mit seinem hoch gelegenen Loipenrevier als ein Wintermärchen. Die hauptsächlich für Anfänger und Familien konzipierten Spuren bieten in 850 bis 1150 m Höhe einen herrlichen Fernblick, so zum Beispiel die 16 km lange Loipe »Schöne Aussicht«.

Das Loipengebiet reicht von Freudenstadt (im Bild) bis Schonach.

Schonach gilt als die erste und nördlichste Stufe auf der langen Treppe in den Hochschwarzwald. Dass es trotzdem als Skidorf bezeichnet wird, ist keineswegs übertrieben. Die landschaftliche Kulisse bietet in einer Höhenlage zwischen 850 und 1150 m bereits alles, was sich der Besucher unter einem Wintermärchen vorstellt. Tief verschneite Tannen- und Fichtenwälder umrahmen weite, freie Wiesenflächen. Bergkuppen bieten herrliche Fernblicke, ruhige Gasthäuser längs der Loipen laden zur Rast bei Schwarzwälder Schinken oder der berühmten Schwarzwälder Torte. Sogar die Alpinskifahrer können am Winterberg über 200 Höhenmeter mit Flutlicht bis in den Abend hinein ihre Schwünge ziehen. Automuffel werden an diesem Skidorf ihrerseits Freude haben. Das Vehikel hat Urlaub. Alle Loipen starten in der Ortsmitte. Das Loipennetz

bringt es auf 52 km Länge und ist mit seinem leichten bis höchstens mittelschweren Niveau besonders auf die Ansprüche von Genießern oder weniger Erfahrenen zugeschnitten. Die neue Loipenbeschilderung weist dabei den Weg zu den Nah- und Fernzielen. Ein sonniges Vergnügen garantiert der 5 km lange Rundkurs über den Höfleberg, Turntal und Eschenbühl. 90% der Strecke führen bei ein paar mäßigen Steigungen aussichtsreich durch freies Gelände. Richtig in den Wald geht es dann, wenn beim Höfleberg nicht die rechte Variante gewählt, sondern geradeaus der 10 km lange Rundkurs über **Wittenbach, Hohlenbach** und **Freflet** angesteuert wird.

Zu einer stattlichen 15 km langen Strecke, die an die Kondition schon recht beachtliche Ansprüche stellt, kann der Kurs über **Schwarzenbach** und **Fuchsbach** ausgedehnt werden – Langlauf à la carte. In die Gegenrichtung nach Norden führt dann die »Schöne Aussicht«. Wie bereits der Name andeutet, steht auf diesem 16 km langen Kurs, der für den Rückweg dieselbe Strecke nutzte, mehr das Gesamterleben als der rein sportliche Aspekt im Vordergrund. Bei unbefriedigender Schneelage kommt auf dieser Loipe allerdings relativ rasch das Aus. Weit über seine Grenzen hinaus aber hat der 100 km entfernte Belchen den Ort berühmt gemacht. Hier in Schonach fällt nämlich alljährlich der Startschuss zum härtesten Skimarathon, den die Rennszene zu bieten hat. Die 100 km lange Route, die kurz vor der Schweizer Grenze endet, überwindet 2500 Höhenmeter und berührt die meisten namhaften Orte des Südschwarzwalds. Im Gegensatz zu den Rennläufern, die die Strecke in einem Tag abspulen (die Bestzeit liegt bei rund sechs Stunden) ist Otto Normalverbraucher bei durchschnittlicher Kondition vier bis fünf Tage unterwegs. Kurze Teilstücke werden jedoch nicht immer regelmäßig präpariert. Da das Gepäck auf Wunsch von Gasthof zu Gasthof transportiert wird, kann man den Langlauf in seiner schönsten Form genießen, und in seiner ursprünglichsten dazu. Denn eine perfektere Verbindung von landschaftlichem Erleben und sportlicher Aktivität dürfte es nicht mehr geben.

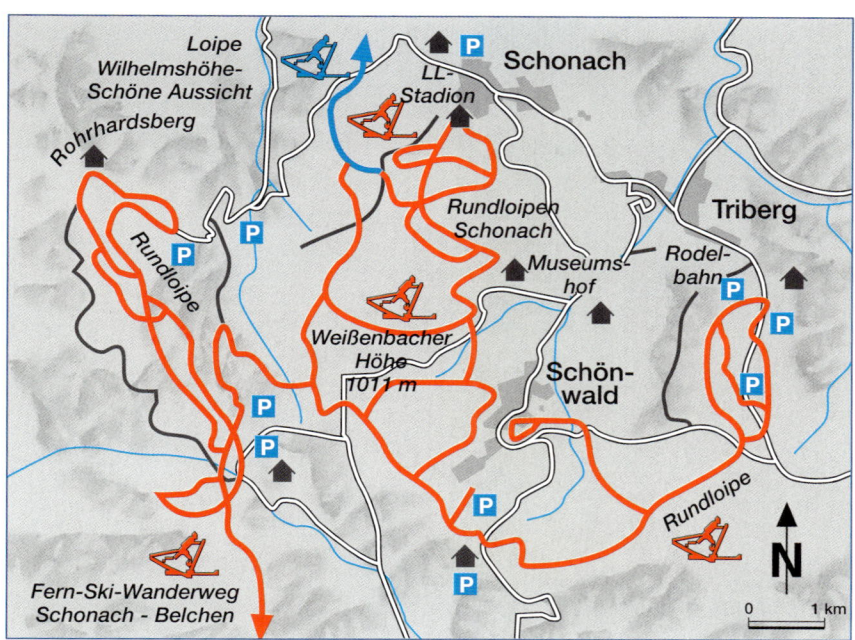

⚞⚞⚞⚞ SCHWARZWALD 2

→ Das Langlaufgebiet

Schonach, 870 m

Saison: Mitte Dezember bis Mitte März.

Anreise: A 5 Karlsruhe–Basel, Ausfahrt Offenburg, B 33 Triberg–Schonach oder A 81 Stuttgart–Singen, Ausfahrt Villingen-Schwenningen, B 33 Triberg–Schonach; Bahnstation ist Triberg.

ℹ️ Tourist-Information, 78136 Schonach, Tel. 0 77 22/9 64 81–0, Fax 0 77 22/25 48, www.schonach.de, E-Mail info@schonach.de.

→ Die Loipen: 5.

Gesamtlänge: 52 km.

Schwierigkeit: Leicht und mittel.

Längste Loipe: Fern-Skiwanderweg Schonach-Belchen, 100 km, schwarz (siehe Topp-Loipe).

Skatingloipen: 3.

Loipenhöhe: 870–1152 m.

Loipenbenutzung: Gratis.

Loipenplan: Bei der Tourist-Information und unter www.schonach.de.

Loipenstart: In Schonach, in Schönwald und am Skistadion Wittenbach.

Umkleiden/Duschen: Im Skistadion Wittenbach steht ein beheizter Wachsraum und Toiletten zur Verfügung.

LL-Schulen: DSV-Skischule SC Schonach c/o Tourist-Information.

Leihausrüstung: Sporthaus Hör in Schonach.

Rennen/Volksläufe: Schwarzwälder Skimarathon von Schonach nach Hinterzarten über 60 km und 35 km (Startgebühr DM 65,–) und der legendäre Rucksacklauf (Startgebühr DM 30,–) um den Wäldercup von Schonach nach Belchen über 100 km (siehe Top-Loipe).

→ Allgemeine Informationen

🅿️ An der Sporthalle und am Skistadion Wittenbach.

Busverbindung: Regelmäßiger Busverkehr nach Schonach-Ortsmitte von Bahnhof Triberg.

Ski alpin: 3 Skilifte.

Sport: Hallenbad, Kegeln, Wandern, Eislaufen, Kegeln, Reiten, Schießen.

Einkehr an der Loipe: Mehrere Möglichkeiten.

Après-Ski: Diverse Lokale im Ortszentrum und an den Loipen.

 In den Kinderskikursen.

 Einige hundert Betten in Hotels, Pensionen und Ferienwohnungen.

Die Spuren im Schwarzwald führen durch eine märchenhafte Landschaft.

→ Top-Loipe

Der rund 100 km lange Fern-Skiwanderweg von Schonach (870 m) nach Belchen-Multen (1010 m) wurde im Winter 1975/76 eingerichtet und führt über die schneesichersten und landschaftlich reizvollsten Höhen des Mittel- und Südschwarzwalds. Auf der 100 km langen Super-Marathon-LL-Strecke von Schonach nach Belchen wird jeden Winter der traditionelle Rucksacklauf um den Wäldercup ausgetragen. Zudem findet auf einem Teil des Skiwanderwegs der Internationale Schwarzwälder Skimarathon von Schonach nach Hinterzarten (895 m) über 60 km statt. Gasthäuser und Hotels an der Strecke haben einen Gepäcktransport von Etappe zu Etappe organisiert. Informationen erteilt die Arbeitsgemeinschaft Skiwanderwege Schwarzwald e. V., Haus des Gastes, 78136 Schonach, Tel. 0 77 22/9 64 81–0, Fax 0 77 22/25 48.

Schonach 870 m
Schönwald 1000 m
Loipen Schönwald
Loipe Martinskapelle
Neukirch 960 m
Waldau
Fernskiwanderweg
Weißtannhöhe 1195 m
Hinterzarten 895 m
Loipen Hinterzarten
Stübenwasen 1241 m
Herzoghorn-Loipen
Hohtannloipe 1190 m
Belchen-Multen 1010 m

Schwarzwald und Schwäbische Alb

Schwarzwald 3

Rund um den 1500 m hohen Feldberg wurde Skigeschichte geschrieben. Die traditionsreiche Wintersportregion ist heute noch stolz auf Georg Thomas Goldmedaille in der Nordischen Kombination. Als nordisches Paradies entpuppte sich die Region im Hochschwarzwald vor allem für Langläufer, die im größten Loipennetz Deutschlands die Qual der Wahl haben.

Die nicht mehr ganz so jungen Semester werden es noch live am schwarzweiß flimmernden Bildschirm erlebt haben, wie der schnellste Briefträger aller Zeiten sich in der Nordischen Kombination in Squaw Valley das begehrte olympische Gold holte. Georg Thoma aus **Hinterzarten** sorgte mit seinem spektakulären Sieg dafür, dass der Hochschwarzwald über Nacht als Wintersportgebiet Weltberühmtheit erlangte. Für die Deutschen selbst war das freilich keine große Neuigkeit. Seitdem der Mensch die Fortbewegung auf zwei Latten entdeckt hatte, war die weitläufige Region rund um den **Feldberg** das Revier. Heute zählt die Gegend zwischen **Ti-**

Der Schwarzwald bietet Loipen mit leichtem bis mittelschwerem Niveau. Hier mit Blick auf den Feldberg, der höchsten Erhebung des Schwarzwalds.

tisee, Neustadt, Hinterzarten und Feldberg zu den größten Loipenverbundnetzen Deutschlands.

Durch die hohe Lage begünstigt – der Feldberg selbst ragt immerhin fast 1500 m über den Meeresspiegel empor – konnte die Region auch in den schneearmen Wintern immer noch mit einem recht passablen Loipenangebot den Langläufer überraschen. Der wird allerdings, zumindest bei seinem ersten Urlaub, vor der Schwierigkeit der schlaraffenmäßigen Loipenofferte stehen. Da es nämlich als Zugeständnis an die Spaziergänger noch ein fast ebenso dichtes Netz gebahnter Wanderwege gibt, sind alle Orte auf ungewöhnliche Weise miteinander verbunden. Das daraus resultierende Gesamtnetz umspannt weit mehr Möglichkeiten, als man sie selbst

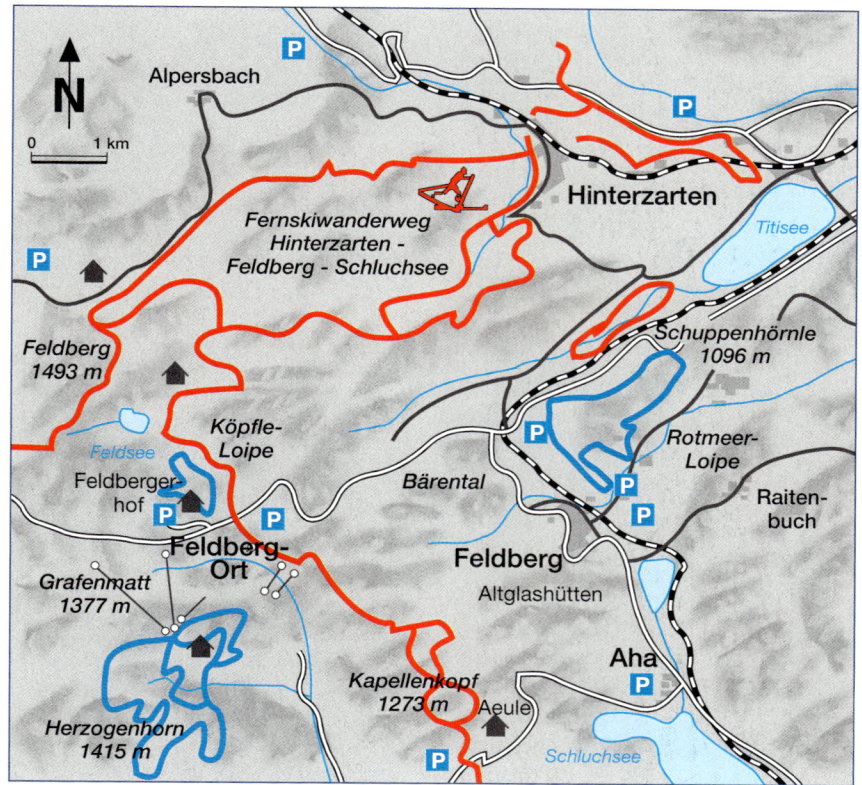

Unterwegs am Feldberg.

22

in mehreren Urlauben erkunden könnte. Am übersichtlichsten dürften die zehn Kurse mit rund 80 km Länge im nordöstlichen Umfeld vom Titisee sein.

Die Schwierigkeitsskala reicht hier von der leichten, 5 km langen Reichenbachspur über den aussichtsreichen 14-km-Panoramakurs der Hochebene bis hin zur schweren Jostalspur, die mit einem massiven Anstieg auch Routiniers auf die Probe stellt – in Verbindung mit dem Rückweg über den Fernweg Schonach–Belchen bereits ein richtiger Marathon. Hinterzarten, gleich im Anschluss an Titisee, kann zwar »nur« auf etwa 50 km gespurte Loipen im direkten Ortsumfeld verweisen, bietet den Long-Distance-Freunden aber zwei höchst attraktive Angebote: 14 km lang ist der Fernskiwanderweg Thurner–

Winterzauber.

Hinterzarten. Er startet am nordöstlichen Ortsrand und verläuft auf einem Teilabschnitt des Fernwegs von Schonach zum Belchen. Die klassische Spur ist für Skater tabu.

Ein tagesfüllendes Programm für ausdauernde Läufer ist auch der Fernwanderweg zum Schluchsee. 235 m Höhenunterschied müssen auf den 32 km Gesamtlänge bewältigt werden. Ein recht steiler 120-m-Aufschwung setzt allerdings dem weniger Routinierten natürliche Grenzen. Die sportlichsten Loipen finden sich im Umfeld des Feldbergs. Rund 75 km bringt das Netz hier zusammen. Die offiziellen Einstufungen weisen zwar überwiegend nur ein mittelschweres Niveau aus, die Summe der Anstiegshöhenmeter von bis zu 160 spricht je-

→ **Die Langlaufgebiete**

Feldberg, 1493 m
Hinterzarten, 885 m
Titisee-Neustadt, 850 m

Saison: November/Dezember bis April.

Anreise: A 5 Karlsruhe–Basel, Ausfahrt Freiburg Mitte, B 31 Richtung Donaueschingen bis Hinterzarten, Titisee, nach Feldberg weiter auf der B 317; oder A 81 Stuttgart-Singen, Ausfahrt Donaueschingen, B 31 Richtung Freiburg bis Titisee-Neustadt; Bahnstationen sind Feldberg-Bärental, Hinterzarten und Titisee, ab Freiburg/Hauptbahnhof mit der Höllental- und Dreiseenbahn.

ℹ️ Tourist Information, 79868 Feldberg, Tel. 0 76 55/8 01-9, www.feldberg-schwarzwald.de, E-Mail tourist-info@feldberg-schwarzwald.de. Tourist Information, 79854 Hinterzarten, Tel. 0 76 52/12 06 42, www.hinterzarten.de, E-Mail tourist-info@hinterzarten.de; Tourist Information, 79822 Titisee-Neustadt, Tel. 0 75 61/98 04-0 und 19433 (Büro Titisee); 0 76 51/2 06-2 50 (Büro Neustadt); www.titisee.de, E-Mail touristinfo@titisee.de.

Schneetelefon: 0 76 76/12 14 (Feldberg); 0 76 52/12 06 51 /Hinterzarten).

→ **Die Loipen**

4, sowie Teilstrecken des Fernskiwanderweges Schonach–Hinterzarten–Belchen in Feldberg; 12 in Hinterzarten, 10 rund um Titisee.

Gesamtlänge: 43 km in Feldberg; 134 km in Hinterzarten; 77 km in Titisee-Neustadt.

Schwierigkeit: Überwiegend leicht bis mittelschwer.

Längste Loipen: Teilstücke des Fernskiwanderwegs (Schonach–Belchen): Schonach–Hinterzarten–Belchen, 14 km, mittelschwer bis schwer und Hinterzarten–Titisee–Feldberg–Schluchsee, 32 km, mittelschwer.

Skatingloipen: Herzogenhornloipe in Feldberg, Fürsatz- und Spriegelsbachspur in Titisee-Neustadt, Windeckloipe und teilweise Zartenbachloipe in Hinterzarten.

Nachtloipe: Mooswaldspur ab Strandbad Titisee, 3 km, leicht; Zartenbachloipe in Hinterzarten, 1,5 km, leicht.

Loipenhöhe: 850–1350 m.

Loipenbenutzung: Gratis.

Höhenloipe: Panoramaspur Hocheben im Ortsteil Schwärzenbach mit Anschluss nach Neustadt über die »Reichenbachspur« (Alpenblick!), 14 km, Höhenlage: 1050–1130 m, mittelschwer.

Loipenplan: Bei den Verkehrsämtern.

Loipenstart: Zahlreiche Möglichkeiten, z. B. das Langlaufzentrum in Hinterzarten, siehe dazu auch »Parken«.

LL-Schulen: Wintersportschule Thoma, 79868 Feldberg, Tel. 0 76 76/9 26 88; Langlaufschule Georg Thoma, 79856 Hinterzarten, Tel. 0 76 52/16 65; Skischule Egon Hirt, 79822 Titisee, Tel. 0 75 51/74 94.

Loipenfuchs: Georg Thoma aus Hinterzarten, Olympiasieger und Weltmeister in der Nordischen Kombination 1960 in Squaw Valley.

Leihausrüstung: Sport-Lais, Ski-Hirt und Top und Fit in Titisee; Langlaufschule Georg Thoma, Sportgeschäft Maurer und Sportgeschäft Hug in Hinterzarten sowie verschiedene Sportgeschäfte in Feldberg.

Rennen/Volksläufe: FDP-Rennen (Feldberg); rund um Waldau, Anfang Januar (Titisee); 100 km Rucksacklauf Schonach–Belchen und Schwarzwälder Skimarathon Schonach–Hinterzarten im Februar (Hinterzarten).

→ **Allgemeine Informationen**

🅿️ Am Bahnhof von Hinterzarten, das Langlaufzentrum befindet sich gegenüber, am Greifenmattlift in Feldberg-Ort, am Bahnhof Altglashütten, am Bahnhof Titisee, an der B 31 zur LL Winterhalde, in Schwärzenbach und an den Schneeberg-Skiliften bei Waldau.

Bus: Skibus lediglich zu den Liften.

Ski alpin: 42 km Pisten, 28 Lifte im Liftverbund Feldberg.

Sport: Snowboard, Eislaufen, Eisstockschießen, Natureisbahn, Reiten, Tennis-/Squashhalle, Hallenbad mit Sauna und Solarium, Kegeln, Gymnastik, Volleyball, Skispringen.

Einkehr an der Loipe: Hotel Feldberger Hof in Feldberg, im Bundesleistungszentrum Herzogenhorn.

Après-Ski: Restaurants, Cafés, Tanz, Disko, Bar (z. B. Schirmbar am Seebruck-Hang, Coco's Pub am Grafenmatthang), Folklore, Kino, Pferdeschlittenfahrten, Fackelwanderungen.

 Nein.

🛏️ 9300 (davon ca. 4100 in Feldberg) Gästebetten rund um die LL-Orte in Hotels, Pensionen und Ferienwohnungen, Wintercamping möglich.

doch ihre eigene klare Sprache. Die Kür und zugleich Herausforderung für Konditionstiger ist die Herzogenhornloipe, die so gut wie keinen Meter eben dahinführt. Und das auf bis zu 20 km Länge!

Wer diese landschaftlich besonders reizvolle Loipe in einer halbwegs passablen Zeit meistert, wird sehr gut verstehen, dass so ein Gelände das beste Trainingsterrain für einen Olympiasieg darstellt.

Schwäbische Alb

Die gesamte Region ist eine Perle, deren ganze Schönheit sich im winterlichen Reiz auf den 75 km langen Loipen erschließt. Zusammen mit dem Netz der nahen Meßstettener Loipen ergibt sich sogar eine Gesamtstrecke von rund 105 km!

Während die Meßstettener Spuren untereinander verbunden sind, sind nur zwei der fünf Albstädter Loipen miteinander verknüpft. Der Rest gruppiert sich voneinander getrennt ringförmig um Albstadt herum. Ein Manko ist das keineswegs. Bei Längen zwischen 10 und 20 km stellen sie recht stattliche Einzelziele dar. Im Verbund mit der Raichberg- und der Degerfeld-Schlossfelsen-Spur sind sogar 32 km drin. Einen lohnenden Einstieg in die Langlaufregion bietet die Heersbergloipe, die im Stadtteil Burgfelden be-

ginnt. Unproblematisch führt sie auf 12 km Länge durch leicht hügeliges Gelände und erreicht ein paar Aussichtspunkte, die eine Fernsicht bis zum Südschwarzwald ermöglichen. Mitten durch das Stadtgebiet führt die Ochsenbergloipe. Wer sich jetzt allerdings zwischen Häuserzeilen wähnt, kann beruhigt werden. Die behördliche Stadtplanung beschwert dem Langläufer eine idyllische Spur zwischen den ehemals eigenständigen Orten.

Vom höchsten Punkt aus reicht der Blick an klaren Wintertagen bis zu den Gipfeln des Berner Oberlandes. Und da der Start und das Ziel am Badkap liegen, kann man den Tag im Wellenbad wassersportlich ausklingen lassen. Grenzenlose Weite breitet sich auf dem Plateau der Degerfeld-Schlossfelsen-Loipe aus. Beschauliches Ausschreiten bestimmt den Charakter der weitgehend ebenen, aussichtsreichen Spur. Auf einer 8-km-

Schleife dürfen hier auch die Skater legal im Schlittschuhschritt einherflitzen. Die Ebingerloipe am südlichen Stadtrand tangiert dann bereits das Stadtgebiet von **Meßstetten**. Auf der völlig ebenen Spur kann hier die Sonne genossen oder auf einem 5-km-Kurs geskatet werden.

Einen gemeinsamen Startpunkt haben die Meßstettener Loipen beim Parkplatz »Hartweg«, der über die L 196 erreicht wird. Die einzige ernsthafte Barriere in der weiten Landschaft stellt der Truppenübungsplatz dar. Als absolutes Highlight sei die durchgehend markierte Heubergloipe erwähnt, die in einem weiten Bogen über **Schwenningen** einen bis zu 65 km langen Marathon ermöglicht. Wem das immer noch nicht reicht, dem steht in **Tieringen** noch ein herrlicher 11-km-Kurs zur Verfügung, der bis an den senkrechten Abbruch des Albtraufs heranführt. Nur vor einem sei gewarnt: Stetten am Kalten Markt, das quasi

Einsame Spuren in ebener Landschaft.

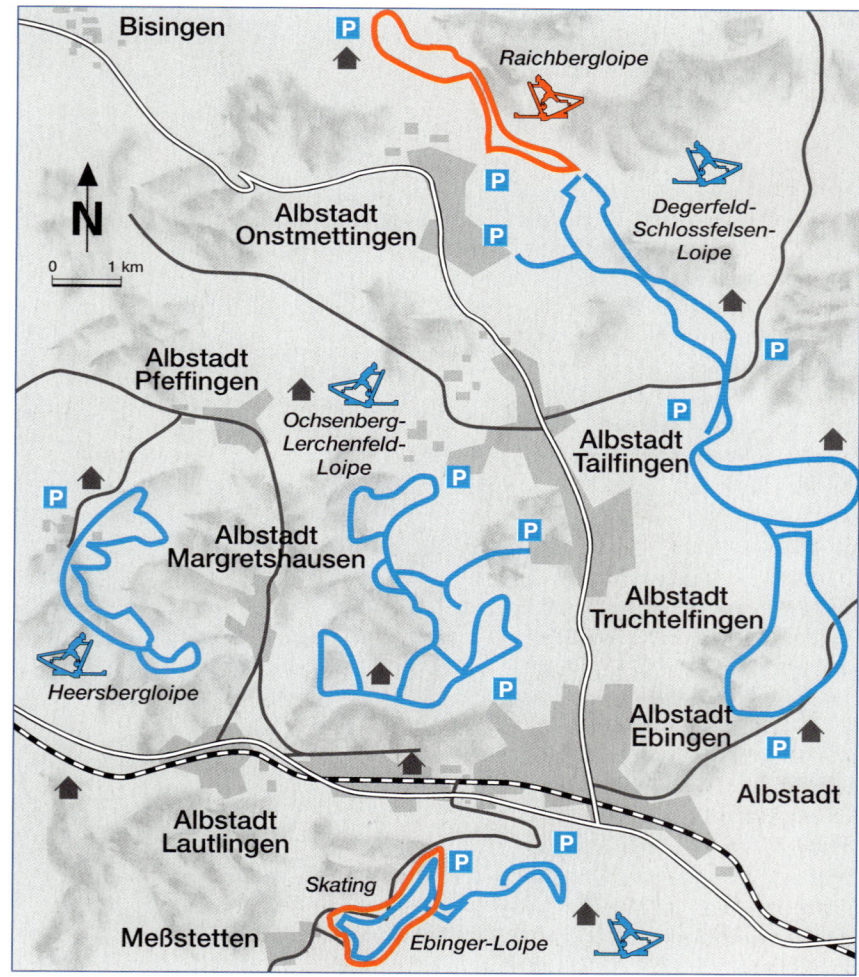

Langläufer finden in der Schwäbischen Alb unter 1700 km Loipen reichlich Auswahl. Die Meßstettener Loipen sind überwiegend leicht.

nebenan liegt, hat seinen Namen nicht von ungefähr. Gäbe es den offiziellen Kältepol Deutschlands, er würde sicher hier in der Gegend liegen. Schon mancher, der an einem kalten, aber sonnigen Wintertag dünn bekleidet aufbrach, hat auf den Schattenstrecken sein tiefgekühltes Wunder erlebt.
Von den insgesamt über 1700 km gespurten Loipen auf der Schwäbischen Alb sind außer den im Süden (Albstadt, Meßstetten) liegenden LL-Gebieten noch die Mittlere Alb und die Westalb zu empfehlen. In der Mitte scharen sich die schönsten Spuren um die Orte **Mehrstetten** und **Gomadingen**. Einen Tipp wert ist die Römerstein-, die Mehrstetter- und die Sternbergloipe. Konditionsstarke Läufer kommen in der 24 km langen Mehrstetterloipe auf ihre Kosten. Und die Westalb hält eine kleine, aber feine Auswahl bereit: Die Hirnbühl-, die Böttinger- und die Gosheimerloipe findet man beim Dreifaltigkeitsberg und dem Klippeck, die Loipen bei Fridingen an der Donau zählen zu den attraktivsten der Region.

SCHWÄBISCHE ALB

→ **Die Langlaufgebiete**
Albstadt, 575–982 m
Meßstetten, 737–989 m
Saison: Dezember bis Februar/März.
Anreise: A 81 Stuttgart–Singen, Ausfahrt Empfingen, über Balingen B 463 nach Albstadt und weiter nach Meßstetten; Bahnstation ist Ebingen an der Strecke Tübingen–Sigmaringen.

Tourist-Information, 72458 Albstadt, Tel. 07431/1 60 12 04, www.albstadt.de, E-Mail stadtverwaltung @albstadt.de; Verkehrsbüro, 72469 Meßstetten, Tel. 0 74 31/63 49-0, www.messstetten.de, www.skiverein.de, E-Mail stadt@messstetten.de.

Schneetelefon: Albstadt: 0 74 31/1 60 12 04, Meßstetten: 0 74 31/63 49-0.

→ **Die Loipen**
5 in Albstadt, 6 in Meßstetten.
Gesamtlänge: 75 km in Albstadt (3–20 km), 56 km in Meßstetten (Verbundloipe mit 5–30 km).
Schwierigkeit: Überwiegend leicht bis mittelschwer.
Längste Loipe: Heubergloipe mit 65 km Länge, die von Meßstetten nach Schwenningen führt.
Skatingloipen: 1 in Albstadt (Raichberg-Loipe, 10 km und Ebinger-Loipe, 5 km); 3 in Meßstetten (6, 4, 11 km).

Nachtloipe: Trainingsloipe Hossinger Straße (Meßstetten).
Loipenhöhe: 820–920 m.
Loipenbenutzung: Gratis.
Loipenplan: Bei den Verkehrsämtern.
Loipenstart: In Albstadt in den verschiedenen Stadtteilen, in Meßstetten beim Parkplatz »Hartweg«.
LL-Schulen: Skiverein Meßstetten , Tel. 07431/6 29 16, Rathaus Meßstetten, Tel. 07431/63 49–0.
Leihausrüstung: Vor Ort nicht möglich.
Rennen/Volksläufe: Schwäbische Meisterschaften.

→ **Allgemeine Informationen**

An jeder Loipe in Albstadt, in Meßstetten entlang des Hartweges an der Zufahrt zur Ringstraße Meßstetten-Heinstetten.
Ski alpin: 8 Skilifte.
Sport: Hallenbad, Tennis- und Squashhalle, Kegeln.
Einkehr an der Loipe: In Meßstetten, Heinstetten, Tieringen, Hartheim.
Après-Ski: Restaurants, Cafés, Tanz, Museen.

492 Gästebetten (inkl. Privatanbieter) in Albstadt, 82 Gästebetten, dazu Ferienwohnungen und Feriendorf in Meßstetten.

Musterländle

Das Allgäu ist durch seine beiden Wintersportmetropolen Oberstdorf und Oberstaufen schon lange, auch weit über Deutschlands Grenzen hinaus, bekannt. Insgesamt locken ca. 1000 km gespurte Loipen zwischen West- und Ostallgäu.

Oberallgäu

Im Herzen des Allgäus verteilen sich fast 400 km gespurte Loipen auf die LL-Zentren von Immenstadt/Sonthofen, die Orte der Hörnergruppe, die Skimetropole Oberstdorf und die Hochlagen rund um Hindelang/Oberjoch.

Oberstdorf bietet je nach Schneelage 60 bis 80 km gespurte Loipen und Skiwanderwege für jeden Geschmack und Stil. Die schwierigsten Passagen, supersteile Anstiege oder Abfahrten des Oberstdorfer Loipennetzes, z.B. bei der »Spielmannsau«-Loipe (etwa 16 km, zwischen Skiflugschanze und Fuggerhof), können auf der Talstraße nach Spielmannsau umgangen werden. Unter dem Motto »Langlaufen in den Spuren der Weltmeister!« gibt die Kurverwaltung jeden Winter das Oberstdorfer Skiwanderabzeichen für 50, 250, 500 (Bronze), 750 (Silber), etwa 1000 (Gold) zurückgelegte Loipenkilometer aus. Die Abzeichen gibt es für 6 DM im Verkehrsamt am Marktplatz.

Im Nordosten Oberstdorfs führt von der Dummelsmoosbrücke an der Trettach eine 6 km lange Loipe über den Vorort Rubi und Reichenbach nach Schöllang. Damit ist der Langlaufverbund mit dem Skigebiet der Hörnergruppe, zwischen dem Kurort **Fischen, Bolsterlang, Obermaiselstein** und **Ofterschwang** hergestellt. Nur der »Hörner«-Ort Balderschwang hat wegen seiner exponierten Lage keine Loipennetz-Anbindung. Dafür führt die längste LL-Spur weit und breit, die Grenzlandloipe, wie ihr Name schon ankündigt, rund um Balderschwang auf einer Länge von 45 km über die österreichische Grenze bis nach Hittisau im Bregenzerwald. Vor wenigen Jahren noch verbanden nur abenteuerliche Handels- und Schmugglerwege die Enklave Balderschwang mit dem Allgäu. Erst mit dem Bau der höchsten Passstraße Deutschlands, dem Riedbergpass im Jahr 1961, wurde das rund 1000 m hoch gelegene Tal mit Bayern verbunden. Nördlich von Fischen führt eine 6 km lange Loipe entlang der Iller bis zum Illerstadion (drei große Parkplätze) in **Sonthofen**. Auf der anderen Seite der Bahnlinie wird eine Nachtloipe gespurt. Eine etwa 10 km lange LL-Route führt von Fischen zum Malerwinkel über Hochweiler (919 m), Beilenberg (626 m) und Margarethen bis zum Parkplatz an der Burgsiedlung von Sonthofen. Zwischen den Sonthofener Hausbergen Rettenberg und Kranzegg werden rund 30 km LL-Trassen für Liebhaber des klassischen Stils gespurt. Sonthofen gilt als Mittelpunkt des Oberallgäus, erreicht man doch von hier sämtliche Loipen im Oberallgäu mit dem Auto in kurzer Zeit. Gleich hinter **Immenstadt** (beim

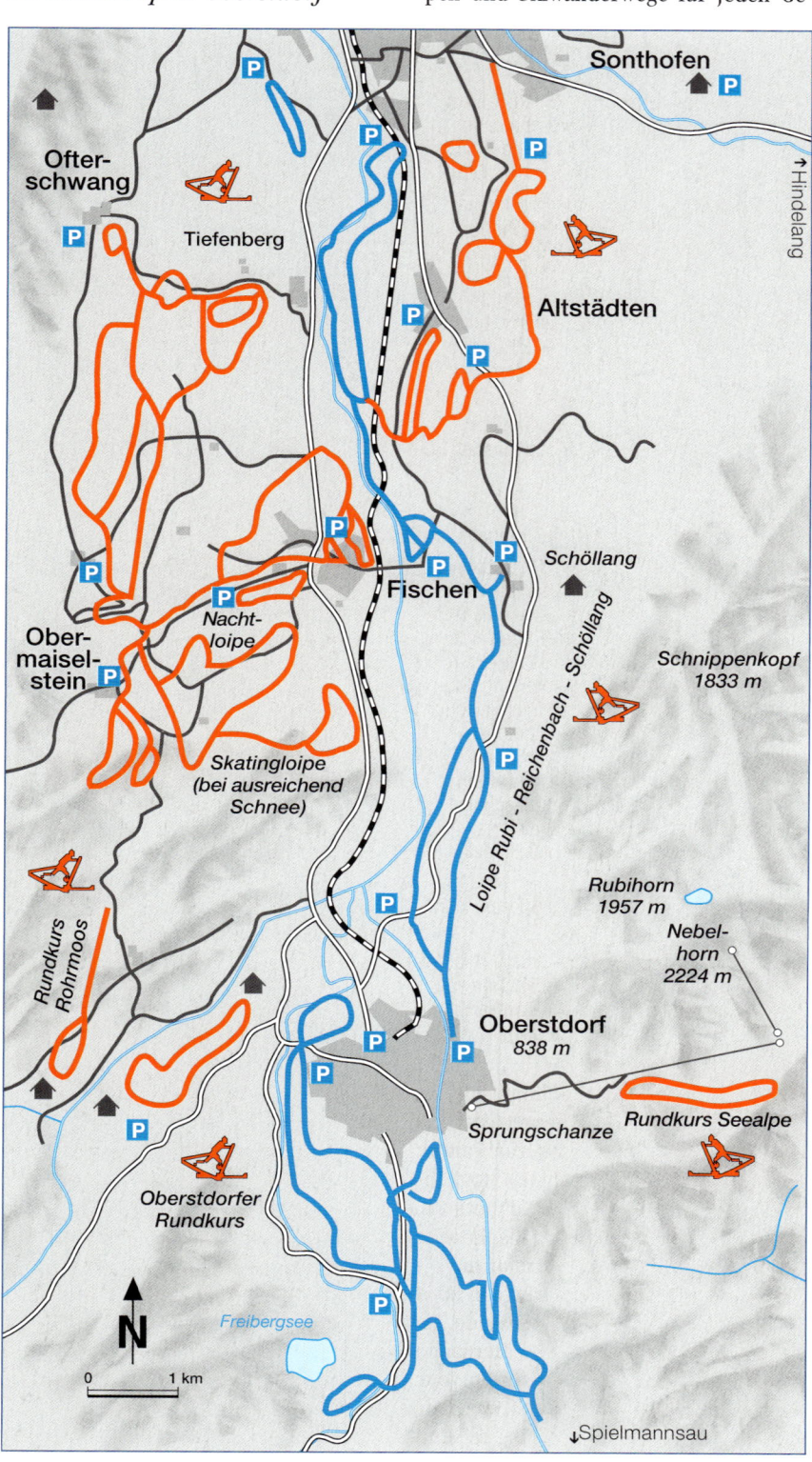

→ **Die Langlaufgebiete**

Oberstdorf, 815 m
Sonthofen, 742 m
Fischen, 761 m
Immenstadt, 729 m
Hindelang, 825 m

Saison: Mitte November bis Ende März/Mitte April.

Anreise: A 7 Ulm–Kempten oder B 12 München–Kempten, B 19 Immenstadt, Sonthofen, Oberstdorf. A 7 bis Allgäu-Kreuz, A 980 Richtung Lindau, Ausfahrt Waltenhofen, Sonthofen, Hindelang oder A 7 Ulm–Kempten–Füssen, Ausfahrt Oy-Mittelberg, B 310 Wertach, Unterjoch, Oberjoch und Hindelang.

ℹ️ Kurverwaltung; 87561 Oberstdorf, Tel. 0 83 22/7 00-0, www.oberstdorf.de, E-Mail info@oberstdorf.de, Gästeamt, 87527 Sonthofen, Tel. 0 83 21/6 15–2 91, www.sonthofen.de, E-Mail gaesteinfo@sonthofen.de; Kurverwaltung, 87538 Fischen, Tel. 0 83 26/3 64 60, www.fischen.de, E-Mail info@fischen.de; Verkehrsamt, 87509 Immenstadt, Tel. 0 83 23/8 04 81, www.immenstadt.de, Kurverwaltung, 87541 Hindelang, Tel. 0 83 24/8 92-0, www.Hindelang.net, E-Mail info@hindelang.net.

📞 Oberstdorf 0 83 22/7 00-3 29; Aktuelle Schnee- und Wanderinformation: Fellhornbahn 07 00/55 53 38 88, Nebelhornbahn 07 00/55 53 36 66, Söllereckbahn 0 83 22/57 57; Schneetelefon Hindelang: 0 83 24/80 81 und 80 82.

→ **Die Loipen**

11 in Oberstdorf; 6 in Sonthofen; 3 in Fischen, 1 oberhalb von Fischen (Sonnenrundkurs); 7 in Immenstadt; 21 rund um Hindelang.

Gesamtlänge: 85 km bei Oberstdorf; ca. 20 km bei Sonthofen; 40 km bei Fischen (mit Sonnenrundkurs); 120 km Hörnergruppe; 68 km bei Immenstadt; 45 km rund um Hindelang.

Schwierigkeit: Leicht bis schwer.

Längste Loipe: »Grenzlandloipe« 45 km, Balderschwang/Hittisau, leicht/mittel.

Loipenhöhe: 815–1280 m Oberstdorf; 770–1441 m Hörnergruppe; 730–1000 m Immenstadt/Sonthofen; 1000–1200 m Hindelang/Oberjoch.

Skatingloipen: 6 in Oberstdorf; 6 in Sonthofen; 4 in Fischen und 1 in Balderschwang;1 Knottenried-Diepolz; 1 in Immenstadt; 3 Hindelang/Oberjoch; 21 in Hindelang.

Höhenloipen: »Seealpe« 1280 m, 1,5 km bei der Mittelstation Nebelhornbahn in Oberstdorf; Grasgehren–Mittelalpe 1441 m, 5,5 km leicht bis mittel (Obermaiselstein).

Nachtloipen: »An der Halde« 1,5 km, in Oberstdorf; am »Grünen Weg«, 2 km, Fischen, Di, Mi und Do von 18.00–19.30 Uhr beleuchtet; bei der Sprungschanze Altstädten, 0,7 km, Sonthofen; »Bühl« unterhalb Hotel Rothenfels bei Immenstadt, 2,5 km, sehr leicht, von 17.00–21.00 Uhr beleuchtet; 800 m in Oberjoch (Start in Ortsmitte).

Loipenstart: Siehe dazu Karte und Parkmöglichkeiten. In Oberjoch Einstieg neben Busbahnhof.

Loipenbenutzung: Gratis.

Loipenplan: Bei den Kurverwaltungen.

LL-Schulen: Erste Skischule Oberstdorf, Skischule Kühberg, Neue Skischule Oberstdorf, Skischule Tiefenbach, Skischule Rubihorn; Sport Higrisa und Sport Speiser in Fischen; Skischule Balderschwang, Erste Skischule und Skischule Bolsterlang, Skischule Riedberg, Obermaiselstein, Skischule Otterschwang, Skischule Sonthofen, Skischule Altstätten, Langlaufschule Oberallgäu, Langlaufskischule im Hotel Bergstätter Hof, Knottenried; Skischule Spieser Unterjoch, Skischule Iseler Oberjoch, Skischule Ostrachtal Hindelang, Skischule Lanig Oberjoch.

Leihausrüstung: In fast allen Sportgeschäften und Langlaufschulen.

Rennen/Volksläufe: Internationaler Allgäuer Latschenkiefer-Nachtsprint in Fischen am 26. Dezember; Skitrail Allgäu–Tirol in Hindelang im Januar (Startgeld 85 DM).

→ **Allgemeine Informationen**

🅿️ Großparkplatz mit 1000 Stellplätzen in Oberstdorf, Parkplätze am Ortsrand mit direktem Zugang zu den Loipen; teilweise Parkplätze an den Loipen in Fischen, vom Bahnhof Fischen zur Loipe 5 Gehminuten; am Freibad und am Iller-stadion in Sonthofen, im Ortsteil Altstädten oder in Hinang, Beilenberg und Hofen, Gehzeit bis zu 15 Minuten zum Loipeneinstieg; beim Loipeneinstieg in Immenstadt und in Missen, Diepolz und Knottenried; in Hindelang an allen Loipeneinstiegen der Hörnergruppe.

Bus: Es fahren Winterbusse.

Ski alpin: 44 km Pisten Oberstdorf; Familien-Skilifte mit Kinderübungsgelände in Fischen; 50 km Pisten Hörnergruppe; 30 km Pisten Immenstadt/Sonthofen; 32 km Pisten Hindelang.

Sport: 3 Skigebiete (Nebelhorn, Fellhorn, Söllereckbahn und Kleinwalsertal), Tennis, Schwimmen, Eislaufen, Kegeln, Snowboard fahren, Skifahren, Eisstockschießen, Curling, Klettern (Indoor), Gleitschirm-/Drachen-fliegen, Reiten, Fitnessstudio, Rodeln in Oberstdorf; Eishalle, Schwimmen, Eisstock schießen, Skifahren (3 Lifte) Squash in Sonthofen; ähnliche Angebote in den anderen Orten.

Einkehr an der Loipe: Mehrere Möglichkeiten in Oberstdorf, Fischen, Immenstadt-Knottenried, Diepolz, Bühl und Hindelang.

Après-Ski: Restaurants, Cafés, Weinstuben, Tanz, Disko, Kino, Bistros in allen Orten; Gemsennest, Bergstation am Nebelhorn; Schirmbar, Mittelstation am Fellhorn.

🧸 Keine in Oberstdorf und Fischen; bedingt in Sonthofen; Betreuung in Hindelang.

🛏️ 17 000 Gästebetten aller Kategorien in Oberstdorf; 12 000 in der Hörner-gruppe; ca. 2000 Betten in Sonthofen; 5500 Betten in Fischen; 3500 Betten in Immenstadt sowie Pensionen in Knottenried, Diepolz und Bühl; 7300 Betten in Hindelang.

Alpsee) beginnt der 50 km lange Loipenverbund bis **Waldsee** im Westallgäu. Aber das eigentliche Loipenparadies liegt 6 km außerhalb von Immenstadt, in **Knottenried-Diepolz**. Eines der schönsten Skiwandergebiete im Oberallgäu kann mit rund 40 km Loipen von 3 bis 10 km Länge für alle Stilarten und alle Schwierigkeitsstufen aufwarten. Von den schneesicheren, auf 1000 m Höhe liegenden Spuren haben Langläufer einen herrlichen Ausblick auf die Allgäuer Alpen. In Fortsetzung der Loipe Knotten-ried-Diepolz führt die Talloipe mit Anschluss an das Skiwandernetz der Gemeinde **Missen/Wilhams** zur Panoramaloipe (in 1050 m Höhe) und für sportliche Läufer über den Kühberg zum »Loipenparadies« zurück. Als Erweiterung empfiehlt sich die »Traumrunde«, ein Rundkurs von 6,5 km Länge in leichtem bis mittelschwerem Gelände mit Blick auf ein fantastisches Bergpanorama. Als voralpines Basiscamp kann der Kurort **Hindelang**, auf 825 m Höhe, sechs Rundkurse – der längste (Ost-rachloipe) hat 15 km Länge – vorweisen. Einen Stock höher spielt sich das Skileben in Oberjoch hauptsächlich auf den Pisten und an den Liften ab. Aber eine kleine Auswahl von 1 bis 6,5 km langen Spuren gibt einen Vorgeschmack auf das Angebot im Loipendorado »Tannheimer Tal«, jenseits der Grenze. Das Loipennetz wird durch eine Spur bei der Moosrunde (Parkplatz bei Unterjoch), durch den Zoll an der »Teufelsküche« und den Rundkurs Rehbach nördlich von Schattwald (Tirol) miteinander verbunden.

Ostallgäu

Was im Seenland zwischen Pfronten, Füssen und Schwangau für Langläufer geboten wird, kann sich durchaus mit der Hauptattraktion, dem König-Ludwig-Schloss Neuschwanstein, messen. Das Allgäuer Voralpenland erschließt ein Loipendorado aus rund 260 km »märchenhafter« Spuren.

Auf König Ludwigs Spuren zu laufen und das landschaftlich reizvolle und sinnvoll angelegte Loipennetz zu genießen, wird für immer mehr Langläufer immer attraktiver. Was auf Straßen und Pisten an Wochenenden inzwischen fast schon normal ist, setzt sich allerdings manchmal auch auf den Loipen fort: Zu Stauungen kommt es zwar nicht gerade, aber immer mehr Skifahrer flüchten vor dem großen Rummel an den Liften und auf den Pisten in die Loipen. Insgesamt zieht sich ein Netz von 300 km täglich frisch gespurten LL-Trassen, teilweise für beide Stilarten (klassisch und

Nachtrennen in Füssen – ein Spaß nicht nur für die Aktiven, sondern auch für die Bevölkerung, die regen Anteil nimmt.

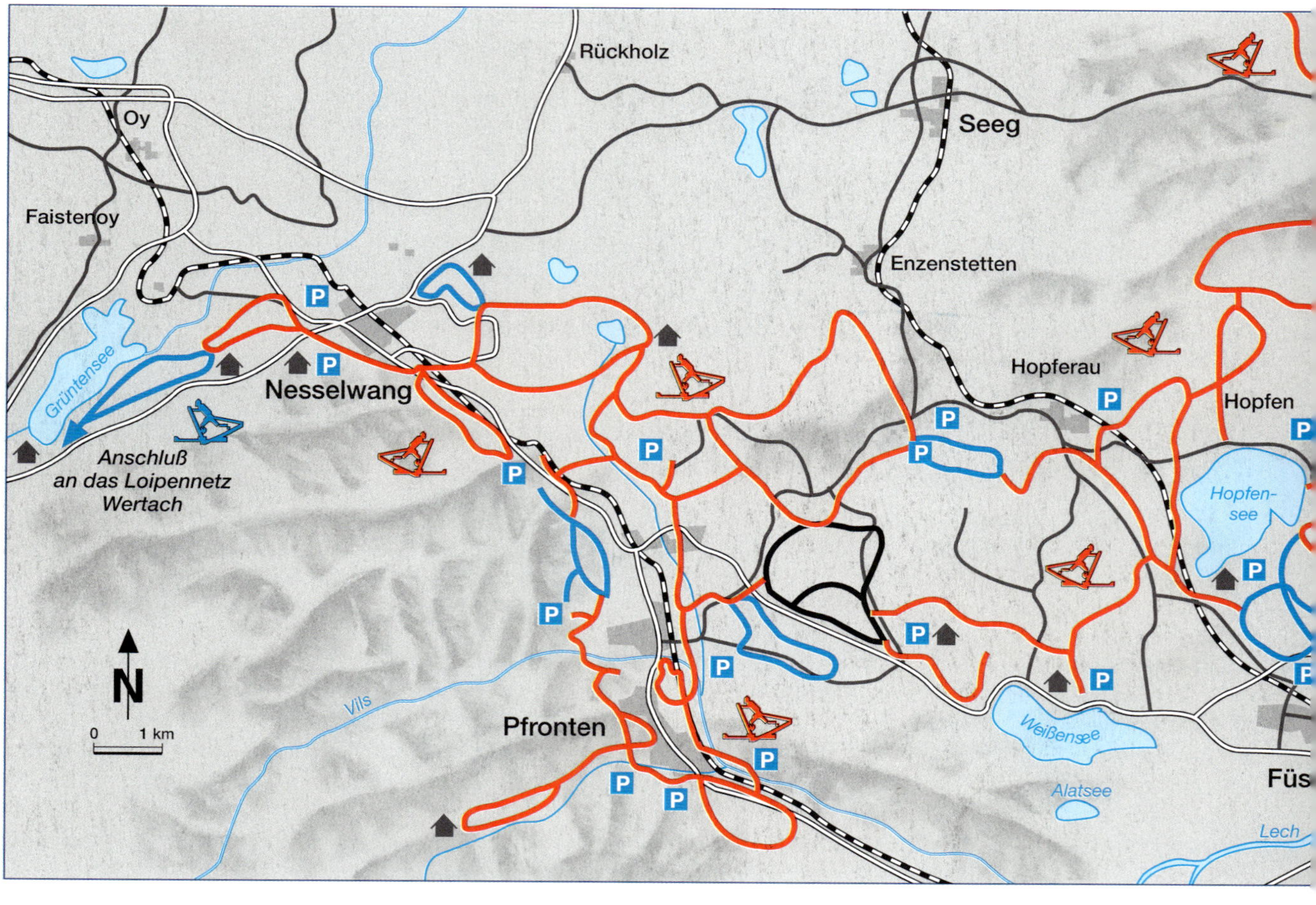

Skating), durch das Ostallgäu. Die bekannten Wintersportorte **Pfronten**, **Schwangau** und **Füssen** im Königswinkel mit seinen Ortsteilen Bad Faulenbach, Hopfen am See und Weißensee sind mit den kleineren Skitreffs wie zum Beispiel **Roßhaupten**, **Rieden** oder **Ei-**senberg durch Loipen verbunden. Fast schon »märchenhaft« ist der Lauf in den Loipen von **Hohenschwangau**, unterhalb des berühmtesten König-Ludwig-Schlosses Neuschwanstein. Der Schwangauer Skirundwanderweg führt über 12 km in leichtem Gelände zu allen sieben Ortsteilen und bietet den schönsten Blick auf Neuschwanstein. Er kann auch in vier kleinere Schleifen, zum Beispiel durch den Schwanseepark im ehemaligen Schlosspark, abgekürzt werden.

Die Loipen von Halblech und Trauchgau, den östlichsten aller Orte im Ostallgäu, sind mit dem LL-Netz von Oberammergau und dadurch mit der 65 km langen »König-Ludwig-Loipe« verknüpft. Diese wird allerdings nur zum traditionellen »König-Ludwig-Volksskilanglauf« in ihrer vollen Länge gespurt. Sämtliche 50 LL-Trassen führen über leichtes bis hügeliges, teils mittelschweres Gelände.

Die längste Spur im Ostallgäu, die 20 km lange Pfrontner Rundloipe, kann von vielen Seiten erreicht werden. Einstiegsmöglichkeiten sind im Eisstadion, in Weißbach, Kappel, Rehbichl, Ried und Steinach. Ein kleiner, innerer LL-Zirkel ist auch als Flutlichtloipe montags bis freitags von 19.00 bis 21.00 Uhr beleuchtet. Vom Ortsteil Steinach (eigener Parkplatz) führt über 6 km eine leichte bis mittelschwere Rundspur entlang des

Ostallgäuer Haus- und Skiberges, dem 1838 m hohen Breitenberg, in Richtung Grenze, mit der Anschlussmöglichkeit – über Vils parallel zur Straße – an das Loipennetz von Reutte in Tirol (Personalausweis nicht vergessen!). Zur Erholung der müden Knochen und Muskeln empfiehlt sich ein Besuch im Alpenbad Pfronten mit einem herrlichen Blick auf die Berge vom Beckenrand aus. Tipp: Bei schönem Wetter einen »Flugtag« vom Tegelberg (1720 m) aus einplanen. Drachen- und Gleitschirmflieger schätzen hier die schöne Aussicht und die gute Thermik.

→ Top-Loipe

Zu den beliebtesten Spuren im Ostallgäu zählt die Höhenloipe Achtal–Gasthof Fallmühle bei Pfronten. Die 10 km lange und als mittelschwer einzustufende Trasse erfordert schon eine gewisse Grundkondition, will man diese Höhenloipe entsprechend genießen. Sie beginnt beim Kunsteisstadion (Ortsteil Heitern) und führt zur Bläsermühle über die Ferrewiese zum Eingang des landschaftlich reizvollen Achtals. Von hier läuft man gemütlich an der Kiesgrube entlang (Achtung auf Wildfütterung auf der rechten Seite!) durch kleine Weiler und über Viehweiden bis hinauf zur 928 m hoch gelegenen Fallmühle. Die Rückkehr erfolgt auf der gleichen Trasse.

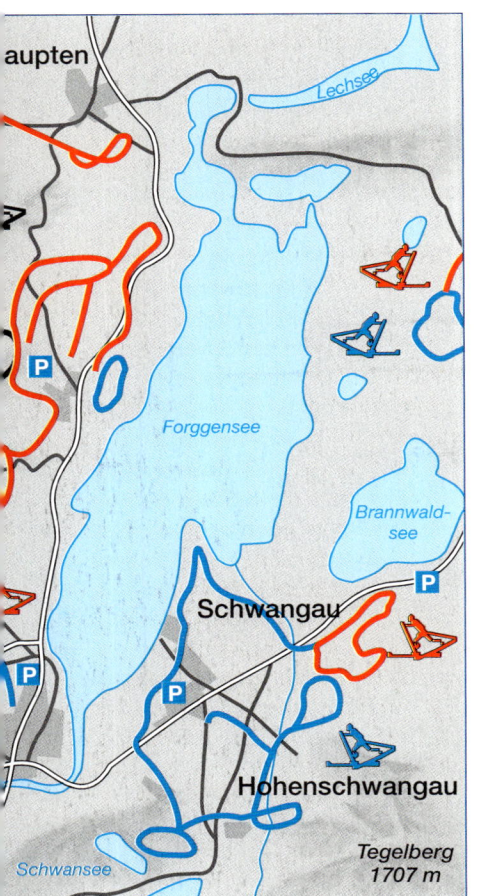

OSTALLGÄU***

→ Die Langlaufgebiete

Füssen, 808 m
Pfronten, 880 m
Schwangau, 796 m

Saison: Mitte November bis Mitte März.

Anreise: Autobahn Stuttgart–Ulm–Kempten (A 7, Ausfahrt Nesselwang–Lache) oder München–Buchloe–Kempten oder München–B 12–Marktoberdorf oder Landsberg–B 17–Füssen–Pfronten.

Pfronten Tourismus, 87459 Pfronten, Tel. 0 83 63/6 98-88, www.pfronten.de, E-Mail info@pfronten.de; Füssen Tourismus, 87629 Füssen, Tel. 0 83 62/9 38 50, www.fuessen.de, E-Mail tourismus@fuessen.de; 87645 Schwangau, Tel. 0 83 62/8 19 80, www.schwangau.de, E-Mail kurverwaltung@schwangau.de.

Füssen Tegelbergbahn 0 83 62/8 10 18; Breitenbergbahn 0 83 63/3 92; Schwangau 0 83 62/8 10 10.

→ Die Loipen

52 in Füssen, 5 in Schwangau.

Gesamtlänge: 260 km; Pfronten 65 km, Schwangau 31 km.

Schwierigkeit: Überwiegend leicht und mittelschwer.

Längste Loipe: Rundkurs um Pfronten 20 km, 850 m, leicht.

Skatingloipen: 8 in Füssen, 5 in Schwangau.

Loipenhöhe: 800–1100 m.

Loipenbenutzung: Gratis.

Höhenloipe: Achtal–Gasthof Fallmühle 928 m, 10 km, mittelschwer; Buchenberg 1150 m, 3 km, mittelschwer.

Nachtloipen: Füssen, 500 m beleuchteter Rundkurs.

Loipenplan: »Skiwandern im Ostallgäu«, bei den Verkehrsämtern, Winderwanderkarte/Loipenplan bei Pfronten Tourismus.

LL-Schulen: Skischule Pfronten, Ostallgäuer Langlaufschule in Füssen, Skischule Tegelberg in Schwangau.

Leihausrüstung: Armin's Sporthäusle in Schwangau, Ski-Luggi an der Tegelberg-Talstation, in Sportgeschäften in Füssen.

→ Allgemeine Informationen

In Pfronten bei der Eissporthalle, am König-Ludwig-Weg und am Skizentrum Steinach, in Schwangau an der Tegelbergbahn, am Schwanseepark und am Skirundwanderweg; in Füssen an den Loipen.

Bus: In Füssen ÖPNV-Verbindung vom Bahnhof in alle Richtungen.

Ski alpin: 95 km Pisten, am Tegelberg 4 Schlepplifte, 1 Kabinenbahn, 2 Schneekanonen.

Sport: Skitouren, Skiwandern, Eislaufen, Eisstockschießen, Rodeln, Drachen-/Gleitschirmfliegen, Reiten, Reithalle, Tennis-/Squashalle, Hallenbad mit Sauna und Solarium, Fitnesscenter, Kegeln, Erlebnishallenbad, Schneeschuhwanderungen.

Einkehr an der Loipe: In Füssen, Hopfen am See und Weißensee, in Schwangau.

Après-Ski: Restaurants, Cafés, Weinstuben, Tanz, Disko, Folklore, Diashows, Kino, Theater.

 Keine.

7376 Gästebetten aller Kategorien in Hotels, Pensionen, Gästehäusern und Ferienwohnungen in Füssen, ca. 3800 Betten in Schwangau.

Oberstaufen

»Erst spuren, dann kuren«, könnte man in dem bekannten Schroth-Heilbad an der Allgäuer-Vorarlberger Grenze als Devise ausgeben. Ein Gesundheitsurlaub in Oberstaufen ist die ideale Ergänzung zum Langlaufen in einer Loipenregion mit über 120 km gespurten Trassen aller Schwierigkeitsstufen. Die längste Spur im Allgäu führt über 60 km vom Alpsee nach Waldsee.

Einige Loipen führen durch eine romantische Winter-Märchenlandschaft.

Sportlich bekannt wurde **Oberstaufen** durch die Abfahrts-Olympiasiegerinnen Christl Cranz-Borchers (1936) und Heidi Biebl (1960). Einen großen Namen hat sich der Ort aber auch mit der Schroth-Kur gemacht, einem altbewährten Naturheilverfahren, das nach seinem Begründer Johann Schroth benannt wurde. Für Langläufer, die neben sportlicher Betätigung auch Erholung suchen, ist daher Oberstaufen mit seinem gesunden Heilklima wie geschaffen.

Das LL-Areal der Ferienregion reicht von **Thalkirchdorf** über Oberstaufen bis nach **Steibis** und **Aach** und ist sowohl für Urlauber als auch für Tagesausflügler bequem zu erreichen. Parkplätze gibt es an allen Einstiegen und vom Zentrum sind es nur etwa fünf Gehminuten zur nächsten Loipe. Ob gemütlicher Wanderer oder Spitzenläufer, alle Langläufer sind begeistert von den über 120 km gespurten Loipen, die durch eine großartige Landschaft führen. Man hat die Wahl zwischen leichten, beschaulichen Spuren bis hin zu Schweiß treibenden Aufstiegen und rasanten Abfahrten. Das Loipennetz von Oberstaufen wird zwischen den Ortsteilen **Moos, Kapf, Kalshofen, Schwarzenbach** und **Wengen** auf einer Gesamtlänge von 35 km »gestrickt«. Die Verbindungsspur Moos–Stiefenhofener Loipe (20 km) kann bis nach **Scheidegg** und zurück auf 75 km verlängert werden. Hängt man nochmals 25 km dran, dann hat man sich bereits das Oberstaufener Skiwanderabzeichen in Gold verdient.

Entweder startet man in einer der vier 2 bis 8 km langen Loipen direkt von Oberstaufen aus, oder man beginnt den Skitag unterhalb des beliebten Familien-Skibergs »Hündle« (1112 m). Von dort führen bis zu 25 km lange Doppelspuren über sonnige, freie Flächen an der Konstanzer Ach entlang über Thalkirchdorf bis zum Alpsee. Südlich von Oberstaufen liegt Steibis, wo ein 3 km langer Rundkurs nach der legendären Christl Cranz

 OBERSTAUFEN

→ **Das Langlaufgebiet**

Gebietshöhe: 791 m

Saison: Mitte Dezember bis Mitte März.

Anreise: München, Kempten, Immenstadt, Oberstaufen oder auf der Deutschen Alpenstraße (B 308) von Lindau über Lindenberg nach Oberstaufen.

🛈 Kurverwaltung, 87534 Oberstaufen, Tel. 0 83 86/93 00-0, www.oberstaufen.de; Außenstelle Steibis, Tel. 0 83 86/81 03; Außenstelle Thalkirchdorf, Tel. 0 83 86/1 94 33.

🛏 Oberstaufen 0 83 86/7 04 41.

→ **Die Loipen: 12**

Gesamtlänge: 120 km.

Schwierigkeit: Leichte und mittelschwere Loipen.

Längste Loipen: Alpsee–Waldsee, 60 km, leicht bis mittelschwer; Konstanzer Tal: Hündle–Schwandlift–Konstanzer Moos–Alpsee, 25 km, leicht bis mittelschwer.

Skatingloipen: 4.

Loipenhöhe: 800–1300 m.

Loipenbenutzung: Gratis.

Höhenloipe: Hädrichloipe, 15 km, 1200–1300 m, leicht bis mittelschwer.

Hundeloipe: Kalzhofen, 1,5 km.

Umkleiden/Duschen: In der Tennishalle direkt an der Hauptloipe »Moos«.

Loipenplan: Bei der Kurverwaltung.

LL-Schule: Skischule Oberstaufen, Tel. 08386/72 72.

Leihausrüstung: In den meisten Sportgeschäften.

Rennen/Volksläufe: Gäste-LL-Rennen jeden Donnerstag um 13.30 Uhr beim LL-Zentrum Moos (Anmeldung Skischule Oberstaufen).

→ **Allgemeine Informationen**

🅿 In allen Ortsteilen in der Nähe der Startpunkte.

Bustransfer: Kostenloser Bustransfer zwischen Oberstaufen, Weißach, Steibis und Hochgrat für Gästekartenbesitzer.

Ski alpin: 35 km Pisten.

Sport: Skitouren, Skiwandern, Rodeln, Drachen-/Gleitschirmfliegen, Tennis-/Squashhalle, Bowling, Erlebnisbad »Aquaria« (1000 qm Wasserlandschaft, großer Saunabereich, Solarienwiese).

Après-Ski: Restaurants, Cafés, Weinstuben, Tanz, Disko, Folklore, Diashows, Kino, Theater, Heimatmuseum, Massagen.

 Kinderskikurse und allgemeine Betreuung (alle Altersstufen).

 8000 Gästebetten in Hotels, Pensionen und Ferienwohnungen.

→ **Top-Loipe**

»Vom Alpsee zum Waldsee«: Die 60 km lange Super-Loipe führt vom Alpsee im Oberallgäu zum Waldsee (im Westallgäu). Der LL-Marathon beginnt am Alpseeparkplatz direkt an der B 308; von dort führt die erste Etappe der langen Loipe über Ratholz, Thalkirchdorf, Hündle und Wengen nach Oberstaufen. Von hier geht oder läuft man über Wolfsried, Stiefenhofen, Simmerberg, Ellhofen und Weiler weiter nach Scheidegg und Lindenberg bis zum Waldsee.

Leichter Einstieg in alle Loipen, im Allgäu sind die Wege kurz von den Parkplätzen bis in die Spur.

benannt wurde. Hängt man noch eine kleine Schleife an, läuft man über landschaftlich wunderschönes Gelände, auf dem im Sommer Golfer ihre Bälle schlagen. An allen Loipen finden sich diverse Einkehrmöglichkeiten mit zum Teil sonnigen Terrassen. Bei Steibis schweben höhenluftgierige Langläufer mit der Imbergbahn zum Imberghaus auf den Hädrich (1200 bis 1300 m). Bei der Bergstation läuft man in der eigenen Skispur bis zur Hädrichloipe (auch mit dem Auto über Aach – Grenzort nach Österreich – und über **Reifensberg** zu erreichen). Schneesicher bis manchmal in den April hinein präsentieren sich die 24 km langen präparierten Hädrich-Höhenloipen. Auf dem Hochmoor beginnt auch die 3 km lange Skiwanderung von der Alpe Hörmoos zur Falkenhütte auf 1439 m Gipfelhöhe (den Personalausweis nicht vergessen!).

Nach einer langen Skitour sollte man ausspannen. Es heißt, dass man sich nach einer der Oberstaufener Schroth-Kuren wie neugeboren fühlt. Erholt und gestärkt kann man dann die 60 km lange Superloipe vom Alpsee zum Westallgäuer Langlauftreff **Waldsee** bezwingen. Der Alpsee kuschelt sich in ein Becken bei Immenstadt (Oberallgäu) östlich von Oberstaufen.

Eine ebenso beliebte Spur, die auch zu den Top-Loipen von Oberstaufen zählt, ist die 8 bis 10 km lange Kapfloipe. Sie ist landschaftlich besonders reizvoll, gilt aber als sehr anspruchsvoll.

Das Langlaufangebot um Oberstaufen ist so umfangreich, dass jeder Skiläufer auf seine Kosten kommt. Man findet sogar spezielle Hundeloipen. Zum Erlernen der Technik oder als Orientierungshilfe kann man sich den Langlauflehrern der örtlichen Skischulen anschließen, um gemeinsam die schöne Landschaft zu durchwandern. Wöchentlich werden zudem Gästerennen organisiert und die Geselligkeit kommt bei einer enormen Anzahl an Lokalitäten aller Art dann sicher nicht zu kurz.

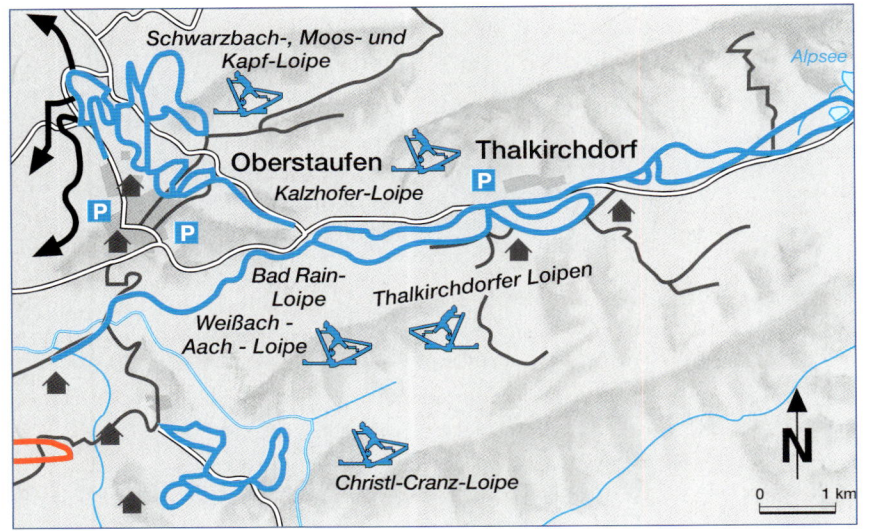

Isny und Buchenberg

Die etwas höher gelegenen Langlaufspuren der Allgäuer Voralpen, zwischen dem württembergischen Isny und dem bayerischen Buchenberg, haben eines gemeinsam: den herrlichen Blick auf über 60 Alpengipfel.

Kann man eine Landschaft auf eine ruhigere und angenehmere Art kennen lernen als auf Langlaufski? Quer durch die Allgäuer Voralpen wird jeden Winter eine sportlich anspruchsvolle Loipe gespurt, die sämtliche Langlaufgebiete streift und zudem an allen wichtigen Orten vorbei und auch noch zu zahlreichen Gasthöfen (!) hinführt. Die 29 km lange »Allgäuer-Voralpen-Loipe« von Isny nach Kempten zählt zu den bekanntesten LL-Spuren in Süddeutschland. Durch Verbindungen mit anderen Loipenverbundsystemen kann sie bis zur Marathondistanz auf 42 km gestreckt werden. Dazwischen zweigen fast in jedem Ort kleinere, insgesamt 610 km lange Rundkurse ab. Durch den Anschluss an die »Allgäuer-Voralpen-Loipe« addieren sich die – für das Allgäu typisch – mustergültig präparierten Loipen zwischen **Isny** und **Buchenberg** auf über 200 km. Davon entfallen auf die LL-Region Isny–Argenbühl etwa 85 km Spuren. Isny hat als Langlaufhochburg Tradition. Bereits 1924 wurden hier die ersten Deutschen Nordischen Skimeisterschaften ausgetragen. Außerdem ist Isny die Heimatstadt des zweimaligen Olympiateilnehmers Hans Rudhart.

Rund um den Luftkurort Buchenberg verteilen sich in dem waldreichen Gebiet etwa 100 km Spuren auf 17 Loipen, die teils auch zu den Orten **Weitnau**, **Wengen** und **Wiggensbach** führen. Landschaftlich besonders reizvoll ist die 7 km lange LL-Trasse vom ehemaligen Bahn-

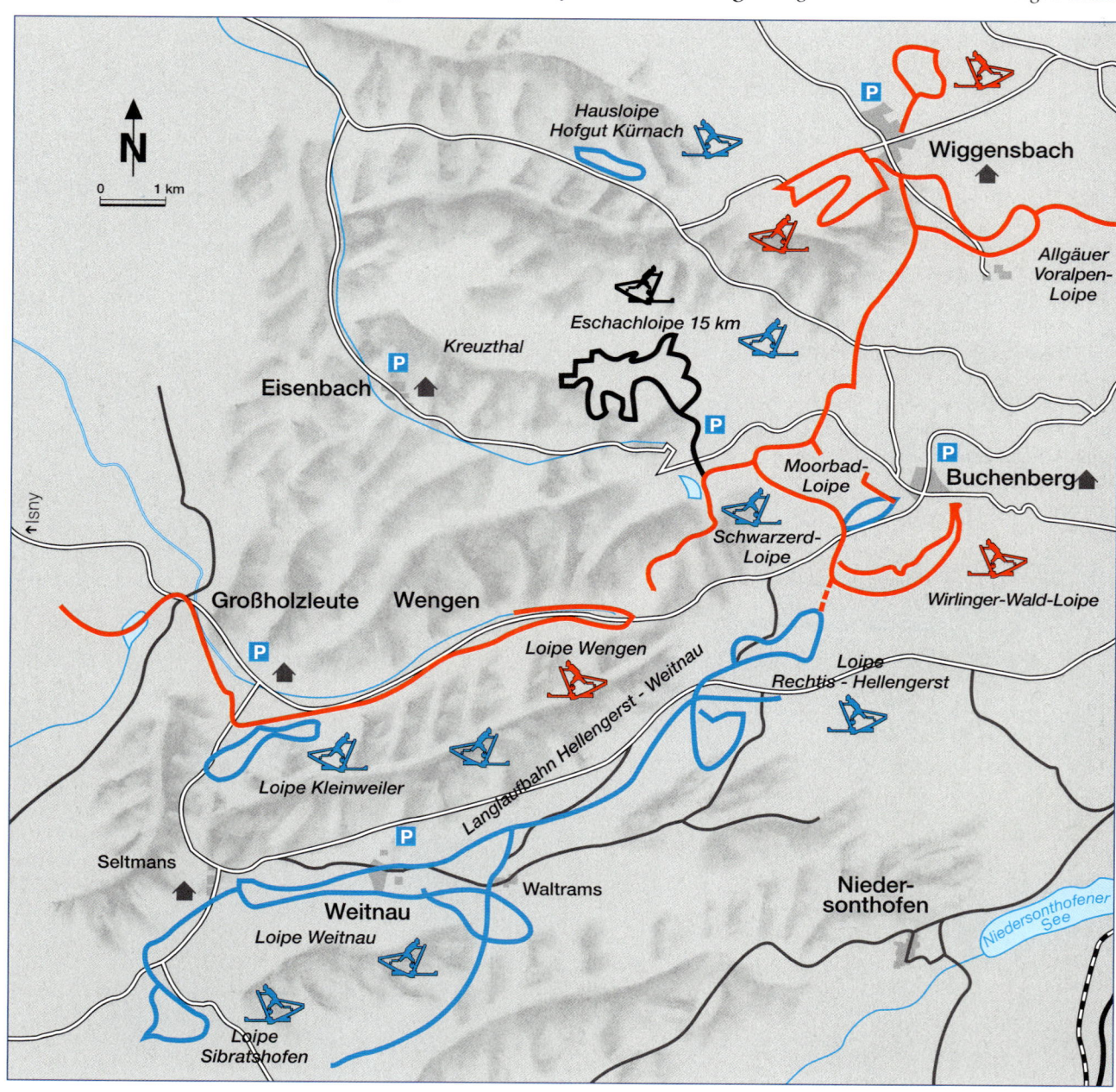

hof Hellengerst bis zur Ortsmitte von Weitnau. Neu sind die für Anhänger des Skatingstils eingerichteten Trassen neben der Schwarzerd- und der Moorbadloipe. Auf der alten Trasse des Gleiskörpers führt die Allroundloipe, die für den gemütlichen Skiwanderer ebenso wie für den Schnell-Läufer geeignet ist, durch das malerische Speckbachtal unterhalb von **Osterhofen** und dann über **Weilerle, Bühl, Haslach, Moos** durch das reizvolle »Wuhl« bis Weitnau. Mit den Mitgliedern der LL-Nationalmannschaft messen können sich ambitionierte Langläufer in der schweren und schneesicheren Eschachloipe (15 km). Lohn der Mühe ist einer der schönsten Rundblicke der Allgäuer Voralpen von der Zugspitze (2963 m) im Osten bis zum Hochgrat (1833 m) im Westen. Eine der größten Winterattraktionen ist das jährlich im Januar oder Februar stattfindende Schlittenhunderennen in Buchenberg. Neben den üblichen Unterbringungsmöglichkeiten bieten sich in der Region zwischen Isny und Buchenberg – vor allem für Langläufer, die es gern ruhig haben – Bauernhöfe mit Ferienwohnungen an. Die meist günstigen Übernachtungsmöglichkeiten liegen zwar nicht immer an der Loipe, können aber zum Teil mit einem unverbauten Gebirgsblick und zum Teil mit einem eigenen kleinen Skilift (eventuell zum LL-Abfahrtstraining zu nutzen) aufwarten.

Mustergültig gespurte Loipen finden sich zwischen den Orten Isny und Buchenberg.

Weihnachtsmarkt in Isny, der Langlaufhochburg im Voralpenland – hier wurden bereits 1924 die ersten Deutschen Nordischen Skimeisterschaften ausgetragen.

Isny / Buchenberg

→ Die Langlaufgebiete

Isny, 700 m
Buchenberg, 800 m

Saison: November bis Mitte März.

Anreise: Ulm oder München, Kempten, Buchenberg, Isny.

Kurverwaltung, 88316 Isny, Tel. 0 75 62/9 84-1 10, www.isny.de, E-Mail info@kurverwaltung.isny.de; Tourist Info, 87474 Buchenberg, Tel. 0 83 78/92 02-22, www.allgaeu.org/buchenberg, E-Mail markt.buchenberg@allgaeu.org.

→ Die Loipen

5 in Buchenberg, 11 in Isny.

Gesamtlänge: 4–8 km in Isny; 38 km in Buchenberg plus Verbundloipe Allgäuer Voralpen mit beliebiger Verlängerung.

Schwierigkeit: Sehr leicht bis schwer (für Geübte).

Längste Loipen: Allgäuer-Voralpen-Loipe von Isny nach Kempten, 29 km, leicht-mittelschwer, erweiterbar auf 42 km; Eschachloipe (Wettkampfstrecke des SC Kempten), 15 km, beim Eschacher Weiher (Buchenberg), schwer.

Skatingloipen: 4 in Isny; 2 in Buchenberg.

Nachtloipe: 1 in Buchenberg, Di und Do. 17.45 und 19.30 beleuchtet; 1 Flutlichtloipe in Isny.

Loipenstart: Buchenberg: Im Ort bzw. am Ortsrand, ab Parkplatz Eschacher Weiher; Isny.

Loipenhöhe: 700–900 m.

Loipenbenutzung: Gratis.

Hundeloipe: 1 in Isny.

Umkleiden/Duschen: Gästehaus Waldbad, Isny.

Loipenplan: Bei der Tourist Info.

LL-Schulen: Skischule Rudhart, Maierhofen; Skischule Frey und Haslach, Buchenberg.

Leihausrüstung: In einigen Sportgeschäften, z. B. Sport Rudhart in Maierhofen oder Sport Frey in Buchenberg.

Rennen/Volksläufe: Rennen des Wintersportvereins in Isny; vereinsinterne Rennen in Buchenberg (Startgeld 5–10 DM); Pokal-Langlauf des SC Kempten.

→ Allgemeine Informationen

P An größeren Loipenkreuzungen, z. B. am Buchberg oder bei den Tennisplätzen von Isny.

Bus: Öffentliche Buslinien, ab Ortszentrum 5–15 Minuten.

Ski alpin: 10 Lifte, in Isny 1 Übungslift an der Loipe am Stadtrand.

Sport: Tennis, Squash, Schwimmen, Kegeln, Radfahren, Rodeln, Reiten, Ski alpin, Snowboarding an 5 Skiliften in Buchenberg, Eschach, Kreuzthal.

Einkehr an der Loipe: Mehrere Möglichkeiten in Buchenberg und Isny.

Après-Ski: Restaurants, Cafés, Weinstuben, Tanz, Disko, Folklore, Diashows, Kino, Theater, Oper, Sonderveranstaltungen.

Alle Kategorien, 500 Gästebetten in Buchenberg, mehr als 500 Gästebetten in Isny.

Königlich

Bayerische Lebenslust bestimmt auch die Gangart in den Spuren rund um die Orte Oberammergau, Garmisch-Partenkirchen, Berchtesgaden, im Isarwinkel sowie im Tegernseer und Schlierseer Tal. Kein Wunder!

Oberammergau

Die Passionsspiele finden nur alle zehn Jahre statt, Langläufer aus aller Welt hingegen können jeden Winter aufs Neue rund um Oberammergau ihrer Leidenschaft auf 100 km Loipen nachgehen.

Das Lieblingsmotto im Ammertal lautet: Langlaufen auf den Spuren König Ludwigs. Wo einst der berühmteste bayerische König im Pferdeschlitten ausfuhr, trifft sich heute ein internationales Langlaufpublikum vor prachtvoller Ku-

lisse. Kenner sagen, »Linderhof«, knapp 14 Loipenkilometer von der 5000-Seelen-Gemeinde entfernt, wäre das schönste Schloss vom bayerischen Märchen-»Kini«, und das Ettaler Kloster, drei LL-Kilometer südlich von **Oberammergau**, ist ohnehin weit über Bayerns Grenzen bekannt. Das hoch gelegene Ammertal (84–1100 m) bietet ein Loipenangebot, das selbst den berühmten Nachbarn Garmisch neidisch werden lässt. Im leichten bis mittelschweren Gelände werden von Dezember bis März 100 Loipenkilometer

Herrgottschnitzer in Graswang, zwischen Ettal und Linderhof.

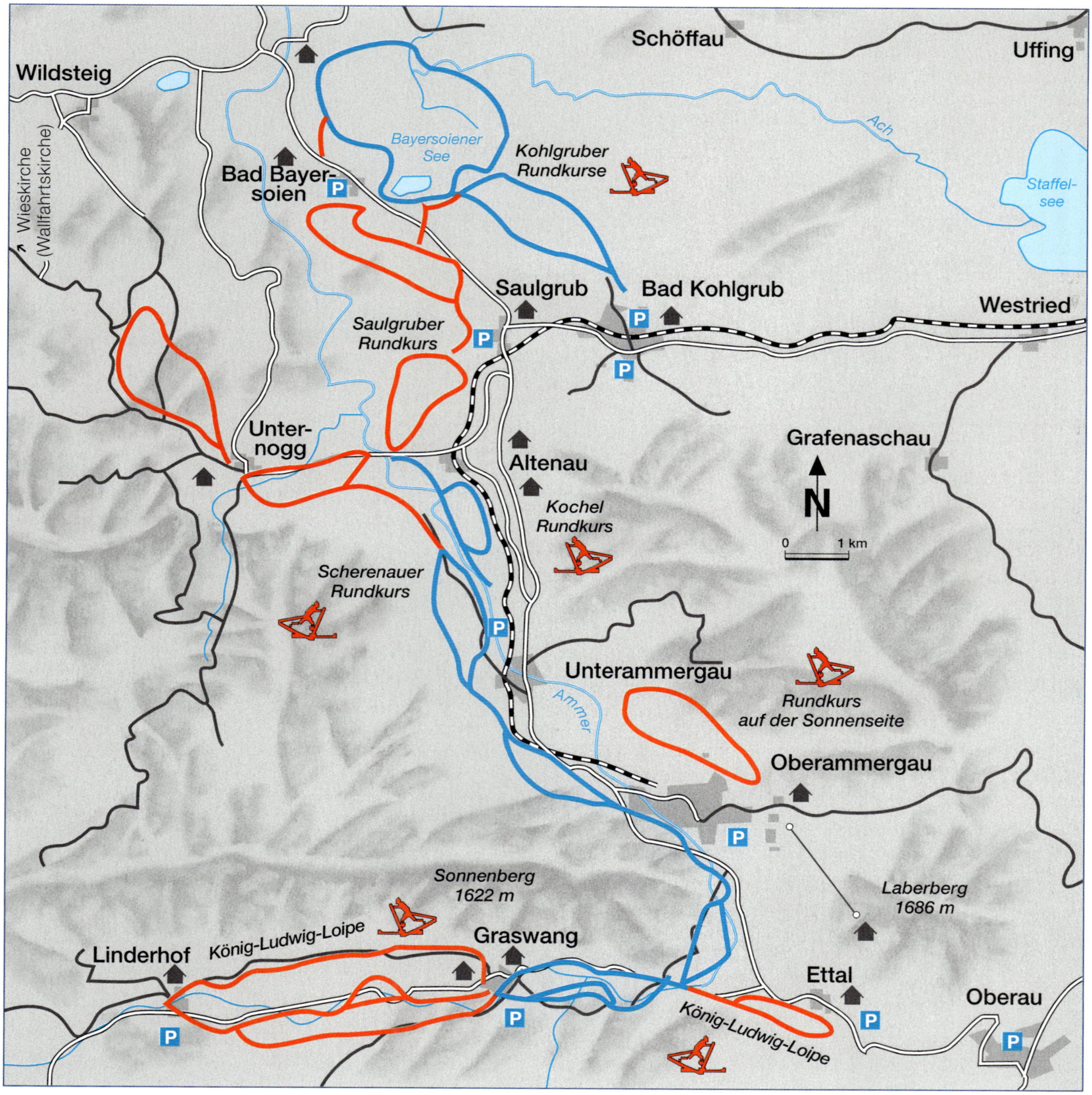

Wildsteig

Schöffau

Uffing

Wieskirche (Wallfahrtskirche)

Bayersoiener See

Bad Bayer-soien

Kohlgruber Rundkurse

Ach

Staffel-see

Saulgruber Rundkurs

Saulgrub

Bad Kohlgrub

Westried

Unter-nogg

Altenau

Grafenaschau

N

0   1 km

Kochel Rundkurs

Scherenauer Rundkurs

Ammer

Unterammergau

Rundkurs auf der Sonnenseite

Oberammergau

Laberberg 1686 m

Sonnenberg 1622 m

König-Ludwig-Loipe

Graswang

Linderhof

Ettal

Oberau

König-Ludwig-Loipe

gesprut. Die beliebteste Rundstrecke ist natürlich die König-Ludwig-Loipe. Sie führt von Oberammergau über **Graswang** an Linderhof vorbei und über **Ettal** bis nach **Unterammergau** zurück. Insgesamt 65 km werden am ersten Februarwochenende für den traditionellen Skimarathon, den »König-Ludwig-Volkslauf«, gespurt. Über vier unterschiedlich lange Teilstrecken wird die größte Langlaufveranstaltung Deutschlands, die auch zu den größten der Welt (Worldloppet) zählt, ausgetragen. Auch an den Nachwuchs ist gedacht: Es gibt Rennen nur für Kinder, den »Mini-Kini«, über 7 km. Weniger rennsportlich, aber landschaftlich ebenso reizvoll, ist der 10 km lange Rundkurs von Oberammergau bis Unterammergau. Für alpine Abwechslung sorgen rund 15 Lifte und Seilbahnen, die Skifahrer auf 50 km Abfahrtspisten bringen. Zur Entspannung empfiehlt sich das vielseitige Wasserspaßprogramm im »Wellen-Berg«, dem ersten runden Wellenbad Europas, mit Riesenrutschen, Whirlpool und Heißwasser-Freibecken. Wer sich für die berühmte Oberammergauer Schnitzkunst interessiert, findet im Heimatmuseum und in der Schnitzschule des Pilatushauses genügend Beweise der traditionellen Handwerkskunst.

Tipp: Abheben und sich wohlfühlen – bei einer Ballonfahrt über Oberammergau kommen majestätische Gefühle auf. Start ist täglich bei gutem Wetter, Infos bei Oberammergau Tourismus, Tel. 0 88 22/92 31-0.

Auftakt für den traditionellen »König-Ludwig-Volkslauf« über insgesamt 65 km, der an jedem ersten Februarwochenende stattfindet.

→ Top-Loipe

Wahrhaft »königlich« ist die wohl berühmteste Loipe Oberbayerns, die König-Ludwig-Loipe, führt sie doch am Ludwig-Schloss Linderhof vorbei. Dieses Teilstück zum Schloss und drei weitere Etappen werden allerdings nur einmal im Jahr, zum traditionellen König-Ludwig-Lauf, gespurt und mit den vorhandenen Spuren kombiniert (siehe »Rennen/Volksläufe« im Info-Kasten). Die komplette Volkslauf-Strecke von 55 km auf einen Blick: Ettal–Rote Brücke–Schattenwald–Zollhaus–Westwende–Schloss Linderhof–Raut–Graswang–Rote Brücke–Oberammergau (bis hier und zurück sind es 45 km)–Unterammergau–Unternogg-Reiterhof/Altenau–Unterammergau–Oberammergau.

OBERAMMERGAU

→ Das Langlaufgebiet

Oberammergau, 840 m

Saison: Ende November/Anfang Dezember bis Ende März.

Anreise:
Augsburg–Schongau–Oberammergau bzw. München–Oberau–Ettal–Oberammergau.

 Oberammergau Tourismus, Eugen-Papst-Straße 9a, 82487 Oberammergau, Tel. 0 88 22/92 31-0, Fax 0 88 22/92 31-90, www.oberammergau.de, E-Mail info@oberammergau.de.

Oberammergau 0 88 22/92 31 31.

→ Die Loipen: 7.

Gesamtlänge: 90 km (einige Loipen werden nur bei guter Schneelage und an einigen Stellen nur am Wochenende gespurt).

Schwierigkeit: Leicht und mittel.

Längste Loipen: König-Ludwig-Loipe (850–1005 m), die gesamten 65 km werden nur beim König-Ludwig-Lauf gespurt; 14,5 km Oberammergau–Graswang und zurück; 14,5 km Oberammergau–Ettal und zurück; 28,5 km Oberammergau–Graswang–Linderhof und zurück; 23 km Ettal–Linderhof und zurück.

Loipenhöhe: 840–1005 m.

Höhenloipe: Graswang–Linderhof (1005 m).

Skatingloipen: 2 Loipen über 6 und 25 km.

Loipenplan: Bei Oberammergau Tourismus.

Loipenstart: Am Ortsrand von Oberammergau; König-Ludwig-Lauf in der Nähe der Bushaltestelle am Ortsrand von Ettal.

Leihausrüstung: Sporthaus Mühlstrasser, Sportzentrale Papistock.

Rennen/Volksläufe: Internationaler König-Ludwig-Volkslauf über 7, 15, 30, 45 und 65 km, findet am ersten Februarwochenende statt und zählt zum »Worldloppet«, der Kinder-Volkslauf »Mini-Kini« führt über 7 km; außerdem jeden Mittwoch Gästelanglauf über 6 und 15 km, Start: 13.00 Uhr beim Neuen Friedhof.

LL-Schule: Skischule Ammertal.

→ Allgemeine Informationen

P Kolbenparkplatz Oberammergau, Eugen-Papst-Straße, Festplatz Oberammergau, Tennishalle am Malensteinweg; zu Fuß ca. 10 Minuten vom Bahnhof.

Ski alpin: 9 Bergbahnen und Skilifte mit 24 km Pisten.

Einkehr an der Loipe: Mehrere Restaurants und Hotels in Oberammergau.

Sport: Schwimmen, Eisstockschießen, Eislaufen, Tennis, Squash, Schneeschuh wandern, Rodeln, Fitnesscenter.

Après-Ski: Cafés, Kurgästehaus, Museum, Bücherei.

Im Pilatushaus, Tel. 0 88 22/93 25 60.

 2300 Betten im Loipenumfeld, vom einfachen Gästezimmer bis zum Schlosshotel.

Garmisch-Partenkirchen

Wetterstein- und Karwendelgebirge bilden den hochalpinen Rahmen für ein mit 200 Loipenkilometern wahrhaft paradiesisches LL-Revier. Ob in der Panoramaloipe mit dem schönsten Blick auf das gesamte Zugspitzmassiv oder in der Verbindungsspur zum Nachbarrevier Leutaschtal in Tirol, hier wollen nicht nur die Berge hoch hinaus.

Wo Deutschland am höchsten ist, ist es auch am schönsten. Zumindest für all jene, die ihr Winterglück auf zwei schmalen Latten suchen. Über 2000 m ragen die Felswände der Zugspitze über die Häuser von **Garmisch-Partenkirchen** hinaus. Eine hochalpine Welt, die allerdings in erster Linie dem sportlich engagierten Skifahrer vorbehalten ist. Einen Sightseeingabstecher auf die Spitze der Nation in der spektakulär frei schwebenden Seilbahn muss aber auch »Fußgängern« dringend empfohlen werden. Der Rundblick aus fast 3000 m Höhe ist einfach überwältigend. Felsig bleibt es auch im weiteren Verlauf des Isartals bis zur österreichischen Grenze bei **Mittenwald**. Wetterstein- und Karwendelgebirge rahmen den weiten Talboden ein. Und genau auf diesem finden Langläufer ein wahres Paradies vor. Insgesamt über 200 km gespurte Loipen stehen zur Auswahl. Mit den Anschlussmöglichkeiten in die Leutasch und ins nahe Seefeld verdoppelt sich die Strecke sogar noch einmal.

Garmisch ist das Zentrum für den genussvollen leichten Langlauf. Allein der Rundkurs durch das fast ebene Naturschutzgebiet des Loisachtals bis nach **Eschenlohe** kann in kleinen Schritten bis auf 30 km ausgedehnt werden. Und wer am Wendepunkt das Gefühl hat, dass die ganze Geschichte wohl doch etwas zu mühsam wird, setzt sich in den stündlich verkehrenden Zug.

Tipp: Von dieser Ecke hat man den schönsten Panoramablick auf das gesamte Zugspitzmassiv.

Der gemeinsame Startpunkt der Loipen in **Farchant** wird leider nicht mit dem Skibus angefahren. Parkplätze sind jedoch reichlich vorhanden. Die Loipen zum Eibsee und nach Kaltenbrunn in Richtung Isartal gehen vom 4 km langen Rundkurs Hausberg-Skistation ab und

GARMISCH-PARTENKIRCHEN

→ Die Langlaufgebiete

Garmisch-Partenkirchen, 720 m
Krün, 875 m
Mittenwald, 920 m

Saison: Mitte Dezember bis Ende März.

Anreise: A 95 München–Garmisch und B 2 nach Garmisch-Partenkirchen, auf der B 2 weiter nach Mittenwald und Krün, oder München B 11 über Walchensee nach Krün und Mittenwald; Bahnstationen sind Garmisch und Mittenwald.

Tourist Information, 82476 Garmisch-Partenkirchen, Tel. 0 88 21/ 1 80-7 00; Fax 0 88 21/1 80-7 55, www.garmisch-partenkirchen.de, E-Mail tourist-info@garmisch-partenkirchen.de; Kurverwaltung, 82481 Mittenwald, Tel. 0 88 23/3 39 81, E-Mail kurverwaltung@mittenwald.de; Verkehrsamt, 82494 Krün, Tel. 0 88 25/ 10 94, Fax 0 88 25/22 44, www.kruen.de, E-Mail tourist-info@kruen.de.

Garmisch 0 88 21/79 79 79.

→ Die Loipen

4 in Garmisch-Partenkirchen, 185 km gespurte Loipen im Loisach- und im oberen Isartal, 8 in Krün, 1 in Mittenwald.

Gesamtlänge: 27 km in Garmisch-Partenkirchen, 90 km in Krün, 20 km in Mittenwald.

Schwierigkeit: Überwiegend leicht, mittel, schwer.

Längste Loipe: 10 km in Garmisch; 35 km in Krün.

Skatingloipen: 4 in Garmisch-Partenkirchen (Hausberg, Kaltenbrunn-Klais, Rundkurs Kaltenbrunn, Hausberg-Hammersbach), 4 in Krün und 1 in Mittenwald

Nachtloipen: 1 im Kainzenbad am Skistadion in Garmisch (Skating), Di und Do 18.00–21.00 Uhr; 1 an der Finzbachstraße in Krün und 1 in Mittenwald.

Loipenhöhe: 720–920 m.

Loipenbenutzung: Gratis.

Loipenplan: Bei der Tourist Information.

Loipenstart: Langlaufzentrum Kaltenbrunn, Hausberg-Talstation, Skistadion in Garmisch; Parkplatz Griesweg, Feldstraße, Krottenkopfstraße, Finzbachstraße, Ortsteil Barmsee in Krün. Loipe Klais (Krün) befindet sich unmittelbar am Bahnhof.

LL-Schulen: Erste Langlaufskischule Garmisch-Partenkirchen Thomas Schwinghammer, Tel. 0 88 21/15 16 und 5 66 32 sowie alle Skischulen in Garmisch; Skischule Krün, in Gschwand, 82494 Krün, Tel. 0 88 25/3 24, Skischule Kriner in Krün; Ski-

schule Klais, Elmauweg, 82493 Klais; Erste Skischule Mittenwald, Bahnhofsplatz, 82481 Mittenwald, Tel. 0 88 23/35 82; Vereinigte Skischule Mittenwald, Bahnhofsplatz, 82481 Mittenwald, Tel. 0 88 23/80 80.

Leihausrüstung: In zahlreichen Sportgeschäften, Skischulen in Garmisch-Partenkirchen, Mittenwald und Krün sowie in der Ersten Langlaufskischule und bei Skiverleih Ostler, Tel. 08823/39 99, in Garmisch.

Umkleide/Duschen an Loipen: Alpspitzwellenbad 10 Minuten vom Hausberg in Garmisch.

Rennen/Volksläufe: Gästerennen werden von der Skischule Schwinghammer im Langlaufzentrum Kaltenbrunn veranstaltet; Rennen des Ski-Club Krün.

→ Allgemeine Informationen

Zahlreiche Parkmöglichkeiten am Langlaufzentrum Kaltenbrunn, an der Hausbergbahn, am Olympia-Skistadion in Garmisch-Partenkirchen; Skibus in Mittenwald; Parkplätze am Friedhof, Kurhaus, Griesweg und an der Isarauenstraße in Krün, Busverkehr in Krün nach Klais.

Bus: RVO-Bus vom Bahnhof Garmisch nach Kaltenbrunn, Ortsbus zu den Loipeneinstiegen kostenlos mit Kurkarte; Shuttle-Bus in Mittenwald

Ski alpin: 110 km Pisten in Garmisch-Partenkirchen, 25 km Pisten in Mittenwald, Kranzberg-Skigebiet, Freeriding am Dammkar.

Sport: Billard, Bowling, Dart, Drachenfliegen, Gleitschirmfliegen, Eis klettern, Kegeln, Rodeln, Schwimmen, Squash, Taekwon-Do, Tennis, Schneeschuh wandern, Winterwandern in Garmisch; Tennis, Schwimmen, Eis laufen, Kegeln in Mittenwald; Eis laufen, Eishockey, kegeln, Schießen, Tennis, Rodeln, Mountainbiking, Schwimmen, Wandern, Ski alpin in Krün.

Einkehr an Loipen: Gasthof Kaltenbrunn, Gaststätte Hausberg, Hotel Olympiahaus in Garmisch; Ried-Treff (Tennishalle) in Mittenwald; mehrere Gasthöfe und Cafés in Krün.

Après-Ski: Restaurants, Cafés, Tanz, Disko, Folklore, Spielkasino, Fackelwanderung in die Partnachklamm, Kino, Pferdeschlittenfahrten in Garmisch.

 Kinderskikurse mit teilweiser ganztägiger Betreuung in Garmisch.

10 000 Gästebetten in Garmisch in Hotels, Pensionen und Ferienwohnungen, Ferien auf dem Bauernhof; 200 Gästebetten in Mittenwald; 2500 Gästebetten in Krün.

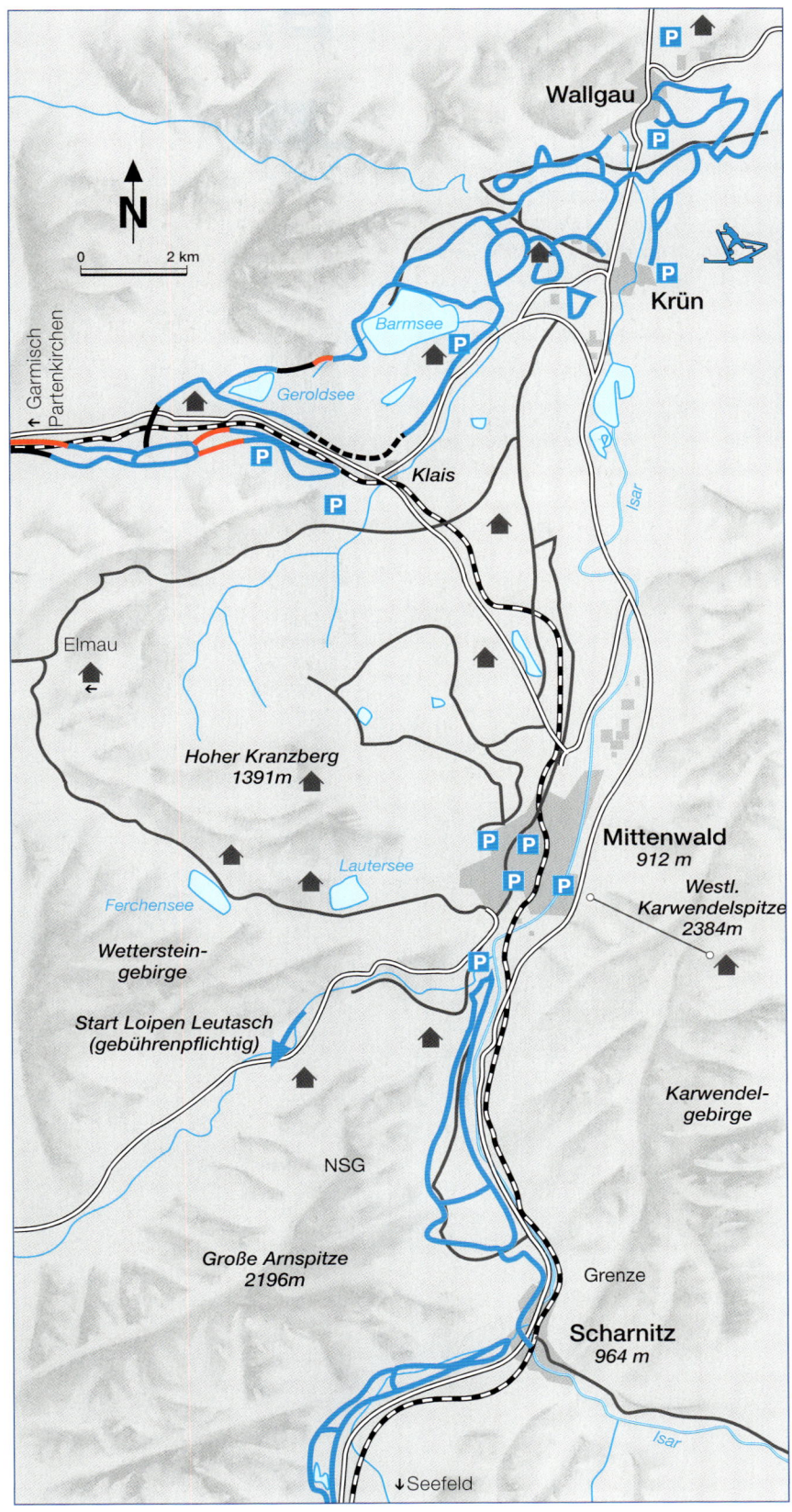

werden im 15-Minuten-Takt vom kostenlosen Skibus bedient.

Anfänger und weniger Routinierte tummeln sich vorzugsweise in den Spuren zwischen Osterfelder, Hammersbach und Eibsee: Vom Hausberg (Talstation Hausbergbahn) startet eine 6 km lange leichte Trasse nach Hammersbach, durch Grainau führt eine leichte 4-km-Rundspur zum Zugspitzbad. Als einfach ist auch die 4 km lange Trasse von Grainau (Törlenweg) in Richtung Eibsee zu bezeichnen und ebenfalls für Anfänger eignet sich die 3,5 km lange Flutlichtloipe in **Krepbach**. Auch Skatingfans finden hier reichlich und vor allem konfliktfreie Möglichkeiten für den schnellen Schritt. Am anspruchsvollsten ist der Übergang in das Isartal. Mehrere steile Aufschwünge fordern hin Kondition und zurück Standvermögen. Wer sich dieses Risiko ersparen möchte, aber trotzdem auf das Loipenangebot im oberen Isartal nicht verzichten will, der sucht sich am besten gleich ein Quartier zwischen **Wallgau** und Mittenwald. Im Vergleich zur recht quirligen Alpenmetropole Garmisch geht hier im Werdenfelser Land alles noch etwas ruhiger zu. Gleichgültig ob man in **Klais, Krün** oder Wallgau selbst logiert, man wohnt an der Loipe. Ein festes Quartier in Mittenwald zu beziehen, lohnt jedoch nur, wenn man die Spur im Leutaschtal und ins österreichische Seefeld nutzen möchte, oder bei guten Verhältnissen mit den Alpinski sein Glück am Dammkar, Deutschlands steilster Piste, versuchen will. Eine durchgehend präparierte Spur von Krün nach Mittenwald existiert nicht. Dafür hat man im weiten Talboden von Wallgau die Qual der Wahl. Nach Westen schlängeln sich gleich mehrere Spuren um den malerisch gelegenen Barmsee und den Geroldsee herum. Auf stolze 20 km bringt es der längste Rundkurs, für den man übrigens eine üppige Zeitreserve einplanen sollte. Nicht wegen der Schwierigkeit, die bewegt sich höchstens einmal kurzfristig im mittleren Bereich, sondern wegen der herrlichen Aussicht auf die winterliche Szenerie des Karwendelgebirges. Für den kurzen Sprint vor dem Nachmittagskaffee bieten sich dann die kleinen Kurse im weiten Talboden zwischen Wallgau und Krün an. Wer sich zutraut, in eine nicht maschinell gepflegte

Spur zu steigen, der findet auf der Naturstrecke nach **Vorderriß** noch ein kleines Abenteuer. Einsamkeit ist hier garantiert. Bestens organisiert ist auch der Busverkehr. Er fährt zwar nicht kosten-

los, aber dafür in dichter Taktfolge zwischen einem ebenso dichten Netz von Haltestellen. Da darf man ruhig den Abstecher zum Après-Ski nach Garmisch-Partenkirchen wagen.

Isarwinkel

Frei nach der Devise »weniger ist mehr« gestaltet der Isarwinkel sein Angebot für Langläufer. Zwischen Bad Tölz, Lenggries und Wegscheid und in der Jachenau locken wenige, dafür aber sehr lange und teils bis in den April hinein schneesichere Loipen vor allem Münchner Skiläufer in die malerische Winterlandschaft. Das Loipennetz umfasst 100 km und lässt sich bis nach Hinterriß in Tirol erweitern.

Im schönen Isartal wird es für Langläufer eigentlich erst hinter dem Luftkurort **Lenggries** so richtig idyllisch. Die beliebten Loipen zwischen Bad Tölz und Wegscheid sind zwar weit genug von der lauten Bundesstraße entfernt, aber im »Dunstkreis« von Bergbahn, Skiliften und dem riesigen Parkplatz ist doch viel Rummel angesagt. In den LL-Trassen kann es an Wochenenden oder zur Ferienzeit (hauptsächlich zwischen Weihnachten und Neujahr) sogar trotz Überholspur regelrecht zum Gedrängel kommen. Wäre da nicht noch die **Jachenau**, ein Zauberwort in Langläuferkreisen. Der 35 km lange Rundkurs »Jachental«, kurz hinter Lenggries zwischen den kleinen Ferienorten Jachenau (790 m) und Leger, sowie die 22 km lange »Vorderriß/Isarfeld-Loipe« (einfache Strecke) von Fall über 9 km nach Vorderriß und weitere 13 km bis nach Wallgau (868 m) lassen Langläufer voll auf ihre Kosten kommen. Die beiden Dauerlaufstrecken führen durch lang gezogene, windgeschützte Hochtäler und zählen zu den schneesichersten Geheimtipps unter Münchner Langläufern. Die durchweg leichten Spuren sind an mehreren Wendepunkten abkürzbar. Je nach Lust, Laune und Kondition lässt sich zum Beispiel die Jachentalloipe auf eine 4,5 km lange Dorfrunde um Jachenau (mit zusätz-

---

♦♦♦♦ ISARWINKEL

→ Die Langlaufgebiete

Lenggries, 680 m
Jachenau, 790 m

Saison: Anfang/Mitte Dezember bis Mitte/Ende März; Rißbachloipe bis Mitte April.

Anreise: Autobahn München–Salzburg, Ausfahrt Holzkirchen, Bad Tölz, Lenggries; Bahnstationen sind Lenggries und Klais.

 Verkehrsamt, 83661 Lenggries, Tel. 0 80 42/50 08 20, www.lenggries.de.

 Lenggries 0 80 42/50 08 49.

→ Die Loipen: 6.

Gesamtlänge: 102 km, mit Anbindung an die Loipen von Bad Tölz.

Schwierigkeit: 90 km leicht, 10 km mittel.

Längste Loipe: Jachenau–Leger, 35 km, leicht; Hinterriß–Eng, 26 km, leicht/mittel; Fall–Vorderriß–Walgau, 21 km, einfache Strecke, leicht/mittel.

Skatingloipen: 1 ab Lenggries (8 km) und 1 bei Jachenau (4,5 km).

Höhenloipe: Rißtalloipe 900–1100 m, 26 km, leicht/mittel.

Nachtloipe: Rundkurs 2 km ab Tennishalle.

Loipenhöhe: 680–1100 m.

Loipenbenutzung: Gratis.

Loipenplan: Beim Verkehrsamt.

LL-Schulen: Skischule Braunneck und Skischule Lenggries, Skischule HISKI (Braunneckbahn-Talstation).

Leihausrüstung: Georg Haslinger, Sport Sepp, Skischule in Wegscheid (Draxlhanglift), Skischule Braunneck, Skischule HISKI.

→ Allgemeine Informationen

P An der alten Talstation Braunneckbahn, bei den Draxl-/Jaudenhangliften in Wegscheid, in Leger, in Tannern, in Fall, in Vorderriß, in Hinterriß oder beim Alpenhof; Bus vom Bahnhof Lenggries zur Bergbahn und Bustransfer auf Bestellung zwischen Wallgau und Vorderriß.

Ski alpin: 34 km Pisten.

Sport: Skitouren, Snowboarden, Eislaufen, Eisstockschießen, Rodeln, Drachen-/Gleitschirmfliegen, Reiten, Tennis, Schwimmen, Kegeln, Schneeschuhwandern.

Einkehr an der Loipe: Mehrere Möglichkeiten in Lenggries, Wegscheid, Vorderriß, Hinterriß, Jachenau.

Après-Ski: Restaurants, Cafés, Bauerntheater, Pferdeschlittenfahrten, Erlebnisbad »Isarwelle«.

Kinderskikurse und Skikindergarten mit eigenem Babylift in Wegscheid.

2100 Gästebetten aller Kategorien in Hotels, Pensionen, Privatzimmern und Ferienwohnungen.

Die Loipen im Isarwinkel zählen zu den Ge[...] die mustergültigen Spuren rund um Krün.[...]

licher Skatingspur), auf eine 9 km, 13 km oder eine 23 km lange Schleife verlängern.

Tipp: Wen nach 13 km »Vorderriß-/Isarfeld-Loipe« am Zielort Wallgau die Kräfte verlassen, kann sich per Bustransfer wieder zum »Gasthof Post« in Vorderriß zurückfahren lassen (vorher in der »Post« bestellen!). Wer aber nach dem Lauf auf der durchweg leichten Loipe durchs malerische Isartal zwischen den Walchenseebergen, Karwendel und Wetterstein noch genug Kondition verspürt, kann von Wallgau aus auf einer kurzen

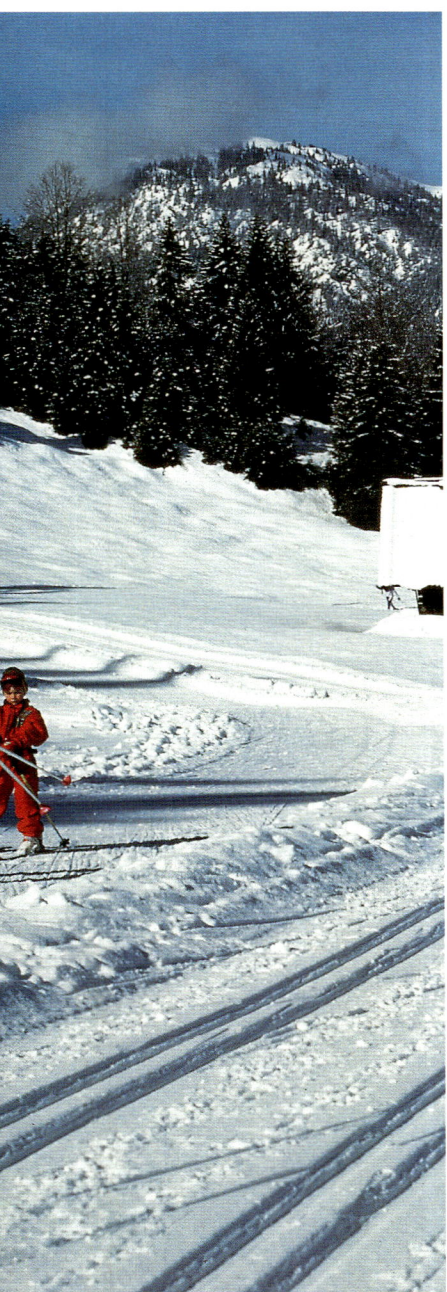

ipps unter den Münchner Langläufern; hier

Spur nach Zwergern am Walchensee oder in der Loipe von Wallgau Süd nach Krün und von dort über 20 km (Rundkurs in 875–1000 m Höhe) bis zum Barmsee und nach Gerold weiterlaufen, so weit die Füße tragen.
Ein besonderer LL-Leckerbissen wartet auf Loipenfreunde beim Parkplatz in Hinterriß bzw. beim Alpenhof, bereits auf Tiroler Seite, etwa 40 km südlich von Lenggries. Denn hier beginnt die zwischen 900 und 1100 m Höhe wunderschön gelegene, 13 km lange Rißbachloipe (einfache Strecke), die über schneesicheres Gelände bis Ende April nach Eng führt.
Zum Thema Après-Ski bietet der Weltcuport Lenggries unterhalb des beliebten Skibergs Brauneck (1556 m) alle erdenklichen Möglichkeiten, vom Erlebnisbad Isarwelle bis hin zu Tennis- und Squashhallen. Dazu kommen noch Pferdeschlittenfahrten, gemütliche Gasthöfe – ein gutes Dutzend liegt sogar direkt an den Loipen –, Musikabende oder Bauerntheater. Und wenn das noch nicht reicht: Bad Tölz ist nur 9 km entfernt.

→ Top-Loipe

Wunderschön gelegen gilt die Rißtalloipe als landschaftlich reizvollste Spur der Gegend. Zudem ist die zwischen 900 und 1100 m liegende LL-Trasse bis Mitte April schneesicher. Die vom Gelände her als einfache Strecke zu bezeichnende Loipe führt vom Parkplatz in Hinterriß, bzw. beim Alpenhof auf Tiroler Seite etwa 40 km südlich von Lenggries über 13 km (einfache Strecke) bis in die Eng.

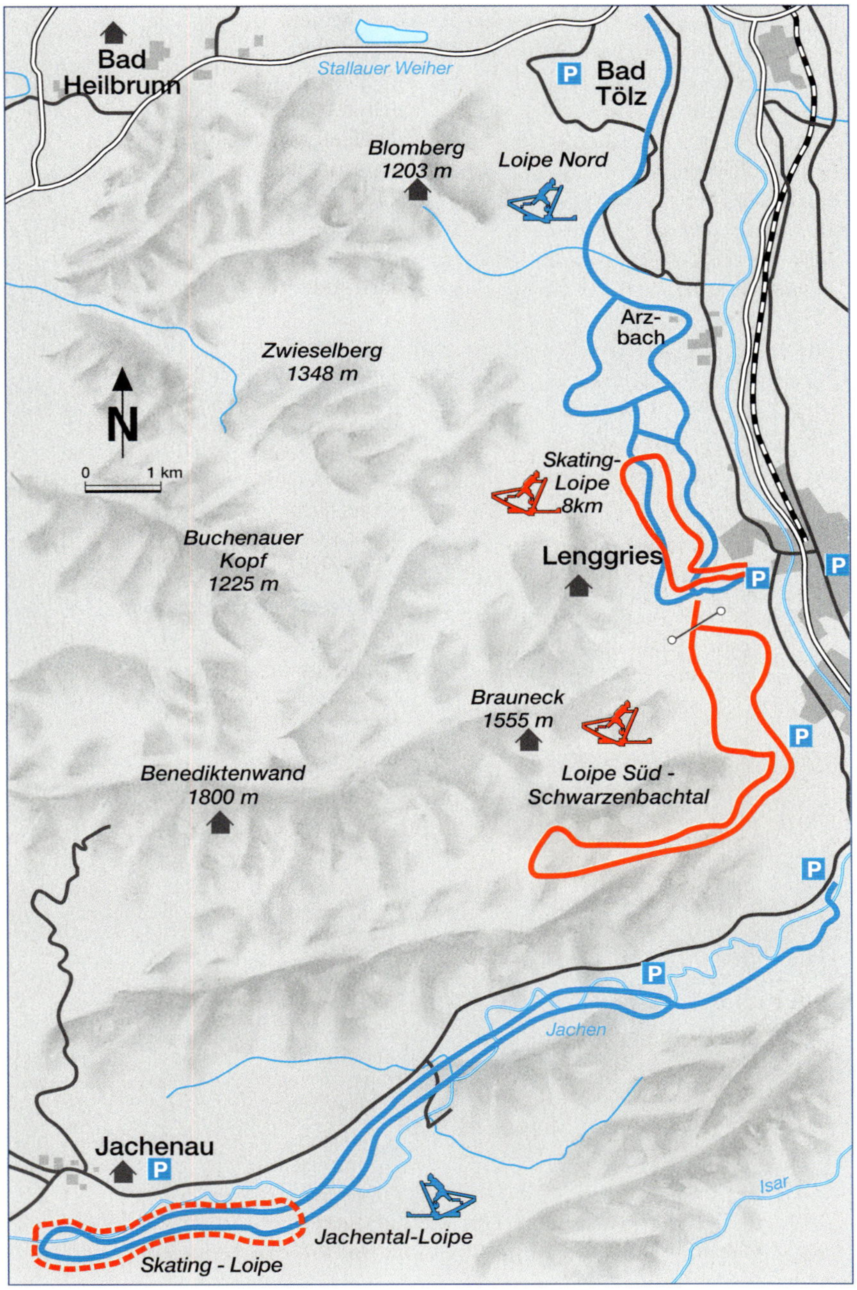

Tegernseer Tal

Das schöne Tal rund um den Tegernsee ist bei Feriengästen und Münchner Skifahrern, »alpinen« und Langläufern, gleichermaßen beliebt. In den rund 100 km LL-Spuren kann es sogar vorkommen, dass man das eine oder andere prominente Gesicht in der Loipe entdeckt.

Eines der schönsten »Schmuckstücke« Oberbayerns gehört schon seit vielen Jahren zu den beliebtesten Skirevieren der Münchner. So verwundert es nicht, wenn es an Wochenenden und in der Ferienzeit zu Staus kommt, sowohl auf der 50 km langen Strecke München–Tegernseer Tal, wie auch an Liften und auf Pisten. Manch einer flieht dann nur allzu gerne in die etwas ruhigeren Loipen, die vor allem wochentags »paradiesisch« wirken. Bei **Gmund**, **Rottach-Egern**, **Kreuth** und **Bad Wiessee** werden insgesamt etwa 100 km Loipen aller Schwierigkeitsgrade gespurt. Die mit ca. 23 km längste Spur führt von Kreuth über Bayerwald nach Glashütte oder in umgekehrter Richtung. Der offizielle Startplatz ist am Raineralmweg in Kreuth mit eigenem Parkplatz. Nicht weit davon befindet sich die beliebte Einkehrstation »Raineralm«.

Tipp: Langläufer treffen sich hier auch in der Riedler Stubn. Die bis auf einige kurze Anstiege überwiegend leichte Strecke führt durch waldreiches und schneesicheres Gelände bis zum Parkplatz (mit Bushaltestelle) in Bayerwald,

Die Loipen beim Gasthaus Bayerwald führen durch dicht bewaldetes Gelände – die Einkehr ist jedoch nicht weit.

unterhalb der beiden bekannten Bergspitzen Ross- und Buchstein (1698 und 1701 m), und weiter nach Glashütte. Nur auf wenigen Abschnitten führen die doppelt gespurten Trassen entlang der Straße. Ein landschaftlich ebenso reizvoller Rundkurs wird über 14 km von Kreuth zum Ringsee (Ringberg-Schlepplift), zwischen Rottach und Wiessee gelegen, teilweise entlang der Weißach und zurück gespurt. Hauptsächlich über freies Feld führt unterhalb des im ganzen Oberland bekannten Wallbergs (1722 m) die 11 km lange Sonnenmoos-Loipe von Rottach-Egern (Sonnenmoos), über die Feldstraße nach **Enterrottach**, **Kühzagl**, **Gutfeld** und zurück. Bei schönem Wetter macht die

Die maschinell präparierten Spuren von Rottach-Egern zählen zu den schönsten im ganzen Tegernseer Tal.

mittelschwere Spur (mit Skatingspur) ihrem Namen alle Ehre. Schöne Aussichten auf das Tal und den manchmal zugefrorenen See garantieren die Loipen auf der Gmunder Hainzenhöhe und auf dem Golfplatzgelände (Rohbogen) von Bad Wiessee. Die 7 km lange Spur auf der Hainzenhöhe ist mit dem 10 km langen Rundkurs von Rohbogen nach Holz verbunden. Erwähnenswert ist noch die 5 km lange leichte Loipe bei **Ostin**, oberhalb von Gmund, und die 4 km lange Höhenloipe rund um den Suttensee im Tal der Rottach, südöstlich von Rottach-Egern, die bis auf eine Höhe von 1000 m Höhe führt.

Tipp: Langläufer haben sich danach eine Stärkung in der »Moni-Alm« verdient.

Die mittelschwere bis schwere Spur verträgt durchaus das Prädikat »teilweise alpin«. Neben den klassischen Spuren wird auf dem 4 km langen Rundkurs auch eine Skatingtrasse gespurt.

Ein Anreiz, alle Loipen auszuprobieren, ist die Langlaufnadel des Tegernseer Tals. Den LL-Pass dafür erhält man bei den Kurverwaltungen der Talgemeinden. Der Langläufer kann durch Stempel (in Kästchen an bestimmten Kontrollstellen) die gelaufene Strecke vermerken. Je nach Streckenlänge gibt es zwei bis sieben Punkte. Mit 28 Punkten ist die Langlaufnadel in Bronze geschafft, 45 Punkte bedeuten »Silber« und für 65 Punkte bekommen fleißige Langläufer die Nadel in Gold. Die Belohnung wartet dann in dem über die Landesgrenzen hinaus bekannten »Bräustüberl« in Tegernsee.

TEGERNSEER TAL ✳✳✳✳

→ **Die Langlaufgebiete**

Rottach-Egern, 737 m
Kreuth, 772 m
Gmund, 739 m
Bad Wiessee, 735 m

Saison: Mitte Dezember bis Mitte März.

Anreise: Autobahn München–Salzburg, Ausfahrt Holzkirchen, B 318 ins Tegernseer Tal; Bahnstationen in Gmund und in Tegernsee.

Tegernseer Tal Gemeinschaft, 83684 Tegernsee, Tel. 0 80 22/18 01-49; Kurverwaltung Kreuth, Tel. 0 80 29/18 19, Fax 0 80 29/18 28, www.kreuth.de, E-Mail info @kreuth.de; www.rottach-egern.de, E-Mail info@rottach-egern.de.

→ **Die Loipen**

2 in Gmund, 3 in Kreuth, 2 in Bad Wiessee, 2 in Rottach-Egern.

Gesamtlänge: 73 km.

Schwierigkeit: Leicht bis mittel.

Längste Loipe: Kreuth-Glashütte, 23 km, Start: Raineralmweg, Skatingspur.

Skatingloipen: 2 in Kreuth, 2 in Rottach-Egern, 2 in Bad Wiessee.

Loipenhöhe: 740–1000 m.

Loipenbenutzung: Gratis.

Höhenloipe: Monialm–Suttensee auf 1000 m, 4 km lang, mittel bis schwer (alpin).

Nachtloipen: Kreuth–Brunnbichl, Start: Rathaus Kreuth, 2 km lang, von 17.30–21.30 Uhr täglich beleuchtet, leicht, mit Skatingspur; Rundkurs Bad Wiessee, davon 2 km von 18–21 Uhr beleuchtet, leicht, mit Skatingspur.

Umkleiden/Duschen: Im LL-Zentrum Rottach-Egern, Tel. 08022/2 65 61.

Loipenplan: Bei der Tegernseer-Tal-Gemeinschaft.

Loipenstart: Finsterwald Eisplatz und Hausberglift in Gmund; Raineralmweg, Rathaus in Kreuth.

LL-Schulen: Ski- und Langlaufschule Rottach-Egern/Kreuth, Hans Pichler Tel. 0 80 22/2 61 14 oder Franz Sennhofer, Tel. 0 80 29/5 93; Langlaufschule Bad Wiessee, Tel. 0 80 22/85 76 77, Skischule Bad Wiessee, Tel. 0 80 22/8 13 85; Langlauf-Centrum Rottach-Egern, Tel. 0 80 22/2 65 61.

Leihausrüstung: LL-Centrum und Sport Romani in Rottach-Egern; Hirschberg-Liftstüberl in Kreuth; Langlaufschule Bad Wiessee und Sport Estner in Bad Wiessee.

→ **Allgemeine Informationen**

Ⓟ Jeweils in Loipennähe; kein Loipenbus.

Ski alpin: 25 km Pisten.

Sport: Skitouren, Eislaufen, Gleitschirmfliegen, Winterwanderungen, Schwimmen, Rodeln, Fitnessstudios, Eisstockschießen, Tennis, Squash, Kegeln, Ski alpin, Segeln, Schießen, Schneeschuhwandern (in Bad Wiessee, Tel. 0 80 22/8 12 84).

Einkehr an Loipe: Mehrere Möglichkeiten in allen Orten.

Après-Ski: Restaurants, Cafés, Weinstuben, Tanz, Disko, Folklore, Diashows, Kino, Theater, Pferdeschlittenfahrten, Spielbank Bad Wiessee.

 Kinderskikurse.

14 000 Gästebetten aller Kategorien vom Luxushotel bis zu Privatzimmer, auch Ferienwohnungen/Appartements.

Oberbayern

45

Schlierseer Tal

*Ski fahren am Wochenende –
da fallen den meisten Münchnern
nur zwei besonders nahe gelegene
Ziele ein: der Spitzingsee bei
Schliersee und das Sudelfeld bei
Bayrischzell. Beide Skigebiete sind
in knapp einer Autostunde (65 km)
oder – umweltfreundlicher –
in der gleichen Zeit mit dem Zug
erreichbar.*

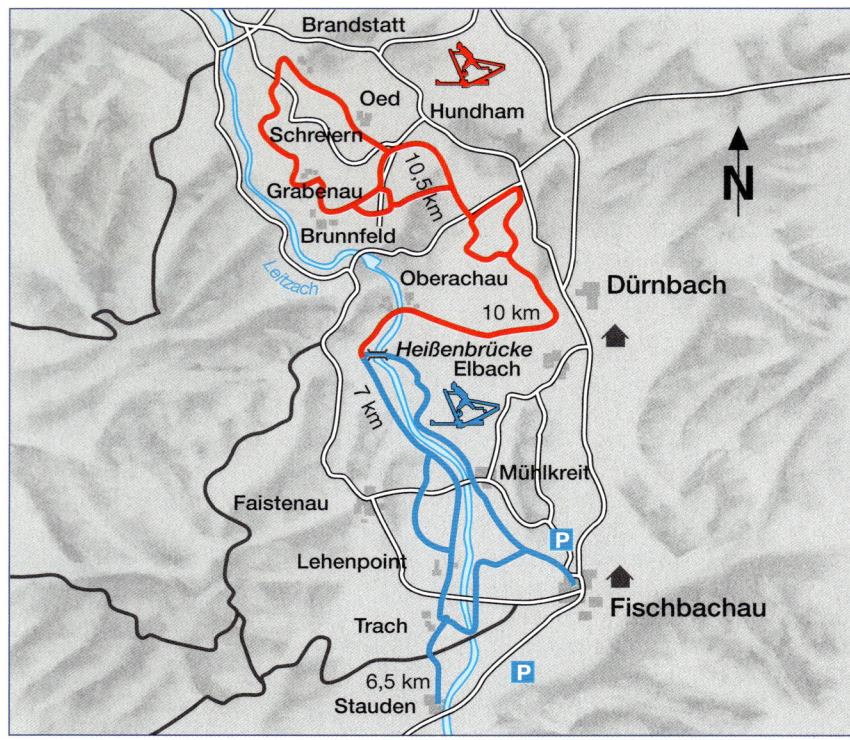

Was viele jedoch nicht wissen:
Die traditionsreichen Münchner Hausskigebiete haben – quasi im
Parterre – auch ein attraktives, weit verzweigtes Loipennetz für Skilangläufer zu
bieten. Das beginnt bereits kurz hinter
Schliersee im Ortsteil Neuhaus. Dort
startet, direkt am Fuß der Bergstrecke
hinauf zum Spitzingsee, eine der längsten und abwechslungsreichsten Touren
im Tal: die Loipe von Neuhaus über **Geitau** und **Bayrischzell** bis zur Tiroler
Landesgrenze. Zumindest auf der Strecke bis Bayrischzell hat man dabei immer den 1838 m hohen Wendelstein im
Blick, das Wahrzeichen des Tales. Wer
nicht nur sportliche Leistungen im Sinn
hat und gerne mal zwischendurch Brotzeit macht, kann jede einzelne Kalorie,

**Langlaufspuren beim Ort Schliersee –
zweckentfremdet durch
Winterwanderer.**

die er beim heftigen Anschieben in der
Loipe verliert, auch gleich wieder »aufladen«: An der Strecke liegen genau im
richtigen Abstand gleich mehrere Gasthäuser und Cafés, die alle einen Besuch
wert sind. So zum Beispiel bereits 2,5 km
nach dem Start in Neuhaus der urige
bayerische Gasthof »Mayrhofer« in Aurach, 2 km weiter der Gasthof »Rote
Wand« und schließlich, nach weiteren
5 km in Bayrischzell, die »Konditorei
Huber«, ein »Muss« für alle, die gern
guten Kuchen essen. Kurz vor der Landesgrenze, nach weiteren 5 km, warten
dann die Gasthäuser »Zipflwirt« und
»Bäckeralm« auf die hungrigen und müden Langläufer. Natürlich ist es auch
möglich, die Strecke in einzelnen Etappen oder als Rundkurs zu laufen. Zum
Beispiel zwischen Geitau und Bayrischzell oder Bayrischzell »Zipflwirt« beziehungsweise »Zipflwirt« Kloaschautal.
Dieses wunderschöne und erstaunlicherweise relativ unbekannte Gebirgstal gilt
als besonders schneesicher, sodass
man dort schon meist nach dem ersten
Schneefall im November und häufig auch
noch bis weit in den März hinein langlaufen kann.
Das gesamte Loipennetz im Bayrischzeller Tal weist kaum nennenswerte Steigungen auf und ist überwiegend für Läu-

fer mit der Diagonaltechnik angelegt.
Die zunehmende Zahl der Skater muss
sich mit zwei kleinen präparierten Rundkursen beim »Zipfelwirt« und kurz vor
der »Bäckeralm« begnügen. Die landschaftlich schönsten Strecken im Tal:
zwischen Geitau und Bayrischzell (ca.
5 km) und vom Gasthaus »Zipflwirt« ins
Kloaschautal (ca. 6 km).
Sollte einmal im Tal kein Schnee liegen –
Föhneinbrüche sind relativ häufig –, gibt
es für unermüdliche Schmalspur-Skifahrer in rund 1000 m Höhe am Spitzingsee
zwei zwischen 2,5 und 3,5 km lange
Rundkurse: einen auf dem zugefrorenen
See und einen auf einem hügeligen Hochplateau bei den Valepper Almen.
Das schönste, landschaftlich reizvollste,
zugleich aber auch am wenigsten bekannte Loipennetz in dieser Region gibt
es im Leitzachtal zwischen **Fischbachau**
und **Wörnsmühl**. Freilich: Die Loipen –
ausschließlich für Diagonaltechnikläufer
– sind dort mehr der Sonne ausgesetzt
als im etwas schattigeren Bayrischzeller
Tal und folglich nicht immer zu benützen.
Auch hier kann man teils direkt an dem
kleinen, glasklaren Flüsschen Leitzach
entlang, teils über sonnige Hügel mit eindrucksvollem Gebirgsblick zwischen
mehreren unterschiedlich langen Rundkursen wählen. Die wohl attraktivste und

abwechslungsreichste Strecke startet in der Ortschaft Fischbachau, direkt neben der Kirche. Zunächst läuft man an der sanft plätschernden Leitzach entlang und dann, nach ein paar Kilometern und einem kurzen, steilen Aufstieg, durch eine sanft geschwungene Hügellandschaft bis nach **Hundham**. Eine ideale Brotzeitstation ist dort der »Alte Wirt«, zugleich auch Ausgangspunkt für mehrere kleinere Rundkurse in der wunderschönen, sonnigen Hügellandschaft.

Viele Leute kommen aber auch nur ins Leitzachtal, um dort ausschließlich einer Leidenschaft zu frönen: dem Kuchenessen. Und das kann man am besten im – für seine großen Kuchenportionen berühmten und deshalb stets überfüllten – »Cafe Winklstüberl« an der Durchgangsstraße zwischen Elbach und Fischbachau. Noch ein Tipp für Langläufer, die mit der Bahn anreisen oder einfach einmal ihr Auto stehen lassen wollen: Ein Skibus pendelt täglich mehrmals in der Zeit vom 25. 12. bis 31. 3. zwischen Bayrischzell, dem Zipflwirt und der Landesgrenze hin und her. Für Langläufer, die über ihren Sport hinaus auf ihre Gesundheit achten wollen oder nur müde Knochen haben, noch ein Hinweis: Bayrischzell ist seit 1979 anerkannter heilklimatischer Kurort und verfügt über eine Vielzahl von Kur-, Kneipp- und Heilanlagen, vom Sanatorium bis zur Sauna.

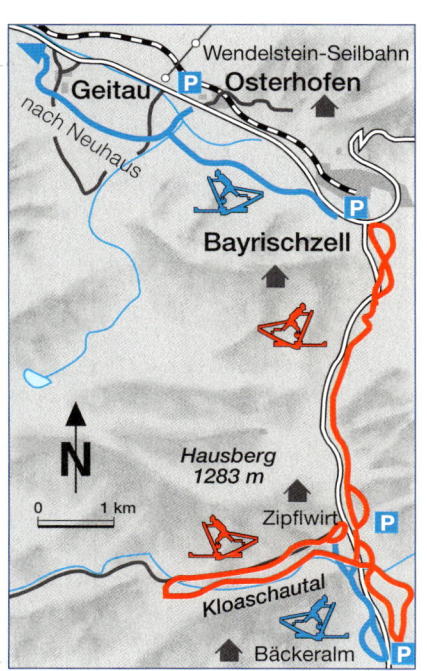

Die Loipen bei Fischbachau werden ausschließlich für Anhänger des klassischen Stils gespurt.

SCHLIERSEER TAL ✳✳✳✳

→ Die Langlaufgebiete

Schliersee, 777 m
Fischbachau, 771 m
Bayrischzell, 802 m
Skigebiet: 800–1900 m.

Saison: Dezember bis Ende März.

Anreise: Autobahn München–Salzburg, Ausfahrt Weyarn über Miesbach (B 307) nach Schliersee; Bahnstationen sind Schliersee, Fischbachau, Bayrischzell.

Gäste-Information Schliersee, 83727 Schliersee, Tel. 0 80 26/6 06 5-0, Fax 0 80 26/60 65 20, www.schliersee.de, E-Mail tourismus@schliersee.de; Tourismusbüro, 83730 Fischbachau, Tel. 0 80 28/8 76, Fax 0 80 28/20 40, www.fischbachau.de, E-Mail gemeinde-fischbachau@t-online.de; Kurverwaltung, 83735 Bayrischzell, Tel. 0 80 23/6 48.

Schliersee, Tel. 0 80 26/70 99.

→ Die Loipen

6 in Schliersee, 5 in Fischbachau, 5 in Bayrischzell.

Gesamtlänge: 24 km in Schliersee, 35 km in Fischbachau.

Schwierigkeit: Überwiegend leicht bis mittel.

Längste Loipe: Bayrischzell–Neuhaus und zurück, 22 km.

Skatingloipen: 2 in Schliersee (15 km), 2 in Fischbachau.

Nachtloipe: Schliersee-Loipe (3,5 km).

Loipenhöhe: 780–1000 m.

Loipenbenutzung: Gratis.

Loipenplan: Bei Gäste-Information Schliersee und Tourismusbüro/Kulturverwaltung.

Loipenstart: Parkplatz nähe Kurweg, Auffahrtsstraße zum Spitzingsee, Roßkopfweg (Spitzingsee), Seepromenade (Spitzingsee), AlpenClub (Kirchbichlweg) in Schliersee; Ortsmitte Fischbachau, Freibad, Stauden, Elbach-Ötz, Hundham.

Umkleide/Dusche: Hallenbad in Schliersee.

LL-Schulen: Skischule Schliersee-Spitzingsee, Tel. 0 80 26/6 06 90, Skischule Spitzingsee, Tel. 0 80 26/76 62 und 24 16; Skischule Bayrischzell, Tel. 0 80 23/7 91.

Leihausrüstung: In den Skischulen; Skiverleih Taubenberger in Fischbachau.

Rennen/Volksläufe: Volksskilanglauf Leitzach-Taler im Januar oder Februar in Fischbachau.

→ Allgemeine Informationen

An den Loipen; in Fischbachau Ortsmitte und an der Schule.

Ski alpin: 17 Skilifte mit 75 km Pisten.

Einkehr an Loipe: Spitzingsee; Klosterstüberl und Gasthof zur Post in Fischbachau; Alter Wirt und Gasthaus Hotzlstüberl in Hundham.

Sport: Schwimmen, Eislaufen, Kegeln.

Après-Ski: Restaurants, Cafés, Weinstuben, Pferdeschlitten, Spielbank in Bad Wiessee, Kurkonzerte, Theater, Kino, Tanzveranstaltungen, Schlösserfahrten, Bauerntheater, Drachenfliegen, Hallenbad mit Sauna.

500 Gästebetten in allen Preiskategorien in Hotels, Pensionen und Privatunterkünften in Schliersee, ausreichend in Fischbachau.

Chiemgau

Die Chiemgauer Alpen, wo der zünftige Alpinskifahrer eher mäßige Angebote findet, sind Bayerns beliebtestes Loipenland und daher zeit- und stellenweise so überfüllt, dass man neuerdings versucht, den Zustrom von Tagesgästen durch eine »Präparierungsgebühr« zu drosseln. Vorreiter war Reit im Winkl im so genannten Ferien-Dreieck, dem auch Ruhpolding und Inzell angehören.

Das Gelände in **Reit im Winkl** ist so groß und so flach wie ein Fußballfeld, es liegt direkt neben dem Dorfzentrum, 700 m über N.N. In diesem Start- und Zielstadion, wo fünf Loipen zusammenlaufen, tummeln sich nicht nur die ganz Aktiven. Hier dürfen auch die Anfänger üben, wenn nicht gerade ein Weltcuprennen oder ein anderes Spektakel stattfindet. Dann werden schon mal Buden aufgestellt, wo man Glühwein und Sekt ausschenkt, und an der Tiroler Straße parken die Autos manchmal bis hinter zur Grenzstation.

Reit im Winkl nennt sich »Deutschlands Schneedorf Nr. 1«, was mit der Staulage vor dem Kaisergebirge und der besonders starken Raureifbildung am Boden begründet wird. Beste Voraussetzungen also, um sich auch als deutsche Langlaufhochburg profilieren zu können. Allein im Talkessel sind 80 km Loipen miteinander auf eine Weise verbunden, die ein leichtes Dahingleiten, etwa durch die idyllischen Loferauen, ebenso möglich macht wie sehr sportliche Anstiege und Abfahrten auf den beiden Rennstrecken. Schwierigkeitsgrade und Nummern sind im Langlaufstadion angezeigt, entlang der Strecken selbst wird über die noch bevorstehenden Loipenlängen und über Abkürzungsmöglichkeiten informiert. Eine solche Infrastruktur – ohne sie wären internationale Wettbewerbe nicht denkbar – erfordert natürlich einigen kommunalen Aufwand und zieht viele, oft allzu viele Tagesgäste an.

Aus beiden Gründen hat Reit im Winkl, als erster Ort Oberbayerns, einen »freiwilligen Loipenpräparierungsbeitrag« eingeführt. »Er wurde angenommen, weil die Leute gemerkt haben, dass bei uns alles tipptopp ist«, resümiert Verkehrsamtsleiter Schuster. »Unser Hauptwunsch, dass die Tagesläufer etwas wegbleiben, ist in Erfüllung gegangen.« Und deshalb sollen zwei Kassen an den Parkplätzen und zwei »fliegende Kontrolleure« von allen, die sich nicht als Übernachtungsgäste mit Kurkarte oder als Einheimische ausweisen, 5 DM pro Tag einheben. Noch »mautfrei« und noch schneesicherer sind die Laufspuren außerhalb des höchstgelegenen Ortes im Chiemgau. Hinter der Hindenburghütte

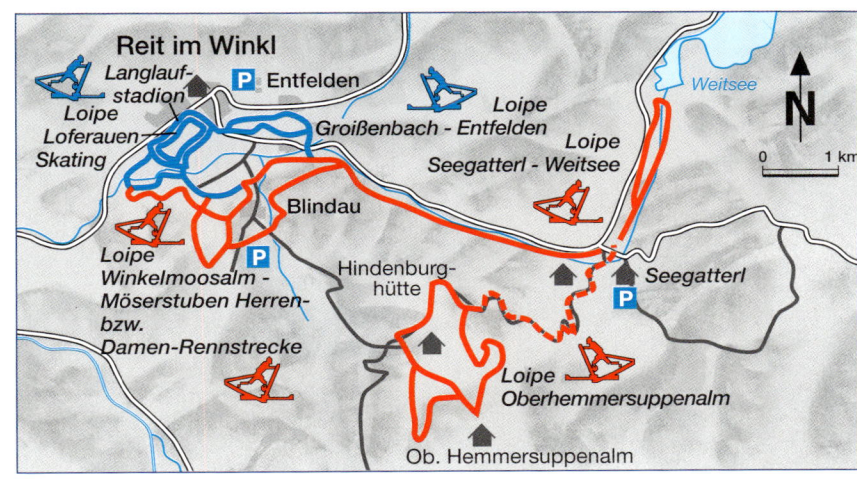

(1026 m) beginnt eine Höhenloipe, die um die Obere Hemmersuppenalm herum gut 4 km lang ist. 6 DM kostet die Auffahrt ab Blindau mit einem Kleinbus, dessen offene Sitze durch Felle gewärmt sind. Die Postbusse zur Winklmoosalm, die überwiegend von Alpinskiläufern benutzt werden, bringen Langläufer über das Seegatterl zu einer weiteren Höhenloipe. Diese beginnt auf 1170 m Höhe, zieht sich bis ins Salzburgische Heutal und misst insgesamt 15 km. Auch ein Übergang zur Loipe unter der Tiroler Steinplatte ist möglich; und neuerdings ist eine weitere grenzüberschreitende Spur hinüber zum Peternhof bei Kössen gezogen; dort hat man dann Anschluss an das zweitgrößte Langlaufgebiet des Landes Tirol. Damit noch lange nicht genug der Langlauffreuden rund um Reit.

Am nördlichen Ortsende schließt sich die Chiemgauer Marathonloipe an: Entlang der Deutschen Alpenstraße und großenteils auf der Trasse der früheren Waldbahn verläuft sie insgesamt 30 km in einfacher Richtung durch eine wunderschöne, kaum besiedelte Bergwelt, vorbei an oder quer über drei Seen, passiert mehrere Gasthäuser, die Wildfütte-

rung bei Seehaus, das deutsche Biathlonzentrum und das sehenswerte Holzknechtmuseum in der Laubau (täglich außer montags von 13 bis 17 Uhr geöffnet) und verschlingt sich endlich mit den Ortsloipen von **Ruhpolding**, die durch Leitfarben gekennzeichnet sind.

Über die Froschseeloipe gelangt der Weit-Langläufer ebenso wie der Etappenfan schließlich nach **Inzell**, das seinem Ruf als Sportferiendorf (und Übernachtungsmillionär) auch durch das Angebot von fünf insgesamt 26 km langen, unschwierigen Loipen gerecht wird. Am schönsten und schneesichersten, wenn auch meist schattig, sind die 3 km hinter dem Kienberg, zwischen den histori-

schen Gasthöfen Schmelz und Zwing. Das Grenzdorf **Sachrang** ist ein weiteres Eldorado der Langläufer in den Chiemgauer Alpen. Innerorts werden zwar nur zwei Loipen von insgesamt 7 km Länge gespurt, aber die sind in der Regel auch dann noch befahrbar, wenn weit und breit kaum mehr Schnee zu finden ist. Außerdem ist das 738 m hoch gelegene Dörfchen, das 1993 seinen genialen »Müllner-Peter« gefeiert hat, Endpunkt der 12 km langen Prientalloipe, die leicht abfallend bis Hohenaschau mit seinem sehenswerten Schloss führt – ein Genuss, zumal im Hochwinter. Die bequeme Rückfahrt per Bus ist leider an Wochenenden nicht möglich.

Die Loipen bei Reit im Winkl gehören zu den romantischen Spuren im Chiemgau – hier mit Blick auf das Kaisergebirge.

Berchtesgadener Land

Die berühmte Bergregion zwischen Königssee und Markt Schellenberg bewarb sich vergeblich um die Olympischen Winterspiele. Ob Befürworter oder Gegner, wenn der Watzmann ruft, geht es ab in die Loipe. Die schneesicheren, 60 km präparierten Spuren rund um Berchtesgaden verdienen auf jeden Fall eine Medaille.

Wohl kein zweites Urlaubsgebiet in den Alpen dürfte so viele landschaftliche und geschichtliche Highlights aufweisen wie das Berchtesgadener Land in der äußersten Südostecke Deutschlands. Glanzvolle und weniger ruhmreiche reihen sich da aneinander. Zu den schönsten Ausflugszielen gehört mit Sicherheit das tiefblaue Auge des Königsees, den sowohl das legendäre Echo wie auch der Blick auf die imposante Ostwand des Watzmanns berühmt gemacht hat. Da der Königssee ganz selten zufriert, tuckern die Elektroboote der staatlichen Schlösser- und Seenverwaltung auch im Winter nach St. Bartholomä. Jahrhundertelang hielten die Geschichten, die man sich vom Watzmann

erzählte, die Menschen in Angst und Schrecken. Die Zahl der Opfer, die irgendwo in der 2000 m hohen Ostwand den Tod fanden oder gar spurlos verschwanden, hat fast die 100 erreicht. Sportmäßig gerieten die fünf Gemeinden

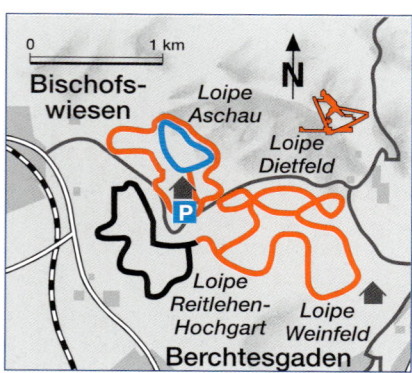

über lange Zeit in die Schlagzeilen, als sie sich für die Olympischen Winterspiele bewarben. Zum Glück blieb ihnen diese »Ehre« und der Natur der damit verbundene Stress erspart. Da die bestehenden Anlagen für Alpinskifahrer als eher bescheiden gelten, wären flächendeckende Baumaßnahmen nötig geworden. Das Angebot für den Langläufer

kann sich jedoch sehen lassen. 57 km gepflegte Spuren stehen zwischen Königssee und **Marktschellenberg** zur Auswahl.

Aufgrund der etwas verwinkelten geographischen Struktur zwischen mehreren großen Gebirgsstöcken besteht allerdings keine Verbindung der verschiedenen Loipenzentren untereinander. Ein detaillierter Plan hilft bei der Suche vor Ort. Am schneesichersten ist die über 1000 m hohe Scharitzkehlloipe. Eine leichte, 1,8 km und eine mittelschwere 4,3 km lange Spur winden sich im Schatten der mächtigen Göll-Westwand durch das Almgelände. Leicht und ebenfalls sehr schneesicher ist die Spur durch den Rostwald, die am Langlaufzentrum Aschauer Weiher, dem mit 15 km Gesamtlänge größten Zentrum der Region, zwischen **Bischofswiesen** und **Berchtesgaden** startet. Bevorzugt Anfänger finden sich hier zum Üben ein. Eine Note sportlicher geht es auf der am selben Punkt beginnenden Dietfelder Loipe zu. Eine Siitonenspur (Skatingspur) begleitet durchgehend den mittelschweren Diagonalkurs. Ausschließlich Routiniers vorbehalten ist

Blick auf Berchtesgaden mit Watzmann. Das größte LL-Zentrum der Region befindet sich am Aschauer Weiher zwischen Bischofswiesen und Berchtesgaden.

⛷⛷⛷⛷ BERCHTESGADENER LAND

→ Die Langlaufgebiete

Berchtesgaden, 600 m
Bischofswiesen, 615 m
Marktschellenberg, 477 m
Ramsau, 670 m
Schönau am Königssee, 680 m

Saison: Anfang Dezember bis Mitte März

Anreise: A 8 München–Salzburg, Ausfahrt Bad Reichenhall und weiter über die B 20 bis Berchtesgaden; Bahnstation ist Berchtesgaden.

ℹ️ Kurdirektion des Berchtesgadener Landes, 83471 Berchtesgaden, Tel. 0 86 52/96 70, Fax 0 86 52/96 74 00, www. berchtesgadener-land.com, E-Mail info@berchtesgadener-land.com.

📞 von Berchtesgaden: 0 86 52/96 72 97.

→ Die Loipen

10 in den Gemeinden um Berchtesgaden.
Gesamtlänge: 60 km.

Schwierigkeit: Leicht bis schwer.

Längste Loipe: In Bischofswiesen, 15 km.

Skatingloipe: 3 in Berchtesgaden.

Loipenhöhe: 600–1100 m.

Loipenbenutzung: Gratis.

Höhenloipe: Hochschwarzeck–Ramsau, 5 km.

Umkleide/Duschen: An Loipe Aschauerweiher.

Loipenplan: Bei den Verkehrsämtern.

LL-Schulen: Langlauf-Zentrum Rostwald-Aschauerweiher, Tel. 0 86 52/33 66 und 42 36, sowie in allen Ski-Alpin-Schulen.

Leihausrüstung: Skischule Hansmann; Sporthaus Roberto in Schönau; Firma Klaus; Skischule Berchtesgaden; Anton Brandner in Berchtesgaden; Sporthaus Bittner in Bischofswiesen; Herr Hang in Ramsau; Georg Schaupp in Oberau.

→ Allgemeine Informationen

🅿️ An jeder Loipe gibt es eine Parkmöglichkeit, zudem können alle Loipen mit Bussen des Regionalverkehrs Oberbayern erreicht werden. Auskunft Tel. 0 86 52/94 48 20.

Ski alpin: 50 km Pisten.

Sport: Snowboard, Eislaufen, Eishockey, Eisstockschießen, Reiten, Tennis-/Squashhalle, Hallenbad mit Sauna und Solarium, Kegeln/Bowling, Gymnastik, Bodybuilding, Volleyball, Skibobfahren, Drachen-/Gleitschirmfliegen, Skitouren, Winterwandern, Rodeln, Schneeschuhwandern.

Einkehr an der Loipe: Mehrere Möglichkeiten an den Loipen Aschauerweiher, Marktschellenberg und Königssee.

Après-Ski: Restaurants, Cafés, Unterhaltungs- und Tanzmusik, Disko, Folklore, Besichtigung des Salzbergwerks, Wildfütterung, Kino, Pferdeschlittenfahrten.

🧸 Watzmann-Kinderclub Di. und Do. 13.00–17.00 Uhr ab 6 Jahren, Tel. 0 86 52/96 72 14. Kinderskikurse.

🛏️ 25 000 Gästebetten rund um die LL-Orte in Hotels, Pensionen und Ferienwohnungen, in Berchtesgaden 2400 Vermieterbetriebe.

Die Holzschnitzkunst in Berchtesgaden weist eine lange Tradition auf.

(Regionalverkehr Oberbayern, kurz RVO) angewiesen.

Tipp: Mit dem RVO-Buspass fährt man für 38 DM fünf Tage lang nach freier Wahl (Gültigkeitsdauer: 10 Tage).

Einer der ersten Anlaufpunkte und ein idealer Treff für Langläufer ist das Langlaufzentrum Rostwald (mit LL-Schule und Ausrüstungsverleih) am Aschauer Weiher bei Bischofswiesen, Tel. 0 86 52/77 46 und 33 66.

Und noch ein paar Tipps für Gäste, die etwas Besonderes erleben wollen: Auf der Langlaufloipe Oberau findet voraussichtlich jeden Freitag (gegen 10.30 Uhr) ein Kurgäste-Langlauf-Wettbewerb statt (Anmeldung unter 0 86 52/6 40 36). Ein besonderes Schmankerl bietet der Outdoor-Club Berchtesgaden an: Schneeschuhwanderungen durch die romantisch verschneite Winterlandschaft abseits des Rummels. Wer zur Abwechslung »Action« braucht, der kann sich bei der Kunsteisrodelbahn Königssee (Tel. 0 86 52/17 60) zu einer Gäste-Bob- oder Rodelfahrt anmelden.

Geruhsamer geht es bei einer Skitour, einem »Flug« im Heißluftballon, bei einer Fahrt mit dem Pferdeschlitten oder bei einer der zahlreichen Winterwanderungen zu. Aus dem breiten Angebot von rund 120 km Wanderwegen kann man beispielsweise zwischen einem Spaziergang zu einer Wildfütterung im Nationalpark, dem Maximilians-Reitweg nach Bischofswiesen oder dem Fußweg am Ufer der Königsseer Ache entlang seine ganz persönlichen Spuren im Schnee wählen.

---

die schwere, 4,5 km lange Loipe »Reitlehen Hochgrat« zwischen der alten und der neuen Reichenhaller Straße. Steile Aufstiege und Abfahrten wechseln sich hier in dichter Folge ab. Gemütlichkeit ist in der Scheffauloipe von Marktschellenberg angesagt. Drei kleine Rundkurse mit überschaubaren Gegenanstiegen sind zu einem 5,5 km langen Netz verbunden.

Mit dem Schnee wird es aber erfahrungsgemäß bei Schönwetterperioden rasch knapp. Anfänger finden ihr Glück auch im schönsten Winkel hinten am Königssee. Die Jennerloipe schlängelt sich, fast eben, knapp 3 km lang durch weite Wiesen mit Aussichtsgarantie. Und wer sich trimmen möchte, muss nur die Straßenseite wechseln und gegenüber in die

Hochkalterloipe steigen. Auf ein paar hundert Meter Länge geht es da ganz hübsch aufwärts. Und wer vor dem Schlafengehen noch Kalorien vernichten möchte, dem bietet ein Flutlichtkurs nördlich der Kirche von Bischofswiesen bis 20.30 Uhr die Gelegenheit dazu.

Bleiben nur noch die Spuren von Hochschwarzeck nach Ramsau (5 km, 1100 m), von Loipl nach Bischofswiesen (6 km, 900 m), von Schönau am Königssee (6 km, 620 km), von Taubensee nach Ramsau (7 km, 900 m), von Wildmoos nach Oberau (3 km, 870 m) und die von Auerdorfl nach Oberau (2 km, 760 m) anzufügen. Da die Loipen nicht alle miteinander verbunden sind, müssen Langläufer notgedrungen entweder das Auto benutzen oder sind auf den Busverkehr

»Wald«-Lauf

Im Osten was Neues: Die ersten grenzüberschreitenden Loipen garantieren den Naturparks Oberpfälzer Wald, Frankenwald, Fichtelgebirge, Steinwald und Bayerischer Wald eine große Zukunft.

Bayerischer Wald, Teil 1

Langlaufen in einer der letzten Urlandschaften Europas: Im Naturpark Bayerischer Wald treffen sich nicht nur Wochenendskifahrer aus Regensburg und Passau. Der nordöstliche Teil rund um Zwiesel, Bodenmais, St. Englmar und Bayerisch Eisenstein macht vor allem durch das Biathlon- und LL-Zentrum auch Gäste aus dem Ausland auf sich aufmerksam.

Der anerkannte Luftkurort **Bayerisch Eisenstein** ist das bekannteste Wintersportgebiet im Bayerischen Wald und liegt zu Füßen des alles überragenden Großen Arber (1456 m), direkt an der Grenze zur Tschechischen Republik. Gemeinsam mit **Zwiesel** war der Ort Schauplatz vieler Weltcup-veranstaltungen. Gleich vier LL-Zentren verteilen sich auf das gesamte Arbergebiet: Das LL-Zentrum Zwieslerwaldhaus, unterhalb des 1312 m hohen Großen Falkenstein, das LL-Zentrum Scheibe, nördlich von Bayerisch Eisenstein (Station der Bayerwaldloipe), das LL-Zentrum Bretterschachten, unterhalb des Arbersees in Richtung **Bodenmais**, und die Biathlon-

anlage, direkt neben dem Arbersee, auf 1050 m Höhe (Hohenzollern Biathlonanlage), wurden nicht nur für Leistungssportler, sondern auch für Freizeitlangläufer eingerichtet. Folgt man den Schildern mit der Schneeflocke, kann man sicher sein, auf die längste Loipe Ostbayern zu stoßen – die Bayerwaldloipe mit 150 km Länge, die von Silbersbach bei Lam über Bayerisch Eisenstein und Zwiesel zum Dreisessel (1330 m) führt. Die Gemeinden entlang der Stre-

→ **Top-Loipe**

Die Rabensteiner Loipen von Zwiesel zählen zu den höchsten (725 bis 1000 m) und damit schneesichersten Spuren im Mittleren Bayerischen Wald. Vor allem konditionsstarke Läufer kommen auf den 5, 7,5 und 10 km langen Spuren im mittleren bis schweren Gelände ins Schwitzen.

cke bemühen sich, die Spur bis 10 Uhr vormittags fertig zu präparieren. Der Skiwanderweg wird geländebedingt nur von Norden nach Südosten empfohlen. Neu ist der kostengünstige Bustransfer zu den

Loipen von Bayerisch Eisenstein, Bodenmais und Zwiesel.

Zum Après-Ski gehört hier der Besuch des Arber-Wellenhallenbades, des neuen Zwieseler Erlebnisbades oder der Glashütte. Wem die 50 km gespurten Loipen von Bayerisch Eisenstein nicht genügen, der kann einen Ausflug über die Grenze nach Zelezna Ruda, nach Markt Eisenstein, mit seinen acht gespurten Loipen von 2 bis 16 km Länge unternehmen.

Auf einem 17 km langen Skiwanderweg, einem Teilstück der 150 km langen Bayerwaldloipe (zwischen Arber und Dreisessel), können Langläufer von Bayerisch Eisenstein über Regenhütte auf präparierte Loipen im Klautzenbacher Wald und Rabenstein wechseln, und weiter auf dem Skiwanderweg bis zur 10.000-Einwohner-Stadt Zwiesel laufen. Beim Glasberglift, südlich von Zwiesel, beginnt die Fortsetzung der Bayerwaldloipe, die nicht durch die Stadt gespurt wird. Sie führt nach kurzer Zeit zur Bärenzeller-Rundloipe (5 km) oder weiter südlich bis nach Frauenau.

Am Südhang des Großen Arber breitet sich das weitläufige LL-Areal des Luftkurortes Bodenmais aus. Zwischen Ar-

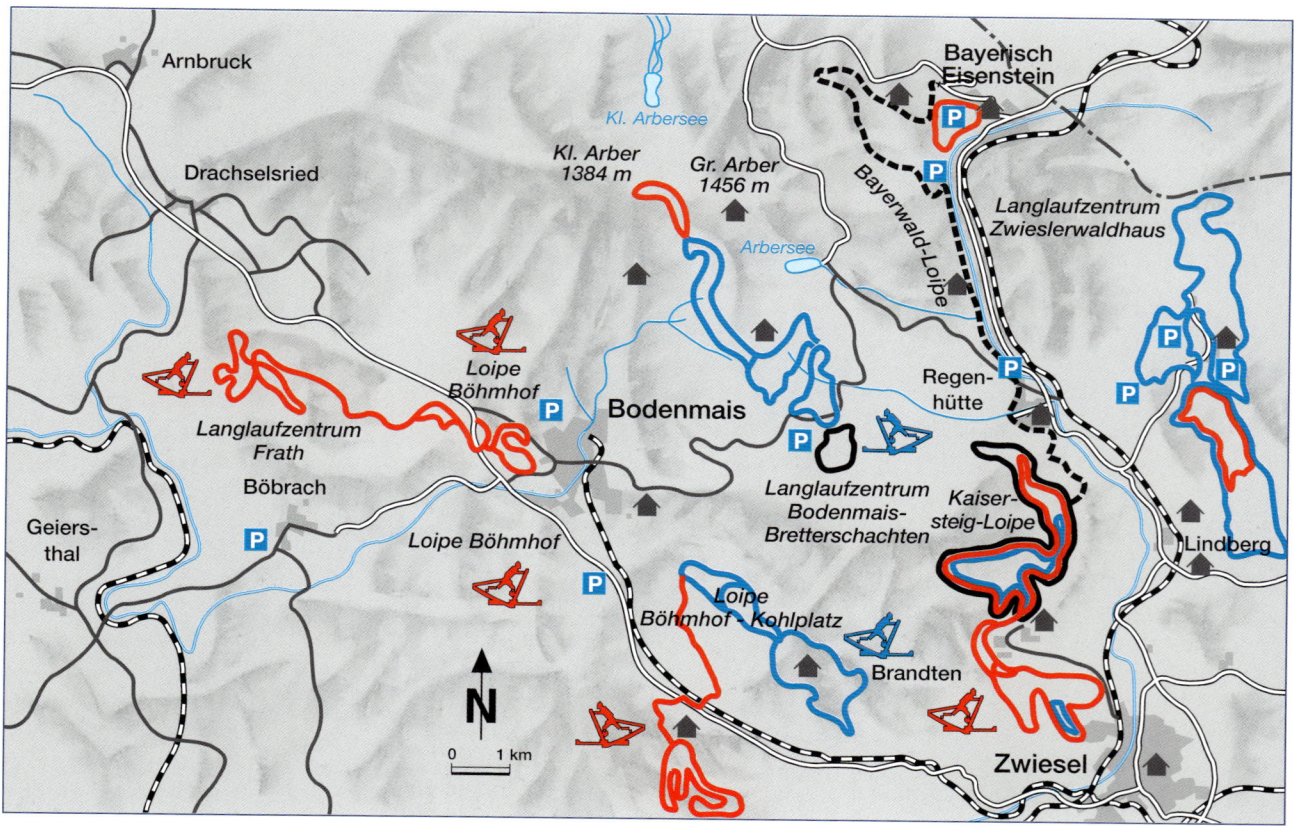

→ Die Langlaufgebiete

Zwiesel, 570–750 m
Bodenmais, 600 m
Bayerisch Eisenstein, 724 m
Furth i. Wald, 650 m
Lam, 575 m
St. Englmar, 800 m

Saison: Dezember bis Ende März/Anfang April.

Anreise: A 3 Nürnberg–Regensburg, Deggendorf, B 11 bis Zwiesel oder München, A 92 Landshut, Deggendorf; Bahnstationen sind Zwiesel, Bodenmais und Bayerisch Eisenstein.

 Kurverwaltung, 94227 Zwiesel, Tel. 0 99 22/84 05 23, www.zwiesel.de, E-Mail Zwiesel-tourist@t-online.de; Tourist-Info, 93437 Furth i. Wald, Tel. 0 99 73/5 09 80, Fax 0 99 73/5 09 85, www.furth.de, E-Mail tourist@furth.de; Kurverwaltung, 94379 St. Englmar, Tel. 0 99 65/2 21, Fax 0 99 65/84 03 30, www.sankt-englmar.de, E-Mail tourist-info@sankt-englmar.de; Tourismusverband Ostbayern, Tel. 09 41/58 53 90.

St. Englmar 0 99 65/1 97 50.

→ Die Loipen

14 in Bayerisch Eisenstein; 12 in Bodenmais; 10 in Zwiesel; 11 in Gibacht und Neukirchen; 7 im Lamer Winkel; 6 in St. Englmar, 7 in Furth i. Wald, davon 3 grenzüberschreitende Loipen nach Tschechien.

Gesamtlänge: 80 km in Bayerisch Eisenstein (ohne Bayerwaldloipe); 65 km in Bodenmais; 60 km in Zwiesel; 56 km in St. Englmar, 113 km bei Furth i. Wald inkl. grenzüberschreitender Loipen nach Tschechien.

Schwierigkeit: Überwiegend leicht bis mittelschwer.

Längste Loipen: Bayerwaldloipe, 150 km von Silbersbach bei Lam bis Neureichenau/Klafferstraß (Dreisessel) an der österreichischen Grenze; Regentalloipe, 25 km, bei Bayerisch Eisenstein; Hirschensteinloipe

bei St. Englmar, 16 km, Cerchov-Loipe (von Furth i. Wald nach Tschechien), 25 km.

Skatingloipen: 3 km auf der Hohenzollernloipe; 2 in Zwiesel und 1 4 km lange Strecke in Rabenstein (bei Zwiesel); 1 in Bodenmais; 1 in St. Englmar, 1 in Furth i. Wald.

Loipenhöhe: 550–1270 m.

Loipenbenutzung: Gratis.

Höhenloipen: LL-Zentrum Bodenmais-Bretterschachte, 5 Loipen mit insgesamt 24 km Länge (inkl. 1 Skatingspur mit 4 km) in 1070–1265 m Höhe; Hirschensteinloipe bei St. Englmar 940–1000 m, 16 km, mittel.

Nachtloipen: Skistadion Zwiesel (2,5 km).

Umkleiden/Duschen: An der Hirschensteinloipe (St. Englmar).

Loipenplan: Bei den Verkehrsämtern; Loipenkarte vom Gebiet »Zwieseler Winkel« (200 km Loipen auf einen Blick).

Loipenstart: In Schöneck, Brandten, Rabenstein, Bärnzell, Rinchnach, Langlaufzentrum Kohlau, Langlaufzentrum Oberlüftenegg, Langlaufzentrum Bretterschachten, Ortsrand Zwiesel, Lindberg, Ortsrand Frauenau, Arberhütte und Ortsrand Bayerisch Eisenstein, Brennes, Scheiben, Ortsrand Zwieslerwaldhaus, Ortsrand Regenhütte, Seebachschleife; Althütte, Voithenberg, Herzogau, Gibacht für Loipen bei Furth i. Wald.

LL-Schulen: Skischule Bayerwald, Zwiesel; Sport Weinberger und Sport Keller in Bodenmais; Skischule Bayerwald, Eisensteiner Skischule, Bayerisch Eisenstein; Private Skischule Bayerwald, Furth i. Wald; Skischule Lamer Winkel (Sport Geiger), Sport Pfeiffer, Neukirchen bei Hl. Blut; Skischule Bayerwald, Frauenau; Skischule Bayerwald und Skischule Predigtstuhl, St. Englmar; Skiclub Waldmünchen, Skiclub Furth i. Wald.

Loipenfuchs: Einer der erfolgreichsten Langläufer Deutschlands, Walter Demel aus Bayreuth, lief lange Jahre für den Skiclub Zwiesel.

Leihausrüstung: Intersport Huber und Skiverleih Bastl in Zwiesel; Sport Keller und Sport Weinberger in Bodenmais; Sport Raith und Skiverleih Eisensteiner Skistadl; in 4 Sportgeschäften von St. Englmar.

Rennen/Volksläufe:
Bayerwaldmeisterschaften, Bayerische Meisterschaften, Deutsche/Europameisterschaften.

→ Allgemeine Informationen

🅿 In unmittelbarer Nähe der jeweiligen Loipeneinstiege von Zwiesel, kostenloser Skibus zum Bretterschachten und zu den Rabensteiner Kaisersteg-Loipen 4-mal täglich, kostengünstiger Skibus zu den Loipen von Bodenmais mit 9 Haltestellen im Ort (DM 0,50–1,50); Parkplätze in Bayerisch Eisenstein bei Start und Ziel, Gehzeit Bahnhof–Loipen 10–15 Minuten, Skibusse zu den Loipen von Dezember bis März im Einsatz; Loipeneinstieg 5 km vom Bahnhof Furth i. Wald und Parkplätze in Voithenberg und Gibacht sowie direkt an den Loipen von St. Englmar, zum Teil zu Fuß erreichbar.

Ski alpin: Über 100 km Pisten; 13 Skilifte (3 mit Flutlichtanlagen) in St. Englmar.

Sport: Skitouren, Snowboarden, Eislaufen, Eisstockschießen, Rodeln, Drachen-/Gleitschirmfliegen, Reiten, Tennis, Kegeln, Squash, Schwimmen, Wandern.

Einkehr an der Loipe: Mehrere Gasthöfe/Cafés in Rabenstein; mehrere Möglichkeiten an jeder Loipe in St. Englmar; bei Start und Ziel an den Loipen bei Furth i. Wald.

Après-Ski: Restaurants, Cafés, Weinstuben, Tanz, Disko, Folklore, Diashows, Kino, Theater, Pferdeschlittenfahren, Zwieseler Erlebnisbad.

 Keine.

Alle Kategorien, 7500 Gästebetten in Bodenmais, 2035 Gästebetten in Bayerisch Eisenstein, 3500 Gästebetten in St. Englmar und 4500 Gästebetten in Zwiesel/Rabenstein, 1000 Betten Umkreis Furth i. Wald.

---

berschachten (1235 m), Mooshof und Bretterschachten (1120 m) werden die höchsten Spuren weit und breit angelegt. Zudem zählt das ehemalige Erzbergwerkdorf mit bis zu 120 cm Schneehöhe zu den schneesichersten Langlaufgemeinden im Bayerischen Wald. Langlaufen ist in den höher gelegenen Spuren, wenn nicht gerade wieder ein schneearmer Winter ansteht, bis in den April hinein möglich.

Das Pfarrdorf St. Englmar liegt auf halber Strecke von Regensburg zur Grenze (Richtung Zwiesel) und zählt zu den be-

kanntesten Skiorten im Bayerischen Wald. Das LL-Areal liegt in einer Senke des Bayerwaldkamms, zwischen Predigtstuhl (1024 m) und Pröller (1048 m). Langläufer können sich in St. Englmar unter sechs Loipen von 3 bis 16 km Länge aller Schwierigkeitsgrade die »richtige« aussuchen. Anfänger tummeln sich in der Tannenbaumloipe (mit Skatingloipe!), in der Klinglbachloipe oder in der Sonnenloipe Maibrunn. Versierte Langläufer fahren zum Parkplatz am Hirschensteinweg im Ortsteil Predigtstuhl und wachsen schon einmal die Ski für die

steilen Anstiege der Hirschensteinloipe. Der 16 km lange Rundkurs kann in zwei Schleifen auf 8 km und 12 km abgekürzt werden. Nach den ersten 6 km kann man sich zwischen Hirschenstein oder dem Loipennetz von Grandsberg (insgesamt 23 km) entscheiden. Die Grandsberger Loipen sind aber auch mit dem Auto über Schwarzach zu erreichen. Bleibt man auf der Hirschensteinloipe, wird man erst im letzten Drittel für die Anstrengung belohnt: Die herrliche Aussicht aus 1000 m Höhe reicht weit über die Donauebene und den Vorderen Bayerischen Wald.

Bayerischer Wald, Teil 2

Buchstäblich grenzenlos sind die Langlaufmöglichkeiten im so genannten Hinteren Bayerischen Wald, jenem Mittelgebirgsstreifen, der 40 Jahre lang am nunmehr der Vergangenheit angehörenden Eisernen Vorhang lag. Diese Isolation hat der Landschaft ihren »hinterwäldlerischen« Reiz von Einsamkeit, Stille und ökologischer Unschuld weitgehend bewahrt.

Ein riesiges Netz von tadellos gespurten und markierten Loipen verbindet im Winter die kleinen, manchmal verlassenen Dörfer und die einzeln stehenden Gasthöfe im Landkreis, der nach seinen Städtchen **Freyung** und **Grafenau** benannt ist; die Fortsetzung hinüber in den tschechischen Böhmerwald besteht inzwischen. Neben der Region Freyung locken vor allem die Orte **Mauth, Finsterau** zu Füßen des Lusen (1370 m) und **Spiegelau** am Großen Rachel (1453 m) die Langläufer. Zusammen mit St. Oswald-Riedhütte, Neuschönau und Hohenau bilden diese Nationalparkgemeinden einen gemeinsamen Zweckverband, der allein schon rund 220 km präparierte Spuren offeriert.

Kreuz und quer und rundum ziehen sich die Loipen durch Felder und Täler und schier unendliche Wälder. Straßengleich verbinden sie, wie im Hochland von Norwegen, die Orte im knapp 1000 m hohen Dreiländereck zwischen Deutschland, Tschechien und Österreich miteinander. Die meisten sind nach weltlichen und geistlichen Fürsten benannt, welche einst zur Sicherung der Grenze gegen die Slawen den Urwald hatten roden (reuten) lassen.

Hauptstrecken sind die »Bayerwaldloipe«, die insgesamt 10 km misst und großenteils auf dem Damm der aufgelassenen Waldbahn verläuft, sowie der »Goldene Steig«. Dessen Langlaufspur beginnt an der Grenze bei Bischofsreut, wo die »Schwärzer« vor dem Ersten Weltkrieg den aus der Schweiz geschmuggelten Süßstoff, bevor sie ihn nachts nach Böhmen brachten, im hohlen Rücken einer Heiligenfigur versteckten. Die Kapelle mit dem Nepomuk, genannt »Saccharinheiliger«, steht am Weg nach Leopoldsreut, das im Winter überhaupt nur auf Ski zu erreichen ist. Vom Dorf, das ein Fürstbischof von Passau und Erzherzog von Österreich zur Sicherung des wichtigsten süddeutschen Saumhandelsweges hatte anlegen lassen, stehen nur noch die klotzige Kirche (die höchstgelegene des Bayerischen Waldes) und ein Schulhaus. Auf der Loipenkarte sind die verschwundenen Siedlungen als »Ortsstellen« markiert, an einer finden wir nur noch die wetterzerzauste Dorflinde mit einer Rundbank.

Manchmal ein Marterl zum Gedenken an einen verunglückten Holzknecht, ein Wildfütterungsplatz, Wegweiser und Loipentafeln, Hochstände auf Lichtungen, die den Blick freigeben über das von Adalbert Stifter beschriebene »Waldmeer« beiderseits der Grenze. Und plötzlich, dort wo man bis ins Donautal schauen kann, stehen wir vor einer winzigen Holzkapelle, in der unter einem vergilbten Foto angeschrieben ist: »Dies hier war einmal das schöne Dorf Schwendreut, das vom Wind verweht, dessen Hügel einmal ein Urwald war und wieder zum Urwald werden muss.«

Es waren nicht zuletzt die Touristen, im Winter überwiegend Langläufer, die diesen abgeschiedenen Grenzsaum aus dem Dornröschenschlaf erweckt haben. Heute bildet das Loipennetz an der Staats- und Wasserscheide – einzigartig in Deutschland – eine perfekte, aber naturschonende Infrastruktur, deren Unterhalt sich die Gemeinden viel Geld kosten lassen. Bürgermeister Wolfgang Landshuter von Haidmühle – der von 700 auf wieder 1700 Einwohner gewachsene Ort hat allein 70 km Loipen zu pflegen – ist daher verärgert, dass die staatliche Grenzlandförderung ab 1995 gestrichen wurde: »Dafür sind wir doch nicht 45 Jahre mit dem Rücken zur Wand gestanden, dass man unsere Gemeinden jetzt aushungern lässt.«

Neue Chancen bieten nun die offenen Grenzen. Zwischen Haidmühle und Auerspergreut zieht sich eine der schönsten Loipen genau entlang der weißblauen Grenzpfähle. Und wer der Kalten Moldau folgt, kann bei Neuthal ohne weiteres – natürlich mit Ausweis – den Schlagbaum passieren, ohne die Ski abschnallen zu müssen. Dahinter, auf tschechischem Gebiet, geht es auf einer

→ **Top-Loipe**

Sage und schreibe 150 km lang führt der Fernwanderskiweg »Bayerwaldloipe« quer durch die fast unberührte Landschaft des Bayerischen Waldes, vom Arber-/Ossergebiet (Silberbach bei Lam) zum Dreisessel (Neureichenau/Klafferstraß an der österreichischen Grenze). Die Bayerwaldloipe verläuft größtenteils in bestehenden gespurten Trassen. Mit Rücksicht auf die Natur wurde bei den Verbindungsstücken auf eine naturverträgliche Planung geachtet und somit auch auf Umkleidemöglichkeiten oder Wachsstationen verzichtet. Zur Schonung der Natur muss auch auf einigen Loipenanschlussstücken abgeschnallt und ein kurzer Fußmarsch zurückgelegt werden. Beste Langlaufzeit ist Januar/Februar. Informationen über die Bayerwaldloipe bei den Tourist-Informationen, beim Büro der Nationalparkgemeinden Bayerischer Wald in 94556 Neuschönau, Tel. 0 85 58/9 10 21 oder beim Tourismusverband Ostbayern, Tel. 0941/58 53 90. Eine sechstägige Pauschalreise mit Führer, Gepäcktransport und Unterkünften entlang der Bayerwaldloipe organisiert das Busunternehmen Thuringer, Abteistr. 25, 94078 Freyung, Tel. 0 85 51/70 04 oder 15 00.

Schneeschuhläufer bei Grafenau.

wilden Spur weiter bis ins 5 km entfernte Tusset, immer entlang einer immer noch verkehrenden, um die Kurven pfeifenden Eisenbahn, dem mäandernden, mit bizarren Eisgebilden geschmückten Ufer der Moldau folgend. Vielleicht werden sich die tschechischen Gemeinden auch einmal die teuren Maschinen leisten können, um ordentliche Spuren in die weiße, wunderschöne, einsame Landschaft des Böhmerwaldes zu ziehen.

Ein weiter Blick ins böhmische Land bietet sich, ohne dass man die Grenze über-

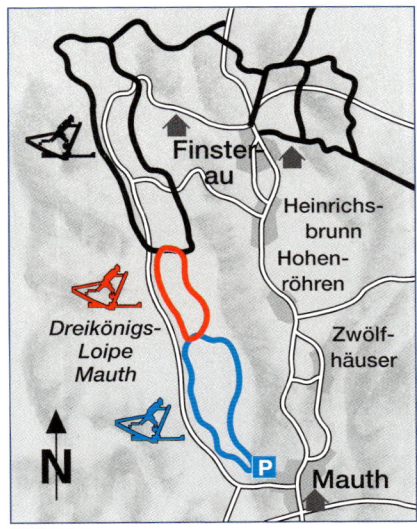

schreiten muss, vom Gipfel des Haidel (1167 m). Er ist unschwer zu besteigen von der Grainetloipe aus, einem »gut versteckten Kleinod im inneren Bayerischen Wald«, wie ein Loipeninsider verrät. Von seinem Aussichtsturm aus breitet sich das große Loipenparadies des Landkreises Freyung-Grafenau aus, von Finsterau am »Hintereingang« des Nationalparks bis zum Dreisessel (1332 m), dem dreifachen Grenzberg. Und wenn die Luft klar ist, lassen sogar die fernen Alpen grüßen.

So sehr dieses Schneespuren-Dorado auch lockt, im Landkreis Freyung-Grafenau sollte man sich keineswegs die »Schmankerl« links und rechts der Loipen entgehen lassen. Seien es Wildfütterungen, geführte Wanderungen, der Besuch der Glashütte in Spiegelau oder der Bleikristallglasfabrik in Riedhütte. Einen Einblick in das kulturelle und handwerkliche Schaffen der Menschen des Bayerischen Waldes gibt auch das Waldgeschichtliche Museum in St. Oswald.

→ Die Langlaufgebiete

Freyung, 655–860 m
Grafenau
Mauth, 821 m
Finsterau, 998 m
Spiegelau, 760–820 m
Grainet, 600 m
Haidmühle, 831 m

Saison: Dezember bis März, teilweise April.

Anreise: Autobahn Regensburg–Passau, dann B 12 Richtung Philippsreut (Grenze), von dort links bis Mauth, rechts bis Haidmühle und zum Dreisessel. Eisenbahn bis Freyung, dann Busse.

ℹ Fremdenverkehrsgemeinschaft Wolfsteiner Land e. V., 94078 Freyung, Tel. 0 85 51/5 71 21; Verkehrsamt, 94481 Grafenau, Tel. 0 85 52/96 23 43, Fax 0 85 52/46 90, www.grafenau.com, E-Mail Stadt.Grafenau@grafenau.com; Gäste-Information Mauth-Finsterau, Tel. 0 85 57/96 00 85, E-Mail tourismus@mauth.btl.de; Tourist-Information, 94518 Spiegelau, Tel. 0 85 53/96 00 17, Fax 0 85 53/96 00 42, www.spiegelau.de, E-Mail tourismus@spiegelau.btl.de; Tourismusbüro 94143 Grainet, Tel. 0 85 85/96 00 30 oder 96 00-0, www.graineturlaub.de, E-Mail info@graineturlaub.de, Tourist-Information Haidmühle, Tel. 0 85 56/1 94 33, Fax 0 85 56/10 32, www.haidmuehle.de, www.haidelregion.de, E-Mail haidmuehle@t-online.de.

☎ 0 85 85/96 00 30 oder 10 20.

→ Die Loipen

13 in Mauth, 9 in Spiegelau, 4 in Grainet, 8 in Haidmühle, 7 in der Umgebung von Grafenau.

Gesamtlänge: 103 km in Mauth (längstes Loipennetz im Bayerischen Wald), 64 km in Spiegelau, 36 km in Grainet, 70 km in Haidmühle, 60 km in Grafenau.

Schwierigkeit: Leicht bis schwer.

Längste Loipe: Anbindung an Fernwanderloipe »Bayerwald«, 150 km von Silbersbach bei Lam bis Dreisessel.

Skatingloipen: 4 in Mauth (23 km), 10 in Spiegelau (inkl. Klingenbrunn-Oberlüftenegg).

Loipenhöhe: 655–1130 m.

Loipenbenutzung: Gratis.

Höhenloipe: Haidelloipen 7 km (leicht) und 10 km (mittel bis schwer) in 1000–1130 m Höhe, Einstieg bei Obergrainet, Finsterauer Loipen 980–1120 m (Einstieg: Finsterau Skistadion).

Nachtloipen: In Mauth-Finsterau ab Skistadion Finsterau (2,5 klassisch/Skating); Nachtlauf im Gemeindepark Spiegelau möglich.

Umkleiden/Duschen: Mehrzweckhalle und Hallenbad Haidmühle.

Loipenplan: Bei den Informationsbüros.

Loipenstart: Mauth-Finsterau: Dreikönigsloipe in Reschbachtal, Finsterauer Loipen im Skistadion Finsterau. Spiegelau und Umgebung: LL-Zentrum Spiegelau, Beiwald, Oberkreuzberg, Klingenbrunn, Althütte; Grainet und Umgebung: Ortsende Grainet, Parkplatz Unterseilberg, Obergrainet, Ortsrand Vorderfreundorf, Altreichenau; Haidmühle und Umgebung: Einstiegsmöglichkeiten in allen Orten.

LL-Schulen: Skischule Schuster, Freyung; Skischule Bayerwald in Spiegelau, Tel. 0 85 53/9 11 77; Skischule Dreiländereck, Grainet; Skischule Dreiländereck, Skischule Hochwald, Haidmühle.

Leihausrüstung: In Mauth-Finsterau am Skistadion Finsterau und an Start und Ziel der Dreikönigsloipe; in Spiegelau 3 Geschäfte für Wintersportgeräte; Sport Fuchs, Sport Shop Altendorfer in Grafenau.

Rennen/Volksläufe: Silvesterlauf und Dreikönigslauf in Mauth-Finsterau; Internationales Schlittenhunderennen in Haidmühle; jeden Mittwoch geführte Erlebnisskitour in Spiegelau (Tierbeobachtung an der Fütterung).

→ Allgemeine Informationen

🅿 Am jeweiligen Start- und Zielgelände; in Spiegelau ca. 300 m vom Bahnhof.

Bus: Loipenbus von Freyung nach Mauth und von Spiegelau nach Mitterfirmiansreut; Bus vom Langlaufzentrum Spiegelau nach Schwarzachtal; Igel-Winter-Bus im Nationalpark Bayerischer Wald.

Ski alpin: 200 km Pisten im gesamten Bayerischen Wald; in Mauth-Finsterau 1 Schlepplift; Anfängerskilift und 2 Schlepplifte in Spiegelau; 1 Schlepplift in Grainet; 3 Schlepplifte in Haidmühle, 1 in Schlepplift in Grafenau.

Einkehr an der Loipe: Freilichtmuseum Finsterau; mehrere Möglichkeiten in Spiegelau; Skistüberl, Hotel Hüttenhof, Graineter Hof in Grainet; mehrere Möglichkeiten in Haidmühle und Umgebung und in Grafenau.

Sport: Skiwandern auf der Bayerwaldloipe, Informationen beim Tourismusverband Ostbayern, Tel. 0941/58 53 90; Rodeln, LL-Übungsloipen, Eislaufen, Schwimmen, Eisstockschießen, Squash, Badminton, Tennis, Minigolf, Drachenfliegen.

Après-Ski: Sauna, Pferdeschlitten, Glashüttenbesichtigung, Tagesausflugsfahrten nach Prag und Wien, Tanzveranstaltungen, Diskotheken, Schnapsmuseum.

👶 Kinderskikurse in Spiegelau und Grainet.

🛏 Im gesamten Bayerischen Wald 90 000 Gästebetten aller Kategorien; in Mauth-Finsterau ca. 500 Gästebetten; in Grainet ca. 100 Gästebetten, in Haidmühle ca. 1500 Gästebetten.

Oberpfälzer Wald

Wo der Bayerische Wald in den Böhmerwald übergeht, erstreckt sich im Naturpark Oberpfälzer Wald ein beachtliches Langlaufrevier, abseits von Hektik und Skirummel. In Schönsee können Langläufer ihr Auto stehen lassen, denn das 77 km lange Loipennetz beginnt direkt im Ortszentrum. Von dort führt auch die erste grenzüberschreitende Loipe in die Tschechische Republik.

Im südlichsten Teil des Oberpfälzer Waldes grüßt der Gipfel des Hohen Bogen (1079 m) und im Hintergrund der Große Arber (1458 m), der höchste und prominenteste Berg Ostbayerns. Wenn es an der Talstation der Hohen-Bogen-Bahn an Wochenenden mal wieder zum Gedränge kommt, steigen Skifahrer gerne auf die langen Latten um und in die Loipe ein. Während die einen sich auf den Pisten um den Hohen Bogen bemühen, laufen die anderen lieber in 2 bis 8 km langen Spuren beim LL-Zentrum **Neurittsteig** (2 km mit Flutlicht) oder auf zwei Rundkursen bei der Diensthütte Hohen-Bogen im Kreis. Die anderen Loipen im Lamer Winkel, an der Grenze zur Tschechischen Republik, verteilen sich auf die Skiorte **Lam**, mit drei Spuren von 20 km Länge (580 bis 760 m), unterhalb des Großen Osser (1293 m), **Arrach** und **Lohberg**.
Tipp: Von Silbersbach aus (Nähe Wildgehege) erreicht man mitten im Osserwald auf 700 m Höhe den Einstieg in die 150 km lange Bayerwaldloipe, die bis nach Zwiesel im Süden weiterführt. Hinter Lohberg werden zwei Höhenloipen bis auf 1100 m zwischen Scheiben (1050 m) und Wagnerspitze (1124 m) und bei Arrach eine 10 km lange Höhen – sowie eine 10 km lange Talloipe gespurt. Im Südteil des Naturparks Oberpfälzer Wald verteilen sich die schönsten Loipen rund um die Further Senke, das traditionsreiche Grenzland zum Böhmerwald. Die längste Spur im südlichen Oberpfälzer Wald führt von Gibacht/Althütte, zwischen der Grenzstadt Furth i. Wald und Waldmünchen an der deutsch-tschechischen Grenze auf der Oberen Forststraße entlang, im Rundkurs über 20 km durch teilweise schweres Gelände nach Neuhütte. Man kann auch eine

10 km (leicht) und eine 15 km (mittel) lange Abkürzung nehmen. Der Startplatz liegt in der Nähe des LL-Zentrums Gibacht-Voithenberg. Beim Berggasthaus Gibacht bei Althütte beginnt eine 3 bis 5 km lange Rennloipe. Direkten Anschluss an die Renn- bzw. an die Skiwanderloipe hat die neue, 8 km lange Grün-

tannlloipe nach Herzogau. Schönste Aussicht mit Böhmerwaldpanorama bietet die Sonnenloipe über 5 bis 7 km bei Untergrafenried in 650 m.
Das Schönseer Land, nördlich von Waldmünchen, hat als größtes Wintersportgebiet des Oberpfälzer Waldes auch Langläufern einiges zu bieten: 16 markierte

---

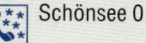

OBERPFÄLZER WALD

→ Die Langlaufgebiete
Arrach, 510 m
Schönsee, 655 m
Plößberg, 630 m
Saison: November bis Ende Februar/Anfang März.
Anreise: Autobahn Nürnberg–Amberg, B 85/20 oder Autobahn München–Deggendorf, Ausfahrt Landau/Straubing, B 20 oder Autobahn Regensburg–Weiden, Abfahrt Teublitz, Richtung Cham; Bahnstation ist Weiden.

ℹ️ Tourist-Information, 92539 Schönseer Land, Tel. 0 96 74/3 17, Fax 0 96 74/91 31 30, www.btl.de/schoensee, E-Mail tourismus@schoensee.btl.de; Tourist-Info, 93474 Arrach, Tel. 0 99 43/10 35, Fax 0 94 43/34 32, E-Mail tourist@arrach.de, Gäste-Information, 95703 Plößberg, Tel. 0 96 36/92 11 14, 0 96 36/3 67, www.ploessberg.de, E-Mail maploess@tirnet.de.

📞 Schönsee 0 96 74/92 12 18.

→ Die Loipen
8 in Schönsee; 2 in Plößberg; 5 im LL-Leistungszentrum Hohenthan/Silberhütte-Altglashütte; 3 in Arrach.
Gesamtlänge: 48 km in Arrach; 63 km in Schönsee, 8,5 km in Plößberg.
Schwierigkeit: Leicht bis schwer.
Längste Loipen: Wanderloipe (Rundkurse) bei Althütte, 6 bis max. 20 km, mittel; Rundkurs zwischen Hessenreuth und Glashütte, 30 km, mittel; Silberhütte: Entenbühl–Egerer Wald, 60 km, 30 km bei Arrach, 31 km Schönsee–Rosenhof.
Skatingloipen: 1 in LL-Zentrum Schönsee; LL-Leistungszentrum Silberhütte-Altglashütte 4-, 6-, 8- und 12-km-Rundkurse.
Loipenhöhe: 550–1100 m.
Loipenbenutzung: Gratis.
Höhenloipe: Bei Brennes (Großer Arber), 1100 m, 6,5 km lang, leicht.
Nachtloipe: LL-Zentrum Silberhütte; Schönsee–Rosenhof.
Umkleiden/Duschen: Altglashütte, 8 km von Plößberg.

Loipenplan: Bei den Tourist-Informationen.
Loipenstart: Wintersportzentrum Eck, E-Aktiv-Markt in Arrach; Großer Weiher in Plößberg; LL-Zentrum Schönsee–Rosenhof in Schönsee.
LL-Schulen: Bayerwald-Skischule in Waldmünchen; LL-Schule Altglashütte in Bärnau; LL-Schule Lamer Winkel in Arrach.
Leihausrüstung: Skiverleih Waldmünchen; Sport Geiger, Arrach; Sport Heckmann, Hirschau; Bäckerei Hopf, Plößberg; Sporthaus Schlotterbeck, Schönsee.
Rennen/Volksläufe: Internationaler Deutscher Skimarathon im LL-Leistungszentrum Silberhütte; ein Volkslauf in Schönsee im Dezember oder Januar.

→ Allgemeine Informationen

🅿️ An den Loipeneinstiegen (LL-Zentrum Schönsee befindet sich direkt im Ortszentrum); am Skigebiet Eck-Riedlstein und im Feriendorf am Hohen Bogen, im LL-Zentrum Silberhütte und in Plößberg (Am Großen Weiher), in Glashütte und Hessenreuth.
Bus: Vom 26.12. bis 6.1. kostenloser Transfer von Arrach zum Loipeneinstieg.
Ski alpin: Altglashütte, 8 km von Plößberg.
Einkehr an der Loipe: Hotel Eck, Berggasthof Eschlsaign in Arrach; mehrere Möglichkeiten in Schönsee; Weiher Klause in Plößberg.
Sport: Skitouren, Snowboarden, Eislaufen, Eisstockschießen, Rodeln, Drachen-/Gleitschirmfliegen, Reiten, Tennis, Squash, Schwimmen, Kegeln.
Après-Ski: Restaurants, Cafés, Weinstuben, Tanz, Disko, Folklore, Diashows, Kino, Theater, Museen, Pferdeschlittenfahrten.

🧸 Kinderskikurse mit teilweiser ganztägiger Betreuung.

🛏️ 12 000 Gästebetten rund um die LL-Orte des Oberpfälzer Waldes, in Hotels, Pensionen und Ferienwohnungen; ca. 2000 Gästebetten in Arrach; 1000 Gästebetten in Schönsee, 350 Gästebetten in Plößberg.

Bei Arrach wird alljährlich eine 10 km lange Höhenloipe sowie eine 10 km lange Talloipe gespurt.

Loipen mit etwa 77 km Länge werden täglich frisch gespurt. Für Freunde der Loipe ist die zentrale Lage sehr von Vorteil: Sie können in Schönsee ihr Auto stehen lassen, denn das LL-Zentrum befindet sich direkt im Ortszentrum. Die Skiausrüstung sollte man sich allerdings von zu Hause mitbringen, da es in Schönsee keine Leihmöglichkeiten gibt. Die elf Loipen rund um das Langlaufzentrum Schönsee-Rosenhof werden täglich, die Dietersdorfer-, Stadtlerner-, Berger-, Gaisthaler- und Weidingerloipe nur bei ausreichender Schneelage gespurt. Der erste grenzüberschreitende Skiwanderweg führt in Friedrichshäng bei Schönsee über die Grenze zur Plösserloipe in der Tschechischen Republik (Personalausweis genügt). Die doppelt gespurte, 7 km lange Rundloipe auf tschechischer Seite führt bis auf 800 m Höhe und hat, über die Bergerloipe und die Dietersdorferloipe, direkten Anschluss an das Loipennetz vom LL-Zen-

trum Schönsee-Rosenhof. Da die Ortsdurchfahrt von Friedrichshäng für PKW gesperrt ist, wurde am Ortseingang ein großräumiger Parkplatz mit direktem Zugang zur Loipe eingerichtet.

Für Rennsportambitionierte ist im Naturpark Nördlicher Oberpfälzer Wald das Langlauf- und Leistungszentrum der Deutschen Nationalmannschaft rund um Hohenthan/Silberhütte-Altglashütte genau das Richtige. Hier werden fünf insgesamt 416 km lange, professionelle Rundkurse für beide Stilarten angelegt. Die Diagonal- und Skatingloipen werden parallel gespurt, damit können Allroundläufer so oft sie wollen von einer Spur in die andere wechseln. Wer hier Deutschlands bestem Langläufer, Jochen Behle (aus Willingen), der seit Mai 1991

für den SCMK Hirschau startet, »nachlaufen« will, der sollte die Loipen am Entenbühl (901 m) wählen (siehe auch »Bayerischer Wald«, Teil 1, Seite 53). Ein ausgesprochenes Freizeit-Langlaufzentrum breitet sich im Hessenreuther Wald aus. Zwischen Hessenreuth und Glashütte bei Pressath werden vier 3,5 bis 30 km lange Loipenrundkurse angelegt und bei Plößberg/Beidl, nordwestlich des LL-Leistungszentrums, werden bei guter Schneelage vier Loipen mit einer Gesamtlänge von 20 km angeboten. Der Naturpark Oberpfälzer Wald ist eine Langlaufregion mit Zukunft, und noch kann man dem Slogan des Fremdenverkehrsamtes »Wintererholung zählt doppelt und im Bayerischen Wald kostet sie manchmal nur die Hälfte« Recht geben.

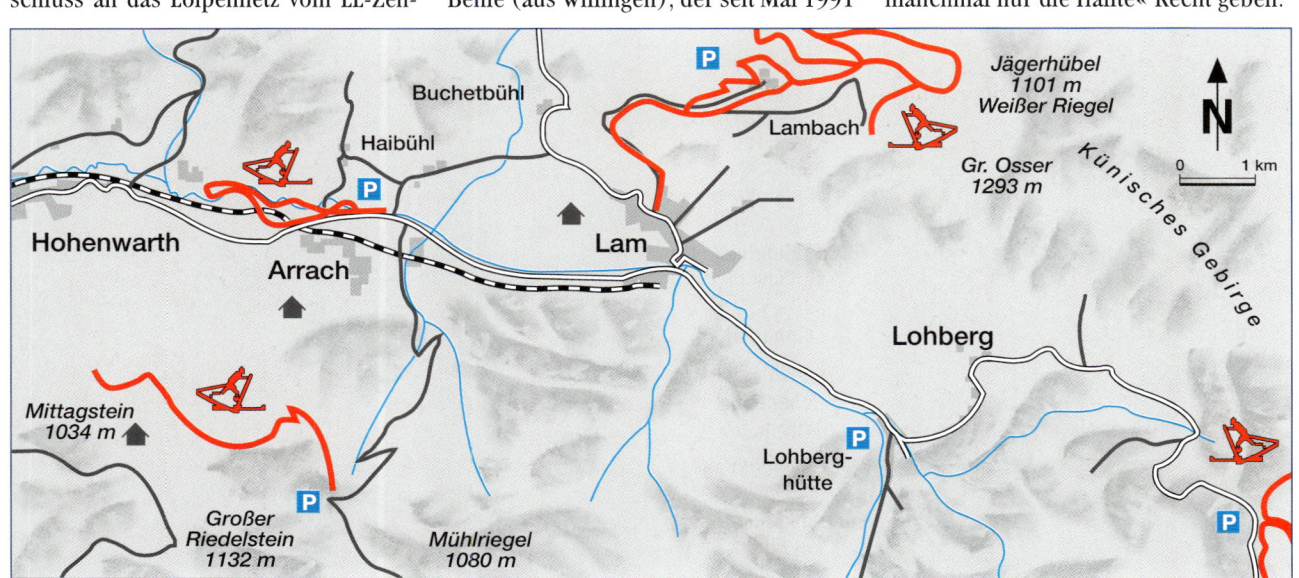

Fichtelgebirge/Frankenwald

Unberührte Winterlandschaft, über 300 km gespurte Loipen, gemütliche Gasthöfe mit zivilen Preisen und kleine, ruhige Bergdörfer – was will man als Langläufer mehr? Der Naturpark Fichtelgebirge setzt auf familienfreundliche Skireviere, den großen Rummel überlässt er gerne den Alpen.

Im Jahr 898 brachte Fritz Kaiser den ersten Ski aus München nach Bischofsgrün – Beginn des Ski-Booms im Fichtelgebirge. Die ersten Skitouristen kamen Anfang des Jahrhunderts aus Nürnberg und Bamberg. Bald darauf wurden die ersten Sonderzüge eingesetzt. Heute reisen Skifahrer am liebsten mit dem eigenen Auto an. Über 100 000 Hektar unterliegen seit der Gründung des Naturparks 1971 dem Bayerischen Naturschutzgesetz. Das bedeutet viel unberührte Natur, aber auch Rücksichtnahme beim Langlaufen, denn das Fichtelgebirge zählt zu den schönsten LL-Revieren Nordostbayerns. In Zusammenarbeit mit Vereinen, Forstämtern und Kommunen wurde von der Naturparkverwaltung 1974 ein Konzept erarbeitet, unter dessen Dach die gemeinsamen Interessen der verschiedene Beteiligten zusammengefasst und in ein allseits akzeptables Loipennetz umgesetzt wurden. Skiwanderer, abseits der ausgeschilderten Loipen, werden gebeten, auf den breiten Forststraßen zu bleiben und die Gebote der Wildschutzgebiete zu beachten.

Vom »Gipfel« der höchsten Erhebung im Fichtelgebirge, dem Ochsenkopf (1024 m), schweift der Blick weit über die waldreiche Hügellandschaft und auf die vielen kleinen Langlauftreffs. Die über 300 km Loipen des Fichtelgebirges verteilen sich auf 29 Orte, die jeweils im Durchschnitt zwei bis drei LL-Trassen zur Verfügung stellen. Alpinskifahrer stehen im Fichtelgebirge mit nur 25 km Pisten eindeutig im Schatten der Langläufer. Zu den beliebtesten Wintersportorten, auch wegen der zahlreichen LL-Spuren, zählen **Mehlmeisel, Fichtelberg, Warmensteinach**, **Bischofsgrün, Münchberg, Weißenstadt** (6 Loipen, 60 km Länge!) und **Bad Alexandersbad**. Die »Skiorte« kann man als familienfreundliche Winterfrischen bezeichnen, umgeben von leicht kupiertem Gelände mit geringen Steigungen – größter Höhenunterschied ist 170 m. Die längste Loipe führt über 15 km in teils steilem Gelände (718 bis 940 m) von Fichtelberg um den Ochsenkopf als Rundkurs wieder zum Startpunkt, dem Besucherbergwerk »Gleißinger Fels«, zurück. In dem staatlich anerkannten Luftkurort wird bei der »Blealm Alm« (Skiliftparkplatz) die »1. Nordbayerische Nachtlanglaufloipe« über eine Strecke von 2,5 km Länge gespurt.

Zwischen Fichtelgebirge und Oberpfälzer Wald breitet sich der Nationalpark Steinwald um die Erholungsorte Erbendorf, Waldsassen, Friedenfels und Fuchsmühl aus. Das Langlaufrevier rund um den 628 m hohen Glasberg kann mit 100 km gespurten Loipen aufwarten und ergänzt die guten Bedingungen für Langläufer im Raum Nordostbayern.

Nördlich des Fichtelgebirges erstreckt sich im Frankenwald ein wahres Langlaufdorado mit 75 Trassen und Anbindung an das Spurennetz im Osten Deutschlands. Über 500 km gespurte

---

★★★★ FICHTELGEBIRGE

→ Die Langlaufgebiete

Weißenstadt, 630 m
Mehlmeisel, 630 m
Bischofsgrün, 700 m
Bad Alexandersbad, 590 m
Fichtelberg, 684 m

Saison: Ende Dezember/Anfang Januar bis Ende Februar/Anfang März.

Anreise: Autobahn Berlin–Nürnberg–München, Ausfahrt Bayreuth Nord, Staatsstraße Bayreuth–Warmensteinach–Fichtelberg oder Ausfahrt Bad Berneck B 303 Fichtelberg; Bahnstationen sind Marktredwitz, Neusorg, Bayreuth und Weidenberg.

🛈 Tourist Information Fichtelgebirge, 95686 Fichtelberg, Tel. 0 92 72/96 90 30, www.fichtelgebirge.de, E-Mail info.fichtelgebirge@t-online.de; (Steinwald: Tourismusverband Ostbayern, Regensburg, Tel. 09 41/58 53 90; Tourist Information Frankenwald, 96317 Kronach, Tel. 0 92 61/6 01 50).

→ Die Loipen: 43.

Gesamtlänge: 300 km.

Schwierigkeit: Überwiegend leicht und mittel.

Längste Loipe: Fichtelberg, Loipe A rund um den Ochsenkopf, 15 km, mittelschwer; Skiwanderweg Waldstein bei Weißenstadt, 14 km, mittel; Loipenverbund rund um den Ochsenkopf ca. 90 km.

Skatingloipe: 1 in Fichtelberg.

Loipenhöhe: 550–940 m.

Loipenbenutzung: Gratis.

Nachtloipen: Fichtelberg 2,5 km, Warmensteinach 2 km.

Umkleiden/Duschen: Nein.

Loipenplan: Von der Tourist Information Fichtelgebirge.

Loipenstart: Parkplatz Siebenlindenberg bei Arzberg, Grenzlandhütte Kappel, Waldsassen, Schönwald, Parkplatz Längenau bei Selb, Großer Korn-Berg bei Selb, Röslau, Tröstau, Vordorfermühle bei Vordorf, Parkplatz Kössain, Bad Alexandersbad, Brand, Neubrand, Parkplatz Tannenberglift bei Immenreuth, Bischofsgrün, Parkplatz Warmensteinach, Parkplatz Neubau, Parkplatz und Bayreuther Haus in Mehlmeisel, Gefrees, Zell/Ofr., Parkplätze auf Straße Sparneck–Weißenstadt, Münchberg, Untreusee in Hof, Bärenreuth, Weidenberg

LL-Schulen: 12 Skischulen in 8 Orten.

Leihausrüstung: In 14 Orten.

Rennen/Volksläufe: Fichtelgebirgsmarathon über 25 und 50 km, Start in Gefrees im Februar; Dr.-Goepel-Gedächtnislauf (Januar) bei Weißenstadt, Pokallanglauf (Februar) in Weißenstadt und lokale Rennen in den anderen Gemeinden.

Loipenfuchs: Edgar Eckert, Olympiateilnehmer in Sapporo und ehemaliger Deutscher Meister, wohnt in Fichtelberg.

→ Allgemeine Informationen

🅿 In unmittelbarer Nähe zu den Loipeneinstiegen.

Ski alpin: 25 km Pisten.

Sport: Skitouren, Skiwandern, Eislaufen, Eisstockschießen, Rodeln, Reiten, Tennis-/Squashhalle, Kegeln, Schwimmen.

Après-Ski: Restaurants, Cafés, Weinstuben, Tanz, Disko, Folklore, Diashows, Kino, Theater, Museen.

Einkehr an Loipe: Mehrere Möglichkeiten entlang der einzelnen Loipen.

🚂 Teilweise ganztägige Betreuung und Kinderskikurse.

🛏 20 000 Gästebetten aller Kategorien in Hotels, Pensionen, Privatquartieren und Ferienwohnungen.

✦✦✦ FRANKENWALD

→ Die Langlaufgebiete

Helmbrechts, Lichtenberg, Naila, Presseck, Schauenstein, Bernstein, Schwarzenbach am Wald, Stadtsteinach, Marktrodach, Nordhalben, Wallenfels, Ludwigsstadt, Lauenstein, Steinbach/Haide, Rothenkirchen, Steinbach a. Wald, Teuschnitz, Tettau, 350–800 m

Saison: Dezember/März.

Anreise: Autobahn München-Berlin, Ausfahrt Marktschorgast, Münchberg-Nord oder Naila, dann weiter auf den Bundesstraßen; Bahnstationen sind Marktschorgast und Naila.

ℹ️ Tourist-Information Frankenwald, 96317 Kronach, Tel. 0 92 61/6 01 50, Fax 0 92 61/60 15 15, www.btl.de/frankenwald, E-Mail tourismus@frankenwald.btl.de.

→ Die Loipen: 78.

Gesamtlänge: Ca. 400 km.

Schwierigkeit: Überwiegend leicht bis mittelschwer.

Längste Loipe: 20 km in Markt Presseck.

Skatingloipe: 1 in Schwarzenbach.

Loipenbenutzung: Gratis.

Umkleiden/Duschen: Teilweise, Auskunft über Tourist Information.

Loipenplan: Von der Tourist-Information Frankenwald.

Loipenstart: Überwiegend an Sportheimen oder Skiliften.

Leihausrüstung: Auskunft über Tourist-Information.

→ Allgemeine Informationen

🅿️ In unmittelbarer Nähe zu den Loipeneinstiegen.

Ski alpin: 15 Schlepplifte.

Sport: Eislaufen, Fahrradfahren, Fitnesscenter, Golf, Minigolf, Inlineskating, Kegeln, Tennis, Schwimmen, Reiten, Gleitschirmfliegen, Segelfliegen, Schießen, Radfahren.

Après-Ski: Restaurants, Museen, Theater, Kutschfahrten, Spielcasino Bad Steben.

Einkehr an der Loipe: Viele Möglichkeiten entlang der einzelnen Loipen.

 Teilweise, Auskunft bei Tourist Information.

 Nähere Auskünfte bei Tourist-Information.

Loipen ziehen sich in einem weitflächig angelegten Netz durch die Fichtenwälder über leicht hügeliges Gelände, manchmal auch mit schweren Anstiegen zwischen 200 und 800 m Höhe. Abseits des Massentourismus ist der nordöstlichste Teil Bayerns noch ein Geheimtipp für Langläufer. Fast jede Gemeinde zwischen Kulmbach, Kronach und Ludwigstadt legt ihre eigenen Spuren an, und noch ist das Preis-Leistungsverhältnis für Familien interessant.

Ein Wintertag im Frankenwald: ideal zum Abschalten und Entspannen.

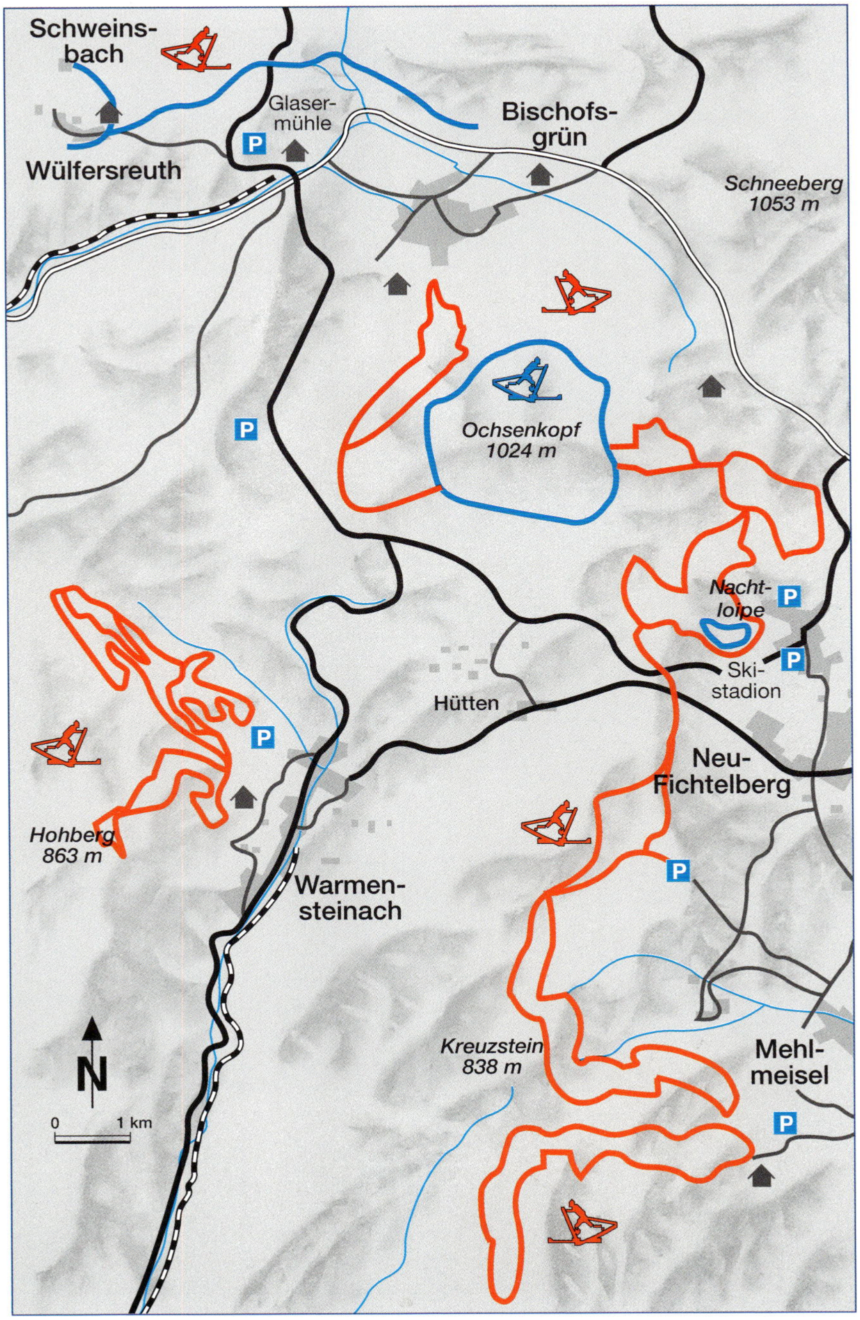

Schweins-bach

Glasermühle

Bischofs-grün

Wülfersreuth

Schneeberg 1053 m

Ochsenkopf 1024 m

Nacht-loipe

Ski-stadion

Hütten

Neu-Fichtelberg

Hohberg 863 m

Warmen-steinach

N

0   1 km

Kreuzstein 838 m

Mehl-meisel

START

Neue Spuren

Das Erzgebirge und der Thüringer Wald können auf eine lange Wintersporttradition zurückblicken. Seit der Wiedervereinigung sind die Skiregionen der ehemaligen DDR auch für die Westdeutschen wieder attraktiv geworden.

Erzgebirge

Im westlichen Deutschland haben sich die Namen Oberwiesenthal, Altenberg und Klingenthal allein durch Sportberichte aus DDR-Zeiten eingeprägt. Allmählich spricht sich herum, dass diese »klingenden« Städtchen und Orte im sächsischen Erzgebirge ideale Wintersportmöglichkeiten vor allem für Langläufer bieten.

Wintersport hat im Erzgebirge Tradition: »Sächsisches St. Moritz« oder »Sächsischer Nordpol« waren einst die Schlagworte, die Skifahrer in die Wintersportgebiete an der tschechischen Grenze locken sollten. Seit der Wiedervereinigung sind die Skiregionen Ostdeutschlands sprichwörtlich mehr in die Mitte Deutschlands gerückt. Dabei spricht sich langsam auch herum, dass die vor allem durch Skispringer wie Jens Weißflog und Co. international bekannten Skizentren **Oberwiesenthal, Altenberg** oder **Klingenthal** ein ideales Terrain für Langläufer bieten. Im sächsischen Erzgebirge werden regelmäßig in acht

verschiedenen Revieren über 240 km Loipen vom Feinsten gespurt, darunter auch die etwa 34 km lange, schneesichere »Kammloipe« bei Klingenthal. Eine Erweiterung des LL-Horizonts versprechen die grenzüberschreitenden Loipen ins Böhmische. Die reizvollsten Loipenreviere des zweiten bedeutenden Skiareals, des Thüringer Waldes, finden Langläufer rund um die bekannten Wintersport-Treffs **Oberhof, Neustadt am Rennsteig, Zella-Mehlis** und **Brotterode**. Insgesamt erstreckt sich das Loipennetz auf über 500 km gespurte LL-Trassen. Die beliebtesten Spuren im Schnee werden über den Kamm des Thüringer Waldes, über den historisch altbekannten »Rennsteig« präpariert.

»Der Bewohner dieses sächsischen Nordpols«, so meldete der Arzt Dr. Merkel bereits im Jahr 1797, »versteht sich gleich dem Lappländer auf den Gebrauch der Fußbretter und gleitet damit ebenso schnell über den tiefsten Schnee.« Dieser lag nach Merkels Messungen in »Wald und Wüstung« zwei bis drei Ellen hoch, in Hohlwegen bis zu 30 Ellen, das wären

→ **Top-Loipe**

Die weit über die regionalen Grenzen Oberwiesenthals hinaus bekannteste Langlaufspur ist die »Fichtelberg-Rundloipe«. Die als schneesicher zu bezeichnende Loipe beginnt in Fichtelberg, führt über das Skistadion nach Hirschfalz, weiter in die Gemeinde Ausrücke, zum »Roten Vorwerk« und schließlich nach Oberwiesenthal. Die gelungene Verbindung der beiden Langlaufzentren im Erzgebirge ist 10 km lang und als mittelschwer einzustufen (rot).

etwa 2 m. Auch das »Ruscheln« (Rodeln) war schon früh üblich. Und den ersten Skiunterricht erteilte der norwegische Bergwerksingenieur Harry Olsen bereits 1896.

Kein Wunder, dass die südliche Ecke des sächsischen Erzgebirges seit langem zum Winterwunderland geworden ist; mit einer liebenswerten, nach wie vor blühenden Volkskunst und Weihnachtsspielen, die in jüngster Vergangenheit verboten waren, 1994 aber ihr hundertjähriges Jubiläum feierten; mit einer über hundertjährigen Bimmelbahn und einer bald 80 Jahre alten Seilschwebebahn, mit sieben Skiliften und drei Sprungschanzen – vor allem aber mit einem Loipenverbund, der insgesamt 106 km lang ist.

Der Fixstern im Land des Langlaufs ist der 914 m hoch gelegene Kurort Oberwiesenthal. Die höchstgelegene Stadt Deutschlands war einmal die wintersportliche Hauptstadt der DDR und Kaderschmiede für deren Spitzenläufer, während die alpine Abteilung des örtlichen Skiclubs aufgelöst wurde, nachdem in diesen Disziplinen bis zu den Olympischen Spielen 1968 keine Medaillen zu holen waren. Das alles dokumentiert das sehr sehenswerte Skimuseum, das nun auch wieder die sportlichen Entwicklungen der Dreißigerjahre sowie die »christlich erzgebirgische Weihnacht« dokumentierten darf.

Im Skistadion am Fichtelberg, dessen 1214 m hohes Gipfelplateau mit der ältesten deutschen Kabinenbahn oder auf einer Loipe zu erreichen ist, sowohl Freizeit- als auch Leistungssportler ihrer Begeisterung nachgehen: In einer Höhe von 1100 m sind drei Trainingsstrecken und eine Biathlonanlage mit 16 Schussbahnen abgesteckt, eingezäunt und mit allerhand Elektronik bestückt. Neuerdings dürfen hier auch Freizeitsportler gelegentlich »kämpfen«. Am Skistadion, des-

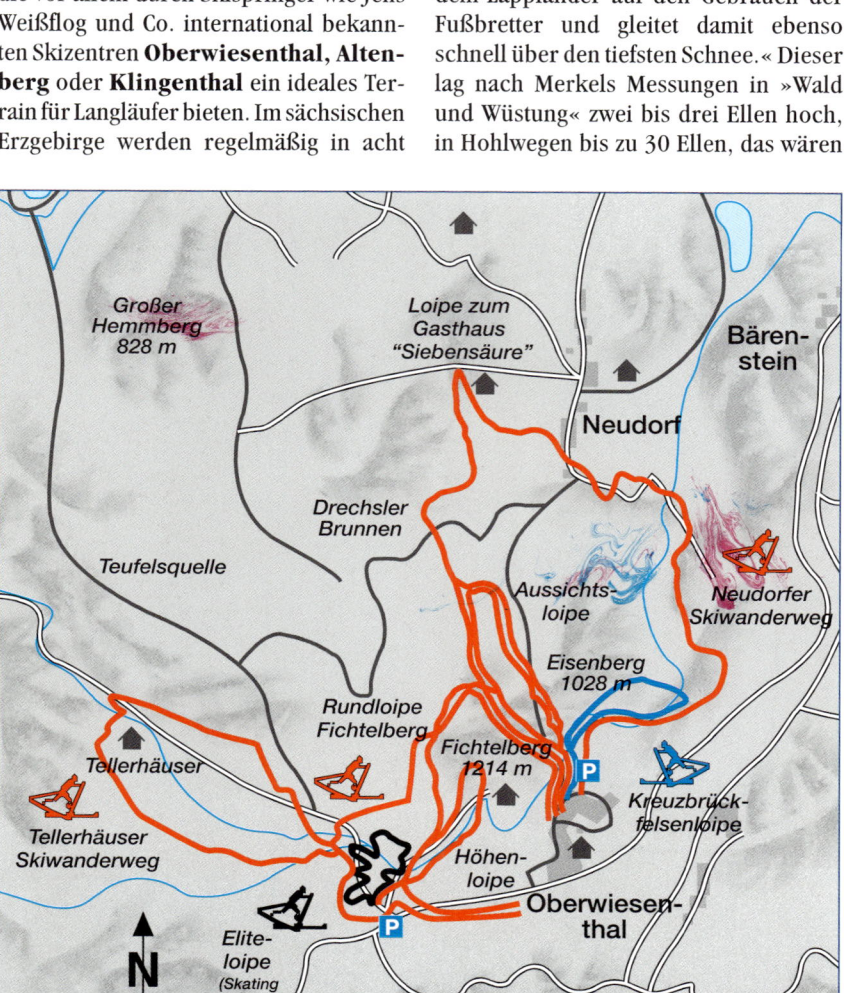

sen Parkplatz nicht weniger als 500 Autos fasst, beginnen auch die ebenso tadellos gepflegten, durch Ziffern und Farben markierten »Touristenloipen«. Sie verlaufen bis zu 15 km in die bachreichen Wälder und Hochmoore. Dabei passieren sie Gast- und Rasthäuser mit so seltsamen Namen wie »Siebensäure«. Rosa und blau gekennzeichnet sind außerdem, ab »Rotes Vorwerk«, zwei Skiwanderwege, die auch als Routen für Pferdeschlitten oder -wagen dienen.

Auch alpine Höhenloipen sind kaum schneesicher: In manchen Jahren findet man die Oberwiesenthaler Routen noch Mitte März in bestem Zustand vor. Ganz neu ist der Loipenanschluss in die Tschechische Republik, wo man gut und preiswert essen kann, die Benutzung der »turistischen Runden« ist jedoch kostenpflichtig. Eine der längsten, schönsten und schneesichersten Loipen Deutschlands führt von Schöneck im Naturpark Vogtland durch das Westerzgebirge über den Schneckenstein, der als einziger Topasfelsen Europas 860 m hoch aufragt, dann genau auf dem Grenzkamm zunächst bis Johanngeorgenstadt (wo während des Uran-Booms bis zu 40 000 Menschen lebten). Von dort aus kann man mit dem Triebwagen zwei Stationen fahren, um in die »Skimagistrale Böhmisches Erzgebirge« einzusteigen und über Bozi Dar (Gottesgab) wieder die deutsche Grenze und gleich dahinter den Fichtelberg zu erreichen. Die ganze »Kammloipe« ist über 100 km lang. Auf der Strecke liegen am Wegesrand ein Musikinstrumentenmuseum, eine Talsperre, eine Ausstellung zur deutschen Raumfahrt, ein Museum mit berühmter Weihnachtsschau und Planetarium, das »Weihnachtsdorf« Stützengrün, eine ba-

Die Langlaufreviere sind seit der Wende auf der Überholspur.

rocke Rundbaukirche und ein Schaubergwerk. Alle Orte, auch das zentrale Städtchen Klingenthal, wo seit genau hundert Jahren die Langlauftechnik unterrichtet wird, sind durch Anschlussloipen miteinander verbunden.

ERZGEBIRGE

→ Die Langlaufgebiete

Oberwiesenthal, 914 m
Altenberg, 800 m
Zinnwald, 780–880 m
Klingenthal, 533–943 m

Saison: Dezember bis März.

Anreise: Autobahn Hof–Dresden, Ausfahrt Zwickau West, dann über Schneeberg und Schwarzenberg. Eisenbahn über Zwickau oder Chemnitz–Zschopau–Annaberg; Autobahn Hamburg–Berlin–Dresden oder Frankfurt–Dresden, Zinnwald.

Tourismus- und Veranstaltungsgesellschaft, 09484 Oberwiesenthal, Tel. 03 73 48/12 80, Fax 03 73 48/1 28 57, www.oberwiesenthal.de, E-Mail tourist-info@oberwiesenthal.de; Tourist-Info-Büro Altenberg, 03 50 56/3 33 41, Fax 03 50 56/3 33 66, www.altenberg-online.de, E-Mail infoaltenberg@t-online.de; Fremdenverkehrsbüro, 01773 Zinnwald, Tel. 03 50 56/42 14, Teplitzer Str. 12; Tourist-Info, 08248 Klingenthal, Tel. 03 74 67/6 48 32.

Oberwiesenthal, Tel. 03 73 48/74 14, Klingenthal, Tel. 03 74 67/2 24 94.

→ Die Loipen

7 in Oberwiesenthal, 5 in Altenberg, 3 in Zinnwald, 2 in Klingenthal.

Gesamtlänge: Ca. 63 km (ohne Rennloipen) in Oberwiesenthal, ca. 30 km in Altenberg, 14 km in Zinnwald, 40 km in Klingenthal.

Schwierigkeit: Leicht bis schwer.

Längste Loipen: Tellerhäuser Skiwanderweg, Oberwiesenthal, 18 km; Kammloipe Klingenthal ca. 100 km.

Skatingloipen: 2 in Oberwiesenthal, 1 in Altenberg, 1 in Zinnwald, 1 in Klingenthal.

Loipenhöhe: 924–1214 m.

Loipenbenutzung: Tageskurtaxe für Tagesgäste, Rennloipen beschränkt zugänglich in Oberwiesenthal; restliche Gebiete gratis.

Nachtloipe: 1 in Altenberg und Klingenthal.

Umkleiden/Duschen: Tennishalle Oberwiesenthal; Loipenhaus in Klingenthal.

Loipenplan: Bei den Tourismus-Informationen.

Loipenstart: Tennishalle, Euromill Hotel, Skistadion in Oberwiesenthal; Nähe Busbahnhof/Eisenbahn, Parkplatz Campingplatz, Parkplatz Rehefelder Straße in Altenberg.

LL-Schulen: Vereinigte Skischule Oberwiesenthal; in Zinnwald ehemalige Biathlon-Weltmeister (Anmeldung über das Fremdenverkehrsbüro); Sport-Collection, Altenberg; Skischule Körner in Altenberg.

Leihausrüstung: Sportgeschäfte, Skiverleih in Oberwiesenthal; Sport-Collection und Fahrrad Kohl in Altenberg; Sportgeschäfte in Klingenthal.

Rennen/Volksläufe: Internationaler Volksskilanglauf, ca. 10, 20, 42 km, Anfang März (10 bis 20 DM Startgeld) in Oberwiesenthal; Finnischer Langlauf, 15 km und rund um die Lugsteine, 15 km in Zinnwald; Kammlauf, 25 km und 50 km, Berliner Meisterschaft, Deutschlandpokal, B-Weltcup (20 bis 50 DM Startgeld) in Klingenthal; Schellerhauer Kammlauf (2. Februarwochenende) in Altenberg.

→ Allgemeine Informationen

In Oberwiesenthal am Skistadion, Euromill Hotel, an der Tennishalle, an den Loipen; Talstation Kabinenbahn; Bushaltestelle Zinnwald, zur Loipe ca. 10 Minuten.

Bus: Linienverkehr ab Bahnhof Oberwiesenthal; Skibus von Dresden nach Altenberg.

Zug: Wintersportsonderzüge an Wochenenden von Dresden nach Altenberg.

Ski alpin: 7 Lifte in Oberwiesenthal, 11 Pisten, 4 Lifte in Klingenthal, 6 Lifte in Altenberg.

Einkehr an der Loipe: Mehrere Möglichkeiten in Oberwiesenthal, Altenberg und Klingenthal.

Sport: Schwimmen, Snowboarden, Eislaufen, Bowling, Fitnesscenter, Volleyball, Basketball, Gymnastik, Schlittschuhlaufen, Winterwandern, Rodeln, Gästebobfahren, Kegeln.

Après-Ski: Restaurants, Cafés, Weinstuben, Bars, Tanzabende, Disko, verschiedene Museen, typische Fastnachts-, Heimat- und Weihnachtsfeste.

Vereinigte Skischule Oberwiesenthal; wochentags im Kindergarten Altenberg; Kinderskikurse in Klingenthal.

4115 Gästebetten aller Kategorien vom Hotel bis zur Privatunterkunft, 3400 Gästebetten in Oberwiesenthal; 200 Gästebetten in Klingenthal; 1500 Gästebetten in Altenberg.

Thüringer Wald

Im Norden und in der Mitte des Thüringer Waldes findet man bei den Wintersportorten Oberhof, Zella-Mehlis und Brotterode einige der reizvollsten Loipenreviere dieser weiten Mittelgebirgslandschaft. Insgesamt ziehen sich 1800 km Langlaufspuren durch die international bekannte Skiregion.

Die drei wichtigsten Wintersportorte liegen am »Rennsteig«. Dieser Weg über den Kamm des Thüringer Waldes war im Mittelalter einer der bedeutendsten Kurier- und Handelspfade. Von Hörschel an der Werra verläuft er über 168 km bis zum Oberlauf der Saale bei Blankenstein. Der einstige »Rynnestig« hat sich zu einem der beliebtesten Fernwanderwege in Europa entwickelt. Noch während der Teilung Deutschlands waren Wanderungen und Skitouren nur eingeschränkt möglich. Die beiden höchsten Berge des Thüringer Waldes, der Große Beerberg (982 m) und der Schneekopf (978 m), liegen zwischen **Suhl** und **Oberhof**, dem bekanntesten Wintersportort im Osten Deutschlands. Oberhof, direkt am Rennsteig gelegen,

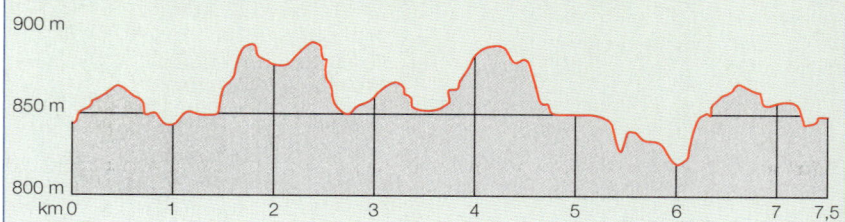

→ **Top-Loipe**

Die Rennsteigloipe ist eigentlich ein Ski-Fernwanderweg und verläuft von Hörschel bis Blankenstein auf einer Gesamtlänge von 168 km über den Kamm des Thüringer Waldes. Er führt zwischen Oberhof und Zella-Mehlis u. a. auch an Brotterode vorbei. Im Februar ist er Austragungsort des populären »Rennsteigmassenlaufs«, der über 30 km von Brotterode nach Oberhof (im Diagramm ein Teilstück) führt.

war schon um die Jahrhundertwende als Winter- und Sommerferienort gut bekannt. 1931 fanden hier die Weltmeisterschaften und FIS-Rennen statt – gehörte Oberhof doch schon damals wegen der »Thüringerschanze« und seiner Bobbahn zu den international anerkannten Wettkampfstätten. Unter den fünf Skisprungschanzen ist die »Schanze am Rennsteig«, eine der größten Mattensprungschanzen der Welt. Die 1972 eingeweihte, künstlich zu vereisende Rennschlitten- und Bobbahn gehört zu den modernsten Europas. Heute werden auch Gästefahrten als Ice-Rafting sowie im Viererbob veranstaltet.

An der »Schmücke«, einer altbekannten Berggaststätte oberhalb der 900-Meter-Marke, tummeln sich meistens die ersten Langläufer des Winters. Je nach Schneelage sind im Rennsteiggebiet rund um Oberhof bis zu 60 km als Rundkurse gespurt. Zwei Skating-Rundloipen führen über 2,7 bzw. 5 km. Sie liegen am Biathlonstadion »Grenzadler«. Im dortigen Langlaufstadion werden auch 2 km beleuchtete Loipen präpariert. Skiwanderer finden bei guter Schneelage abwechslungsreiche Routen vor, so zum Beispiel 10 km über den Rennsteig zum Gasthaus »Schmücke« (seit 1812), zum Wachsenrasen (10 km) oder auch zum Schmücker Graben (9 km).

Zella-Mehlis liegt etwa 5 km südwestlich des Rennsteigs. Die Geschichte der 13 500-Einwohner-Stadt wurde hauptsächlich von der Eisengewinnung und Waffenherstellung geprägt. Doch versteht man sich zugleich auch als ein traditionelles Zentrum des nordischen Skisports. Weite Wälder und einige der höchsten Berge des Thüringer Waldes, darunter der Große Beerberg (982 m), der Gebrannte Stein (897 m) und der sagenumwobene Ruppberg (866 m), kennzeichnen seine Umgebung.

Für Loipenfans spurt man bei entsprechender Schneelage zwei mittelschwere Rundkurse: Einmal über 22 km vom Ski- und Rodelgelände »Stachelsrain« und zum anderen über 16 km vom Sportplatz bei der Gaststätte »Köpfchen«. Das macht zusammen 40 km Auslauf, bei einer Höhendifferenz von maximal 350 m. Wer zudem auch das Loipenangebot in der Nachbarschaft nutzen möchte, kann

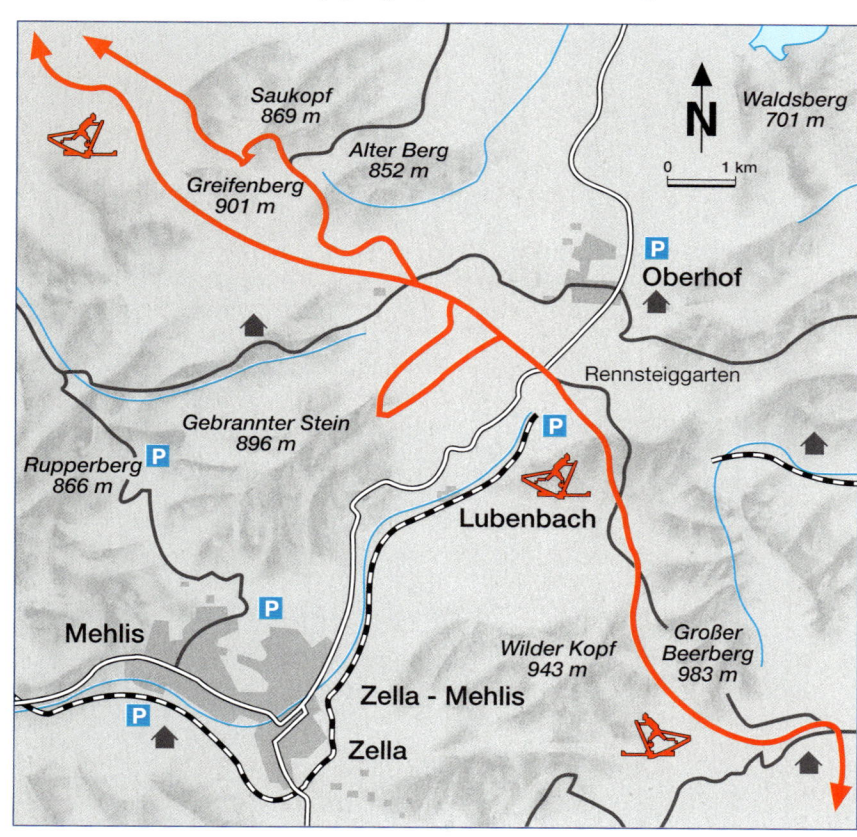

Blick auf Oberhof – dem bekanntesten Wintersportort im Osten Deutschlands.

⛷⛷⛷⛷ THÜRINGER WALD

→ Die Langlaufgebiete

Brotterode, 600 m
Oberhof, 830 m
Zella-Mehlis, 550 m

Saison: Dezember bis März.

Anreise: A 4 Bad Hersfeld–Eisenach–Dresden, Abfahrt Gotha; A 7 Hamburg–Kassel–Würzburg; A 9 Berlin–München.

 Gästeinformation, 98599 Brotterode, Tel. 03 68 40/33 33, www.brotterode.de, E-Mail gaesteinformation@brotterode.online.de; Kurverwaltung, 98559 Oberhof, Tel. 03 68 42/26 90, www.oberhof.de, E-Mail information@oberhof.de; Fremdenverkehrsamt, 98544 Zella-Mehlis, Tel. 03 68 42/28 40, www.zella-mehlis.de, E-Mail touristinfo@zella-mehlis.de.

📞 03 68 70/5 33 99.

→ Die Loipen

4 in Brotterode, 7 in Oberhof, 5–7 in Zella-Mehlis.

Gesamtlänge: 40 km in Brottenrode, 71 km in Oberhof, 40 km in Zella-Mehlis (Gesamtlänge aller Loipen im Thüringer Wald 300 km).

Schwierigkeit: Leicht bis mittelschwer.

Skatingloipen: 1 in Oberhof am Grenzadler, 1 am Fehrenberg bei Masserberg.

Loipenbenutzung: Gratis.

Nachtloipe: 1 in Oberhof.

Umkleiden/Duschen: Sporthotel Oberhof.

Loipenplan: Bei den Gästeinformationen.

Loipenstart: Oberhof: Am Harzwald und Grenzadler; Brotterode: Am Ortsrand; Zella-Mehlis: Parkplatz am Ortsausgang.

LL-Schulen: Inselsberg-Sport in Brotterode; DSV-Skischule in Oberhof.

Leihausrüstung: Sport Luck, Sport Wallendorf, Mountain-Sport, Krauß in Oberhof, Servicecenter am Grenzadler; Kick-Sport, Bernd Schneider sowie Skialm in Zella-Mehlis.

Rennen/Volksläufe: Rennsteigskilauf in Oberhof, Februar; »Greifenberglauf« im Januar oder März; »Otto-Wahl-Lauf« in Zella-Mehlis, Februar/März; Silvesterlauf Ende Dezember.

→ Allgemeine Informationen

🅿 In Brotterode: 6 geräumte Parkplätze, unmittelbar an den Einstiegen zu den Loipen; in Zella-Mehlis: Alte Straße; in Oberhof: an den Einstiegen zu den Loipen.

Bus: Skibus von Oberhof nach Schmücke-Masserberg sowie an die Loipen, Bahnhof–Ort Oberhof, Pendelbus von Oberhof in Richtung Grenzadler; Skibus Suhl/Zella-Mehlis/Oberhof/Rennsteig.

Ski alpin: 1 Lift in Brotterode; 1 Sessellift, 1 Schlepplift in Oberhof; 1 Lift in Zella-Mehlis.

Einkehr an der Loipe: Mehrere Möglichkeiten in Brotterode, Oberhof und Zella-Mehlis.

Sport: Eislaufen, Eisstockschießen, Rodeln, Tennis, Squash, Badminton, Bowling, Skispringen, Schwimmen, Bobfahrten, Kegeln, Klettern, Schießen, Radfahren.

Après-Ski: Sauna, Solarium, Pferdekutschenfahrten, Bibliothek, Haus des Gastes (Brotterode), Restaurants, Cafés, Oberhofer Glasstube, Kurkonzerte, Theater, Eisstockschießen, Fitnesscenter und Heimatmuseum in Zella-Mehlis, ständige Wintersportausstellung (Oberhof), Erlebnisbad (Oberhof).

👶 Babysitterservice im Pavillon, Rodebachstraße, Zella-Mehlis.

🛏 720 Gästebetten in Brotterode; 4000 Gästebetten in Oberhof; 450 Gästebetten in Zella-Mehlis.

am Pendelverkehr zwischen Suhl, Zella-Mehlis und Oberhof in die Skigebiete am Rennsteig teilnehmen. Sportlicher Wettbewerbsgeist auf den Langlaufbrettern lässt sich allwinterlich im Februar/März beim so genannten Otto-Wahl-Lauf befriedigen.

Brotterode ist ein Bergstädtchen mit knapp 3200 Einwohnern, in dessen waldreicher Umgebung enorme Wintersportmöglichkeiten existieren. Seit 1929 werden zum Beispiel internationale Wettkämpfe in den nordischen Disziplinen veranstaltet. Der Ort liegt 3 km vom Rennsteig entfernt, zu Füßen des Großen Inselsberges (916 m), dem meistbesuchten Berg der Region. Auch von ihm erzählt man sich Sagen und Legenden, ähnlich denen vom Brocken (»Blocksberg«) im Harz, wo ja bekanntlich die Hexen in der Walpurgisnacht kreischend und tanzend ihr Unwesen treiben. Für Langläufer werden drei Loipen mittlerer Schwierigkeiten präpariert. Sie beginnen am Stadtrand und enden auch wieder in Stadtnähe. Eine bedeutende Veranstaltung ist der jährlich im Januar stattfindende Continental-Cup im Skispringen, an dem 16 bis 18 Nationen teilnehmen. Auch das allwinterlich vom Thüringer Schlittenhundesportclub ausgerichtete Schlittenhunderennen lohnt den Besuch.

Der Große Inselberg – in Brotterode.

LL-Varianten

Äußerst vielseitig präsentieren sich die Skigebiete der deutschen Mittelgebirge. Im Hochtaunus, in der Rhön, im Sauerland und im Harz finden Langläufer alle nur erdenklichen Varianten im Schnee.

Hochtaunus

Die Mittelgebirgslandschaft des Taunus, zwischen Main, Rhein und Lahn, mit dem Großen Feldberg (880 m) als dem höchsten Gipfel des Rheinischen Schiefergebirges, hat trotz der kurzen Skisaison ihre treue Schar von Langlaufanhängern, vor allem aus dem Frankfurter Raum.

Winteridylle im Hochtaunuskreis, dem beliebten Skigebiet vor der Haustüre Frankfurts, die Langläufer befinden sich hier auf dem Taunus-Skiwanderweg.

Der Hochtaunuskreis ist die Region, in der sich, wenn die Schneedecke nicht zu dünn ist, auch die Langläufer gerne in den weiten Loipenrevieren tummeln. Die Großgemeinde **Schmitten**, mit den Ortsteilen Brombach, Dorfweil, Hunoldstal, Arnoldshain, Treisberg, Ober- und Niederreifenberg sowie **Weilrod**, mit insgesamt 13 Ortsteilen, sind Ausgangs- und Endpunkte abwechslungsreicher Loipen und Skiwanderwege. Empfehlenswert ist unter anderem der Taunus-Skiwanderweg. Diese Route, die weniger sportlichen Anforderungen als der Erholung dienen soll, gewährt auf über 30 km wunderbare Landschaftseindrücke. Der Skiwanderweg verläuft zunächst über den Oberen Hangweg, stößt dann auf die Hessenparkloipe und folgt dieser. Zwischen Sandplacken und Weiße Berg führt er hinüber zum Roten Kreuz. Von dort folgt er einem Parallelweg der Hühnerstraße bis zur Straßenkreuzung Kittelhütte. Von hier geht es weiter entlang dem Reinhardsweg an Seelenberg und Mauloff vorbei. Über die Riedelbacher Heide führt die Spur nach Cratzenbach und am Eichelbacher Hof vorbei bis nach Rod an der Weil. An der Wanderloipe hat der Naturpark Hochtaunus insgesamt neun Loipen und Nebenschleifen präpariert, die zusätzliche Abstecher in die Winterlandschaft möglich machen.

In Schmitten, besser im Ortsteil Oberreifenberg, warten zwei Loipen auf den Skiwanderer. Sie führen rund um den Sängelberg und beginnen gemeinsam an der Siegfriedstraße (Haus Brenner) am nordöstlichen Ortsrand. Auf den ersten 1,5 km laufen beide Spuren gemeinsam hinaus, zuerst in nördlicher, dann in nordwestlicher Richtung. Die 4-km-Strecke weicht dann nach links ab. Sie macht den engsten Bogen um den Sängelberg und mündet auf den letzten 600 m wieder in die Loipe zurück, auf der man herausgewandert ist.

Als schwierige Strecke gilt die 7,5-km-Loipe »Weiße Berg«. Sie führt, abseits der Hauptrouten und landschaftlich besonders schön, durch romantische Waldpartien nördlich des Gebirgskammes. Insgesamt sind es 17 gespurte Langlaufkurse aller Schwierigkeitsgrade, auf denen man sich auf einer Länge von über 100 km auslaufen kann, so weit die Ski tragen.

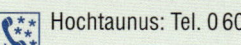 **HOCHTAUNUS**

→ Das Langlaufgebiet

Hochtaunus, 500–800 m

Saison: November bis Februar.

Anreise: A 3 Ausfahrt Idstein oder A 5 Ausfahrt Obermöhrlen.

Tourist-Info Hochtaunus, Bad Homburg v. d. Höhe, Tel. 0 61 72/9 99-80 02, Fax 0 61 72/ 9 99-98 07, www.taunus-info.de, E-Mail ti@taunus-info.de und Loipen-Info beim Zweckverband Naturpark Hochtaunus, Usingen, Tel. 0 60 81/28 85, www.hochtaunus.naturpark.de, E-Mail hochtaunus@naturpark.de.

Hochtaunus: Tel. 0 60 82/27 27.

→ Die Loipen

23 in Schmitten, Weilrod, Neu-Anspach, Königstein (Naturpark Hochtaunus).

Gesamtlänge: Ca. 70 km (von 1,7 bis 30 km).

Schwierigkeit: Überwiegend leicht und mittel.

Skatingloipe: Loipe Weilsberg, 2,5 km.

Längste Loipen: Taunus-Skiwanderweg, 30 km mit 9 verschieden langen Teilstücken, von der Saalburg bis Rod an der Weil und Skibus-Rücktransport; Hessenpark-Langhals, 19 km, mittel bis schwer.

Loipenhöhe: 500–800 m.

Loipenbenutzung: Gratis.

Loipenplan: Bei Tourist-Info Hochtaunus.

Loipenstart: Parkplatz nähe Oberhain, Billtalhöhe, Haus Brenner in Oberreifenberg, Kittelhütte nahe Oberreifenberg, Parkplätze nahe Riedelbach, Parkplätze Kuhbett und Vor dem Zollstock, Parkplatz nahe Bodenrod, Parkplatz Winterstein, Parkplatz Möttauer Weiher, Parkplatz Oberwetz, Parkplatz nahe Weidenhausen, Golfplatz nahe Braunfels.

LL-Schulen: Ski Club Taunus e. V., 61389 Schmitten-Oberreifenberg.

Leihausrüstung: Ski Club Taunus e. V., 61389 Schmitten-Oberreifenberg.

→ Allgemeine Informationen

Hochtaunus-Feldberg; nördlicher Taunus, 6 Parkplätze; Bus ab Oberursel–Hohemark–Sandplacken–Schmitten–Oberreifenberg und Großer Feldberg.

Ski alpin: 10 Pisten, 7 Lifte.

Einkehr an der Loipe: Mehrerer Möglichkeiten in Schmitten, Weilrod, Neu-Anspach und Königstein.

Sport: Eislaufen, Eisstockschießen, Rodeln, Reiten, Tennis, Kegeln, Schwimmen.

Après-Ski: Restaurants, Cafés, Weinstuben, Tanzabende, Disko, Bars, Musikabende, Kino, Theater, Pferdeschlittenfahrten.

6500 Gästebetten, davon 5800 in Hotels; ca. 1700 Gästebetten in Schmitten, Weilrod und Königstein.

Hoher Vogelsberg

Im Zentrum Hessens liegt der Naturpark »Hoher Vogelsberg«. Das Wintersportareal in fast 800 m Höhe erfreut im Winter auch Langläufer mit einem runden Dutzend bestens präparierter Spuren.

Der dicht bewaldete Vogelsberg, ein ehemals vulkanischer Gebirgskegel, liegt im Zentrum Hessens. Die höchsten Erhebungen der Region, Taufstein (773 m) und Hoherodskopf (764 m), verfehlen nur knapp die 800-m-Marke. Langläufer und Skiwanderer finden bei ausreichender Schneelage ein abwechslungsreiches Skirevier vor. Start und Ziel der 7-km-Taufsteinloipe befinden sich am Fuß des Berges. Elf weitere Loipen führen über Distanzen zwischen 2 und 10 km. Die Flutlichtloipe ist 1,5 km lang und beginnt am Hoherodskopf, direkt hinter der Schutzhütte des Naturparks »Hoher Vogelsberg«. Neben den Loipen vom Taufstein (3,5, 5 und 7 km), Köhlerwald (2 und 6 km), Hainerwald (2 und 5 km), Verbindungsstrecke zum Grebenhainer Berg 2 km, Grebenhainer Berg (8 km), Labyrinth Herchenhainer Höhe 2,5 km und Bermuthshain (6,5 und 20 km) sind noch die Langlaufspuren des kleinen romantischen Ulrichstein erwähnenswert. Zum einen führen sie auf einer Höhe von 600 bis 630 m durch offenes Gelände, an Waldrändern entlang, und man hat einen herrlichen Rundblick über drei Täler. Zum anderen bieten sie vor allem für Anfänger ideale Bedingungen: So kann man mit dem Auto auf eigens angelegten Parkplätzen bis direkt an die Loipeneinstiege fahren. Die 4 km lange Spur (leicht) und die 8 km lange Fortgeschrittenenloipe (rot) liegen direkt am Ortsrand (etwa 300 m) und damit im »Einzugsgebiet« diverser Gasthäuser und des angrenzenden Freizeitparks von Ulrichstein. Sehenswert ist außerdem noch die Burgruine.

→ Das Langlaufgebiet

Naturpark Hoher Vogelsberg, 482–765 m

Saison: November bis Februar.

Anreise: A 66 bis Ausfahrt Wölfersheim oder A 5 bis Ausfahrt Alsfeld –West, dann weiter auf Landstraße.

ℹ Tourist-Information Schotten, 63679 Schotten, Tel. 0 60 44/66 51, www.schotten.de; Verkehrsamt Ulrichstein, 35327 Ulrichstein, Tel. 0 66 45/96 10-14, www.ulrichstein.de, E-Mail info@ulrichstein.de.

☏ Vogelsberg, Tel. 0 60 44/66 66.

→ Die Loipen 15.

Gesamtlänge: Ca. 65 km.

Schwierigkeit: Leicht bis schwer.

Längste Loipe: 8 km.

Loipenhöhe: 482–765 m.

Loipenbenutzung: Gratis.

Nachtloipe: 1, Hoherodskopf, 1,5 km.

Loipenplan: Bei den Verkehrsämtern.

Loipenstart: Bermutshain, Herchenhainer Höhe, Parkplatz nahe Oberwald, Parkplatz Hoherodskopf, Taufstein.

LL-Schulen: Vogelsberger Ski-Langlauf- und Wanderschule, 01 70/9 78 24 46; DSV-Skischule Hoherodskopf.

Leihausrüstung: Vogelsberger Ski-Langlauf- und Wanderschule, Sport & Freizeit Jäger in Schotten, Ski Luft in Grebenhain-Bermutshain, Intersport Hugel in Nidda.

→ Allgemeine Informationen

P Taufstein, Hoherodskopf, Steinbruch, Taufsteinhütte, Heide, Herchenhainer Höhe, Bahnhof Oberwald, Rabenberg.

Bus: Haltestellen in Hoherodskopf, Ulrichstein, Grebenhain, Herchenhain.

Ski alpin: 4 Lifte und 4 Pisten.

Einkehr an der Loipe: Hotel-Restaurant Landgasthof , Gasthof »Zur Traube«, Ländlicher Ferienpark »Burgblick« in Ulrichstein; Taufsteinhütte, Berggasthof Hoherodskopf in Schotten; Hoherodskopfklause in Breungeshain.

Sport: Eislaufen, Eisstockschießen, Rodeln, Reiten, Tennis, Kegeln, Schwimmen.

Après-Ski: Restaurants, Cafés, Tanzabende, Disko, Bars, Musikabende, Kino (Nidda, Lauterbach), Theater, Pferdeschlittenfahrten.

🚂 DSV-Kinderskigarten.

🛏 In der gesamten Region über 13 000 Gästebetten.

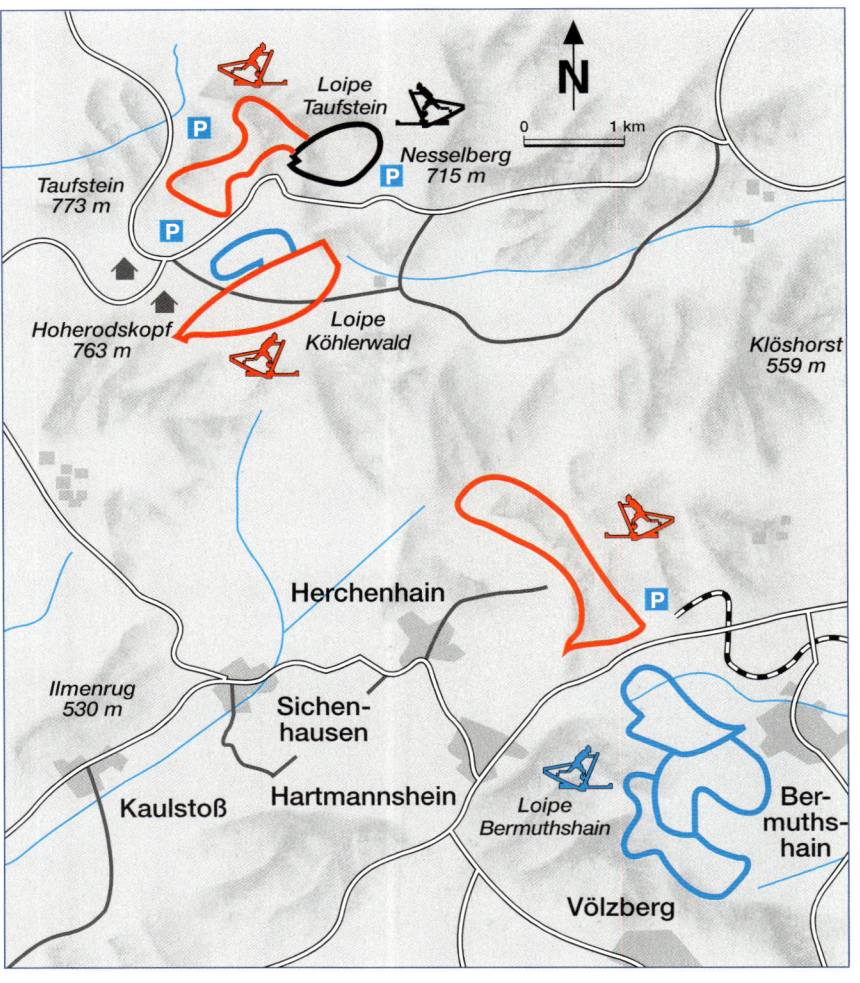

Rhön

Von Fichtenwäldern überzogene Kuppen und kahle wellige Hochflächen prägen dieses Mittelgebirge im Zentrum Deutschlands. Hessen, Thüringen und Bayern teilen sich die Rhön, die in weiten Teilen zum Naturpark erklärt und von der UNESCO wegen ihrer biologischen Vielfalt und ihres ökologischen Wertes als Biosphärenreservat ausgewiesen wurde.

Nach dem Ersten Weltkrieg begann sich erstmals der Fremdenverkehr zu regen, der dann in den Fünfzigerjahren zu einem wichtigen Wirtschaftsfaktor herangewachsen ist. Die Wasserkuppe (950 m) gilt als Hausberg der deutschen Segelflieger. Im Winter kommen jedoch vor allem die Langläufer, die in der Rhön ein weites, vielfältiges Langlaufgebiet nutzen können. Insgesamt werden 250 km Loipen präpariert, die sowohl bei geruhsamen Loipengängern als auch bei anspruchsvollen Loipensprintern für jede Menge Abwechslung sorgen.

Gersfeld wird gern als die heimliche Hauptstadt der Rhön bezeichnet. Der bekannte Ferien- und Wintersportort liegt unterhalb der Wasserkuppe im Naturpark »Hessische Rhön«. Hier wird ein Loipennetz von rund 80 km Länge angeboten. Profilierte Langläufer fordern sich auf der Loipe »Schwabenhimmel mit Münzkopf«. Sie misst 60 km, in de-

nen alles drinsteckt, was des Langläufers Herz höher schlagen lässt: Eine Gesamt-

höhendifferenz von 811 m bei Schwierigkeitsgrad IV bedeutet, dass technisches Können angesagt ist. Auch die Varianten können sich sehen lassen: Langläufer dürfen entweder die Skatingloipe »Schwabenhimmel« oder unter elf Loipen aller Schwierigkeitsgrade zwischen 2,5 und 11 km Länge wählen.

Bischofsheim, ein altes Tuchmacher- und Eisengießerstädtchen mit einer reizvoll erhaltenen Altstadt, liegt am Hang des Kreuzbergs (928 m), des »Heiligen Bergs der Franken«. Die Kirche und das Kloster stehen auf diesem bekannten Wallfahrtsberg, auf dem die Franziskaner bereits seit 250 Jahren ein würziges dunkles Bier brauen. Auch hier gibt es neben einer Skatingloipe ein gut gemischtes Loipenangebot über insgesamt 60 km in den Regionen um Arnsberg und Kreuzberg. Die Kurse liegen in leichtem bis sehr schwierigem Gelände. Bei Gesamthöhendifferenzen zwischen 150

Ein Großteil der insgesamt 300 km präparierten Loipen in der Rhön führt durch ein waldreiches Gebiet – mit reizvollen Rastmöglichkeiten.

In der hügeligen Rhön ist auch für anspruchsvolle Langläufer gesorgt. Allerdings finden hier auch „Alpine" ihre Spuren.

und 900 m muss letztlich auch Trittfestigkeit unter Beweis gestellt werden.

Rund um die Wasserkuppe und den Kreuzberg finden allerdings auch »Alpine« ihr Revier.

Neben Gersfeld und Fladungen/Bischofsheim (13 Loipen, 121 km) sind weitere namhafte Langlaufgebiete in der Rhön zu erwähnen: Einmal das Gebiet um Kreuzberg/Rhön, mit fünf Loipen auf 30 km Länge (wobei die Strecke »um den Finkelberg« auf 7 km als »sehr schwer« einzuordnen ist), dann der Bereich Sandberg/Riedenburg, mit sechs Loipen und einer Gesamtlänge von 40 km (längste Spur: »3-Hütten-Weg Berghaus Rhön«, 17 km, mittelschwer), außerdem Ehrenberg, mit zwei Loipen auf 11 km (Höhenlage 595 bis 780 m) und Hilders, mit

zwei Loipen auf 17 km (»Rhönwald« ist die Wettkampfloipe des Hessischen Skiverbandes). Schließlich stellt die LL-Region rund um Poppenhausen-Wasserkuppe, mit sieben Loipen, verteilt auf

31 km (Höhenlage 480 bis 860 m) noch mal ein Highlight für Langläufer in der Rhön dar. Zwei Campingplätze am Kreuzberg und in Bischofsheim haben auch im Winter geöffnet.

→ Top-Loipe

Als beliebteste Spur in der ganzen Rhön wird die »Schwabenhimmel-Münzkopf«-Loipe gehandelt. Die Wettkampfloipe bei Gersfeld besteht im Grunde genommen aus einem Netz von vier Loipen: »Heidelsstein«, 5 km lang, 792–890 m hoch, »Ottilienstein«, 7 km lang, 792–890 m hoch, »Kesselrain«, 10 km lang, 792–890 m hoch (nur für Leistungssportler geeignet) und »Münzkopf«, 5 km lang, 800–842 m hoch (Wettkampfloipe des Hessischen Skiverbands, an Wochenenden gesperrt!). Start ist in Moordorf bei der Moorwiese, der Schornhecke oder am Holzberghof.

RHÖN

→ Die Langlaufgebiete

Gersfeld, 500–950 m
Bischofsheim, 400–932 m

Saison: November bis März.

Anreise: A 7 Hannover–Fulda, Ausfahrt Fulda Süd.

 Tourist-Information, 36129 Gersfeld/Rhön, Tel. 0 66 54/17 80, Fax 0 66 54/17 88, www.gersfeld.de, E-Mail tourist-info@gersfeld.de, Touristen-information, 97616 Bad Neustadt/Saale, Tel. 0 97 71/9 42 16.

Gersfeld, Tel. 0 66 54/12 11, Kloster Kreuzberg, Tel. 0 97 72/2 12.

→ Die Loipen

9 in Gersfeld, 6 in Bischofsheim.

Gesamtlänge: 60 km in Gersfeld, 60 km in Bischofsheim.

Schwierigkeit: Leicht bis sehr schwer.

Längste Loipe: 15 km in Gersfeld.

Skatingloipen: 1, »Schwabenhimmel« bei Gersfeld.

Loipenbenutzung: Gratis.

Loipenplan: Bei der Tourist-Information.

Loipenstart: Firma Kempf in Gersfeld, Parkplatz Fuldaquelle, Parkplatz Schweden-

wall, Obernhausen, Parkplatz Moordorf, Parkplatz Moorwiese, Parkplatz Holzberg.

LL-Schulen: Skischule E. Wappes, 97616 Bad Neustadt; Tel. 0 97 71/27 90; Birgit Ciha, 36129 Gersfeld, Tel. 0 66 54/12 73.

Leihausrüstung: Sporthaus Friedrich, 36129 Gersfeld, Tel. 0 66 54/2 33.

Volksläufe: Näheres unter www.skg-gersfeld.de.

→ Allgemeine Informationen

P An den Loipeneinstiegen.

Ski alpin: 7 Lifte in Gersfeld.

Einkehr an der Loipe: Mehrere Möglichkeiten im Raum Gersfeld.

Sport: Tennis, Schwimmen, Kegeln, Reiten, Segelfliegen, Drachen- und Gleitschirmfliegen, Angeln, Minigolf.

Après-Ski: Restaurants, Cafés, Disko, Bauerntheater, Weinstuben, Tanzveranstaltungen, Diashows, Theater, Segelflugmuseum.

1800 Gästebetten in Gersfeld, 600 Hotel- und Privatbetten und 90 Ferienwohnungen in Bischofsheim .

Sauerland

142 gespurte Loipen mit einer Gesamtlänge von über 1200 km machen das Sauerland zum Loipendorado Mitteldeutschlands. Schmallenberg, Winterberg und Willingen, Heimat des bekanntesten deutschen Langläufers Jochen Behle, heißen die beliebten Wintersportzentren nördlich des Mains.

Eine Wanderwelt mit vielen leichten und anspruchsvollen Winterwanderwegen. Im Waldurlaub Kräfte tanken – dieses vitalisierende Wintererlebnis bietet das **Schmallenberger Sauerland**. Schiefergedeckte Fachwerkhäuser in über 80 Dörfern prägen diese schwingende Winterlandschaft. Das gastliche Spektrum reicht vom familiär geführten Komforthotel bis hin zu geprüften Ferienhöfen im Schmallenberger Kinderland, die bestens auf die Bedürfnisse von Familien und Kleinkindern eingestellt sind. Mit 250 km gespurten Loipen bietet die Region gute Wintersportmöglichkeiten. Langläufer ziehen durch die Landschaft, und dabei oft auf aussichtsreichen, sonnigen Höhen. Hier liegt das westdeutsche Langlaufzentrum mit 80 km gespurter Loipe, Sprintparcours, Flutlicht und Schneesicherheit durch fünf Schneekanonen (für 2002 ist ein Technikparcours geplant). Die bekannte Rothaarloipe und die Hunauspur erweitern die vielfältigen Möglichkeiten. Selbstverständlich kommen im Schmallenberger Sauerland und in den Skigebieten rund um den Kahlen Asten, Hunau und Rothaargebirge auch alpine Skifreunde voll auf ihre Kosten. Über 30 Lifte sorgen für ein gut erschlossenes Skigebiet.

Willingen, einst ein stilles Bergdorf, heute ein lebendiger Fremdenverkehrsplatz mit entsprechendem Angebot, ist als Kneippbad und heilklimatischer Kurort staatlich anerkannt. Im Winter versammeln sich hier nicht zuletzt auch die Loipenfans: 20 Rundstrecken aller Schwierigkeitsgrade ergeben zusammen 80 km. Die Skatingstrecke »Rund um den Hegekopf« misst 3 km. Auch eine Nachtloipe wird angeboten. Eine Attraktion besonderer Art ist das »Lagunen-Erlebnisbad«, wo man in tropischem Ambiente genüsslich die strapazierten Glieder pflegen kann.

Winterberg, am Fuße des Kahlen Asten, bietet einige Superlative. In einer Höhenlage von 770 m ist es die am höchsten gelegene Stadt des Sauerlands. Darüber hinaus gilt der früher einmal von karger Landwirtschaft und armen Kleinhändlern gekennzeichnete heilklimatische Kurort zusammen mit einem runden Dutzend eingemeindeter Dörfer als das bedeutendste Wintersportrevier Nordrhein-Westfalens. Entsprechend umfangreich ist das Angebot für den Gast und ganz besonders für den mit ausgeprägten Langlaufambitionen. 220 km Loipen aller Schwierigkeitsgrade werden bei entsprechender Schneelage maschinell

🎿🎿🎿🎿 SAUERLAND

Gebietshöhe: 520–843 m

Saison: November bis März.

Anreise: A 44 Dortmund–Kassel; A 2 Ruhrgebiet–Berlin; A 4 Köln–Olpe; A 1 Hamburg–Hagen–Köln; A 45 Dortmund–Hagen–Frankfurt.

ℹ️ Touristikzentrale Sauerland, 59917 Brilon, Tel. 0 29 61/94 32 29; Kurverwaltung, 34508 Willingen; Tel. 0 56 32/4 01 80, E-Mail willingen@willingen.de; Gästeinformation Schmallenberger Sauerland, Tel. 0 29 72/9 74 00, www.schmallenberger-sauerland.de, E-Mail info@schmallenberger-sauerland.de; Stadtmarketing, 59846 Sundern, Tel. 0 29 33/97 95 90, www.wildewiese.de, E-Mail sms@sundern.de; Touristikverband Hallenberg, Tel. 0 29 84/82 03, Fax 0 29 84/3 19 37, www.stadt-hallenberg.de, E-Mail post@stadt-hallenberg.de.

📞 0 29 81/18 57 oder 0 56 32/4 01 32, 01 80/5 48 33 33, www.sauerland-touristik.de, 0 56 32/40 11 32.

→ Die Loipen

Ca. 40 in Schmallenberg; 12 in Willingen; 45 in Winterberg (Sauerland gesamt über 200); 6 in Sundern; 2 in Hallenberg.

Schwierigkeit: Leicht bis schwer.

Gesamtlänge: 250 km in Schmallenberg, 90 km in Willingen, 300 km in Winterberg (Sauerland gesamt über 1400 km); ca. 45 km in Sundern; 15 km in Hallenberg.

Längste Loipe: Rothaarloipe-Hunauspur, 54 km, mittel.

Skatingloipen: 1 in Willingen; 1 in Winterberg; 1 in Schmallenberg; 1 in Hallenberg.

Loipenbenutzung: Teilweise Gebühr in Schmallenberg.

Nachtloipen: Winterberg; Usseln (Büller Höhe), Flutlichtloipen in Schmallenberg.

Loipenhöhe: 600–800 m.

Umkleiden/Duschen: LL-Zentrum Westfeld in Schmallenberg.

Loipenplan: Bei den Verkehrsverbänden.

Loipenstart: Kurpark, Skilift Talstation u. a. in Schmallenberg; Skistadion in Willingen; Parkplatz Trambach nahe Hallenberg.

LL-Schulen: 9 Skischulen im Sauerland, Auskunft über Kurverwaltung; Willingen: Langlauf Skischule Stremme, Tel. 0 56 32/65 80; Langlauf-Schule-Gerstengarbe, Tel. 0 56 32/66 24; Winterberg: Langlaufschule Wahle; Gästeinformation Schmallenberg (siehe Info). Sundern: Skischule Wildewiese.

Leihausrüstung: In Sportgeschäften und Swingbo Alpin-Surf-Verleih, Willingen, Tel. 0 56 32/61 43; Gästeinformation Schmallenberg (siehe Info); Ski-Verleih Mause, Hallenberg, Tel. 0 29 84/82 06.

Rennen/Volksläufe: Nordische Stadtmeisterschaften und »Dorintmeile« Pokallanglauf in Winterberg; Sinerlänner Skiloap, 36 km im Februar in Schmallenberg (Startgeld: 40 DM); Volkslauf in Hallenberg im Januar/Februar.

→ Allgemeine Informationen

🅿️ Direkt an den Loipeneinstiegen in allen Gebieten.

Bus: Teilweise sehr gute Busverbindungen in Schmallenberg; in Hallenberg von der Haltestelle Trambach 10 Minuten Gehzeit zur Loipe.

Ski alpin: Sauerland gesamt: ca. 100 km Pisten, 125 Lifte.

Einkehr an der Loipe: Mehrere Möglichkeiten in Schmallenberg; Kur- und Sporthotel »Friederike«, Hotel-Pension Stryckmühle, Romantikhotel Stryckhaus in Willingen; mehrere Möglichkeiten in Hallenberg.

Sport: Eislaufen, Rodeln, Eisstockschießen, Curling, Reiten, Tennis, Schwimmen, Wandern, Kegeln, Badminton, Drachen-/Gleitschirmfliegen, Hochseilklettern, Erlebnisbad (Willingen), Bogenschießen, Minigolf, Skifahren (Winterberg, Züschen).

Après-Ski: Restaurants, Cafés, Weinstuben, Disko, Bars, Diashows, Kino, Skihütten.

 Keine.

🛏️ 60 000 Gästebetten aller Kategorien vom Luxushotel bis zur Privatpension; ca. 7500 Gästebetten in Schmallenberg; ca. 2000 Gästebetten in Willingen; ca. 160 Gästebetten in Sundern.

gespurt. Das ergibt eine Gesamtlänge von 370 km. Für unermüdliche Loipensprinter wird außerdem im Ortsteil Langewiese eine Nachtloipe von 1,5 km sowie eine Skatingloipe von 5 km bereitgestellt.

Ein weiteres LL-Zentrum breitet sich um Schmallenberg und die zahlreichen Nachbargemeinden aus. Rund 40 Loipen zwischen 3 und 20 km Länge werden maschinell gespurt, einige sogar nachts beleuchtet. Die überwiegend leichten und mittelschweren Spuren bewegen sich in einer Höhenlage von 450 bis 745 m. Loipenpläne und Informationen über die Strecken, Schneelage, Verleih von LL-Ausrüstung, Skiwanderwege und LL-Schulen erhält man vor Ort in den 17 Gemeinden, oder bei der Gästeinformation Schmallenberger Sauerland, Tel. 0 29 72/9 74 00, Fax 0 29 72/97 40 26.

Willingen: Aus dem einst stillen Bergdorf wurde ein bekannter Fremdenverkehrsort mit 90 km gespurten Loipen.

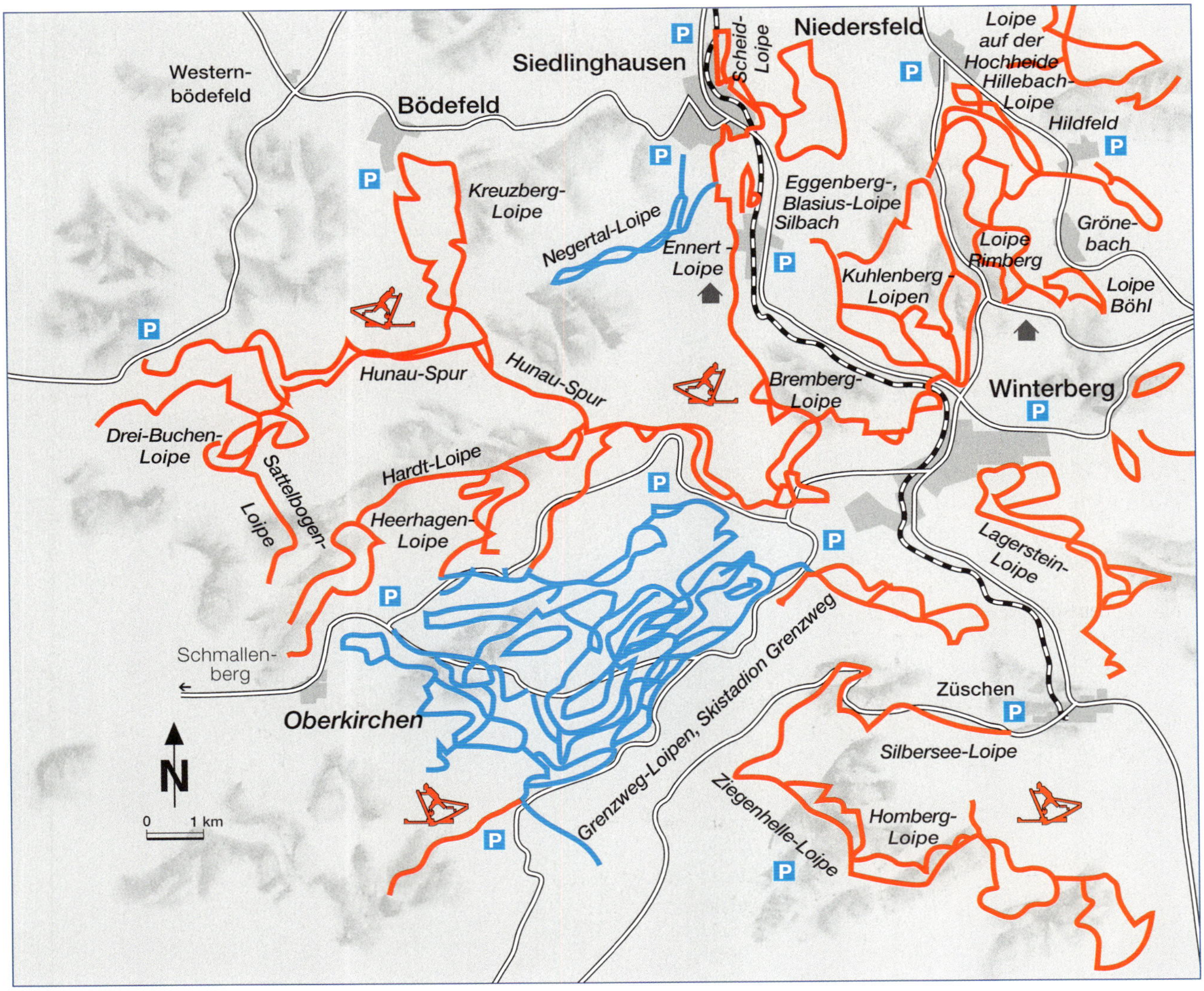

Westernbödefeld

Bödefeld

Siedlinghausen

Niedersfeld

Loipe auf der Hochheide

Hillebach-Loipe

Hildfeld

Kreuzberg-Loipe

Scheid-Loipe

Negertal-Loipe

Ennert-Loipe

Eggenberg-, Blasius-Loipe Silbach

Grönebach

Loipe Rimberg

Loipe Böhl

Kuhlenberg Loipen

Hunau-Spur

Hunau-Spur

Bremberg-Loipe

Winterberg

Drei-Buchen-Loipe

Hardt-Loipe

Sattelbogen-Loipe

Heerhagen-Loipe

Lagerstein-Loipe

Schmallenberg

Oberkirchen

Grenzweg-Loipen, Skistadion Grenzweg

Züschen

Silbersee-Loipe

Ziegenhelle-Loipe

Homberg-Loipe

N

0   1 km

Ostharz

Seit der deutschen Wieder-vereinigung stehen die Loipen des Ostharzes den LL-Sportlern aller Bundesländer zur Verfügung. Rund um den sagenumwobenen Brocken hat der Fremdenverkehr auch im Winter eine lange Tradition.

Nur wenige Kilometer nordöstlich von Braunlage liegt der Kur- und Wintersportort **Schierke**, am Fuße der mit 1142 m höchsten Erhebung des Harzes, dem geheimnisumwobenen Brocken. Als »Blocksberg« ist der zerklüftete Granitfels in die Welt der Sagen und Legenden eingegangen. Hier tanzen bekanntlich die Hexen in der Walpurgisnacht. Zur Zeit der deutschen Teilung war der kahlköpfige Brocken militärisches Sperrgebiet der DDR, ebenso wie Schierke. Wer hier Urlaub machen wollte, brauchte eine Sondergenehmigung des Staates.

Hasselfelde liegt etwa 23 km östlich von Braunlage. Auch dieses Bergstädtchen im Ostharz blieb dem Westurlauber verschlossen. Nicht zuletzt aus ganz simplen Gründen: Im Karl-Marx-Ferienheim des FDGB war für Touristen aus dem »nichtsozialistischen Ausland« einfach kein Platz.

Schierke liegt malerisch im Tal der Kalten Bode. Weite Wälder, bizarre Felsformationen mit Namen wie »Feuerstein-

klippen« oder »Schnarcherklippen« umrahmen den freundlichen Ferienort, der sich mit seinen Nachbarn Rothesütte, Benneckenstein und Elend unter dem Motto »Kurstraße Brocken« zusammengeschlossen hat. Beim »Vater Brocken« begann um die Jahrhundertwende die Geschichte dieses Mittelgebirges als Fremdenverkehrsregion. Bei guter Schneelage werden insgesamt drei Loi-

pen gespurt, die geruhsamen wie anspruchsvollen Langläufern den Spurt auf über 60 km ermöglichen. Volksläufe wie der »Grenzlanglauf« stehen jeweils im Januar/Februar auf dem Veranstaltungsprogramm.

Zu den ganz besonderen Attraktionen gehört die Fahrt mit der »Brockenbahn«, die von Schierke zum Gipfel des höchsten Harzberges dampft. Sie gehört zum Netz der Harzer Schmalspurbahnen. So kann man zum Beispiel ab Schierke oder Hasselfelde unter nostalgischem Stampfen nach Wernigerode oder Nordhausen reisen. Hasselfelde erstreckt sich auf einer waldreichen Hochfläche. Bergbau und Holzverarbeitung ernähren die Bewohner des Bergstädtchens. So gibt es hier die einzige noch produzierende Köhlerei des Harzes. Dem Gast werden zunächst einmal gemütliche und preisgünstige Pensionen und Privatzimmer zur Verfügung gestellt. Dazu passt im Winter die Loipenszene, die aus fünf gespurten Kursen mit einer Gesamtlänge von 35 km mittlerer Schwierigkeitsgrade besteht. Natürlich hat man auf allen Strecken auch für Einkehrmöglichkeiten Sorge getragen. Und im Zeichen des Wettbewerbs findet allwinterlich eine Stadtmeisterschaft im Skilanglauf statt.

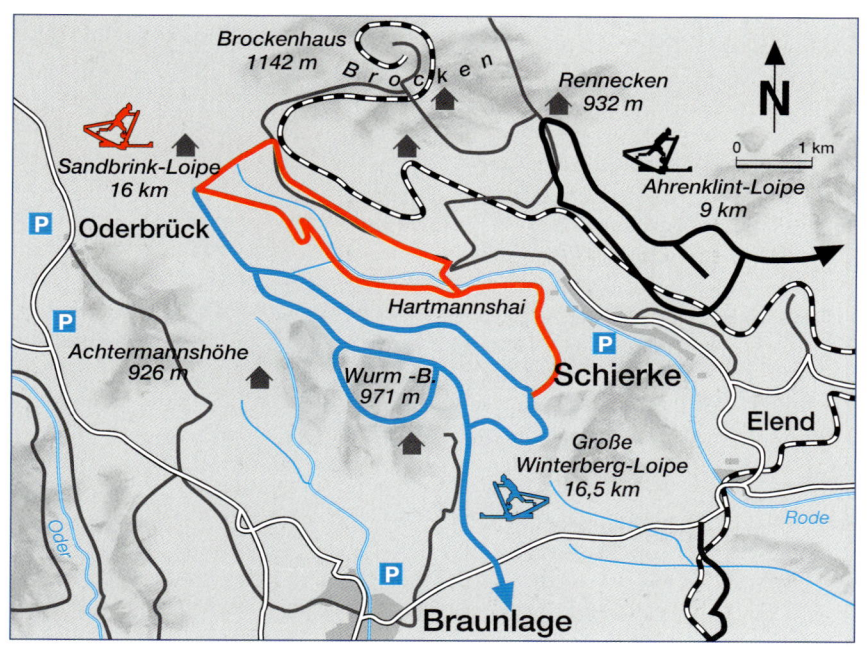

Westharz

Der Harz gehört völlig zu Recht zu den Geburtsstätten des »Weißen Sports« in Deutschland.

Gut hundert Jahre ist es her, dass der Fremdenverkehr den durch Erzbergbau, Holzwirtschaft und Holzverarbeitung nicht gerade reich gewordenen Menschen der Region eine neue Chance gab. Die Inbetriebnahme der Harzquerbahn zwischen Wernigerode und Nordhausen im Jahr 1899 war der Startschuss zur verkehrstechnischen Erschließung und brachte damit eine wachsende Zahl von Urlaubern in den Harz. **Bad Harzburg, Clausthal-Zellerfeld, Hahnenklee, Braunlage, Altenau** und **St. Andreasberg** gehören zu den ersten Adressen für Abfahrts- und Loipenfans, die neben abwechslungsreichem Skivergnügen auch ein entsprechendes touristisches Ambiente suchen. Bad Harzburg ist das ganze Jahr über auch Solebad. Im Winter wird vor Ort ein »gesundes« Netz an Loipen leichter bis mittlerer Schwierigkeit von insgesamt 32 km Länge präpariert. Wer einen langen Atem hat, kann sich auch noch in den weiten Loipenverbund zwischen Clausthal-Zellerfeld und **Braunlage-Hohegeiß** einfädeln.

Clausthal-Zellerfeld, im Zentrum des Oberharzes, präsentiert sich als Wintersportplatz, Kurort und Sitz einer Technischen Universität (Bergakademie). Um das alte Erzbergbau-Städtchen werden sechs insgesamt 25 km lange Loipen aller Schwierigkeitsgrade gespurt, davon 2 km beleuchteter Rundkurs. Dazu wird noch eine Skatingloipe angeboten.

Wildemann liegt nordwestlich von Clausthal-Zellerfeld. Das von bewaldeten Höhen umrahmte und kleinste unter den Oberharzer Bergstädtchen ist als Kneippkurort staatlich anerkannt. Drei gespurte Loipen mit einer Gesamtlänge von 16 km, von leicht bis mittelschwer, hat man im Winter anzubieten, dazu die Anschlussmöglichkeit an den Skiwanderweg nach Clausthal-Zellerfeld.

Altenau im oberen Okertal, ist ebenfalls ein heilklimatischer Kurort. Zusammen mit dem 8 km östlich an der »Harz–Heide–Straße« gelegenen Stadtteil **Torfhaus** bietet es einen Loipenverbund von über 30 km, bestehend aus zehn Langlaufkursen aller Schwierigkei-

ten, darunter die Loipe am Bruchberg, mit Anbindung an die »Acker-Langlaufloipe«, eine der schönsten Panoramarouten des Harzes.

St. Andreasberg, die höchstgelegene Bergstadt des Harzes, liegt inmitten von Wiesen und Hochwäldern. Auch dieser reizvolle Wintersportplatz ist ein heilklimatischer Kurort. Hier erstreckt sich der bekanntesten Alpinskigelände Norddeutschlands. Aber auch das Angebot für Langläufer kann sich durchaus sehen

lassen: sieben präparierte Rundkurse aller Schwierigkeitsgrade mit insgesamt 44 km. Dabei ist es möglich, gleich vor Ort direkt in die Loipe zu gehen.

Hohegeiß ist ein Bergdorf, heilklimatischer Kurort, Wintersportplatz und seit 1972 ein Ortsteil des 10 km nordwestlich gelegenen Kurortes Braunlage. Seine luftige Höhenlage garantiert zugleich die Schneesicherheit für das Vergnügen auf den vier präparierten Loipen aller Schwierigkeitsstufen.

WESTHARZ

→ Die Langlaufgebiete

Bad Harzburg, 300–600 m
Clausthal-Zellerfeld, 535–600 m
St. Andreasberg, 560–820 m
Braunlage-Hohegeiß, 600–800 m
Altenau 420–928 m
Wildemann, 380–615 m

Saison: Ende November bis März.

Anreise: A 2 Berlin–Hannover, Abfahrt Braunschweig; A 7 Hannover–Göttingen, Abfahrt Bad Gandersheim.

 Harzer Verkehrsverband, 38640 Goslar, Tel. 0 53 21/3 40 40; Kur- und Wirtschaftsbetriebe, 38667 Bad Harzburg, Tel. 0 53 22/7 53 30, Fax 0 53 22/7 53 29, www.bad-harzburg.de, E-Mail info@bad-harzburg.de; Kurverein, 38678 Clausthal-Zellerfeld, Tel. 0 53 23/8 10 24; Städt. Kurverwaltung, 37442 St. Andreasberg, Tel. 0 55 82/8 03 36, www.sankt-andreasberg.de, E-Mail info@sankt-andreasberg.de; Kurverwaltung, 38700 Hohegeiß, Tel. 0 55 83/2 41, Fax 0 55 83/12 35, www.hohegeiss.de, E-Mail tourist-info@hohegeiss.de oder Kurverwaltung, 38700 Braunlage, Tel. 0 55 20/9 30 70, Fax 0 55 20/93 07 20, www.braunlage.de, E-Mail tourist-info@braunlage.de.

0 53 21/2 00-24 oder -25, www.harzinfo.de.

→ Die Loipen

2 in Bad Harzburg, 6 in Clausthal-Zellerfeld, 3 in Wildemann, 5 in Altenau, 7 in St. Andreasberg, 4 in Hohegeiß, 5 in Braunlage.

Gesamtlänge: 30 km in Bad Harzburg, 25 km in Clausthal-Zellerfeld, 29 km in Wildemann, 20 km in Altenau, 44 km in St. Andreasberg, 20 km in Hohegeiß, 50 km in Braunlage; 40 km in Schierke, 24 km in Seesen, 16 km in Wildemann, 25 km in Hasselfelde.

Schwierigkeit: Leicht, mittel, schwer.

Skatingloipen: 1 Clausthal-Zellerfeld.

Loipenhöhe: 560–820 m in St. Andreasberg.

Loipenbenutzung: Loipen in St. Andreasberg (freiwillig).

Nachtloipe: Schultalloipe, Braunlage, 1,6 km; Bohlwegloipe in Hohegeiß.

Umkleiden/Duschen: Silberbornbad in Bad Harzburg; Panorama-Hallenschwimmbad und direkt am Loipeneinstieg in St. Andreasberg; in Braunlage.

Loipenplan: Bei den Verkehrsverbänden.

Loipenstart: Am Hallenbad, auf der Jordanshöhe, am Drei-Brode-Parkplatz, auf Sonnenberg in St. Andreasberg; am Ortsrand von Braunlage-Hohegeiß.

LL-Schulen: Ski- und Snowboard-Schule in St. Andreasberg.

Leihausrüstung: In allen Orten.

Rennen/Volksläufe: Harzmeisterschaften in Clausthal-Zellerfeld, Volksskilauf in Wildemann, jeweils im Februar, Bruchberglanglauf im Januar in Altenau, Braunlager Skimarathon, 42 km, für Familien 20 km, im Februar.

→ Allgemeine Informationen

P In Braunlage-Hohegeiß an der Harzburger Straße sowie Parkplätze an den Loipeneinstiegen.

Bus: Linienbusverkehr in Bad Harzburg; Haltestellen an den Loipeneinstiegen in St. Andreasberg; Transfer Bad Harzburg–Braunlage.

Ski alpin: 45 km Pisten im gesamten Harz.

Einkehr an der Loipe: Zahlreiche Möglichkeiten.

Sport: Schwimmen, Eislaufen, Squash, Skaten, Reiten.

Après-Ski: Restaurants, Disko, Bars, Folkloreabende, Diashows, Kino, Theater.

Nach Absprache im ev. Kindergarten in St. Andreasberg.

65 500 Gästebetten im gesamten Harz.

Österreich

Bei etwa 6000 Loipenkilometern kann man von einem nahezu paradiesischen Winterreich für Langläufer sprechen. Alle LL-Regionen Österreichs auf einen Blick.

Österreich ist und bleibt das bei deutschen Skiurlaubern mit Abstand beliebteste Reiseland. Zum einen, weil die meisten österreichischen Skigebiete verkehrsgünstig liegen, weil es in der Alpenrepublik kaum Sprachprobleme gibt und weil ein Skiurlaub in Österreich im Vergleich zu den Schweizer Nachbarn in der Regel noch günstiger ist. Service wird in und an den rund 6000 km Loipen groß geschrieben. Die einzelnen Ski-Bundesländer haben sich trotz des einmaligen Reisebooms in den letzten 30 Jahren noch ihren Charakter bewahrt. so kann das im äußersten Westen gelegene VORARLBERG keinen Hehl aus der ursprünglichen Verbindung mit der Schweiz machen. Die familienfreundlichen Skiareale von Bregenzerwald und Montafon unterscheiden sich nicht nur geografisch von den High-Ski-Society-Orten des Arlbergs. Dass es aber neben St. Anton noch mehr als drei Dutzend namhafte Langlaufgebiete im Bundesland TIROL gibt, macht die Qual der Wahl nicht leichter. Wer hochalpine Bergprofile und sonnige Loipen in über 2000 m Höhe bevorzugt, der ist jedenfalls im größten Skiland Österreichs gut aufgehoben. Alpenländisches Ambiente, gemütliche Bergdörfer und schneesichere Loipen finden sich allerdings auch in der Salzburger Sportwelt Amadé im SALZBURGER LAND, rund um Bad Kleinkirchheim in KÄRNTEN, in der Dachstein-Tauern-Region in der STEIERMARK und im Pyhrn-Priel-Gebiet in OBERÖSTERREICH.

26 LL-Regionen in Österreich

Vorarlberg, S. 82

zwischen Schweiz und Deutschland eingekeilt, hat aus der Not eine Tugend gemacht und von allen Nachbarn nur das Beste übernommen. Die Betonung liegt auf Vor- und nicht hinter dem Arlberg, denn was im westlichsten Eck Österreichs dem Langlaufurlauber geboten wird, braucht sich in keinster Weise hinter dem berühmten Namensgeber zu verstecken. Im Westen begrenzen die imposanten Massive der Schweizer Berge das kleinste Bundesland Österreichs und erklären auch die historische Nähe des alten Volksstamms der Walser zur Schweiz. Im Norden gehören einige Skiorte nur noch geografisch zu Österreich, zollrechtlich sind sie schon auf deutschem Hoheitsgebiet. Die bekanntesten Skiorte, Lech und Zürs, sind vor allem Alpinskifahrern bekannt, gehören sie doch zu den berühmtesten Skiorten der Welt. Rund um die Vorzeigeregionen **Kleinwalsertal** ❶, **Bregenzerwald** ❷ und **Montafon** ❸ spielt aber der Langlauf mit rund 550 km Loipen aller Schwierigkeitsgrade die wichtigste Rolle.

Tirol, S. 88

das bedeutet »T« wie Tourismus, »I« wie international, »R« wie Reiseland, »O« wie Original und »L« wie Langlaufen. Das drittgrößte Bundesland Österreichs ist alpenweit die Nummer eins, wenn es um Wintertourismus geht. Rund 80 Skiorte locken jede Saison ein internationales Publikum aus aller Herren Länder an. Die Mischung aus gemütlichem Charme und Ski-Society macht Tirol zum beliebtesten Reiseland Österreichs. Stützpfeiler des Fremdenverkehrs ist die gelungene Bewahrung der einheimischen Kultur, auch in puncto Hotellerie und Gastronomie. Zu guter Letzt bleibt Brettlfans nur noch die Qual der Wahl: Langläufer können sich in romantisch verschneiten Tälern und auf sonnigen Hochplateaus und Gletschern aus über 2000 km gespurten Loipen ihre schönsten Spuren im Schnee aussuchen.

Tirol, das bedeutet auch Top-Skiorte wie **Kitzbühel** ❹, **St. Anton** oder **Ischgl** ❺ und so beliebte Skireviere wie das **Stubaital** ❻, das **Achental** ❼ oder den **Kaiserwinkl** ❽. Berühmt wurde der Skigroßraum Innsbruck während der beiden Olympischen Winterspiele in den Jahren 1964 und 1976. Das mondäne **Seefeld** ❾ war damals Austragungsort der nordischen Wettbewerbe und ist heute noch zusammen mit einem der größten LL-Zentren der Alpen, dem Leutaschtal, ein wahres Langläufer-Dorado. **Tirol**, das bedeutet aber auch eine Reihe von kleineren, weniger bekannten Skitälern, wie das Tuxer Tal am Südwestende des **Zillertals** ❿. Skiorte, die weniger durch Exklusivität, dafür umso mehr durch ihre hervorragenden Loipen überzeugen, wie **Imst** oder **Reutte** ⓫ und auch ganze Skiregionen – vielleicht etwas weiter entfernt, aber längst nicht im Abseits, wie **Osttirol** ⓬ mit dem Defereggengebirge oder die Lienzer Dolomiten.

Salzburger Land, S. 112

Zwischen den renommierten Nachbarländern Vorarlberg und Tirol im Westen und den »skitouristisch« anerkannten Bundesländern Kärnten, Steiermark und Oberösterreich gelegen bietet es sich geradezu an, vom Salzburger Land als dem Herzstück der österreichischen Alpenrepublik zu sprechen. Langlauffreunde können sich bei der Lektüre dieses Loipenführers schon einmal gedanklich über die rund 2000 km Gleitgenuss hermachen, die in den weiten Becken der Salzburger Flusstäler – **Salzachtal, Saalachtal** ⓭, **Rauriser, Gastein-** und **Großarltal** ⓮, **Lammertal** und **Murtal (Lungau)** ⓯ – aber auch auf den Sonnenterrassen bei Salzburg, im Alpenvorland und auf den Höhenloipen mitten im Gebirge auf sie warten. Als Kulisse dient dabei eines der größten zusammenhängenden Skigebiete Österreichs: die »**Salzburger Sportwelt Amadé**« ⓰, die Nobelreviere rund um **Badgastein** oder **Bad Ischl** ⓱, die kleinen idyllischen Bergdörfer vom **Oberpinzgau** ⓲, Pongau, Lungau oder **Tennengau** ⓳, die gewaltigen Bergmassive – Steinernes Meer, Dachstein, Großvenediger, Großglockner, Hohe Tauern – und nicht zuletzt die Hauptstadt des Landes, die Festspiel- und Mozartstadt Salzburg. Von Anfang Dezember bis in den

Mai hinein finden Anhänger des Langlaufsports, ob Anfänger, Leistungssportler oder Marathonfans, in den hier vorgestellten sieben Schwerpunktregionen sicherlich ihre persönlichen Lieblingsspuren und darüber hinaus alle nur erdenklichen Möglichkeiten, sich in der reizvollen Winterlandschaft des Salzburger Landes und in **Oberösterreich** ❷⓪ zu erholen.

Kärnten, S. 126

Wie oft hat man im schönen Kärnten bedauert, dass viele Reisende schon unterwegs von der Gastlichkeit des Salzburger Landes aufgehalten wurden. Die Verlockungen auf dem Weg nach Kärnten sind wirklich groß und lassen viele Skifahrer schon vorzeitig, sozusagen auf halber Strecke, anhalten. Doch Kärnten und seine Skigebiete sind es wirklich wert, dass man einmal ein paar Kilome-

ter weiter hinter den Horizont schaut. Außerdem ist die Lage etwas abseits ideal für Feriengäste, die ein wenig weg wollen von den bekannten Skiorten, die einmal etwas Neues ausprobieren möchten. Von der Bekanntheit der anderen österreichischen Alpen-Bundesländer profitieren so auch die Kärntner Skireviere, denn abseits des großen Ferienrummels kann man hier noch prächtige alte Bauernhöfe und idyllische Gebirgsdörfer, die herrliche Bergwelt der **Hohen Tauern** ❷❶ und der Karnischen Alpen genießen und ganz allein auf weiter Flur, zum Beispiel im Oberen Gailtal, 200 km weit präparierten Spuren folgen. Wen es nach gehobenerem Niveau verlangt, für den bieten sich das mondäne Bad Kleinkirchheim und das städtische Villach an. Hier heißt es, Gesundheit in vollen Zügen genießen, denn die beiden bekannten, ja fast weltberühmten Thermal-Kurorte sind ideal zum Regenieren,

zumal nach anstrengenden Stunden in der Loipe. Und von LL-Spuren hat Kärnten eine beachtliche Menge. Aus rund 800 km präparierten Loipen können Langläufer rund um die wichtigsten LL-Reviere wie Heiligenblut und Mallnitz im Mölltal, die **Karnische Skiregion** und **Hermagor** ❷❷, **Weißensee** und **Spittal an der Drau** ❷❸ oder **Bad Kleinkirchheim** und **Villach** ❷❹ zwischen 560 und 2200 m Höhe die schönsten Spuren wählen.

Steiermark, S. 134

Als vor gut 100 Jahren in dem steirischen Bergdorf mit dem markanten Namen Mürzzuschlag das erste internationale Skirennen ausgefahren wurde, konnte sich niemand die bevorstehende Skifahrerlawine, die über die Alpen rollen sollte, auch nur annähernd vorstellen. Die (Ski-)Popularitätswelle der Steiermark hat 1982 mit den alpinen Skiweltmeisterschaften bislang ihren Gipfel erreicht.

Der geografische Höhepunkt liegt auf etwa 2700 m, denn auf dem Dachsteingletscher werden die höchsten Loipen Österreichs gespurt. Und wer von der Steiermark wirklich nur den Steirischen Herbst kennt, sollte ein paar Wochen warten und erst einmal den steirischen Winter kennen lernen. Die durch diverse Weltcupveranstaltungen (alpin und nordisch) bekannteste Skigegend der Steiermark, die **Dachstein-Tauern-Region** ❷❺ mit dem Ski-WM-Ort **Schladming**, übertrumpfen mit zusammengezählt 350 km Loipen (die Hälfte der Steiermark!) sogar die Salzburger oder Tiroler Skiangebote. In **Ramsau** fristen Pistenflitzer mit einem 20-Prozent-Anteil ein Minderheitendasein. Denn auf dem sonnigen Hochplateau regiert auf 150 km Loipen der Langlauf! Zu den wichtigsten LL-Revieren zwischen den angrenzenden Bundesländern Bayern, Salzburg, Kärnten und Oberösterreich zählen das **steirische Salzkammergut** ❷❻, das von allen Nachbarn ein wenig abbekommen hat, und die **Donnersbacher Tauern**, die als besonders schneesicher gelten. Die Turracher Höhe wird, da großteils auf der Kärntner Seite gelegen, bei der Region Bad Kleinkirchheim (S. 130) erwähnt.

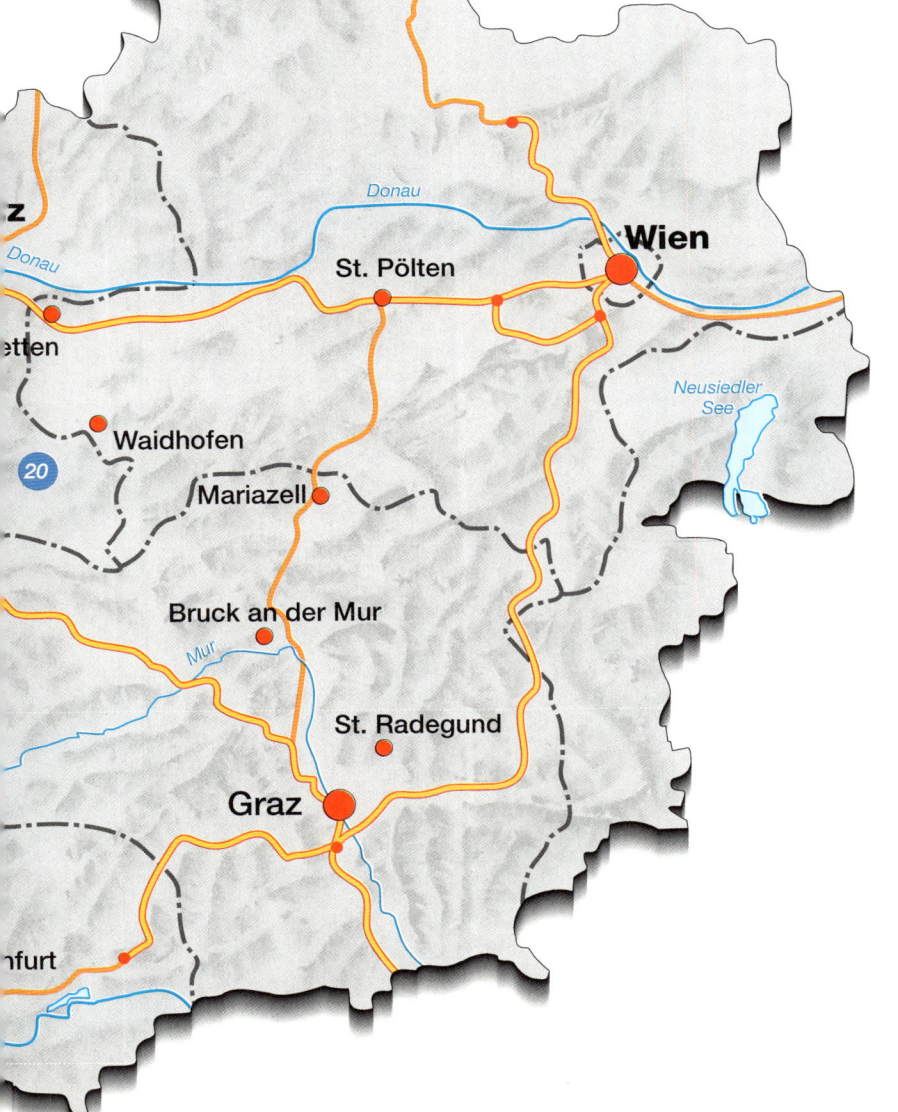

Klein aber fein

Den Namen Vorarlberg nehmen die Insider unter den Langläufern wörtlich und konzentrieren sich geografisch auf die Spuren, die vor dem Arlberg angelegt sind. Immerhin insgesamt über 500 Loipenkilometer.

Vorarlberg

Bregenzerwald

Das Klima im Bregenzerwald lässt sich am besten mit »heiter bis (familien)freundlich« umschreiben. Die großräumige Langlaufregion kann mit einem Netz von 320 km gespurter Loipen zwischen Bodensee und Arlberg aufwarten. Teilweise führen die Spuren auch weiter bis in das benachbarte Allgäu.

Auf der einen Seite begrenzen das Allgäu und der Bodensee, auf der anderen Seite der Arlberg das großflächige Wintersport-Areal im Norden Vorarlbergs. Im Bregenzerwald findet man die besten Voraussetzungen für einen gelungenen Langlaufurlaub mit der ganzen Familie, denn neben dem enormen Loipenangebot von 320 km täglich gespurter Trassen breitet sich ein wahres Winterparadies mit allen alpenländischen Vorzügen aus. Um die 22 Dörfer der größten Ferienregion Vorarlbergs verteilen sich sanft ansteigende Bergrücken, weiträumige, sonnige Täler, großflächige Ebenen, dichte Wälder, nebelfreie Hochebenen und Almwiesen. Feriendörfer mit ländlichem Charakter, Kur- und Erholungseinrichtungen sowie gemütliche Bregenzerwald-Gasthöfe mit den typischen sonnenverbrannten Holzschindeln runden das Gesamtbild ab.

Alberschwende, auf einer sonnigen Anhöhe 12 km von Bregenz am Bodensee, ist das Tor zum Bregenzerwald. Zwei Loipen werden beim Sportzentrum Hinterfeld auf einer Länge von 10 km in leicht ansteigendem Gelände gespurt. An drei Stellen führen Loipen vom benachbarten Allgäu in den Bregenzerwald: von Oberstaufen nach Hittisau/Riefensberg/Hoch-

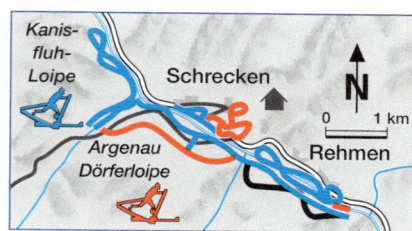

häderich und von Balderschwang auf der 43 km langen Allgäuer Latschenkiefer-Grenzlandloipe nach **Hittisau** (siehe auch »Top-Loipe«). Wer den Personalausweis eingepackt und eine gute Kondition hat, kann sich vom Startplatz in Hittisau auf den Weg machen. Wer sich vor oder nach dem Langlauf stärken will, hat in Hittisau in sieben Gaststätten freie

Wahl. Auf der Strecke liegen vier weitere Einkehrmöglichkeiten bis zur Grenze (Loipen-Stüble!).

Für Anfänger besonders zu empfehlen ist die 2,5 km lange Runde vom Dorfplatz in Hittisau ausgehend. Die Grenzlandloipe führt nach leichtem Gelände in mittleres Terrain bis hin zu schweren Anstiegen. Drei Parkmöglichkeiten, zwei Bushaltestellen, eine Unfallmeldestelle, eine Information und eine Kapelle liegen auf dem Weg bis zur Grenze. Die zahlreichen schneesicheren Loipen in luftiger Höhe liegen zwischen 1000 und 1500 m und werden in **Damüls, Hittisau/Riefensberg/Hochhäderich**, in **Schwarzenberg/Bödele**, in **Schröcken** und in **Warth** gespurt. Eines der größten zusammenhängenden LL-Netze wird rund um **Au** und **Schoppernau** zwischen Diedamskopf (2090 m) und der steil aufragenden Felswand des Kanisfluh (2050 m) auf einer Länge von 40 km täglich präpariert. Die längste Dörfer verbindende Loipe ist die bereits erwähnte 43 km lange Spur von Balderschwang nach Hittisau.

Ein breites Spektrum an Freizeiteinrichtungen, vom Kur- und Gesundheitscenter über Natureisbahnen bis zu Pferdeschlit-

Den Dörfer des Bregenzerwaldes mit ihrem ländlichen Charme kann man gut bei einer Pferdeschlittenfahrt einen Besuch abstatten.

tenfahrten, findet sich in den Orten **Lingenau** und **Mellau**. **Damüls**, auf 1431 m Höhe, ist der bekannteste Alpin-Skiort im Bregenzerwald und mit einer nur 4 km langen Loipe weniger für Langlauf, aber umso mehr für Après-Ski-Freunde interessant. Wesentlich ruhiger, abseits des großen Rummels und Ver-

→ **Top-Loipe**

Aller guten Dinge sind vier: Die beliebteste und längste Loipe im Bregenzerwald ist die »Allgäuer-Latschenkiefer-Grenzlandloipe«. Sie bietet alle Schwierigkeitsstufen und führt über 43 km zwischen Balderschwang und Hittisau. Gar als eine der schönsten Loipen Vorarlbergs gilt die 18 km lange »Schönenbachloipe« (hin und zurück) bei Sibratsgfäll. Sie beginnt beim Bauernhof Bilgeri, im Ortsteil Engelbert-Krähenberg, und führt durch eine idyllische Wald- und Winterlandschaft. Mit Ausnahme eines 150 m langen Teilstücks ist sie als leicht einzustufen. Die Dritte im Bunde ist die 13,6 km lange Dörferloipe mit Anschluss zur Kanisfluhloipe (plus 4,2 km). Der besondere Loipentipp von Warth ist die Höhenloipe von Hochkrumbach zum Körbersee. Die 8 km lange Strecke ist sehr anspruchsvoll und landschaftlich »einmalig«. Am Körbersee lädt die Sonnenterrasse des, per LL-Ski erreichbaren, Körbersee-Hotels zum Verweilen ein.

BREGENZERWALD

→ Das Langlaufgebiet

Gebietshöhe: 600–1500 m

Saison: Dezember bis April.

Anreise: Lindau, Bregenz, B 200 Richtung Warth oder Kempten, Immenstadt, Oberstaufen, B 205 und B 200.

Bregenzerwald Tourismus GmbH, A-6863 Egg, Tel. 0 55 12/23 65, www.bregenzerwald.at, E-Mail info@bregenzerwald.at; Tourismusbüro, A-6886 Schoppenau, Tel. 0 55 15/24 95 und A-6883 Au, Tel. 0 55 15/22 88, www.tiscover.com/au, www.au-bregenzerwald.at, E-Mail au@tourismus.vol.at; Verkehrsamt, A-6952 Hittisau, Tel. 0 55 13/63 54; Tourismusverein, A-6874 Bizau, Tel. 05 51/21 29, Fax 0 55 14/21 29-6, www.bizau.co.at, E-Mail tourismusverein.bizau@aon.at.

Warth 0 55 83/31 05; Damüls 0 55 10/25 44.

→ Die Loipen

3 in Bizau, 8 in Au/Schoppernau.

Gesamtlänge: 320 km, von 1 bis 43 km.

Schwierigkeit: Überwiegend leicht und mittel.

Längste Loipe: Grenzlandloipe Hittisau–Balderschwang (Allgäu), 43 km, leicht-mittel; Bezau–Bizau–Reuthe 35 km.

Skatingloipen: Insgesamt 17,5 km; von Balderschwang Haupteinstieg bis 8 km und in Hittisau 5 km im Ortsbereich; Au/Schoppernau 4,5 km.

Loipenhöhe: 600–1680 m.

Loipenbenutzung: Gratis, bis auf die Loipen am Hochtannberg, in Sibratsgfäll und in Sulzberg: 30 ÖS/Tag und 300 ÖS/Saison ohne Gästekarte; Hittisau und Hittisau–Hochhäderich: 35 ÖS/Tag und 350 ÖS/Saison (inkl. Privatstraßenbenutzung zu den Hochhäderich-Loipen); Grenzlandloipe Hittisau–Balderschwang: ÖS 35/Tag und ÖS 350/Saison (gebührenfreies Langlaufen für Gäste von Hittisau, Balderschwang und Sibratsgfäll); Tageskarte für Hochhädrich/Riefensberg ÖS 35 und ÖS 350/Saison, mit Gästekarte (Riefensberg) ÖS 28, Loipen im Ort frei! Hochtannberg-Loipen in Warth. ÖS 60/Tag und ÖS 180/Woche, Gäste von Warth und Schröcken erhalten eine Gratis-Langlaufkarte; ÖS 40/

Tag in Au/Schoppernau für Tagesgäste, für die Gäste aus Au/Schoppernau gratis.

Höhenloipe: Hochtannbergpass (Warth) 1500–1680 m, 16 km, leicht/mittel/schwer.

Loipenplan: Bei den Verkehrsämtern und Tourismusbüros.

Loipenstart: In den einzelnen Orten oder am Ortsrand.

Umkleiden/Duschen: Hittisau, Riefensberg.

LL-Schulen: 15 Skischulen.

Leihausrüstung: In jedem Ort, außer Krumbach, Langenegge, Lingenau, Schnepfau und Reuthe.

Rennen/Volksläufe: Internationaler Langlauf-Nachtsprint in Sulzberg am 29. Dezember; Vereinsmeisterschaften Bizau mit Gästeklasse.

→ Allgemeine Informationen

Bei den Loipeneinstiegen oder in den Ortszentren.

Bus: Loipenbus nur von Hittisau nach Balderschwang und zurück.

Post- und Skibus im Stundentakt.

Ski alpin: 319 km Pisten; 4 Schlepplifte, 1 Doppelsessellift in Bizau; Skigebiet Diedamskopf, Seilbahnen Damüls, Snowworld Warth/Schröcken.

Einkehr an der Loipe: Genügend Möglichkeiten im ganzen Skigebiet.

Sport: Skitouren, Snowboarden, Eislaufen, Eisstockschießen, Rodeln, Drachen-/Gleitschirmfliegen, Reiten, Tennis, Squash, Schwimmen, Kegeln.

Après-Ski: Restaurants, Cafés, Tanz, Disko, Folklore, Diashows, Theater, Pferdeschlittenfahrten, Museen.

Skikindergarten in Alberschwende, Andelsbuch, Au/Schoppernau, Bezau/Bizau/Reuthe, Damüls, Schröcken, Schwarzenberg und Warth; Gästekindergarten ab 2,5 Jahren in der Bergstation Mellau und Damüls (nachmittags); Kindererlebnisland in der Bergstation Diedamskopf mit Gratisbetreuung für Kinder von 3–8 Jahren.

16 000 Gästebetten aller Kategorien in Hotels, Pensionen, Privatunterkünften und Ferienwohnungen/Appartements; 330 Gästebetten in Bizau; 1300 Gästebetten in Au/Schoppernau.

kehrs, liegt in offener, sonniger Lage das stille, ruhige **Langenegg** mit einer der schönsten Loipen (7 km) in einer noch naturbelassenen Wiesen- und Moorlandschaft. Über 15 km führt die einzige, dafür aber besonders reizvolle Loipe zum Teil durch das Naturschutzgebiet von **Krumbach**. Ruhe und Ursprünglichkeit findet man auch noch in dem kleinen Bergdorf **Schröcken**, auf 1260 m Höhe beim Pflanzenschutzgebiet am Körbersee. Ein Erholungsdorf ohne viel Verkehr und laute Durchgangsstraße ist der »Geheimtipp« **Sibratsgfäll** am Ende des Vorderbregenzerwaldes.

Im Nachbarort Krumbach wird über das Verkehrsamt ein kostenloser Langlaufunterricht organisiert. Ein paar Kilometer weiter liegt das kleine **Sulzberg**, ein Bergdorf mit herrlicher Aussicht. Der »Sonnenbalkon des Bregenzerwaldes« liegt auf 1015 m Höhe an der Grenze zum Allgäu und kann mit 25 km, zum Teil grenzüberschreitenden, Loipen aufwarten (Anschluss an das Skiwandernetz Westallgäu). Absoluter »Höhepunkt« im Bregenzerwald ist das schneesichere Bergdorf Warth an der Grenze zum Arlberg auf 1500 m Höhe.

Das kleine Warth und der Nachbarort Schröcken sind über die Hochtannberg-Passstraße zu erreichen.

Tipp: Das LL-Netz von Damüls, Hittisau/Riefensberg/Hochhäderich gilt bis Ende April als schneesicher.

Kleinwalsertal

Fast »grenzenloses« Langlaufen ist östlich des Bodensees zwischen Bayern und Österreich möglich. Einen guten Eindruck von der landschaftlich reizvollen Region bekommt man bekanntlich von oben: Einen herrlichen Blick auf 30 Gipfel garantiert die »Gottesackerloipe« in 2000 m Höhe.

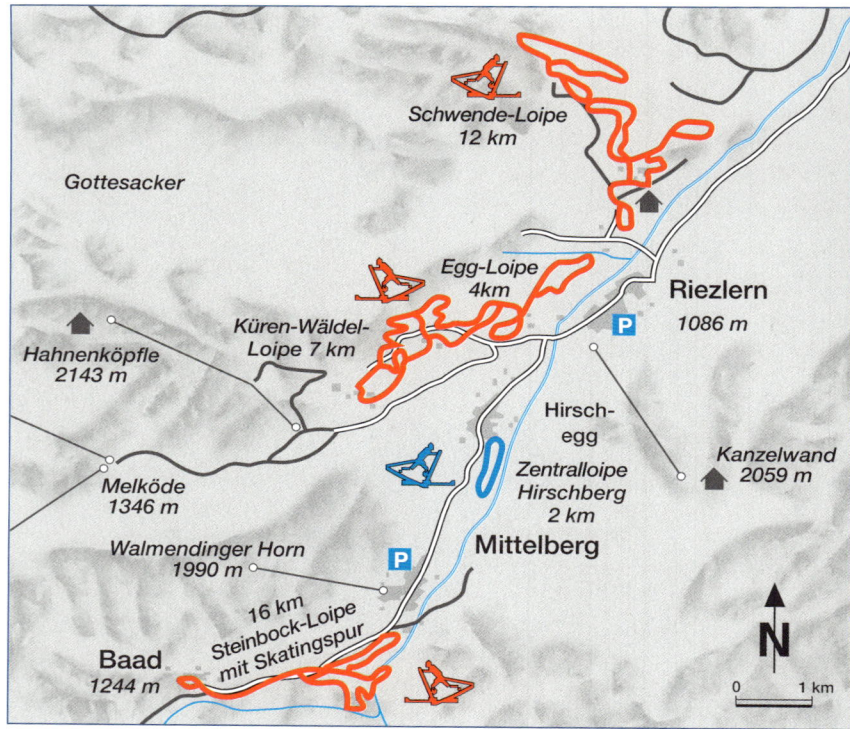

Die 42 km gespurten Trassen, von 30 imposanten Gipfeln umrahmt und geschützt, bieten im Kleinwalsertal sowohl landschaftlich wie technisch reichlich Abwechslung.

Zu den schönsten LL-Spuren zählt – wen wundert's, der Steinbock ist das Kleinwalsertaler Wappentier (aber der Große Widderstein, 2533 m, das Wahrzeichen) – die Steinbockloipe. Auf dem eigens für Langläufer reservierten Parkplatz in der Bödmerstraße bei **Mittelberg** beginnt die leichte bis mittelschwere Loipe und führt über einige Schleifen und Kehren dem Flusslauf der Breitach folgend zum Talende nach **Baad**. Ein 3 km langes Teilstück ist für Anhänger der Skating-technik freigegeben. Ein Novum sind die sogenannten »Skigleitwege« für Tourenskifahrer. Inhaber von Skipässen dürfen die Skibusse im Kleinwalsertal umsonst benützen. Was Skifahrer hier sparen, können sie entweder in die reichhaltigen und bodenständigen Gastronomieangebote investieren oder im Spielkasino riskieren.

🎿🎿🎿 KLEINWALSERTAL

→ Das Langlaufgebiet

Gebietshöhe: 1100 m–2000 m

Saison: Dezember bis April.

Anreise: Ulm, Kempten, Sonthofen, Oberstdorf, Kleinwalsertal, Bahnstation ist Oberstdorf, dann mit dem Bus weiter (10 km).

ℹ️ Kleinwalsertal Tourismus, A-6992 Hirschegg, Tel. 0 55 17/5 11 40 (Vorwahl aus Deutschland: 0 83 29), www.kleinwelsertal.at, E-Mail kwt_tourismus@vol.at.

☎️ 0 55 17/15 15 (Schnee- und Loipenberichte).

→ Die Loipen: 5.

Gesamtlänge: 42 km.

Schwierigkeit: Leicht bis schwer.

Längste Loipe: Steinbockloipe, 16 km.

Skatingloipe: Steinbockloipe, 3 km.

Loipenhöhe: 1050–2000 m.

Loipenbenutzung: Gratis mit Gästekarte.

Loipenplan: Bei Kleinwalsertal Tourismus.

Loipenstart: In Hirschegg, Baad, in der Nähe von Riezlern.

LL-Schulen: Skischule Bödmen Baad, A-6993 Mittelberg, Tel. 0 55 17/58 60;

Skischule Riezlern, A-6991 Riezlern, Tel. 0 55 17/52 11.

Leihausrüstung: In allen Orten (Sportgeschäfte reichlich vorhanden).

Rennen/Volksläufe: Casino-Cup, Januar oder Februar.

→ Allgemeine Informationen

🅿️ Direkt an den Loipen (Einstieg), Skibus und Nebenlinien zu den Loipen.

Ski alpin: 80 km Pisten.

Sport: Skitouren, Telemarkkurse, Wandern (40 km Wege), Eislaufen, Eisstockschießen, Rodeln, Tennishalle, Schwimmen, Schneeschuhwandern, Wandern.

Après-Ski: Restaurants, Cafés, Tanz, Disko, Musikabende, Folklore, Diashow, Ski- und Heimatmuseum, Theater, Pferdeschlitten, Spielcasino.

👶 7 Kinderskischulen und Gästekindergarten ab 3 Jahren im Flairhotel Rosenhof, Tel. 0 55 17/51 82, IFA Hotel Alpensee, Tel. 0 55 17/3 36 40 (Vorwahl aus Deutschland: 0 83 29).

🛏️ 12 000 Gästebetten aller Kategorien in Hotels, Pensionen, Privatzimmern und Ferienwohnungen/Appartements.

Hirschegg ist der zentrale Ort im Kleinwalsertal.

Montafon

Schon Hemingway gefiel die Ursprünglichkeit des Montafons und die Gastfreundschaft seiner Bewohner. Hinzugekommen ist ein Viersternerevier für Loipenfans, die auf rund 100 km Spuren auf Touren kommen.

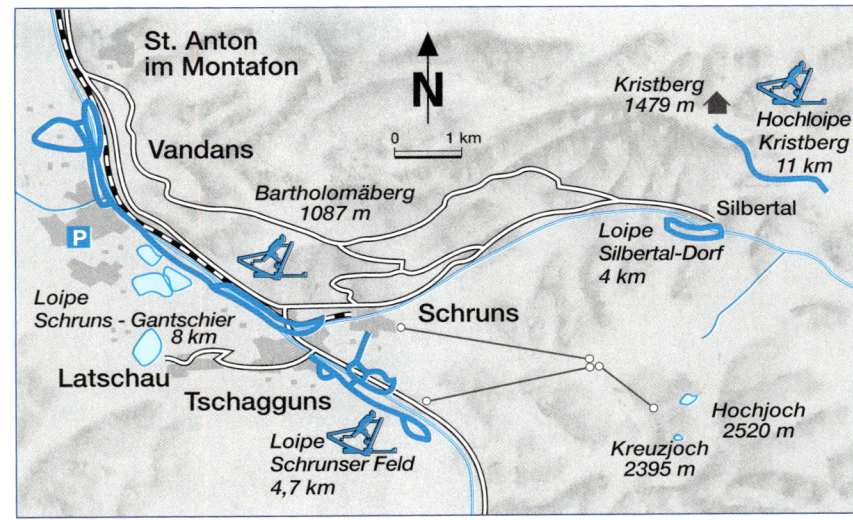

Sind die tieferen Loipen im Äußeren Montafon noch zuweilen vom Wetter-, sprich Schneegott abhängig, scheinen die LL-Sterne in den Hochlagen auch noch bei geringem Schneefall. Sogar bis Mitte April wird die Höhenloipe »2000« gespurt. Es braucht allerdings etwas Anfahrtszeit, bis man die langen Latten anschnallen kann. »Höhenluftsüchtige« fahren von **Partenen**, dem hintersten Talort vor der im Winter gesperrten Silvretta-Hochalpenstraße, mit der neuen Vermunt-Luftseilschwebebahn zur Bergstation auf 1730 m Seehöhe. Ab da benutzen Skifahrer das »Tunneltaxi« bis zur Bielerhöhe auf 2040 m gelegen. Die 15 km lange und höchstgelegene Loipe des Montafons wird über den zugefrorenen Silvrettasee gespurt. Sie gilt als familienfreundlich, bietet aber auch fortgeschrittenen Loipenfans ihre Reize. Insgesamt kann das Montafon als beispielhaftes LL-Revier für Familien bezeichnet werden. Leider sind die überwiegend leichten bis mittelschweren Spuren nicht alle miteinander verbunden. Statt mit einem engmaschigen Loipennetz muss man eben mit verstreut liegenden »Sternchen« und Schleifen vorlieb nehmen. Den längsten Loipenverbund bietet das Hochmontafon: Ein 30 km langes, maschinell präpariertes LL-Netz für Anfänger und Fortgeschrittene verbindet **St. Gallenkirch, Gortipohl, Gaschurn** und **Partenen**.

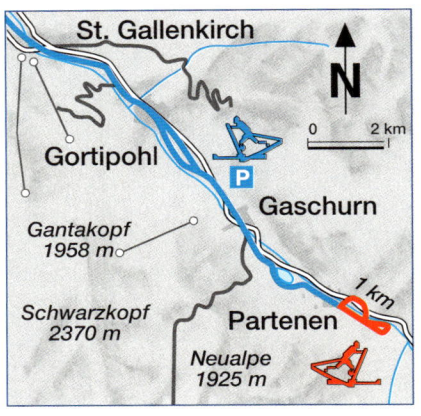

MONTAFON

→ Die Langlaufgebiete

Äußeres Montafon, 651–890 m
Hochmontafon, 1000–1050 m

Saison: Dezember bis Anfang/Ende April (Höhenloipe bis Mitte April).

Anreise: Autobahn Bregenz, Ausfahrt Bludenz Ost, Montafon oder München, Garmisch, Landeck, Arlbergroute, Bluden Ost.

Montafon Tourismus, A-6780 Schruns, Tel. 0 55 56/72 25 30, Fax 0 55 56/7 48 56, www.montafon.at, E-Mail info@montafon.at; Tourismusbüro, A-6793 Gaschurn, Tel. 0 55 58/ 82 01, www.gaschurn.com, www.tiscover.com/partenen, E-Mail gaschurn@hochmontafon.vol.at, partenen@hochmontafon.vol.at; Tourismusbüro, A-6794 Partenen, Tel. 0 55 58/83 15.

0 55 56/7 68 80.

→ Die Loipen: 12.

Gesamtlänge: 100 km.

Schwierigkeit: 60 km leicht, 30 km mittel, 10 km schwer.

Längste Loipe: St. Gallenkirch–Gortipohl–Gaschurn–Partenen und zurück, 30 km, leicht/mittel, 795–1050 m.

Skatingloipe: 1.

Loipenhöhe: 650–2040 m.

Loipenbenutzung: Gratis.

Höhenloipe: Loipe 2000 auf der Bielerhöhe bei Partenen, 20 km, 2040 m, bis Mitte April gespurt; Tipp: Panorama-Höhenloipe Kristberg (Start und Ziel bei der Kristbergbahn, 11 km, 1442 m, leicht).

Loipenplan: Gesamtplan vom Tourismusbüro.

Loipenstart: Loipe 2000 auf der Bielerhöhe, Einstieg in die Montafonloipe in

allen Orten der Region Hochmontafon möglich.

LL-Schulen: Skischule Schruns, Tel. 0 55 56/7 51 80; Aktivschule Gaschurn-Partenen, Tel. 0 55 58/82 11; Skischule Versettla, Tel. 0 55 58/81 50, Aktiv-Skischule Hochmontafon; Tel. 0 55 58/ 82 11, Ski-Telemarkschule Out & Go, Tel. 0 55 56/7 41 28; Ski-Langlaufschule Silvretta/Bielerhöhe, Tel. 06 64/3 43 37 70; Ski- und Snowboardschule Silbertal, Tel. 05556/7 59 50; Ski- und Snowboardschule Golm-Tschagguns/Vadens, Tel. 0 55 56/ 7 58 93-2, -7 69 55, -7 52 07.

Leihausrüstung: In den Sportgeschäften, in den Skischulen, z. B. Furtner, Silbertal und Hochmontafon in Gaschurn; Hotel Madrisa in Gargellen; Sporthotel Sonne in VadansM; Cresta-Hotel in Tschagguns; Sport Stöckl in Partenen.

→ Allgemeine Informationen

P Beim Bahnhof und bei den Bergbahnen.

Bus: Linien- und Skibusverkehr, Tunneltaxi von der Bergstation der Vermuntbahn bis zur Loipe 2000.

Ski alpin: 200 km Pisten in 7 Skigebieten (Silvretta Nova, Hochjoch, Golm, Schafberg, Kristberg, Grabs, Slivretta Bielerhöhe) mit 63 Liftanlagen.

Sport: Skitouren, Wandern, Eislaufen, Eisstockschießen, Rodeln, Tennis, Schwimmen, Kegeln; Paragliding, Snowboarden.

Einkehr an der Loipe: Mehrere Möglichkeiten.

Après-Ski: Restaurants, Weinstuben, Cafés, Tanz-Bar, Bars, Diskos, Folklore, -Diashows, Kino.

18 000 Gästebetten aller Kategorien in Hotels, Pensionen, Privatzimmern und Ferienwohnungen.

Qual der Wahl

Tirol, das drittgrößte Bundesland Österreichs, ist alpenweit die Nummer eins, wenn es um Wintertourismus geht. Bei über 2000km gespurter Loipen rund um 80 Skiorte sind für jeden Geschmack die richtigen Spuren dabei.

St. Anton/Ischgl

Natürlich ist der Arlberg vor allem bei Alpinskifahrern beliebt, aber es muss ja nicht immer die Anzahl der Loipen ausschlaggebend sein. Weniger ist manchmal mehr, und das Angebot für Aprèsspezialisten ist sowohl in St. Anton wie im Nachbartal von Ischgl kaum zu schlagen.

Die Namen sind Zauberworte für Alpinskifahrer, denn die beiden exklusiven Wintersporttreffs im Westen Tirols zählen mit über 400 Pistenkilometern und über 120 Seilbahnen und Liften zu den Top-Skigebieten und zu den renommiertesten Vertretern der alpen-ländischen Skizunft. Für Langläufer ist das Angebot eher mager, aber was die Schneesicherheit, die reizvolle Landschaft und das Après-Ski betrifft, sind **St. Anton** und **Ischgl** kaum zu schlagen. Obwohl die Anfahrt zu beiden Orten ähnlich ist, liegen sie doch in zwei Nachbartälern, durch die Verwallgruppe mit einigen Dreitausendern voneinander getrennt.

Die Verwallstube vom Bergrestaurant auf dem St. Antoner »Galzig« (2185 m) ist ein Geheimtipp: Da Langläufer in der Regel auf den Gipfelblick verzichten, kommen sonst nur Alpinskifahrer in den Genuss. Das höchstgelegene Restaurant Europas hat jeden Freitag bis 24 Uhr

Die schneesicheren Loipen in St. Anton sind vom Feinsten.

geöffnet. Nach der abendlichen oder nächtlichen Auffahrt mit der Gondelbahn bietet sich ein phantastisches Bergpanorama und ein schöner Blick auf **St. Anton**. Ein gepflegtes Abendmenü und eine gute Flasche Wein sind hier der richtige Rahmen für die Planung des nächsten Skitages. Soll man in der 2,5 km langen Höhenloipe von **St. Christoph** auf etwa 1800 m Höhe Kondition tanken und das Mittagessen in der berühmten Hospizalm von Adi Werner (Hotelier des noch berühmteren Hospiz-Hotels von St. Christoph) einnehmen? Oder lieber die 12 km lange Rundstrecke vom St. Antoner Hotel Mooserkreuz zum Rasthaus Ferwall wählen? Oder fühlt man sich fit, die 22 km lange und leichte Strecke von **St. Anton** über **Pettneu**, **Schnan** nach **Flirsch** und zurück zu schaffen? Wer auf dem Rückweg eine großzügige Pause einlegen oder gar den Skitag beschließen möchte, dem sei dann ein Besuch im größten öffentlichen Hallenbad der Gegend (mit Sauna), im Aktivzentrum Pettneu (0 54 48/3 70), angeraten. Oder soll man lieber im Ozonhallenbad vom Sporthotel St. Anton mit Heil- und Sportmassagen relaxen? Und vielleicht findet sich Gelegenheit, die Frage zu klären, wo man bei einer Auswahl von über 70 Restaurants am Abend einkehren soll?

Wer direkt in **St. Anton** wohnt und sich nur die Beine vertreten will, kann auf der 2 km langen Übungsloipe »Planie« seine Runden drehen und dabei über die Entwicklung des Skisports sinnieren. Als Anschauungsmaterial empfiehlt sich ein

ST. ANTON / ISCHGL

→ Die Langlaufgebiete

St. Anton, 1304 m
Ischgl, 1350 m

Saison: Ende November/Anfang Dezember bis Ende April. Schneesicher!

Anreise: St. Anton/Ischgl: Autobahn Salzburg, Kufstein, Innsbruck, Landeck; München, Fernpass, Landeck; Stuttgart, Bregenz, Feldkirch, Bludenz, Arlbergpass oder Arlbergtunnel nur für St. Anton. Der Bahnhof von St. Anton liegt zentral in der Ortsmitte und ist Eurocity- und sogar Orientexpressstation.

Achtung! Fußgängerzone in St. Anton und Nachtfahrverbot in Ischgl von 22.00 bis 6.00 Uhr.

 Tourismusverband, A-6580 St. Anton, Tel. 0 54 46/2 26 90, www.st.antonamarlberg.at, E-Mail st.anton@netway.at; Tourismusverband, A-6561 Ischgl/Paznaun, Tel. 0 54 44/52 66, www.ischgl.com, E-Mail info@ischgl.com.

St. Anton: 0 54 46/25 65; Ischgl/Paznaun: 0 54 44/54 78.

→ Die Loipen

3 in St. Anton mit einer Gesamtlänge von 29 km; 6 in Ischgl mit einer Gesamtlänge von 23 km.

Gesamtlänge: 48 km in Ischgl.

Schwierigkeit: Leicht/mittel.

Längste Loipe: Stanzertal (St. Anton), 22 km (blau), und von Ischgl über Mathon und Galtür 23 km.

Skatingloipen: 2 in St. Anton, 1 in Ischgl.

Loipenhöhe: St. Anton: 1300–1800 m; Ischgl: 1350–1684 m.

Loipenbenutzung: Gratis.

Umkleiden/Duschen: 5 Min. vom Loipenstart in Ischgl.

Loipenplan: Kostenlos bei den Tourismusverbänden.

Loipenstart: Innerhalb der Ortschaften und am Ortsrand.

Leihausrüstung: In allen Sportgeschäften.

LL-Schulen: Skischule Arlberg, Tel. 0 54 46/34 11; Skischule St. Anton, Tel. 0 54 46/35 63; Skischule Ischgl, 0 54 44/52 57.

→ Allgemeine Informationen

 Parkplätze am Beginn der Loipen.

Bus: Regelmäßiger Bus-Pendeldienst zwischen St. Anton, St. Jakob, St. Christoph, Zürs und Lech, BHF-Busterminal (5 Minuten zu den Loipen), kostenloser Skibus.

Ski alpin: 260 km Pisten in St. Anton; 200 km Pisten in Ischgl, 42 Liftanlagen, schneesicher bis Mai.

Sport: Skitouren, Rodeln, Schwimmen, Tennis, Squash, Eislaufen, Eisstockschießen, Paragliden, Drachenfliegen, Reiten.

Einkehr an der Loipe: Mehrere Möglichkeiten an allen Loipen (St. Anton).

Après-Ski: (Berg-)Restaurants, Berghütten, Cafés, Bars, Diskos, Pferdeschlitten, Kino, Hallenbad, Sauna, Solarium, Theater (Ischgl).

In der Skischule Arlberg für Kinder ab 2 ½ Jahren; Gästekindergarten von Ischgl, Tel. 0 54 44/52 57.

St. Anton: 8900 Gästebetten in Hotels aller Kategorien; Ischgl: 9800 Betten aller Kategorien.

Das 1400 m hoch gelegene Ischgl hat nicht nur einen autofreien Ortskern, auch der Einstieg zu den drei Loipen erfolgt bereits dort – und danach geht es ins Erlebnisbad im Silvrettacenter.

Besuch im sehenswerten Ski & Heimat Museum (von 1912) unweit der Loipe. Eine weitaus kürzere Tradition als St. Anton hat das erst in den 60er-Jahren als Skiort entdeckte **Ischgl**. Dennoch haben die beiden Skiorte viele Gemeinsamkeiten: Wie St. Anton ist der nur 1300 Einwohner zählende Ort vor allem durch sein Alpinangebot bekannt, das ihn zu einem der größten Skireviere Österreichs

macht. Und ebenso wie St. Anton hat Ischgl eine reichhaltige Auswahl an stattlichen Hotels vorzuweisen. Weitere Parallelen sind die Schneesicherheit bis April, das internationale Publikum, die wenigen, aber doch landschaftlich reizvollen Loipen und das dafür um so umfangreichere Après-Angebot (über 100 Einkehrmöglichkeiten!). Die drei Loipen beginnen im Ortskern des 1400 m hoch

gelegenen Ischgl an der Talstation der Silvrettaseilbahn und führen am Ufer der Trisanna entlang über Mathon nach Galtür. Längste Skispur ist die leicht zu laufende »Ostloipe« mit einer Länge von 9 km. Beliebter Treffpunkt nach dem Skitag ist das Erlebnisbad (mit Sauna und Solarium) im Silvrettacenter. Ischgl hat übrigens, wie der Nachbar vom Arlberg, einen autofreien Ortskern.

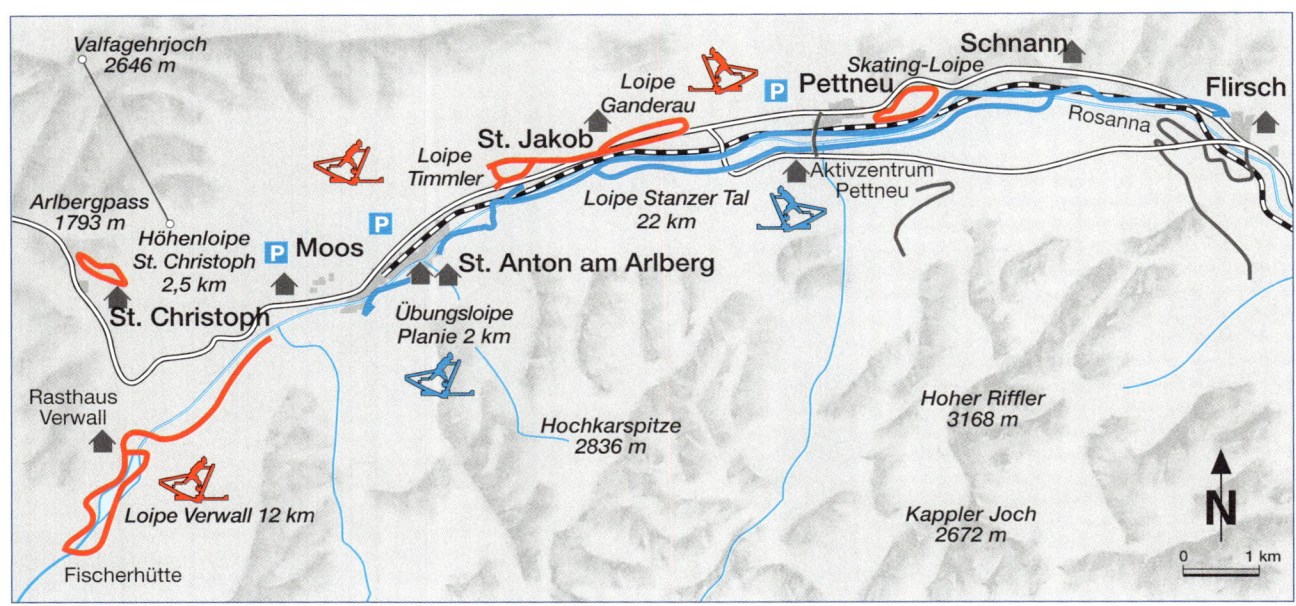

Serfaus, Fiss, Ladis

Serfaus, der erste autofreie Skiort Österreichs, hat sich zusammen mit den Nachbargemeinden Fiss und Ladis zu einem familienfreundlichen Skirevier der Extraklasse gemausert. Die fast 100 km gespurten Trassen des sonnigen Hochplateaus wurden mit dem Tiroler Loipengütesiegel ausgezeichnet.

Hektik und Stress im Verkehr sowie Staus und Abgasprobleme gehören in **Serfaus** der Vergangenheit an. Die erste Luftkissenbahn der Welt, die »Serfauser Dorfbahn«, stoppt seit 1985 den Autoverkehr auf einem Parkplatz vor dem Ortseingang. Sogar Österreichs Vizekanzler Norbert Steger geriet nach einem Test ins Schwärmen und sprach von »einer neuen Ära in der Geschichte des Tiroler Fremdenverkehrs«. Zum ersten Mal wurde in einem österreichischen Touristenort ein ganztägiges Fahrverbot erlassen, das streng überwacht wird. Die drei bei Skifahrern mittlerweile äußerst beliebten Orte **Ladis**, **Fiss** und **Serfaus** auf dem sonnigen Hochplateau – laut Eigenwerbung scheint hier die Sonne 2000 Stunden im

→ **Top-Loipe**

Zu den landschaftlich schönsten Spuren, da sie die Plateaulage voll ausnutzt, zählt ein Teilstück der 3-Sonnen-Terrasse, die 3 km schwere »Überwasserloipe« bei Ladis. Mindestens ebenso reizvoll und nicht minder anspruchsvoll sind zwei Wanderloipen vom Ort Fiss ins Waldgebiet oberhalb von Ladis: Einmal die schwarz markierte Wanderloipe über Rabuschl zur Fisser Alm (7 km einfache Strecke, »L 6«) und zum anderen die Spur »L 9«, die Wanderloipe »Schönegg«, von Fiss über Obladis zur Fisser Alm. Die 6 km lange (one way) und sehr anspruchsvolle (steile) Strecke führt zunächst über freies Gelände, steigt aber dann beim Waldgebiet und nach Obladis stark an. Einkehrmöglichkeit (Restaurant) besteht bei Obladis (ist auch, gute Winterausrüstung vorausgesetzt, mit dem Auto erreichbar).

Jahr – liegen zwischen 1200 und 1400 m Höhe.

Populär war die Gegend schon vor fast 3500 Jahren, als die Illyrer hier siedelten, gefolgt von den Römern, die ihre Via Claudia Augusta über das Plateau pflasterten. Heute noch zeugen rätoromanische Bauformen in den alten Ortskernen

der drei urigen Gebirgsdörfer von der vergangenen Zeit. Die wenigen neugebauten Hotels wurden möglichst schonend in das Dorfbild von Serfaus (800 Einwohner, 4600 Gästebetten) und die beiden kleineren Nachbardörfer Fiss (770 Einwohner, 3100 Betten) und Ladis (400 Einwohner, 1000 Betten) integriert.

Abfahrer schwärmen schon längst von dem Pistenangebot (145 km) rund um Scheid und Fisser Joch. Aber auch Langläufer kommen unterdessen auf 16 täglich frisch präparierten und mit dem Loipengütesiegel der Tiroler Landesregierung ausgezeichneten Loipen auf ihre Kosten. Sieben hauptsächlich mittelschwere Loipen von mehr als 60 km Länge werden rund um und oberhalb von Serfaus gespurt, und neun hauptsächlich schwere Loipen in Fiss und Ladis. Bemerkenswert sind die 20 km langen Höhenloipen, die mit der Serfauser Komperdellbahn zu erreichen sind und auf 2000 m Höhe Langläufern gute Kondition und Technik (schwere Abfahrten!) abverlangen. Startplatz ist bei der früheren Talstation an der Lazid-Doppelsesselbahn oder beim Observatorium. **Tipp:** Schöne Aussicht auf der 13 km

Das Tiroler Loipengütesiegel bürgt für Qualität. Die Spuren rings um Serfaus fordern mit ihren Abfahrten zuweilen aber auch geübte Langläufer. Serfaus ist seit 1985 autofrei.

Winteridyll bei Serfaus, das auf einem sonnigen Hochplateau liegt.

langen, windstillen Spur rund um den Michelskopf; lohnend ist die Komperdell-Loipe VI, die über 9 km durch einen märchenhaften Wald beim Observatorium führt.

Für Freunde von Panoramaloipen in luftigen Höhen ist noch die schwierige Loipe auf dem Schönjöchl, die von Fiss aus per Seilbahn zu erreichen ist und nur im Frühjahr gespurt wird, zu erwähnen.

Der Startpunkt liegt auf 2493 m Höhe. Eine dritte Höhenloipe stellt technisch versierte und konditionsstarke Loipenfans auf die Probe, startet sie doch bei der Fisser Alm auf 1436 m und führt über 14 km durch schwieriges Gelände bis auf 1800 m. Ähnlich schwer fordert die Serfauser 3-Sonnen-Loipe auf 15 km die Kräfte von geübten Langläufern, die, falls noch Kraftreserven vorhanden sind, auf der Verlängerung der 3-Sonnen-Spur nach Fiss und Ladis auf einer mittelschweren, 6 km langen Anschlussloipe weiterlaufen können. Die leichteren bis mittelschweren Spuren von 1 bis 15 km Länge verbinden die drei Tiroler Bergdörfer und führen über abwechslungsreiches Gelände durch eine herrliche unverbaute Winterlandschaft. Sanfter Tourismus heißt in Serfaus auch familienfreundlich. Kinder können sich auf der 50 000 Quadratmeter großen »Schneealm« austoben. Das Areal liegt abseits vom Skirummel und wird ganztägig von Skilehrern und Kindergärtnerinnen betreut. Zum Paradies der Skizwerge gehören eine große Übungswiese, ein Kinderlift, Spielgeräte, ein eigenes Restaurant sowie ein Hort für die Kleinsten.

SERFAUS, FISS, LADIS

→ Die Langlaufgebiete

Serfaus, 1427 m
Fiss, 1436 m
Ladis, 1200 m

Saison: Dezember bis April (LL-Saison bis Ende März).
* Schneesicher!

Anreise: München, Fernpass, Landeck oder Bregenz, Feldkirch, Landeck; Bahnstationen: Ried, Serfaus, Landeck.

Serfaus Information, A-6534 Serfaus, Tel. 0 54 76/62 39, Fax 0 54 76/68 13, www.serfaus.com, E-Mail info@serfaus.com; A-6533 Fiss, Tel. 0 54 76/64 41 oder 66 41; A-6531 Ladis, Tel. 0 54 72/66 01.

→ Die Loipen

8 in Serfaus und 15 in Fiss, Ladis, alle mit Tiroler Loipengütesiegel!

Gesamtlänge: 111 km.

Schwierigkeit: Leicht bis schwer.

Längste Loipe: 3-Sonnen-Loipe in Serfaus und Ladis (15 km, schwer) und Fisser Alm (14 km, 1436 bis 1800 m, schwer).

Skatingloipen: 25 km.

Loipenhöhe: 1200–2000 m.

Loipenbenutzung: Gratis.

Höhenloipen: 3 Komperdell-Loipen, 3–13 km, 2000 m (Serfaus); Schönjöchl, 2493 m, 3 km, mittel und Fisser Alm, 14 km, 1436–1800 m, schwer.

Loipenplan: Von Serfaus Information.

Loipenstart: In der Ortsmitte oder am Ortsbeginn.

LL-Schulen: Skischule Serfaus, Tel. 0 54 76/62 68.

Leihausrüstung: Sport Kirscher und im Serfauser Kaufhäusl, in Sportgeschäften in Fiss.

→ Allgemeine Informationen

P Vor Serfaus und in Fiss/Ladis bei den Loipen.

Bus: Shuttlebus am Ortsbeginn zu den Loipen.

Ski alpin: 145 km Pisten im Skigroßraum Serfaus/Fiss/Ladis.

Einkehr an der Loipe: Parkcafé Serfaus.

Sport: Tennis, Schwimmen, Eislaufen, Kegeln, Eisstockschießen, Rodeln, Skifahren, Snowboarden, Carven.

Après-Ski: Restaurants, Cafés, Weinstuben, Disko, Musikabend, Diashow, Kino, Theater, Folklore.

Kinderbetreuung über die Skischule.

8300 Gästebetten aller Kategorien in Hotels, Pensionen, Privatzimmern und Ferienwohnungen.

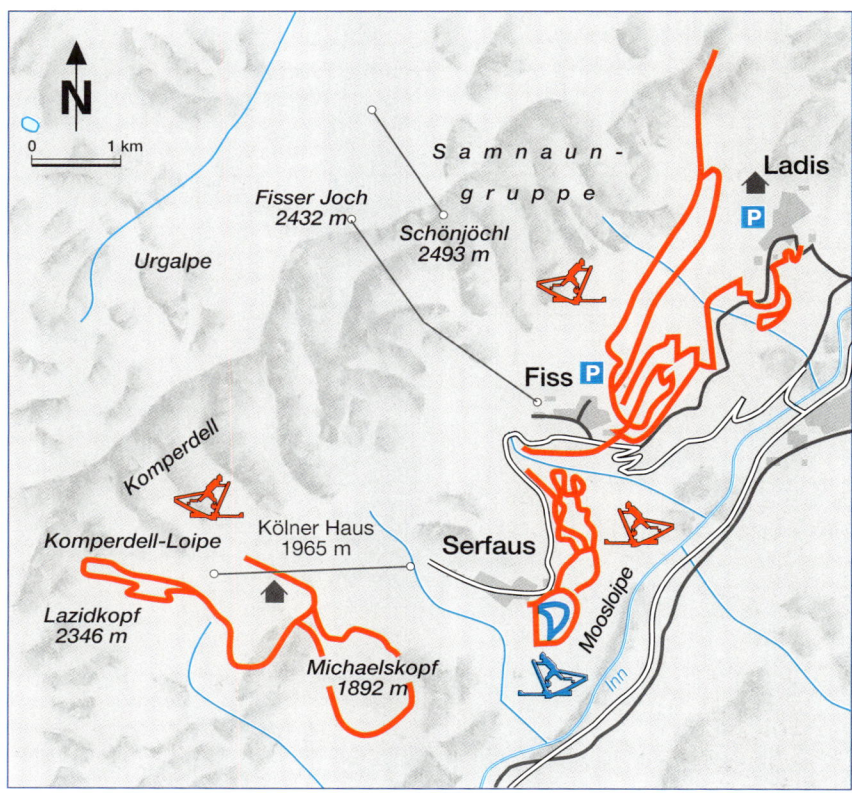

Tiroler Zugspitz Arena

Auf den ersten Blick weiß man gar nicht, welchem der acht Orte des Skigroßraums auf der Tiroler Zugspitzseite man den Vorzug geben soll. Loipen aller Art breiten sich zwischen den bekannten Skiorten Ehrwald und Lermoos auf einer Länge von rund 100 km aus.

Die Fremdenverkehrswerbung spricht hier nicht umsonst von der sonnigen Südseite des Wettersteinmassivs, dennoch ist die Schneesicherheit bei Loipen zwischen 1000 und 1500 m Höhe in der Regel bis Anfang April gewährleistet. Das Langlaufrevier unterhalb der Zugspitze umfasst ein Areal aus rund 100 km gespurten Loipen jeder Art: von der Höhenloipe auf der Ehrwalder Alm oder der Hochloipe von Lermoos (bei Bedarf gespurt, da sich der Transport des Loipengerätes zur Hochloipe schwierig gestaltet), über Skatingbahnen bis hin zur Rennstrecke für Liebhaber des klassischen Stils (die 4 km lange und leichte Rennloipe in Lermoos). Romantiker können bei Fackelschein jeden Donnerstagabend »Ehrwald by night« auf LL-Ski kennen lernen. Zum erweiterten LL-Gebiet gehören neben den größeren Orten in Zugspitznähe **Ehrwald, Lermoos, Biberwier** und **Berwang** auch die mit Loipen verbundenen kleineren Gemeinden **Lähn, Wengle, Heiterwang** und **Bichlbach**. Von

Neben Ehrwald und Lermoos zählt Berwang zu den bekanntesten Orten der Tirol **Gemütlichkeit noch vor Glitzer und Glamour.**

Heiterwang auf 1000 m führt die Klausenwaldloipe bis ins benachbarte LL-Gebiet, zur 100 km langen Loipe von **Heiterwang** nach **Reutte** und ins **Lechtal**.

Eine weitere Verbindung an ein benachbartes Loipennetz ermöglicht geübten Langläufern eine so genannte »wilde Loipe« – eine Spur, die nicht maschinell präpariert werden darf, da sie durch ein Naturschutzgebiet führt – durch das Gaistal vom Ehrwalder Höhenskigebiet über 13 km nach **Leutasch**. Aber auch ohne »Anschluss« bleibt das vorhandene Langlaufangebot des Tiroler Zugspitzgebiets vielseitig genug, um Loipenfreun-

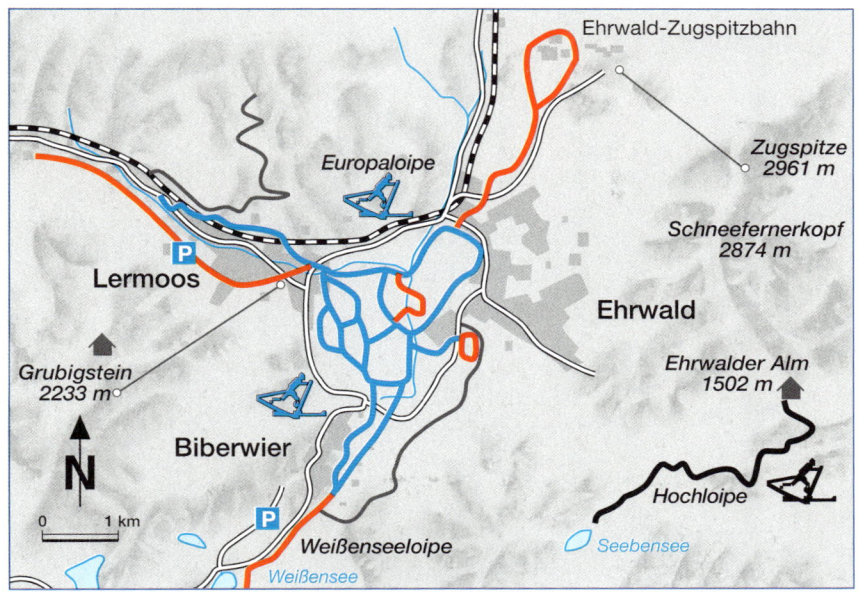

→ **Top-Loipe**

Vorzeigespur des Tiroler Zugspitzgebiets ist die 10 km lange Ludwig-Ganghofer-Hochloipe auf der 1500 m hoch gelegenen Ehrwalderalm. Man erreicht sie entweder per Auto oder mit der Ehrwalderalmbahn. Die Hochloipe ist größtenteils nur für Geübte zu empfehlen. Ebenfalls nur für konditionsstarke Langläufer, die auch technisch versiert sind, ist der 20 km lange Skiwanderweg von Ehrwald nach Leutasch zu empfehlen.

gspitz Arena. Auch hier rangiert

→ Die Langlaufgebiete

Ehrwald, 1000 m
Biberwier, 1000 m
Lermoos, 1004 m
Bichlbach, 1079 m
Berwang, 1336 m

Saison: Mitte Dezember bis Anfang April.

Anreise: München, Garmisch oder Füssen, Reutte.

 Tiroler Zugspitz Arena: A-6632 Ehrwald, Tel. 0 56 73/2 00 00, www.zugspitzarena.com; Tourismusverbände: A-6632 Ehrwald, Tel. 0 56 73/23 95; A-6631 Lermoos, Tel. 0 56 73/24 01, www.lermoos.com, E-Mail lermoos@netway.at; A-6622 Berwang, Tel. 0 56 74/82 68, www.tiscover.com/berwang, E-Mail berwang@netway.at; A-6633 Biberwier, Tel. 0 56 73/29 22; A-6621 Bichlbach, Tel. 0 56 74/53 54, www.tiscover.com/bichlbach; A-6611 Heiterwang, Tel. 0 56 74/51 03.

Berwang: 0 56 74/81 22.

Info-Abend: Für Langläufer gibt es jeden Sonntag um 20.30 Uhr Infos über Wachskunde und Material (mit Videoshow) im Music Café bei der Esso-Tankstelle!

→ Die Loipen

15 in der Tiroler Zugspitz Arena; 30 km in Lermoos; 30 km in Bichlbach; 6 in Berwang (27 km).

Gesamtlänge: Über 100 km.

Schwierigkeit: Leicht bis mittel in Lermoos, Bichlbach, auch schwer in Berwang.

Längste Loipe: Zwischentorenloipe (22 km, mittelschwer), Europaloipe Ehrwald–Lermoos (20,5 km, leicht), Panoramaloipe (14,5 km).

Skatingloipen: 3 km Lärchenwaldloipe in Ehrwald; Berwanger Skatingloipe; jeweils parallel zu klassischen Loipen in Lermoos; 12 km in Bichlbach.

Loipenhöhe: 1000–1500 m.

Loipenbenutzung: Gratis.

Höhenloipe: Ludwig-Ganghofer-Hochloipe (Ehrwalder Alm, 1500 m, 10 km).

Nachtloipen: Teilstück der Europaloipe in Ehrwald unterhalb Zugspitzsaal, Romantik-

Fackel-Nachtlanglauf (3 km, leicht, donnerstags von 20 bis 22 Uhr beleuchtet); Nachtlanglauf im Hinterbichl (Bichlbach) von 17.00 bis 22.00 Uhr beleuchtet.

Loipenplan: Bei den Tourismusverbänden.

Loipenstart: In allen Orten an Parkplätzen, Gasthöfen sowie Bahnhof Bichlbach, Hallenbad Ehrwald, Kirchplatz Lermoos u.a.

LL-Schulen: Skischule Ehrwald, Tel. 0 56 73/28 24 oder 26 20; Skischule Total (Ehrwald), Tel. 0 56 73/34 61; Skischule Lermoos, Tel. 0 56 73/28 40; Skischule Berwang, Tel. 0 56 74/81 32; Anton Nagele (Bichlbach).

Leihausrüstung: In den Sportgeschäften.

Loipennadel: Lermoos, Ehrwald, Biberwier, Bichlbach und Heiterwang.

→ Allgemeine Informationen

 In Loipennähe Parkplätze vorhanden.

Bus/Bahn: Für Gästekartenbesitzer kostenloser Regional- und Eilzugtransport »Schnee-Express« zwischen Ehrwald und Vils; Skibus kostenlos für Gästekartenbesitzer (im 30-Minuten-Takt zwischen Ehrwald–Lermoos und Biberwier).

Ski alpin: 105 km Pisten; diverse Sessel- und Schlepplifte, Tiroler Zugspitzbahn, Kompaktschneeanlagen.

Sport: Skitouren, Skiwandern, Snowboarden, Gleitschirmfliegen, Eislaufen, Eisstockschießen, Rodeln, Curling, Reiten, Tennis, Squash, Schwimmen.

Einkehr an der Loipe: Restaurant Simon, Café Mair in Lermoos; Gasthof Post in Bichlbach; Kampnstube in Berwang.

Après-Ski: Restaurants, Cafés, Weinstuben, Tanz, Disko, Bars, Folklore, Diashow, Theater, Pferdeschlittenfahrt.

Auf Anfrage in Lermoos. Miniclub Berwang, Tel. 0 56 74/82 68; »Snowland« der Skischule Ehrwald; Kinderskikurse; Skikindergarten der Skischule Total.

Ca. 3500 Gästebetten in Lermoos, 800 Gästebetten in Bichlbach, ca. 2200 Gästebetten in Berwang, insgesamt 9500 Gästebetten aller Kategorien in Hotels, Pensionen, Privatunterkünften und Ferienwohnungen/Appartements.

den aller Könnensstufen Gelegenheit zu geben, ihren Sport und ihre Freizeit in weithin unberührter Landschaft vor der malerischen Kulisse des Wettersteinmassivs mit der Zugspitze (2964 m) zu genießen. Die Spuren im Schnee führen durch Wald und Wiesen, an kleinen Kapellen und Kirchen, an zahlreichen Einkehrmöglichkeiten, vom Restaurant bis zur einfachen Hütte, an Eisbahnen, Parkplätzen, Bahnhöfen oder Hallenbädern vorbei bis hin zu herrlichen Aussichtspunkten und idyllischen Seen. Ohne die LL-Ski abzuschnallen, kann man von Heiterwang über eine 5 km lange Spur (Panoramawegloipe) nach Bichlbach laufen, von dort über 4 km (Zunftwanderloipe) nach Wengle und über 5 km (Zwischentorenloipe) weiter nach Lermoos. Weitere 3 km bringen den Langläufer auf kürzestem Weg nach Ehrwald. Von dort gibt es verschiedene LL-Möglichkeiten ins benachbarte Biberwier. Zwei Spuren des weit reichenden Loipennetzes führen an Seen entlang: Die

Seeloipe von Heiterwang zum Heiterwanger/Plansee und die Weissenseeloipe entlang des Weissenseeufers. Eine der anspruchsvollsten Spuren, die »Bärenbadloipe«, führt im Rundkurs von Berwang über 5 km in ziemlich steiles Gelände.
Insider-Tipp: Ein Ansporn für Skiwanderer ist die Skiwanderauszeichnung für per Stempel belegte und auf LL-Ski zu-

rückgelegte 100 km im Loipengebiet der Tiroler Zugspitze. Die Teilnehmer können die Skiwanderung in jedem beliebigen Ort der Region beginnen. Nach der zurückgelegten Strecke bedient man sich an den längs der Loipen aufgestellten Selbststempelkästen. Bei Vorlage aller nötigen Stempel gibt es in jedem Tourismusbüro des Tiroler Zugspitzgebiets die begehrte Wanderauszeichnung.

Seefeld/Leutasch

Seefeld war schon in den Jahren 1964 und 1976 als Austragungsort der Nordischen Skiwettbewerbe bei den Olympischen Spielen von Innsbruck in aller Munde. Spätestens seit den Nordischen Skiweltmeisterschaften von 1985 ist das Hochplateau im Norden Tirols als Loipenparadies bekannt.

Freunde des Langlaufs spitzen die Ohren, wenn sie den Namen **Seefeld** hören. Berühmt wurde der mondäne Wintersportort in den Jahren 1964 und 1976 als Austragungsort der Nordischen Skiwettbewerbe der Olympischen Spiele von Innsbruck. Wegen der außerordentlichen Schneesicherheit hat sich der Ruhm Seefelds bis heute gehalten. Die Natur genießen und durch einsame, verschneite Wälder seinen Spuren folgen oder auf einer eigens präparierten Skatingspur dahinsausen – wer die Wahl hat, hat bei über 250 Loipenkilometern zwischen Seefeld und **Leutasch** auch die Qual. Täglich sorgen Spurmaschinen dafür, dass die Loipen jeden Morgen in bestens präpariertem Zustand vorgefunden werden. Alpinskifahrer kommen zwar auch auf ihre Kosten, spielen aber sowohl in Seefeld wie im benachbarten Leutaschtal nur die zweitwichtigste Rolle.

Seefeld gehört zu den schneesichersten Langlauforten in den Alpen. Gut präparierte Loipen – über 250 km – lassen keine Wünsche offen.

→ Top-Loipe

Die weithin bekannteste Loipe trägt, wie könnte es auch anders sein, den Namen »Olympia«. Über eine Gesamtlänge von 25 km führt die äußerst anspruchsvolle Spur (Markierung schwarz!). Vom Parkplatz beim »Olympia«-Sport- und Kongresszentrum begibt man sich zunächst zur Einstiegsstelle der 15 km langen Wildmoosloipe (identisch mit Olympialoipe) und folgt ihr über den Wildmoossee bis zum Golfplatz, durch die Golfschlucht (Wende bei der Lottenseehütte, Serpentinen links ansteigend bis zum höchsten Punkt des Golfplatzes), wo se auf die 15-km-Strecke trifft und zunächst gemeinsam mit ihr bis zur Ferienkolonie verläuft. Weiter geht's zur Lichtung Wildmoosalm, in den Wald, bis zu den Schiltenwiesen, Abfahrt zum Lift in Neuleutasch, vorbei am Parkplatz und durch das Kellental hinauf zur Lichtung der Wildmoosalm. Von dort verläuft die Olympiaspur gemeinsam mit der 15-km-Strecke hinunter zurück nach Seefeld.

Zwischen Wetterstein und Karwendelgebirge schlängeln sich 22 bis zu sechsspurige Loipentrassen aller Schwierigkeitsstufen über Berg und Tal. Über die Hälfte aller Loipen ist »blau«, also als leicht zu charakterisieren. Die anspruchsvollste Spur ist mit einer Länge von 26,2 km die »7-Hütten-Loipe«. Sie führt über 200 Höhenmeter zum höchsten Punkt, der hier in einer Loipe zu erreichen ist, bis auf 1340 m. Mit 25 km Länge ist die »Olympia«-Loipe auch nicht von Pappe. Den Ausgangspunkt der meisten Loipen und auch den Mittelpunkt des hübschen Dorfes Seefeld bildet das »Olympia«-Sport- und Kongresszentrum mit dem »Saunarium«: ideal für abgeschlaffte Muskeln und zum Entspannen (Felssauna mit Dampfbad und zwei finnischen Saunen, als Ergänzung zum Schwimmbad mit »Blauer Grotte«, Frischwasser-Felsbecken und Warmwasserbecken).

Tipp: Wer bei Scharnitz in Richtung Mittenwald langläuft, sollte vorsichtshalber den Personalausweis mitnehmen, da die Loipe über die Landesgrenze von Tirol nach Bayern führt.

Zum Seefelder »Chic« gesellt sich als kontrastreiche Ergänzung das rustikalere **Leutaschtal**, eines der schönsten Hochtäler Tirols. Vielleicht inspirierten die alten Bauernhöfe mit den typischen Tiroler Schindeldächern schon vor 100 Jahren den bayerischen Heimatromanschreiber Ludwig Ganghofer zu einem Roman. Gefallen an der Gegend fand er jedenfalls und verbrachte viele Wochen im Jahr in seinem Jagdhaus »Hubertus«. Die Loipenhatz wird hier sportlich ausgetragen: Auf 100 km Langlauf- und Skiwanderloipen, ausgezeichnet mit dem

Mehrspurige Loipentrassen sind in Seefeld keine Seltenheit.

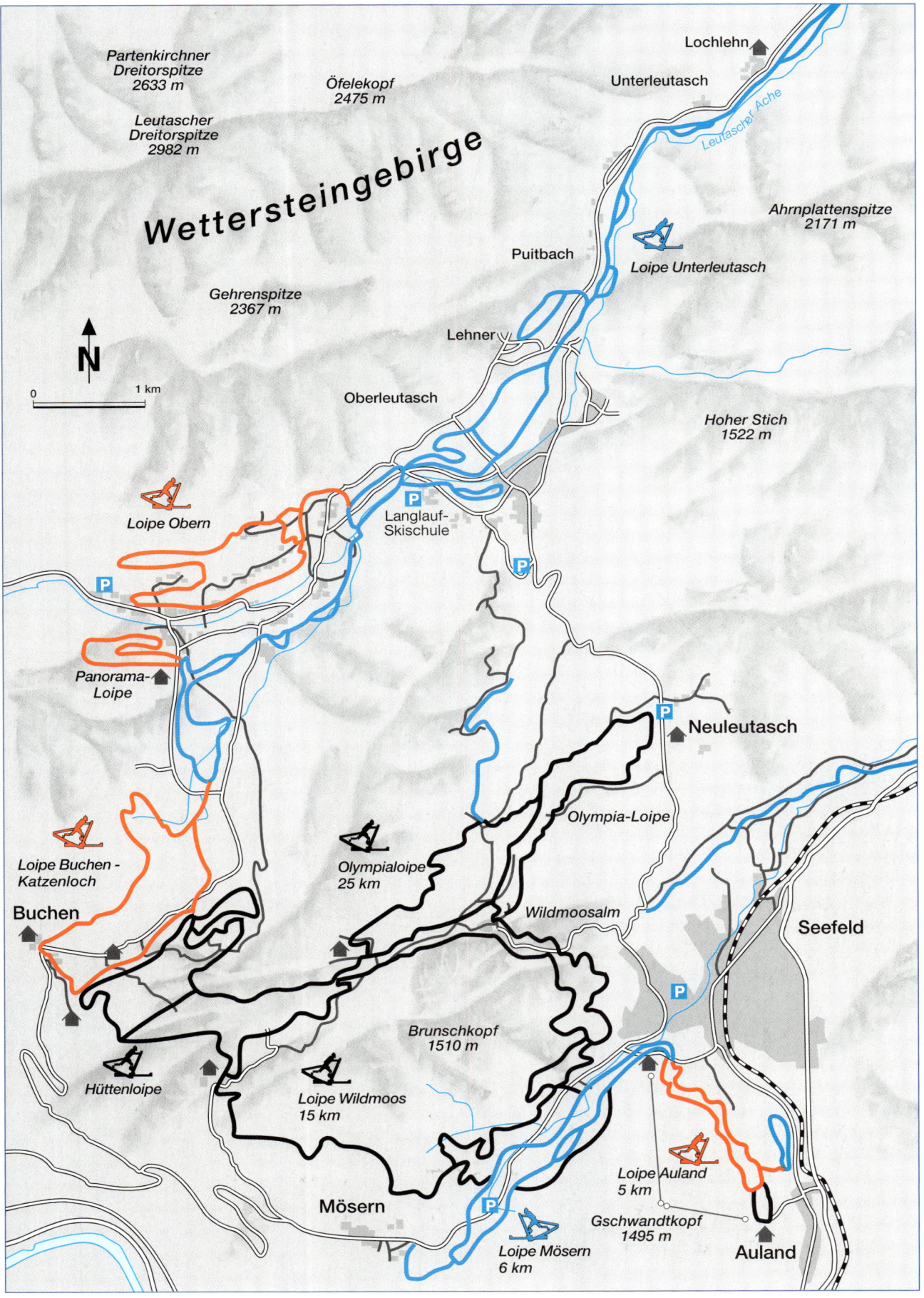

Partenkirchner
Dreitorspitze
2633 m

Öfelekopf
2475 m

Lochlehn

Unterleutasch

Leutascher
Dreitorspitze
2982 m

Leutascher Ache

Ahrnplattenspitze
2171 m

Wettersteingebirge

Puitbach

Loipe Unterleutasch

Gehrenspitze
2367 m

Lehner

Hoher Stich
1522 m

Oberleutasch

N

0   1 km

Loipe Obern

Langlauf-
Skischule

Panorama-
Loipe

Neuleutasch

Olympia-Loipe

Loipe Buchen -
Katzenloch

Olympialoipe
25 km

Wildmoosalm

Seefeld

Buchen

Brunschkopf
1510 m

Hüttenloipe

Loipe Wildmoos
15 km

Loipe Auland
5 km

Gschwandtkopf
1495 m

Mösern

Loipe Mösern
6 km

Auland

In Seefeld haben die Langläufer in jeder Beziehung Vorfahrt. „Alpine" haben hier nur zweite Wahl.

begehrten Tiroler Loipengütesigel, heißt es den sehr übersichtlich gestalteten Loipenplan gründlich studieren. Die LL-Trassen werden täglich, größtenteils sechsspurig, in jeder Richtung maschinell präpariert. Die 23 weit verzweigten Ortsteile im 16 km langen Leutaschtal sind tagsüber mit dem Gästebus erreichbar. Service wird im Leutaschtal groß geschrieben: Alle 500 m stehen Hinweisschilder für Langläufer mit den Streckenangaben bis zum Zielpunkt (»Noch 3300 m«, »Noch 2800 m«) und für ein kleines Päuschen wurden am Loipenrand Ruhebänke aufgestellt. Einkehrtipp: Die längste Spur, die Unterleutaschloipe, führt als Rundkurs über 22 km in leichtem Gelände vom Alpenbad an etlichen Einkehrmöglichkeiten vorbei. Vor allem Anhänger des Skatingstils können sich »in der Leutasch« auf rund 60 km speziell präparierten Strecken regelrecht austoben. Seit 13 Jahren verdient sich das Leutaschtal nun schon das Loipengütesigel. Dass so viel Service belohnt werden möchte, ist verständlich. Doch der Loipenobulus ist nur von auswärtigen Tagesgästen zu berappen. Wer mehrere Tage in Seefeld oder in der Leutasch bleibt, kann umsonst langlaufen. Anfängern hilft die Langlaufschule Leutasch in 3- bis 5-Tages-Kursen auf die Bretter. Wer sich in den Loipen von Seefeld und Leutasch noch nicht genug ausgetobt hat, dem stehen weit über 100 km geräumte Wanderwege zur Verfügung.

SEEFELD / LEUTASCH

→ Die Langlaufgebiete

Seefeld, 1200 m
Leutasch, 1130 m

Saison: Mitte Dezember bis Ostern.

Anreise: München, Garmisch, Mittenwald, oder Inntal-Autobahn bis Ausfahrt Zirl-Ost; Bahnstation: Seefeld.

Tourismusverbände: A-6100 Seefeld, Tel. 0 52 12/23 13, 23 16, www.seefeld-tirol.com, E-Mail info@seefeld.tirol.at; A-6105 Leutasch, Tel. 05214/62 07, 63 03. Infos über Loipenzustand und Wachsberatung im Seefelder Skischulbüro, Tel. 0 52 12/30 60 oder im Leutascher Skischulbüro, Tel. 0 52 14/64 70.

von Seefeld 0 52 12/37 50.

→ Die Loipen

Gesamtlänge rund 250 km in Seefeld; 105,5 km in Leutasch.

Schwierigkeit: Leicht bis schwer.

Längste Loipen: »7-Hütten-Loipe«, 26,2 km und Olympialoipe, 25 km in Seefeld; Unterleutasch 22 km.

Skatingloipe: 55 km.

Fernwanderweg: Durch das Gaistal nach Ehrwald, 17 km, mittel bis schwer.

Loipenhöhe: 1130–1365 m.

Loipenbenutzung: In Seefeld 6 DM pro Tag und 58 DM pro Saison, Kinder bis 14 Jahre und Inhaber von Gästekarten frei; In Leutasch 6 DM pro Tag und 60 DM pro Saison.

Loipenplan: Bei den Verkehrsämtern.

Loipenstart: Im »Olympia«-Sport und Kongresszentrum in Seefeld; Weidach,

Kirchplatz in Leutasch.

LL-Schulen: Skischule Leutasch, Alpenbad, Tel. 05214/67 62, bietet auch spezielle Kurse für Blinde an; Nordische Skischule im »Olympia«-Sportzentrum von Seefeld, Tel. 05212/30 60.

Leihausrüstung: In allen Sportgeschäften und Skiverleihstellen.

Umkleiden/Duschen: Im »Olympia«-Sportzentrum von Seefeld.

Rennen/Volksläufe: Ganghofermarathon; wöchentliche Gästerennen in Seefeld und Leutasch.

→ Allgemeine Informationen

Direkt an den Leutascher Loipen, in Moos, Gasse, Weidach und beim Alpenbad.

Bus: Shuttle- und Skibus bringen die Gäste direkt zum Loipeneinstieg.

Ski alpin: 40 km Pisten; mehrere Sessel- und Schlepplifte.

Sport: Wandern, Eislaufen, Rodeln, Eisstockschießen, Pferdeschlitten, Paragleiten, Reiten in der Halle, Tennis, Schwimmen, Squash, Badminton, (Indoor-)Golf, Billard, Schneeschuhwandern.

Après-Ski: Restaurant, Café, Tiroler Abend, Diavortrag, Disko, Hüttenabend, Casino.

Einkehr an der Loipe: Mehrere Restaurants und Hütten.

Langlaufkurse für Kinder auf Anfrage in der LL-Schule; Babysitter über Tourismusverbände, Kinder-Mitmachtheater sowie Kinderhort.

Ca. 8650 Gästebetten im Loipenumfeld, vom Luxushotel bis zum Privatzimmer, davon 5000 in Leutasch.

Reutte/Tannheimer Tal

Sogar der grenzüberschreitende Langlaufverkehr ist in der Ferienregion Reutte und im Tannheimer Tal kein Problem. Bei über 100 km präparierten Spuren spielen Loipenläufer gegenüber den »Alpinen« die erste Geige.

Hauptsächlich leichte bis mittelschwere Spuren werden im Lechtal und unterhalb des Halden- und des Vilsalpsees präpariert. Freunde des Skatingstils kommen in rund 40 km Loipen auf ihre Kosten. **Reutte** hat im Loipenverbund mit Vils, Lechtal und Zugspitzgebiet insgesamt sogar 90 km Spuren aller Schwierigkeitsgrade vorzuweisen.

Eine der schönsten und zugleich die längste Loipe führt von **Tannheim**, nahe des Hauses des Tourismusverbandes bei »Start und Ziel«, in westlicher Richtung zum Zollamt Schattwald, über die Panoramaloipe auf den »Lofen« in Richtung Unterjoch über leicht kupiertes Gelände bis zur Kehre »Rehbach«, dann durch einen Föhrenwald zur Abzweigung Unterjoch–Oberjoch, wieder über Lofen und das Zollamt zurück bis »Zwei Brü-

cken«, zum idyllischen Vilsalpsee hinauf und zurück nach Tannheim. Wer nach diesen abwechslungsreichen 26 km noch genug Kondition hat, kann die Gesamtstrecke bis zum Haldensee und nach Tannheim zurück bis auf 35 km erweitern. Die Skatingstrecke ist nur gut trainierten und technisch versierten Langläufern zu empfehlen.

Tipp: Ein besonderes Schmankerl für Langläufer, die es nicht eilig haben, ist die landschaftlich reizvolle Teilstrecke der Skiwanderloipe von Tannheim zum Vilsalpsee und zurück auf 1168 m Höhe.

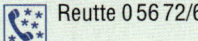
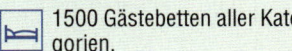

Achenkirch/Pertisau

Das LL-Areal vom Achensee und von Pertisau zählt sicher zum Feinsten, was Österreich für Langläufer zu bieten hat. Nicht umsonst bekam Pertisau als erster Ort Tirols das begehrte Loipen-Gütesiegel der Tiroler Landesregierung. Auf rund 150 km Spuren ist für alle Könnenstufen das Richtige dabei.

Das Achensee-Hochtal zwischen Karwendel und Rofan ist als »Schneeschüssel« bekannt, vor allem bei oberbayerischen Skifahrern beliebt und eines der größten Langlaufzentren Österreichs (ca. 150 km Loipen). Das Pistenrevier von **Achenkirch**, das »Christlum«, zählt schon lange zu den Münchner Hausbergen. Kein Wunder also, wenn es an Wochenenden zu Staus sowohl auf den Straßen (und an der Grenze!) wie auch auf den Pisten kommt. Eine gute Gelegenheit für Skifahrer, einmal nach **Pertisau** und/oder auf die Loipen auszuweichen.

Der Achensee ist für Langläufer gerüstet, und immerhin wurden die Spuren am Fuße des Karwendels mit dem Tiroler Loipen-Gütesiegel ausgezeichnet. Das Langlaufzentrum liegt dabei in Pertisau mit 57 Loipenkilometern. In den drei Tälern des Karwendelnaturparks findet man den ganzen Winter über vierspurige, bestens präparierte Loipen vor. Natürlich bieten alle Achenseeorte auch Langlaufschulen an. Gleich neben dem großen Parkplatz ist die Sammelstelle

der Langlaufschulen von Achenkirch. Nachdem die letzte Scheune zur Pension umgebaut wurde, folgt nun in Achenkirch der Schrei »Zurück zur Natur!«: Forstmann und Wildökologe Stefan Fellinger führt Skiwanderer auf die Pfade der heilen Schneewelt.

Der Diplomingenieur erläutert im Auftrag der örtlichen Langlaufschule dem interessierten Laien ökologische Zusammenhänge und zeigt den Teilnehmern intakte Winterwälder, tosende Gebirgsbäche, bizarre Felsen oder die Tier-

und Pflanzenwelt vom Achensee. Zum Loipenverbund des Achentals zählen neben Achenkirch auch die kleineren Skiorte **Steinberg** und **Maurach** sowie das am Südwestufer des Achensees liegende Pertisau. Als besonderes Schmankerl bietet die Skischule Achensee eine LL-Wanderung von Hütte zu Hütte an und Sport Wöll in Pertisau entweder den »Trappertrail«, eine Schneeschuhwanderung im Karwendel, oder ein vierstündiges Langlauftrekking abseits von Loipen und Wegen durchs Karwendel.

→ **Top-Loipe**

Das mittlere der drei Täler hinter Pertisau heißt Falzthurntal. Vom Ortszentrum in Pertisau (Ortsloipe oder Loipenparkplatz bei der Langlaufstube) beginnt auf etwa 950 m Höhe die 9 km lange Spur zur bewirtschafteten Falzthurnalm, auf 1077 m Höhe gelegen. Sie wird vor allem wegen ihrer Sonnenlage geschätzt. Die beliebte LL-Trasse verfügt über eine eigene Skatingloipe und ist als leicht (blau) einzustufen. Ab der Falzthurnalm besteht die Möglichkeit, die Loipe zur 1261 m hoch gelegenen und ebenfalls bewirtschafteten Gramaialm auf insgesamt 18 km zu verlängern. Die Spuren zur Gramai können eventuell wegen Lawinengefahr gesperrt sein. Neu ist die Skatingloipe von Falzthurn zur Gramai.

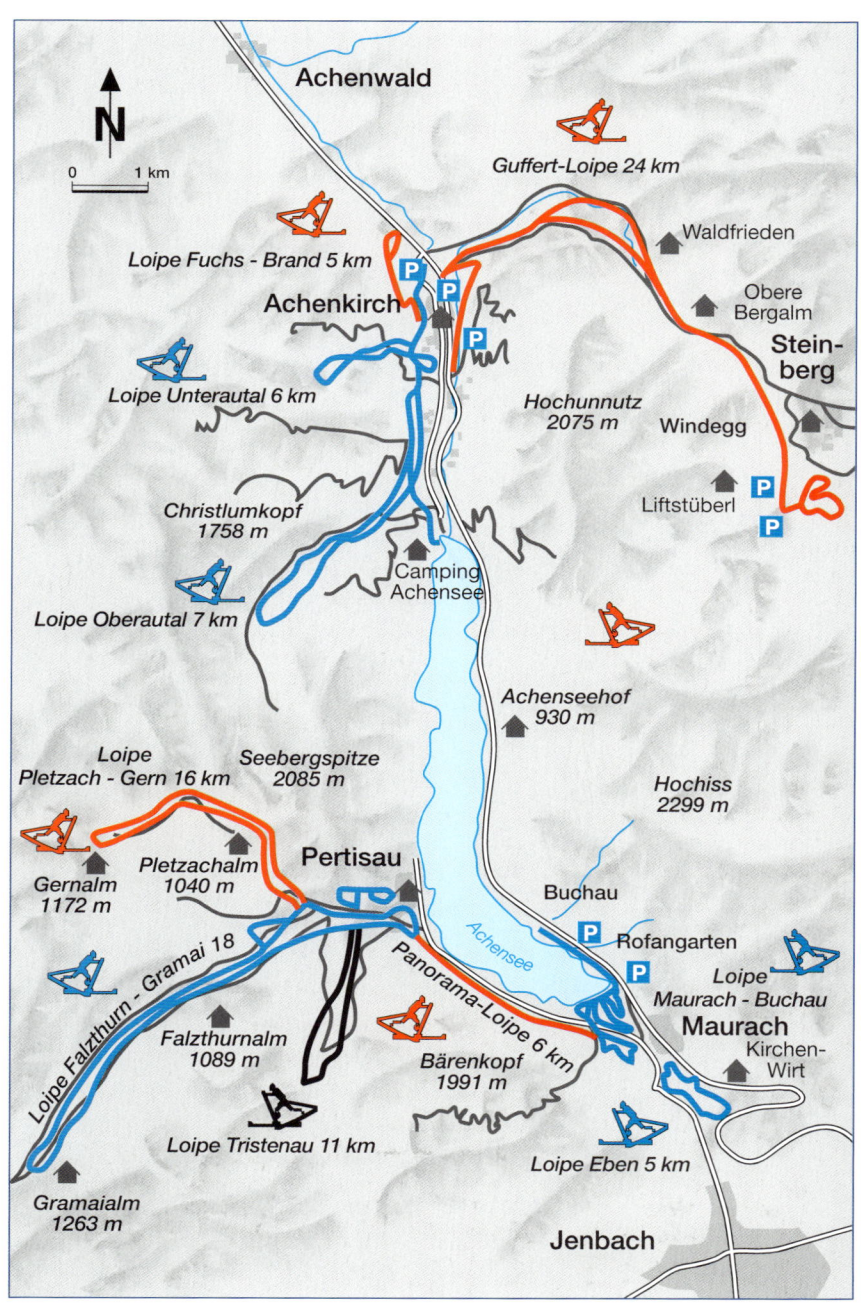

Das Achensee-Hochtal ist vor allem bei oberbayerischen Skiläufern beliebt und mit knapp **150 km** Loipen eines der größten LL-Zentren Österreichs.

Von der Sammelstelle der Skischule in Achenkirch verzweigen sich die sauber gespurten Loipen, zwei leichte und eine mittelschwere, in drei Himmelsrichtungen. Über die schönste Loipe kann man sich allerdings streiten, hier einige zur Auswahl: Mit 24 km ist die Guffertloipe jedenfalls die längste Spur vom Achental. Sie führt ab Achenkirch Mitte im großen Bogen von 940 auf 1070 m zum Dorf Steinberg hinauf. Nicht die Supersportler, sondern Landschaftsgenießer kommen hier in Fahrt.

Tipp: Einkehrschwung zum Café Waldfrieden.

Landschaftlich noch schöner, so behaupten Insider, ist die Loipe von Pertisau in das Falzthurntal (siehe Top-Loipe).

Fast einzigartig im Alpenraum ist die Möglichkeit, von jeder Unterkunft direkt in die Ortsloipen von Pertisau, die in die einzelnen Karwendeltäler oder nach Maurach führen, einzusteigen. Dies war sicher mit ein Grund, warum Pertisau als erster Ort Tirols mit dem Tiroler Loipen-Gütesiegel ausgezeichnet wurde. Neben einer Reihe von Übungsschleifen ist die mittelschwere Spur vom Pertisauer Ortskern zur Pletzachalm zu empfehlen. Konditionsstarke Läufer können den 9 km langen Rundkurs bis zur Gernalm bis auf 16 km verlängern. Langlaufkönner verlegen sich entweder auf die 11 km lange und schwere – schwarz markierte – Loipe von Pertisau in das Tristenautal oder auf die nicht minder anspruchsvolle Spur von Pertisau nach Maurach, die auf einer Länge von 10 km eine gehörige Portion Kondition abverlangt. Wen in Maurach die Kräfte verlassen, der kann bequem mit dem Skibus zur Talstation der Karwendelbahn in Pertisau zurückfahren.

Tipp: Einmalig sind die Steinölbäder, Steinölfangos und Steinölmassagen, die in allen größeren Hotels angeboten werden. Sie sollen zum Beispiel bei Rheuma, Gicht und Durchblutungsstörungen heilsam sein.

ACHENKIRCH / PERTISAU

→ Die Langlaufgebiete

Achenkirch, 945 m
Pertisau, 950 m

Saison: Dezember bis Mitte April.

Anreise: Autobahn München–Salzburg, Ausfahrt Holzkirchen–Bad Tölz oder Tegernsee–Achenpass bzw. Inntal-Autobahn Ausfahrt Wiesing. Mit der Bahn bis Jenbach, von dort per Bus an den Achensee.

Tourismusverband Achenkirch am Achensee, A-6215 Achenkirch/Tirol, Tel. 0 52 46/53 21, Fax 0 52 46/67 80, www.achensee.com/achenkirch, E-Mail info@achenkirch.tirol.at; Tourismusverband A-6213 Pertisau, Tel. 0 52 43/52 60; Informationsbüro Maurach A-6212 Maurach, Tel. 0 52 43/53 55, Fax 0 52 43/52 97.

→ Die Loipen: 12.

Gesamtlänge: 136 km.

Schwierigkeit: Leicht bis schwer.

Längste Loipe: Guffertloipe, 24 km.

Skatingloipen: 29 km in Pertisau, 12 km in Achenkirch.

Hundeloipe: 3 km.

Loipenhöhe: 890–1070 m.

Loipenbenutzung: In Pertisau ohne Gästekarte 40 öS/Tag, die anderen Orte gratis.

Loipenplan: Beim Tourismusverband.

Loipenstart: In Pertisau überall möglich, in Achenkirch beim Alpengolf.

LL-Schule: Mehrere in Achenkirch; Schischule Leithner, A-6213 Pertisau, Tel. 0 52 43/53 63; Schischule Achensee, A-6213 Pertisau, Tel. 0 52 43/58 71, Skischule Maurach, Tel. 0 52 43/43 10.

Leihausrüstung: Skischulen in Achenkirch, Maurach und Pertisau.

Rennen/Volksläufe: 3-Täler-Lauf im Januar in Pertisau.

→ Allgemeine Informationen

Christlumlifte, Alpengolf in Achenkirch; Rofanseilbahn und Buchau in Maurach; Mautstelle, Karwendelbergbahn und Hotel Fürstenhaus am See in Pertisau.

Bus: Skibus zwischen Pertisau, Maurach und Achenkirch.

Ski alpin: 55 km Pisten.

Sport: Tennis, Schwimmen, Eislaufen, Eisstockschießen, Kegeln, Tischtennis, Snowboarden, Skitouren, Schneeschuhwandern, Rodeln, Squash.

Einkehr an der Loipe: Mehrere Möglichkeiten in allen Orten.

Après-Ski: Restaurants, Bar.

Bei den Skischulen in Pertisau.

2900 Gästebetten aller Kategorien in Hotels, Pensionen, Privatunterkünften und Ferienwohnungen/Appartements in Pertisau, 3000 Gästebetten in Maurach, 2800 Gästebetten in Achenkirch.

Kitzbühel

*Die renommierte Skistadt Kitz-
bühel, bei Insidern kurz »Kitz«
genannt, bietet nicht nur Pisten-
fahrern rund um die berühmte
Abfahrtsstrecke der »Streif«, sondern auch ruhigeren Gemütern
auf 140 km bestens präparierten
LL-Spuren genug Gelegenheit, sich
fit zu machen, und wenn es nur für
das riesige Après-Programm ist ...*

**Kitzbühel steht für exklusiven Winterurlaub; auch wenn die „Alpinen" überwie-
gen, der Langläufer findet hier reichlich Spuren nach seinem Gusto.**

Eine besonders reizvolle Variante, sich einen Überblick über die Wintersportregion im Nordosten Tirols zu verschaffen, ist die Fahrt mit dem Heißluftballon. Lautlos über dem wei-ßen Schneeparadies schweben, vorbei an den schroffen Berghängen des Kaiser-gebirges hinüber ins Pillersee- oder ins Brixental schauen – ein Erlebnis, das man nicht so schnell vergisst, und ein passender Einstieg in die Exklusiv-Ecke Tirols.

Rund um das Kitzbüheler Horn (2000 m) fädeln sich 200 Loipenkilome-ter zu einem Wintersportnetz der Extra-klasse zusammen. Da sitzt in der Mitte, wie eine Spinne, die renommierte Ski-stadt **Kitzbühel**, das bedeutet ein kom-plett ausgefeiltes »Sport- und Kulturan-gebot« für Zigtausende von Gästen. Da-rum herum fächern sich genügend »Aus-weich«-Möglichkeiten für gemütliche Stunden zu zweit, für den geselligen Ke-gelklub oder für die ganze Familie auf.

Kitzbühel zählt zu den »Top Ten« der ex-klusiven Alpenorte und hat vielleicht deshalb mehr Einwohner (8000) als Gästebetten, weil jede Menge Prominenz das Tiroler Städtchen als ihr Zweitdomi-zil auserkoren hat. Kenner der Szene wissen längst, dass das Après hier min-destens ebenso wichtig wie das »Dabei-sein« auf der Piste ist. »Kitz« ist weltbe-rühmt für seine Abfahrten rund um den Hahnenkamm; die berühmteste ist frei-lich die »Streif« (Weltcup). »Kitz« wird einmal im Jahr zur großen Manege im großen Skizirkus »Tirol«, zum Treff-punkt der Ski-Society: Wenn im Januar das Hahnenkamm-Wochenende gefeiert wird, steht der Ort Kopf, und eine letzte Chance zur Flucht vor dem Rummel ist die Loipe.

Dass im Loipenumfeld von Kitzbühel nur etwa 600 Übernachtungsmöglichkeiten zu finden sind, zeigt, dass der Loipen-sport in Kitzbühel, gegenüber dem enor-men »alpinen« Angebot, nur die zweite Geige spielt. Spielen will, denn das hat den Vorteil, dass man in den 40 km Loi-pen nur selten »Massen«, wie sie sich an Wochenenden über die Pisten herma-chen, vorfindet. Die vier Spuren, von 1 bis 14 km Länge, haben zudem den Vor-teil, dass sie vom Zentrum aus gut zu er-reichen sind und von einer anspruchs-

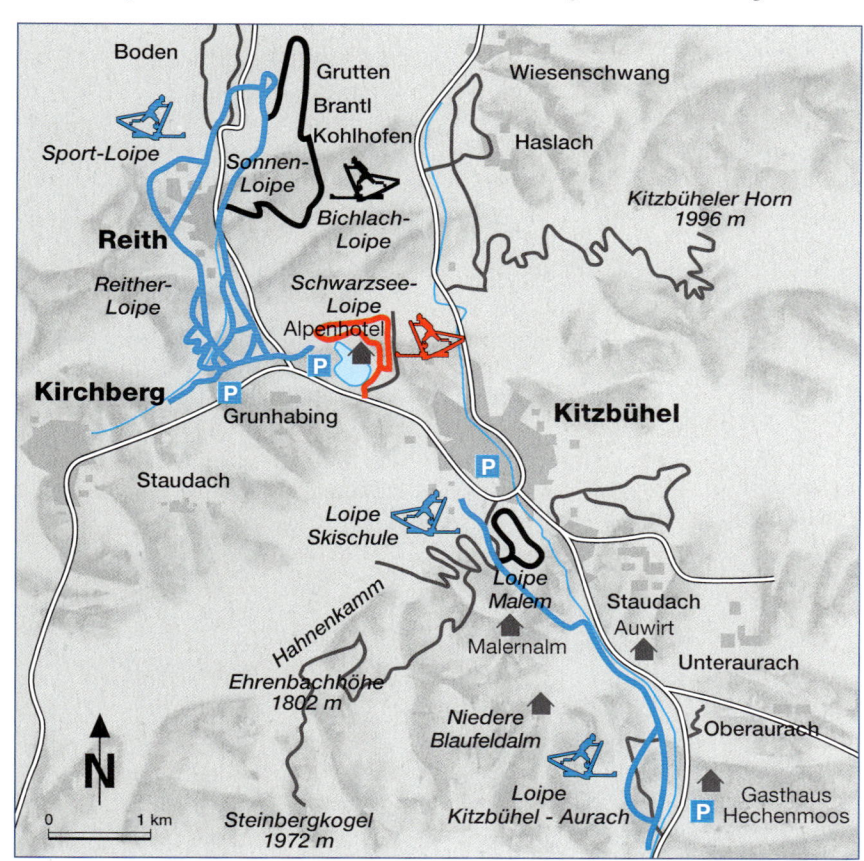

vollen Gastronomie begleitet werden. Außerdem finden sich für ausdauernde und trainierte Langläufer rund um das Kitzbüheler Horn und das Kaisergebirge noch reichlich LL-Spuren, sodass man tagelang ohne Unterbrechung laufen könnte. Großes Plus der Region: Sämtliche 120 km Loipen sind im Verbund mit dem kostenlosen Skibus zu erreichen. Zum Ski-Großraum gehören: **Kitzbühel, Kirchberg, Aschau, Reith, St. Johann, Jochberg, Pass Thurn** und **Mittersill**.

Ellmau, Going

Wer sich von der prachtvollen Kulisse des Kaiser-Gebirgsstockes leiten lässt, kann alle neun Gemeinden, die sich zum größten Skiverbund Österreichs zusammengeschlossen haben – »Skiwelt Wilder Kaiser Brixental« – per LL-Ski kennen lernen. Allerdings sind die 110 Loipenkilometer nicht alle miteinander verbunden. Das heißt, wer neben **Ellmau** und **Going** auch **Scheffau, Söll, Itter, Hopfgarten, Brixen im Thale** und **Westendorf** »ablaufen« will, ist auf einen fahrbaren Untersatz angewiesen. Immerhin sind die Langlaufspuren von Itter, Söll, Scheffau, Elmau und Going miteinander vernetzt und werden auch vom Postbus angefahren. Das Loipenangebot in Stichworten: Ein 2,5 km Rundkurs der Itterer Loipe (leicht, mit Skatingspur) steigt nördlich von Itter zur mittelschweren Spur an und führt über 13,5 km nach Söll. Dort wählt man die leichte Sonnseitloipe (12 km) und/oder die 3 und 9 km langen Schattseitloipen. Danach die 6 km lange, leichte Verbindungsloipe nach Scheffau. Entweder man läuft die 3 km leichte Rundloipe oder begibt sich direkt auf die 4 km lange Loipe Scheffau (leicht) in Richtung Ellmau. Dort wartet die 10 km lange, leichte Ellmauer Kaiserloipe (siehe Kaiserbad) und dann entweder die 8 km lange, mittelschwere Schwendter, oder die 2 km lange, leichte Blattloipe von Going.

Über die »Schendter« gelangen Langläufer zum berühmten »Stanglwirt« (Hotel/Restaurant) in Stangl und auf die 13 km lange, mittelschwere Badeseeloipe, wahlweise auf die 6 km lange, leichte Fritzenloipe (Rundkurs), mit Anschlussmöglichkeit an die Loipe Oberndorf. Von Stangl läuft man auf der mittelschweren, 15 km langen Aschauer Loipe direkt auf die Römerhofloipe (20 km, mittel), die nach St. Johann i. T. führt. Damit ist der Anschluss zur 70 km langen »Koasalauf-Loipe« (St. Johann–Kössen) von Ellmau und Going aus möglich. Wer noch nicht genug Sport hinter sich hat oder nur ausspannen will, ist im Kaiserbad von Ellmau gut aufgehoben. Der vielseitige Freizeitpark unmittelbar an der Loipe, zwischen Auwinkel und Wimm, bietet ein Hallenbad mit Strömungskanal ins Freibecken, ein Kinderbecken mit

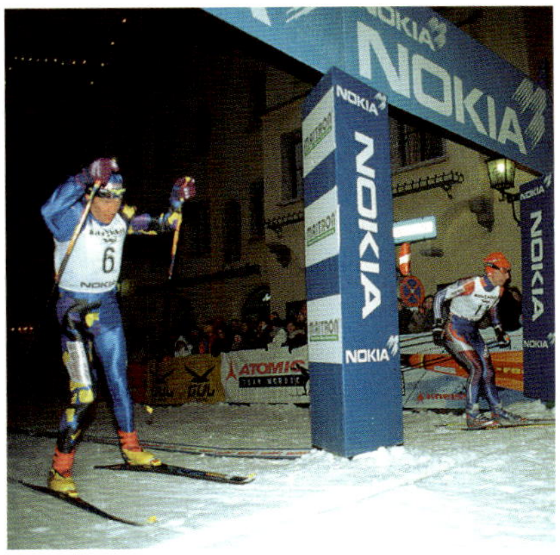

Nachtsprint in Kitzbühel.

REGION KITZBÜHEL

→ Die Langlaufgebiete

Kitzbühel, 800 m
Kirchberg, 838 m
Ellmau und Going, 780 m

Saison: Dezember bis April.

Anreise: Inntal-Autobahn, Ausfahrt Kufstein oder Ausfahrt Wörgl-Ost; Bahnstationen: Brixental, Kirchberg, Kitzbühel, Fieberbrunn.

Tourismusverband Kitzbühel-Reith-Aurach: A-6370 Kitzbühel, Tel. 0 53 56/6 21 55-0, Fax 0 53 56/6 23 07, www.kitzbuehel.com, info@kitzbuehel.com; A-6365 Kirchberg, Tel. 0 53 57/23 09, 26 88, www.kirchberg.at, E-Mail info@kirchberg.at; A-6391 Fieberbrunn, Tel. 0 53 54/63 04, Fax 0 53 54/26 06, www.fieberbrunn-tirol.at, E-Mail info@fieberbrunn-tirol.at; A-6352 Ellmau, Tel. 0 53 58/23 01 oder 20 50; A-6353 Going, Tel. 0 53 58/24 38.

→ Die Loipen

4 in Kitzbühel; 3 in Kirchberg, 4 in Fieberbrunn.

Gesamtlänge: 160 km; 40 km in Kitzbühel und Kirchberg, 35 km in Fieberbrunn.

Schwierigkeit: Leicht bis schwer.

Längste Loipe: Koasalauf-Loipe (70 km) von St. Johann nach Kössen; Brixentalloipe (30 km) in Kirchberg.

Skatingloipen: 40 km in Kitzbühel; 3 Loipen in Kirchberg, 1 in Fieberbrunn.

Loipenbenutzung: Gratis.

Nachtloipe: Am Schwarzsee in Kitzbühel.

Fernwanderwege: Mit Anschluss an den LL-Großraum Kirchberg–Kitzbühel–Jochberg–Pass Thurn: Brixental-Loipe 30 km, Aschauer-Loipe 7 km, Sonnenloipe Kirchberg-Bockern 4,5 km.

Umkleiden/Duschen: Umkleiden ist möglich in Kirchberg; Tirol Camp in Fieberbrunn.

Loipenplan: Jeweils bei den Tourismusbüros erhältlich.

Loipenstart: Mehrere Möglichkeiten in den einzelnen Orten.

LL-Schulen: Kitzbühel: »Rote Teufel«, Jochberger Tor, Tel. 0 53 56/6 25 00; Skischule Kirchberg, Tel. 0 53 57/22 09, Skischule Rosenegg, Tel. 0 53 54/5 20 80 und Skischule Fieberbrunn, Tel. 0 53 54/5 25 40 in Fieberbrunn, Skischule Otto Schwaiger, Tel. 0 53 58/21 21 in Going, 1. Ellmauer Skischule, Tel. 0 53 58/25 55, Skischule Hartkaiser, Tel. 0 53 58/25 72, Top Skischule, Tel. 0 53 58/37 00 in Ellmau.

Leihausrüstung: In Sportgeschäften und Skischulen; Schwarzesee–Bruggerhof.

Rennen/Volksläufe: »Koasa-Lauf« am letzen Sonntag im Februar in St. Johann in Tirol; Beisser-Lauf Aschau Anfang März.

Langlaufnadel: Ellmau.

→ Allgemeine Informationen

Ausreichend Parkmöglichkeiten in der Nähe der Loipen.

Bus: Kostenloser Skibusverkehr in allen Orten.

Ski alpin: 158 km Pisten.

Sport: Badezentrum Aquarena, Snowboard, Skiwandern, Curling, Eislaufen, Reiten, Rodeln, Paragliding, Ballonfahren, Fitnesstraining, Tennis, Squash, Eisstockschießen, Snowboarden.

Einkehr an der Loipe: Mehrere Möglichkeiten.

Après-Ski: Restaurant, Bar, Café, Museum, Wildpark, Theater, Tanz, Pferdeschlitten, Casino, Beauty-Center, Hallenbad, Whirlpool, Sauna, Solarium, Massage, Sonderveranstaltungen.

Babysitter oder für Kinder ab 3 Jahren Skikindergarten in Kitzbühel; Kinderclub Total in Kirchberg, Tel. 0 53 57/37 26; über die Skischulen in Fieberbrunn.

Ca. 6000 Gästebetten Kitzbühel, Reith, Aurach in allen Kategorien, 8000 Gästebetten in Kirchberg, 3800 Gästebetten in Fieberbrunn.

Kitzbühel steht während des Hahnkamm-Rennens im Januar Kopf – die Chance zur Flucht bieten die Loipen.

Wasserwerfer und Wasserpilz, außerdem eine Tennis- und Squashhalle, eine Kletterwand und ein Relaxcenter mit Sauna, Hot-Whirl-Pools, Kneippbecken, Dampfduschen, Solarium, Vitalcenter und Restaurant. In der Nähe liegt für hungrige LL-Sportler auch der Gasthof Ellmauer Hof sehr appetitanregend direkt an der Loipe. Berühmteste Unterkunftsmöglichkeit »an der Loipe« ist der Stanglwirt von Balthasar Hauser (Tel. 05358/2000). Prominente Gäste aus der ganzen Welt schätzen das exklusive Ambiente, den Ausritt auf Lipizzanerpferden, das Bad in der »Grotte« oder das Tennisspiel auf sechs Hallenplätzen unter den Fittichen der besten Tennislehrer Österreichs. Zum Haus gehört auch eine eigene Langlaufschule.

Fieberbrunn

Um erste Eindrücke zu sammeln, ist eine Fahrt mit dem Pferdeschlitten, in kuschelige Decken gehüllt, für Romantiker genau das Richtige. Auf diese Art erkennt der Gast, dass Fieberbrunn ein typisches Tiroler Dorf mit gediegener Gastlichkeit, urigen Skihütten, noblen Hotels und gemütlichem Charme ist.

Das Skigebiet vom Pillerseetal, zu dem neben **Fieberbrunn** auch **St. Jakob** in Haus, **St. Ulrich a. Pillersee**, **Waidring** und **Hochfilzen** gehören, heißt im vermarktungsdeutsch nicht mehr »Schneewinkel«, sondern »Schneedo-

Der Wildpark Aurach bei Kitzbühel ist einen Abstecher wert.

Die Loipen bei Fieberbrunn werden auch für den Skatingstil präpariert.

rado« und ist gemeinhin als »Schneeloch« bekannt. Die 3 bis 4 m hohen Schneewände von früher sind zwar Seltenheit geworden, aber bislang hat es im sonnigen Talkessel zwischen Kitzbüheler Horn und Loferer Steinberge immer noch gereicht. Auch zum Langlaufen auf den insgesamt 74 km Loipen, die sich langsam aber sicher als LL-Dorado herumsprechen. Der Skitourismus hat im Pillerseetal erst relativ spät Einzug gehalten. Im Jahre 1949 hatte der Bauer Johann Eder die Idee, aus einem betagten Diesel-Aggregat, eine Seilwinde und einem Holzschlitten die erste Aufstiegshilfe vom Tal zu bauen. Der erste richtige Schlepplift funktionierte bereits zwei Jahre später. Heute ist ganz im Stile Tirols alles perfekt erschlossen, auch die Loipen werden mit modernsten Geräten gespurt. Empfehlenswert sind die Dandler Loipe, mit 15 km die längste (mit Anschluss an Hochfilzen – »Europaloipe«), die Reither – und die 8 km lange Weißachloipe. Die 5 km lange Spur rund um den Lauchsee, durch einen Birkenwald zum Trendhotel, ist auch für den Skatingstil präpariert. Wer während des Skitages die viel gerühmte Tiroler Gemütlichkeit in vollen Zügen genießen will, der kann ohne Umwege, da unmittelbar neben den Loipen gelegen, im Gasthof Großlehen, im Obermair, in der Eisernen Hand, im Hotel Lindauhof oder in der Enzianhütte einkehren.

Kaiserwinkl

Zu den beliebtesten Münchner Haus-Skigebieten zählt der Kaiserwinkl rund um Kössen, Walchensee und Schwendt. Neben dem enormen Angebot für Langläufer, zusammengezählt fast 140 km gespurte Loipen, reizen die vielen Einkehrmöglichkeiten einer schier unerschöpflichen Gastronomie oder einfach nur schöne Ecken zur gelegentlichen Rast.

Auf jeden Pistenkilometer kommen im **Kaiserwinkl** an der Tiroler Grenze zu Bayern über vier Loipenkilometer. Das sagt eigentlich schon alles über den Ruf dieser Region als Langlaufdorado. Und dazu gibt es noch den herrlichen Blick auf den Wilden und den Zahmen Kaiser.

Eine gute Autobahnstunde von München entfernt verteilen sich 140 »ausgezeichnete« Loipenkilometer zwischen den drei Orten **Kössen**, **Walchsee** und **Schwendt**. Denn das Amt der Tiroler Landesregierung zur Überprüfung der Loipenqualität, der Pflege und der Infrastruktur hat dem Kaiserwinkl als einem der ersten Gebiete des Landes das »Tiroler Loipen-Gütesiegel« verliehen. Insgesamt ist das LL-Areal als abwechslungsreich zu charakterisieren, das heißt, von einer über 20 km langen, schwierigen Strecke bis hin zu 50 km in leicht gespurtem Gelände ist rund um den **Walchsee** so ziemlich alles geboten, was das Langläuferherz höher schlagen lässt.

Dabei ist **Kössen** vom großen Urlauberverkehr noch weitgehend verschont geblieben. Und eine regelrechte Oase der Ruhe bietet sich dem Besucher im nur 680 Einwohner zählenden Gebirgsdorf Schwendt. Von dort ergibt sich die Möglichkeit, auf LL-Skiern einen Abstecher nach **St. Johann i. T.** oder ins Naturschutzgebiet Kaiserbachtal zu machen. Für LL-Anfänger, die erste Schritte wagen, stehen Ausrüstungsverleiher und Skischulen zur Verfügung. Damit die Wege für den Anfang nicht zu lang werden, sind über ein Dutzend Einkehrmöglichkeiten – die natürlich auch von geübten Langläufern gern besucht werden – entlang der Loipen zu finden. Wie bei den Unterkünften wird auch in der Gastronomie ein vernünftiges Preisniveau geboten.

LL-Cracks fiebern dem Saisonhöhepunkt entgegen: Am letzten Sonntag im Februar wird der berühmte »Internationale Koasalauf« (Koasa heißt Kaiser auf Tirolerisch), von St. Johann nach Kössen, ausgetragen. Über 3000 Volksläufer laufen dann in den Spuren des Kaiserwinkls um die Wette. Außerdem findet rund um den Ort Walchsee Anfang Januar der Internationale Tiroler Skimarathon statt. Walchsee hat sich bereits durch mehrere Biathlon- und zahlreiche Europacupveranstaltungen in Sachen Langlauf einen Namen gemacht. Wer mit Marathon nichts am Hut hat, kann auf ruhigere Art auch zu Ehren kommen. Wer 70 Loipenkilometer ohne Zeitlimit schafft, der hat sich immerhin die »Kaiserwinkl-Skiwandernadel« verdient.

Für seine Schneesicherheit ist die Skiwelt des Wilden Kaisers weithin bekannt.

Tirol

✳✳✳✳ KAISERWINKL

→ **Das Langlaufgebiet**

Kössen, Walchsee, Schwendt: 600–700 m

Saison: Dezember bis Mitte März.

Anreise: Inntal-Autobahn bis Ausfahrt Oberaudorf, Kössen oder Autobahn Salzburg bis Ausfahrt Bernau (vignettenfrei!). Bahnstationen: Kufstein und St. Johann von dort mit dem Bus nach Kössen.

ℹ️ Tourismusverbände: A-6345 Kössen, Tel. 0 53 75/62 87, Fax 0 53 75/69 89, www.koessen.at, E-Mail info@koessen.at; A-6344 Walchsee, Tel. 0 53 74/52 23, www.walchsee.at, E-Mail info@walchsee.at; A-6345 Schwendt, Tel. 0 53 75/68 16.

Die Loipen: 11 in Kössen und Schwendt; 70 km in Walchsee.

Gesamtlänge: 156 km.

Schwierigkeit: Leicht bis schwer.

Längste Loipe: Kaiserwinklloipe (20 km).

Skatingloipen: 5 in Kössen und Schwendt, insgesamt 50 km; 85 km in Walchsee.

Loipenbenutzung: Gratis für Urlaubsgäste in und aus Kössen; 5 DM/Tag für Tagesgäste in Kössen und Schwendt.

Umkleiden/Duschen: LL-Zentrum Walchensee; Nordik-Center in Kössen.

Loipenplan: Plus Winterwanderkarte beim Tourismusverband.

Loipenstart: LL-Zentrum in Walchensee; Nordik-Center in Kössen, in der Ortsmitte in Schwendt.

LL-Schule: Schischule Pirmoser in Kössen; Schischule Walchsee-Ebbs, Tel. 0 53 74/55 55.

Leihausrüstung: Sportgeschäfte in Kössen und Schwendt sowie in Walchsee.

Rennen/Volksläufe: »Koasalauf«, jeden 2. Sonntag im Januar; Int. Tiroler Ski-Marathon (Anfang Januar) in Walchsee; Kössener Silvesterlauf am 31. 12.; Skishow der Skischule Walchsee.

→ **Allgemeine Informationen**

🅿️ Nordik-Center, von der Ortsmitte Kössen 10 Gehminuten entfernt, in Walchsee und Schwendt direkt am LL-Zentrum.

Bus: Skibusse gratis.

Ski alpin: 28 km Pisten.

Sport: Eislaufen, Rodeln, Eisstockschießen, Drachen-/Gleitschirmfliegen, Reiten, Tennis, Sauna, Fitnesscenter, Snowtubing, Kegeln.

Einkehr an der Loipe: Mehrere Möglichkeiten in allen Orten.

Après-Ski: Restaurant, Café, Bar, Tanz, Disko, Theater, Folklore, Pferdeschlittenfahrt, Beautyfarmen.

Auf Wunsch Vermittlung von Babysitter oder Aufsicht; ganztägige Betreuung und Mittagsbetreuung während der Skischule.

3500 Betten aller Kategorien in Hotels, Pensionen, Privatzimmern (auch Bauernhöfe) und Ferienwohnungen/Appartments in Kössen/Schwendt, 3500 Gästebetten in Walchsee; 2 Wintercampingplätze in Walchsee.

Zillertal

Um sämtliche Wintersportmöglichkeiten im Zillertal beschreiben zu können, müsste man ein eigenes Buch füllen. Und wer glaubt, rund um Mayrhofen, Fügen, Lanersbach und Hintertux könne man nur Alpinski laufen, der irrt. Zusammen mit den Spuren von Gerlos breitet sich ein Loipendorado der Superlative aus.

Zwischen Fügen und Hintertux tummeln sich nicht nur eingefleischte Alpinskifahrer. An sonnigen Wochenenden steigen viele Gäste und Einheimische auf die langen Latten um und in die Loipe ein. Ein enormes Netz von rund 170 km gespurten Loipen fügt sich zu Füßen der Tuxer und Zillertaler Alpen zu einem wahren Langlaufparadies zusammen.

Erst fängt es ganz gemütlich an, aber dann steigert sich die 54 km lange Bergfahrt von Fügen (545 m) hinauf nach Hintertux mit einem Höhenunterschied von über 950 Metern zum hochalpinen Erlebnis. Zuerst fährt man durch die verschneite, weite, flache Tallandschaft am breiten Flussbett der Ziller entlang, dann vorbei an Bilderbuchdörfern und an immer steiler werdenden Hängen. Wenn sich im Sommer Skifahrer auf dem in 3000 m Höhe gelegenen Tuxer Gletscher, dem Zillertaler Ganzjahresskigebiet, tummeln, vermutet kaum einer von ihnen, dass sich im winterlichen Tal zwischen **Fügen, Zell am Ziller, Mayrhofen, Lanersbach** und **Hintertux** auf einer Länge von 150 km ein Loipennetz beachtlicher Güte erstreckt. Die meisten, der überwiegend leichten Spuren vereint die Region zwischen Fügen, Mayrhofen und Zell im relativ flachen Tal der Ziller, zu Füßen der mächtigen Tuxer und Zillertaler Alpen.

Je weiter man nach oben kommt, desto dünner wird nicht nur die Luft, sondern auch das Loipenangebot. Vor den steil

Langlaufen wird zum Naturerlebnis.

aufragenden Alpinskihängen des Tuxer Gletschers führt noch eine gespurte Strecke über 20 km. Die ist dafür 1300 bis 1450 m hoch gelegen und schneesicherer als die vielen anderen Spuren weiter unten im Tal. Die täglich gespurten Loipen entlang des Tuxbaches führen über

Zwischen Fügen und Hintertux erstreckt sich mit 150 km ein beachtliches Loipennetz. Die Spuren führen in Tallagen ab 600 m, in Mittellagen bis 1500 m und in Höhenlagen ab 1600 m.

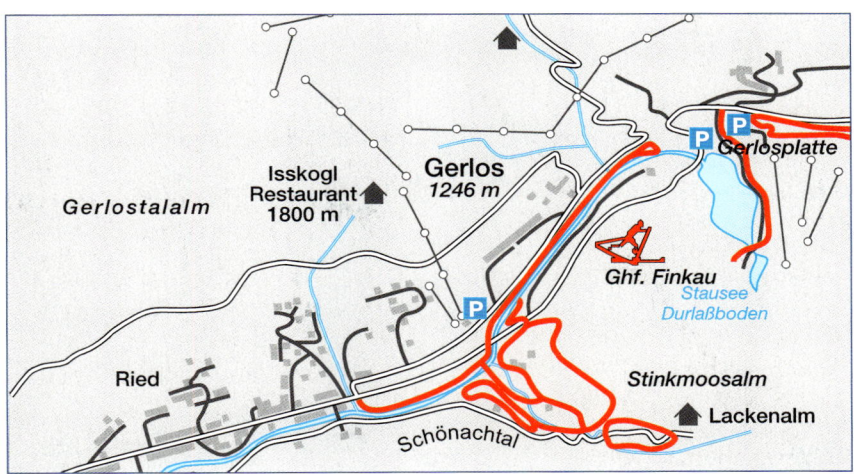

abwechslungsreiches Gelände. Der Einstieg ist überall möglich. Die Langläufer freuen sich hier schon auf die Rückfahrt, denn die Spur führt stetig bergauf, an den Ortschaften **Lanersbach, Juns** und **Madseit** vorbei bis kurz vor Hintertux. Loipenfüchse, deren Kondition sich noch nicht auf dem Zenit befindet, fahren mit dem kostenlosen Tuxer Sportbus von Vorderlanersbach bis Madseit und »machen« die Spur bergabwärts. Entspannung gibt es nach einem anstrengenden Skitag reichlich. Ermattete Körper kommen in acht Hallenbädern, im Thermalhallenbad, im Thermalfreischwimmbad, in finnischen Saunen oder türkischen Dampfbädern in Tux wieder in Schwung.

Mayrhofen, der bekannteste und größte Ort des Zillertals, ist der Anziehungspunkt für Wintersportler aller Art. Skifahrer tummeln sich auf den Pisten, und die Rodler und Wanderer kommen auch voll auf ihre Kosten. Rechts und links der Ziller, im Talboden von Mayrhofen, breitet sich das Skireich für die Freunde des Langlaufsports aus: Neun Loipen von insgesamt 15 km Länge werden rund um Mayrhofen regelmäßig gespurt. Die durchweg leichten Strecken sind vor allem Anfängern und/oder Kurzentschlossenen anzuraten. Durch ihre zentrale Lage und ihre Kürze (1 bis 4,5 km) kann man spontan reagieren und je nach Gusto in die Loipe steigen. Von Burgstall führt die 3 km lange, gleichnamige Loipe am Ufer der Ziller nach **Zell am Ziller**. Die 1 km lange Moserloipe knüpft ebenfalls, allerdings auf der anderen Uferseite, an die Verbindungsspur nach Zell am Ziller an. Wem das LL-Angebot vom Zillertal oder der Schnee dort nicht ausreicht, dem sei der Abstecher nach Zell am Ziller (25 km Loipen) und ins Seitental nach **Gerlos** angeraten. Wer mit Winterausrüstung den steilen Weg zur Passhöhe (1650 m) nicht scheut, dem offenbart sich rund um den Hauptort Gerlos ein Schneeloch erster Güte. Allein die 10 km lange Spur auf der baumlosen Gerlosplatte (1655 m), mit Panoramablick unter anderem auf die Zillertaler Alpen, reizt sportliche Loipen- und Höhenluftfreunde. Mehrere leichte Rundkurse runden das Gerloser LL-Angebot ab. Von hier sind es dann nur noch wenige Kilometer ins Salzburger Oberpinzgau.

ZILLERTAL

→ **Die Langlaufgebiete**

Fügen, 545 m
Mayrhofen, 630 m
Gerlos, 1246 m

Saison: Dezember bis April.
* Schneesicher!

Anreise: Inntal-Autobahn, Ausfahrt Wiesing/Zillertal Richtung Zell am Ziller/Gerlos oder München, Bad Tölz bzw. Tegernsee, Achenpass; Bahnstation ist Jenbach.

 Verkehrsbüro, A-6290 Mayrhofen, Tel. 0 52 85/23 05, Tourismusverband, A-6293 Tux, Tel. 0 52 87/85 06, www.tux.at; Tourismusverband, A-6281 Gerlos, Tel. 0 52 84/52 44-0, Fax 0 52 84/62 44 25, www.gerlos.at, E-Mail info@gerlos.at.

von Mayerhofen 0 52 85/23 73; www.tux.at mit Livecam.

→ **Die Loipen**

1 Rundloipe in Tux, 3 in Gerlos.

Gesamtlänge: 150 km im Zillertal, 25 km in Gerlos, 20 km in Tux.

Schwierigkeit: Leicht bis mittel.

Längste Loipe: Tuxer Loipe 20 km, leicht/mittel, 1300–1500 m; Gerlosplatte 10 km, mittel, 1655 m.

Skatingloipen: 1 in Tux (6 km), 2 in Gerlos.

Loipenhöhe: 600–1480 m im Zillertal; 1250–1655 m in Gerlos.

Loipenbenutzung: Gratis.

Höhenloipen: Fügen–Schlitters (1480 m, 9 km); Höhenloipe Tux (1300–1450 m, 20 km); Gerlosplatte (1655 m, 10 km, mittel).

Nachtloipen: Ederloipe in Mayrhofen, täglich bis 22 Uhr beleuchtet, Bühel in Hippbach, täglich nachts beleuchtet.

Loipenplan: Panoramapläne bei den Verkehrsbüros.

Loipenstart: In Tux überall möglich; in Gerlos Hotel Oberwirt und Hotel Alpina.

LL-Schulen: Skischule Uli Spieß, Tel. 0 52 85/27 95, Manfred Gager, Tel. 0 52 85/38 00, Max Rahm, Tel. 0 52 85/39 39 in Mayrhofen; Skischule Lanersbach, Tel. 0 52 87/8 72 40, E-Mail info@skischule.lanersbach.at; Roland's Skischule in Gerlos, Tel. 0 52 84/52 77 und Skischule Gerlos Total, Tel. 0 52 84/54 29.

Leihausrüstung: In den Sportgeschäften.

Rennen/Volksläufe: Tuxer Langlaufmeisterschaften für Vereinsmitglieder.

→ **Allgemeine Informationen**

P In unmittelbarer Nähe der Loipen.

Bus: Kein spezieller Loipenbus in Mayrhofen, dafür Gratisbus für Skifahrer von Mayrhofen über Finkenberg und Lanersbach zur Hintertuxer Gletscherbahn (»Green Line«); kostenloser Sportbus im 20-Minuten-Takt zwischen Vorderlanersbach und Hintertux.

Ski alpin: 400 km Pisten im Zillertal, 70 km Pisten in Gerlos.

Sport: Skitouren, Skiwandern, Snowboarden, Rodeln, Eislaufen, Eisstockschießen, Curling, Winterwandern, Tennis, Squash, Reiten, Gleitschirmfliegen, Schwimmen, Bergsteigen, Klettern.

Einkehr an der Loipe: Mehrere Möglichkeiten in allen Orten.

Après-Ski: Restaurants, Cafés, Weinstuben, Disko, Bars (auch Schnee- und Schirmbars), Tanz, Theater, Diashow, Musikabend, Kino, Pferdeschlittenfahrten.

Skischule Lanersbach in Tux; Gästekindergarten in Gerlos; Wuppy's Kinderland in Mayrhofen, Tel. 0 52 85/36 12.

42 000 im Zillertal, 3000 Gästebetten in Gerlos und 4900 Gästebetten in Tux aller Kategorien.

Osttirol 1

Eine Reihe von imposanten Dreitausendern umrahmt das Defereggental und die Region Hohe Tauern Süd. Die Devise lautet: romantisches und genussvolles Skierleben in Einklang mit der Natur. Die Ferienregion zählt, wie das gesamte Osttirol, noch zu den Geheimtipps im Skigroßraum Tirol.

Defereggental

Erst 1967, als der Felbertauerntunnel eröffnet wurde, bekam das bis dahin »verschlafene« Defereggental die Chance, sich ein Stück vom großen Tourismuskuchen abzuschneiden. Doch aus Fehlern anderer Alpenorte wollte man lernen und versuchte die Entwicklung so sanft wie möglich zu betreiben. »Gemütlichkeit vor Skirummel« könnte die Devise im ganzen Osttiroler Raum lauten. Auf 30 km doppelt gespurter Loipen können Langläufer das Tal, das von einer Reihe Dreitausendern umgeben ist, auf die romantische und genussvolle Art erleben (16 Einkehrmöglichkeiten an den Loipen). Das auf 1400 m liegende Alpendorf St. Jakob ist der bekannteste Urlaubsort Osttirols und hat mit rund 17 km Loipen das größte Angebot im Tal. Die anderen leichten bis mittleren Spuren teilen sich St. Veit (mit der längsten Loipe über Bruggen und Stanzbrücke) sowie Hopfgarten am Taleingang. Sämtliche Loipen sind kostenlos mit dem Skibus zu erreichen.

Hohe Tauern Süd

Großvenediger (3674 m) und Großglockner (3797 m) bilden die beiden optischen Fixpunkte der nördlich der Alpen noch relativ unbekannten Wintersportregion, die sich gleich hinter dem Felbertauerntunnel ausbreitet. Zur Ferienregion zählen neben dem Goldried-Skigebiet, mit dem Zentrum **Matrei**, die Ski-Orte **Virgen** und **Prägraten**.

🎿🎿🎿 OSTTIROL 1 DEFEREGGENTAL / GROSSGLOCKNER-GROSSVENEDIGER

→ Die Langlaufgebiete

Defereggental, 1100–1550 m
Hohe Tauern-Süd, 1000–1600 m

Saison: Mitte Dezember bis Anfang April * Schneesicher!

Anreise: Inntal-Autobahn, Ausfahrt Kufstein Süd, Kitzbühel, Mittersil, Felbertauerntunnel (Mautgebühr), Matrei in Osttirol oder Defereggental. Bahnstationen sind Lienz und Kufstein, von dort mit dem Bus in die Region.

ℹ️ für die gesamte Region: Großglockner–Großvenediger Tourismusverbände: A-9981 Kals/Großglockner, Tel. 0 48 76/88 00, Fax 0 48 76/88 00 14; www.tiscover.com/kals, E-Mail kals@tirol.com; A-9971 Matrei i. O., Tel. 0 48 75/65 27, Fax 0 48 75/65 27 40, www.tiscover.com/matrei-osttirol, E-Mail matrei.osttirol@netaway.at, A-9972 Virgen, Tel. 0 48 74/52 10, Fax 0 48 75/56 30, www.tiscover.com/virgen, E-Mail tvb.virgen@netway.at, A-9974 Prägraten, Tel. 0 48 77/52 17, Fax 0 48 77/6 36 65, www.tiscover.com/praegraten, E-Mail praegraten@netway.

→ Die Loipen

4 in Virgen, 7 in Prägraten, Nationalparkregion Großglockner–Großvenediger (3 Orte mit ca. 70 km).

Gesamtlänge: Virgen 23 km, Prägraten 25 km, Nationalparkregion Großglockner–Großvenediger (3 Orte mit ca. 70 km).

Schwierigkeit: Leicht bis mittel in Nationalparkregion Großglockner–Großvenediger, Leicht bis schwer in Virgen und Prägraten.

Längste Loipe: Loipe Hinterbichl in Prägraten (7,5 km).

Skatingloipen: Nationalparkregion Großglockner–Großvenediger 17 km, 1 in Virgen, 7 in Prägraten.

Loipenhöhe: 950–1500 m in der Nationalparkregion Großglockner–Großvenediger und 1100–1600 m im Defereggental.

Loipenbenutzung: Gratis.

Höhenloipe: Tauernloipe (1450–1550 m) in Matrei.

Nachtloipe: 1 in Prägraten.

Umkleide/Duschen: In den Freizeitzentren Prägraten und Dorfergries.

Loipenplan: Kostenlos bei den Verkehrsämtern.

Loipenstart: In den jeweiligen Orten.

Leihausrüstung: Skiverleih Unterwurzacher in Prägraten; Sport Passler, Troger, Scheiber im Defereggental; Sport Wibmer, Sport Steiner in Matrei.

LL-Schule: Skischule St. Jakob, Tel. 0 48 73/54 70; Skischule Matrei, bei der Talstation der Goldried Bergbahnen, Tel. 0 48 75/60 80, Harald Brandstätter in Prägraten, Tel. 0 48 77/51 49.

Rennen/Volksläufe: Internationaler Schwarzachlauf in der 1. Märzwoche (Defereggental); Weihnachten/Neujahr Nachtlanglauf, Josefilauf in Prägraten.

→ Allgemeine Informationen

🅿️ Skibus zum Nulltarif in der gesamten Region und Parkplätze in Erlsbach, Maria Hilf, Liftparkplatz Bad Grünmoos und vor dem Sportstüberl von St. Jakob/Defereggental; Parkplätze in Loipennähe in Matrei; bei allen Einstiegen in Prägraten.

Ski alpin: 50 km Pisten.

Sport: Skitouren, Wandern, Eislaufen, Rodeln, Eisstockschießen, Pferdeschlitten, Tennis, Schwimmen, Kegeln, Squash.

Einkehr an der Loipe: Mehrere Möglichkeiten in Matrei und Prägraten, keine Möglichkeit in Virgen.

Après-Ski: Restaurants, Cafés, Disko, Bars, Bauerntheater; keine Einrichtungen in Virgen.

🛁 Hotel Goldried in Matrei, sonst keine.

🛏️ 4000 Gästebetten im Defereggental und 6100 Betten in der Region: Großglockner–Großvenediger.

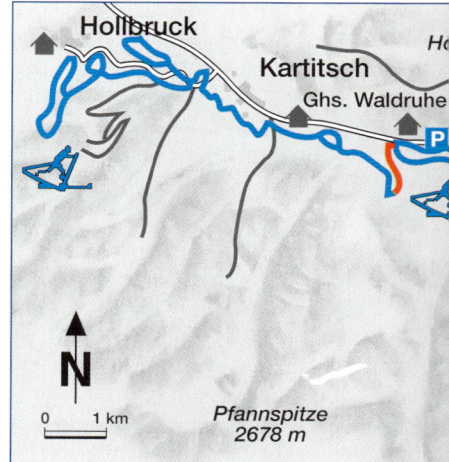

Osttirol 2

Im südöstlichsten Winkel Tirols haben sich die LL-Reviere des Hochpustertals, des Villigratentals und des Gailtals das Prädikat »Geheimtipp« bewahren können. Die Idylle der Bergdörfer und das Loipenangebot mit 175 km Spuren locken vor allem Familien.

Winterlandschaft im Virgental, dem Paralleltal des Defereggentals.

Hochpustertal und Lienzer Dolomiten

Zwei der schönsten und längsten Loipen der Alpen durchqueren den Südosten Tirols. Die 4-Länder-Loipe führt 200 km weit von Kärnten über Osttirol und Südtirol bis nach Venetien. Im Tiroler Gailtal, dem Osttiroler Hochpustertal und dem Villgratental hat sich zudem in den letzten Jahren ein noch relativ wenig bekanntes LL-Dorado entwickelt. Das Langlauf-Revier kann bei Bedarf sogar noch bis über die Landesgrenzen hinaus, in das Kärntner Lesachtal und in das Südtiroler Hochpustertal, ausgedehnt werden.

Die Abgeschiedenheit der malerischen Alpentäler im südöstlichsten Winkel Tirols lässt die Vermutung aufkommen, es handle sich um die letzten Geheimtipps. Tatsächlich haben noch nicht alle Langläufer das Hochpustertal von der Südtiroler Seite her erforscht und bislang haben nur einige neugierige Loipenfreunde sich von der Kärntner Seite her über das Oberdrautal nach Osttirol gewagt. Kein Wunder, dass vielen der kleinen Bergdörfer noch die ursprüngliche Idylle mit familienfreundlicher Atmosphäre geblieben ist. Erstaunlich, beginnt doch das Langlaufprogramm rund um die Lienzer Dolomiten mit einem Paukenschlag: Eine 200 km lange, doppelt gespurte LL-Trasse der Extraklasse steht fast die gesamte Wintersaison über (Weihnachten bis An-

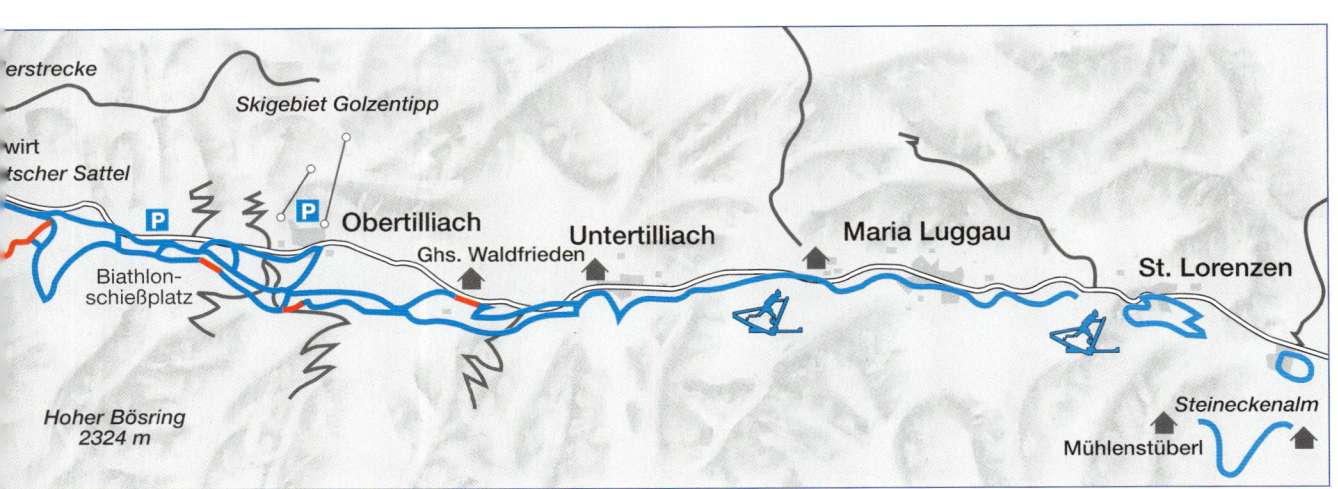

fang/Mitte Februar) für sportliche Dauerläufer parat. Die nur unter Loipenfüchsen bekannte 4-Länder-Loipe ist ein ganz besonderer Leckerbissen, zählt sie doch einmal zu den längsten Spuren Europas, und führt sie zum anderen quer durch eine Reihe der schönsten Alpentäler. Sie beginnt östlich von **Villach** in Kärnten (501 m), leitet Langläufer dann durch das Untere Drautal über **Spittal an der Drau** im Oberdrautal weiter in die Metropole der Lienzer Dolomiten, Lienz (673 m), in das Osttiroler Hochpustertal (Sillian, 1100 m) ins Südtiroler Toblach (1243 m), über den Cimabanche-Pass (1530 m) bis nach Cortina d'Ampezzo in Venetien (1211 m). Immerhin durchquert ein 50 km langes Teilstück der Strecke das Osttiroler Loipendorado. Die 4-Länder-Loipe kann in sieben Tagesetappen bewältigt werden.

Die Skiregion rund um das Hochpustertal wird bestimmt durch die Gebirgslandschaften der hochalpinen, felsigen Lienzer und Sextener Dolomiten und der etwas »zahmeren« Karnischeu Alpen. **Sillian** (1100 m), nahe der italienischen Staatsgrenze, ist der Hauptort des Osttiroler Hochpustertales. Ruhe, Gemütlichkeit und die unberührte Natur garantieren hier erholsame Ferientage. Erwähnenswert ist die Pustertalloipe, die von der Staatsgrenze über Sillian, Heinfels und Strassen bis nach Abfaltersbach führt. Sie ist mittelschwer und hat eine Gesamtlänge von 35 km (Erwerb der Langlaufnadel ist möglich). Der Langlaufbus von Sillian bringt Langläufer ins Villgratental, zur Höhenloipe Kartitsch und nach Italien.

Langläufer haben vielleicht schon einmal

Unterwegs auf der Panoramaloipe ins Maurertal bei Prägraten.

von der Grenzlandloipe gehört, die zu den abwechslungsreichsten und längsten Loipen der Alpen zählt. Die 60 km lange, doppelt gespurte Loipe mit mehreren Umkehrmöglichkeiten führt auf 50 km durch das Osttiroler Gailtal, das bei Tassenbach in das Hochpustertal mündet. Sie beginnt in Wiesen/St. Lorenzen im Kärntner Lesachtal im Osten, führt über Unter- und Obertilliach bis zum höchsten und romantischsten Punkt, dem Kartitscher Sattel (1530 m) und weiter über **Kartitsch** nach **Hollbruck**. Die überwiegend leichte Loipe erhielt ihren Namen durch die Lage nahe an der italienischen Grenze. Sie kann in 15 Teilabschnitten von 6 bis 40 km Rundkurs-Länge aufgeteilt werden. Außerdem befinden sich 13 Einstiegstellen, drei große Parkplätze, 18 Bushaltestellen und zahlreiche Einkehrmöglichkeiten direkt an der Spur. Zu den schönsten Spuren des Osttiroler Hochpustertals ist auch noch die 12 km lange, schneesichere Spur rund um das leichte Gelände von **Innervillgraten** im Villgratental zu zählen, die parallel zum Hochpustertal südlich rund um den Hauptort des Innervillgraten verläuft.

OSTTIROL 2 HOCHPUSTERTAL / LIENZ

→ **Die Langlaufgebiete**

Hochpustertal, 982–1450 m
Lienz, 673 m

Saison: Anfang Dezember bis Mitte März.

Anreise: Inntal-Autobahn, Ausfahrt Kufstein Süd, Kitzbühel, Felbertauernstraße, Lienz, Hochpustertal oder Innsbruck, Brenner, Bruneck, Hochpustertal; Bahnstationen sind Lienz, Mittewald/Drau, Abfaltersbach, Tassenbach und Sillian.

Tourismusverband Lienzer Dolomiten, A-9900 Lienz, Tel. 0 48 52/6 52 65, www.lienz-tourismus.at, E-Mail tvblienz@aon.at; Tourismusverband Hochpustertal, A-9920 Sillian, Tel. 0 48 42/66 66, www.tiscover.at/sillian, E-Mail sillian@netway.at; Fremdenverkehrs-Gebietsverband Oberdrautal, A-9771 Berg 121, Tel. 0 471/6 67.

Sillian: 0 48 42/66 66.

→ **Die Loipen**

8 Loipen in Lienz, 5 Loipen in Sillian.

Gesamtlänge: 110 km in Lienz, ca. 43 km in Sillian.

Schwierigkeit: Leicht bis mittel.

Längste Loipe: »Pustertalloipe«, 50 km langes Teilstück der 4-Länder-Loipe (200 km) von Lienz nach Sillian: »Grenzlandloipe«, ca. 60 km durch das Tiroler Gailtal von St. Lorenzen/Wiesen (Kärnten) bis Hollbruck (Osttirol); Villgratentalloipe, 12 km, leicht

Skatingloipen: 8 in Lienz, 20 km in Sillian.

Loipenhöhen: 673–1530 m.

Loipenbenutzung: Gratis.

Umkleide/Duschen: Dolomitenbad Lienz.

Loipenplan: Von den Tourismusverbänden.

Loipenstart: Mehrere Einstiegsmöglichkeiten in den Orten.

LL-Schulen: Skischule Lienzer Dolomiten, Tel. 04852/6 56 90; LL-Schule Florian Schranzhofer in A-9941 Kartitsch, Tel. 0 48 48/53 60; Skischule Sillian, Tel. 0 48 42/63 13, Langlaufschule Hochpustertal.

Leihausrüstung: In den Sportgeschäften der Region.

Rennen/Volksläufe: Internationaler Dolomitenlauf im Januar (nächster Termin: 20. 1. 2002) in Lienz.

→ **Allgemeine Informationen**

In der Nähe der Einstiegstellen; kostenloser Skibus in den Lienzer Dolomiten und Montag, Mittwoch und Freitag Langlaufbus im Hochpustertal.

Bus: Dreimal pro Woche Shuttlebus nach Sillian; Skibus in Lienz, der gratis zwischen Bahnhof und Ortszentrum pendelt.

Ski alpin: 40 km Pisten in Lienz (Lienzer Dolomiten), 60 km Pisten (Hochpustertal).

Sport: Skitouren, Skiwandern, Snowboarden, Eislaufen, Eisstockschießen, Rodeln, Drachen-/Gleitschirmfliegen, Reiten, Tennis, Squash, Schwimmen, Fitnesscenter.

Après-Ski: Restaurants, Cafés, Weinstuben, Tanz, Disko, Folklore, Diavorträge, Kino, Theater, Heimatmuseum, Vinothek.

Osttiroler Kinderbetreuungszentrum Lienz, Tel. 0 48 52/6 84 18.

800 Gästebetten in Lienz, Gesamtregion ca. 2400 Gästebetten in allen Kategorien.

Stubaital

»Komm, wir zeigen dir das Leben« – diesem Versprechen kommt Neustift im Stubaital vom Tal bis hoch oben im ewigen Gletschereis nach. Tirols zweitgrößte Gemeinde ist nicht nur ein Skigebiet der Superlative, sondern auch ein wahres Paradies für Langläufer.

Ein Langlaufgebiet von 130 km bestens gespurten Loipen entlang des Ruetzbaches, durch Wälder und über glitzernde Schneefelder sowie auf den Höhenloipen lässt jedes Langläuferherz höher schlagen.

Die Loipen in Neustift im Stubaital verlaufen überwiegend auf Talhöhe und verbinden alle fünf Gemeinden.

Die höchste Loipe Tirols befindet sich direkt am Stubaier Gletscher und ist ab November gespurt. Die 4,5 km lange Loipe führt mit einem Höhenunterschied von 60 m vom Eissee auf 2600 m in Richtung »Wilde Grub'n« und in einer Umkehrschleife wieder retour zum »Gamsgarten«.

Tipp: Wer Alternativen zum Langlaufspaß sucht, kann in Neustift im Stubaital zwischen Winterromantik und Abenteuer pur wählen. Wandern auf 120 km Winterwanderwegen gehen meist nahtlos in zünftigen Tiroler Hüttenzauber über. Vier Rodelbahnen bringen Tempo ins Urlaubsleben – darunter auch die neue beleuchtete Rodelbahn vom Elferlift, welche die längste Naturrodelbahn Österreichs ist.

Schneesicherheit ist hier kein Versprechen, sondern Sicherheit.

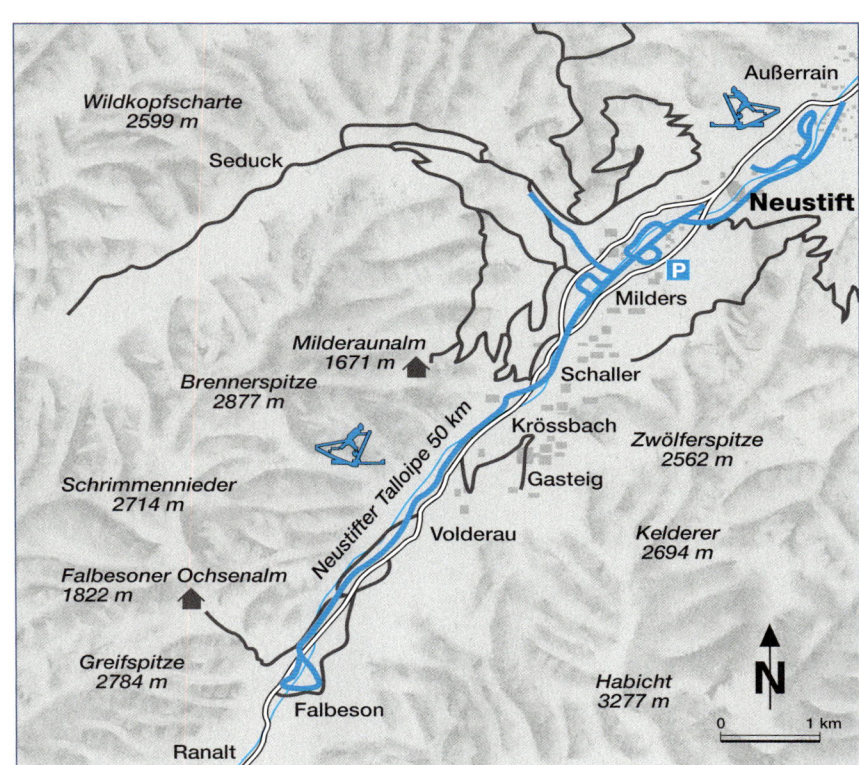

NEUSTIFT / STUBAITAL

→ Das Langlaufgebiet

Neustift/Stubaital, 1000–1700 m

Saison: Mitte Oktober bis Anfang Mai. * Schneesicher!

Anreise: Autobahn München–Innsbruck–Brenner, Ausfahrt Schönberg; Bahnstation ist Innsbruck, von dort in 20 Minuten weiter mit dem Linienbus nach Neustift.

ℹ️ Tourismusverband, A-6167 Neustift im Stubaital, Tel. 0 52 26/22 28, Fax 0 52 26/25 29, www.neustift.com, E-Mail tv.neustift@neustift.at.

→ Die Loipen

4 in Neustift und Umgebung, 1 Höhenloipe, 10 Loipen im Stubaital.

Gesamtlänge: 45 km in Neustift und Umgebung, 130 km im Stubaital.

Schwierigkeit: Leicht bis mittelschwer/anspruchsvoll.

Skatingloipe: 3 in Neustift und Umgebung, 1 am Stubaier Gletscher.

Loipenbenutzung: Gratis.

Höhenloipe: 1 (4,5 km) an Stubaier Gletscherbahn auf 2600 m, 4 (1,5, 5, 10, 14 km) in Mieders/Schönberg.

Umkleiden/Duschen: Möglichkeiten im Tal und auf dem Gletscher (nur Duschen) vorhanden.

Loipenplan: Beim Tourismusverband Neustift.

Loipenstart: Kampl, Neder, Neustift-Dorf, Milders, Schaller, Krößbach, Gasteig, Volderau, Falbeson, Station Gamsgarten (Höhenloipe).

LL-Schule: Skischule Neustift/Stubaier Gletscher, Tel. 0 55 26/25 40, 81 81, 81 08, 28 38, 34 75, Wintersportschule Olympia, Tel. 0 55 26/36 82.

Leihausrüstung: In den Skischulen und in Neustifter Sportgeschäften.

Rennen/Volksläufe: Internationaler Nachtsprintlauf in Neustift-Dorf; Gaudirennen in Lehner.

→ Allgemeine Informationen

🅿️ An den Loipeneinstiegen.

Bus: Kostenloser Skibus zwischen Mutterberg und Schönberg für Besitzer einer Gästekarte.

Ski alpin: 81 km Pisten.

Sport: Skitouren, Eislaufen, Rodeln, Nachtrodeln, Eisstockschießen, Reiten, Schwimmen, Drachenfliegen, Gleitschirmfliegen, Tennis, Squash, Kegeln.

Einkehr an der Loipe: Mehrere Möglichkeiten.

Après-Ski: Restaurants, Cafés, Bar.

🧸 Kinderland-Spielparadies in der Bergstation Gamsgarten werktags 10.00 bis 16.00 Uhr. Anmeldung über Tourismusverband Neustift einen Tag vorher.

🛏️ 7500 Gästebetten in Loipennähe.

Das Herzstück

Diese Namen klingen in den Ohren von begeisterten Langläufern ganz sicher wie Musik: Salzachtal, Saalachtal, Rauriser, Gasteiner- und Großarltal, Lammertal und Murtal.

Salzburger Sportwelt Amadé

Vom Zusammenschluss der Orte Radstadt, Altenmarkt-Zauchensee, Kleinarl, Flachau-Flachauwinkl, Wagrain, St. Johann-Alpendorf, Eben und Filzmoos zur »Salzburger Sportwelt Amadé« profitieren auch die Langläufer: Über 220 Loipenkilometer stehen zur Auswahl!

Romantische Alpendörfer finden Liebhaber von rustikaler Gemütlichkeit in **Filzmoos** oder **Altenmarkt-Zauchensee**. Wer es noch gemütlicher und eine Nummer kleiner mag, liegt in den Dörfern **Eben** im Pongau oder in **Kleinarl** richtig. Das absolut schneesichere Ski-Hochtal südlich von **Radstadt**

bietet vor allem für Pistenfahrer reichlich Auswahl. Ein Geheimtipp für höhenluftgierige Loipenfans ist der 15 km lange, leichte bis schwere Rundkurs um die Passhöhe, der oft noch bis in den Mai hinein abgelaufen werden kann. Eine 12 km lange Loipe zwischen Obertauern

und Untertauern wird täglich auf den landschaftlich sehenswerten Gnadenalmen frisch gespurt.

Rechts und links der 50 km langen Tauernloipe bietet sich die ideale Möglichkeit, per LL-Ski das gesamte Sportangebot von Amadé kennen zu lernen. Die längste Spur im Salzburger Land verbindet die Orte Altenmarkt, Radstadt, Eben, **Flachau** und **Wagrain**. Start und Ziel der Rundloipe, die durch leichtes und abwechslungsreiches Gelände führt, ist auf 850 m Höhe in Altenmarkt, und höchster Punkt der Marathonspur ist das Schloss Höch, auf 1000 m zwischen Altenmarkt und Wagrain gelegen. Nachweislich haben schon etliche Loipenfüchse die gesamte Strecke an einem Tag

---

SALZBURGER SPORTWELT AMADÉ

→ Die Langlaufgebiete

Altenmarkt-Zauchensee, 850–1350 m
Eben 860 m
St. Johann-Alpindorf, 600–880 m
Kleinarl, 1040 m
Wagrain, 850 m
Filzmoos, 1057 m
Flachau, 900 m
Radstadt, 856 m

Saison: Anfang Dezember bis Ende April.
* Schneesicher

Anreise: Salzburg, Tauern-Autobahn; Bahnstationen in St. Johann i. P., Radstadt, Eben i. P. und Altenmarkt.

Salzburger Sportwelt Amadé, A-5542 Salzburger Sportwelt Amadé, Tel. 0 64 57/29 29, www.sportwelt-amade.com, E-Mail info@sportwelt-amade.co.at; Tourismusverband: A-5541 Altenmarkt-Zauchensee, Tel. 0 64 52/55 11, Fax 0 64 52/60 66, E-Mail info@altenmarkt-zauchensee.at; A-5532 Filzmoos, Tel. 0 64 53/82 35, Fax 0 64 53/86 85, www.filzmoos.at, E-Mail info@filzmoos.org; A-5542 Flachau, Tel. 0 64 57/22 14, Fax 0 64 57/25 36, www.flachau.org, E-Mail info@flachau.org; A-5550 Radstadt, Tel. 0 64 52/74 72, Fax 0 64 52/67 02, www.radstadt.com, E-Mail info@radstadt.com; A-5531 Eben, Tel. 0 64 58/81 94, Fax 0 64 58/86 85, www.salzburgerland.com/eben, E-Mail tourismus-eben@aon.at; A-5603 Kleinarl, Tel. 0 64 18/20 60, Fax 0 64 18/20 62, www.kleinarl.at, E-Mail kleinarl@holidayinfo.com; A-5602 Wagrain, Tel. 0 64 13/84 48, Fax 0 64 13/84 49, www.salzburgerland.com/wagrain, E-Mail wagrain@holidayinfo.com; A-5600 St. Johann-Alpendorf, Tel. 0 64 12/60 36,

Fax 0 64 12/60 36 74, www.stjohann.co.at, E-Mail info@stjohann.co.at.

Flachau: 0 64 57/28 00.

→ Die Loipen

13 in Flachau, 4 in Filzmoos.

Gesamtlänge: 220 km Sportwelt Amadé.

Schwierigkeit: Leicht bis schwer.

Längste Loipe: Höhenloipe Rossbrand in Filzmoos (14 km), Tauernloipe 50 km.

Skatingloipen: 200 km, »Papageno«-Skatingloipe (siehe TOP-LOIPE); 10 in Flachau, 1 in Filzmoos.

Loipenhöhe: 650–1770 m.

Loipenbenutzung: Gratis.

Höhenloipen: »Papageno« (von Filzmoos nach Rossbrand) 14 km, von 1600 auf 1770 m; Waldloipe von Altenmarkt nach Zauchensee 20 km; Gnadenalm in Radstadt 10 km und 4 km in St. Johann.

Umkleiden/Duschen: Im Erlebnispark in Filzmoos.

Loipenplan: Von den Tourismusverbänden.

Loipenstart: Einstiegsmöglichkeiten überall an den Loipen.

LL-Schulen: Alle Skischulen in Flachau, LL-Schule Vierthaler in Filzmoos, alle Skischulen in den weiteren Orten des Gebiets.

Leihausrüstung: In über 20 Sportgeschäften der Amadé-Region.

Loipenfuchs: Die prominentesten und erfolgreichsten Langläufer der Region sind Alois Stadlober, Olympia-Zehnter, WM-Achter und 30facher Österreichischer Meister sowie Walter Mayer, der Wasalauf-Sieger von 1980.

Rennen/Volksläufe: Internationaler Tauernlauf (Volkslanglauf) über 30 und 60 km von Altenmarkt nach Zauchensee und Internationaler Nachtsprint im Januar in Radstadt; Papageno-Höhenloipenlauf, Start ist immer am Ostermontag in Filzmoos; Volkslauf Ende Januar in Flachau.

→ Allgemeine Informationen

An den Bahnhöfen in Eben, Altenmarkt und Radstadt; von dort 5 Minuten Gehzeit bis zur Loipe.

Skibus: Kostenlos in den genannten Orten.

Ski alpin: 350 km Pisten in der Sportwelt Amadé.

Sport: Snowboard, Skitouren, Skiwandern, 8 Eislaufplätze, Rodelbahnen, 12 Eisstockbahnen, Drachen-/Gleitschirmfliegen, 4 Reithallen, 5 Tennishallen, 1 Squashhalle, 3 Hallenbäder, 2 Fitnesscenter (Altenmarkt und St. Johann).

Einkehr an der Loipe: Mehrere Möglichkeiten.

Après-Ski: 245 km Winterwanderwege, Restaurants, Cafés, Bars, Weinstuben, Disko, Folklore, Theater, Tanz, Pferdeschlitten, Heimatmuseum.

Babysitterservice und Kinderskigärten in allen Orten (Flachau ab 1 Jahr, St. Johann 1–4 Jahre, Kleinarl ab 3 Jahren, Wagrain ab 2 Jahren). Mini-Tauernlauf für Kinder (Infos bei Tourismusverband Altenmarkt-Zauchensee).

32 000 Gästebetten aller Kategorien in Hotels, Pensionen und Ferienwohnungen, davon 3000 Gästebetten in Filzmoos und ca. weitere 10 000 Gästebetten in Flachau.

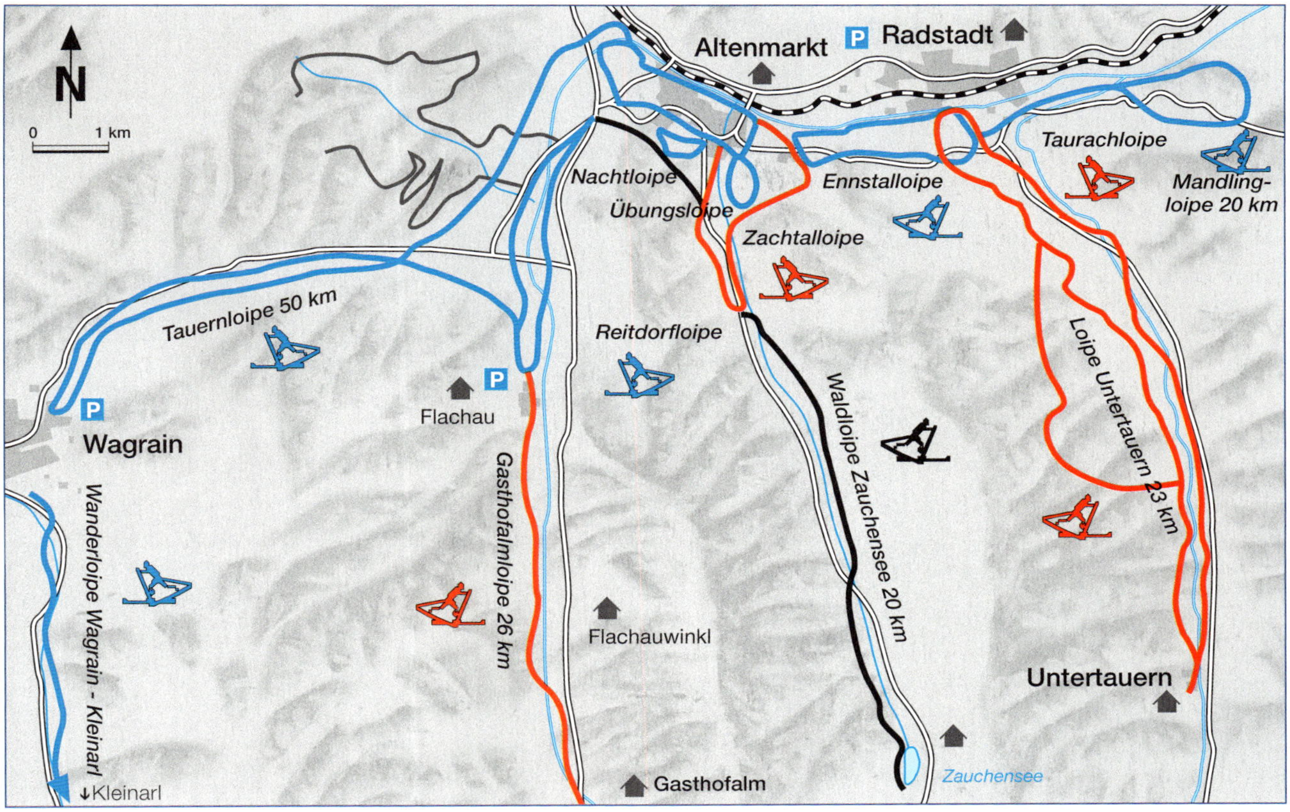

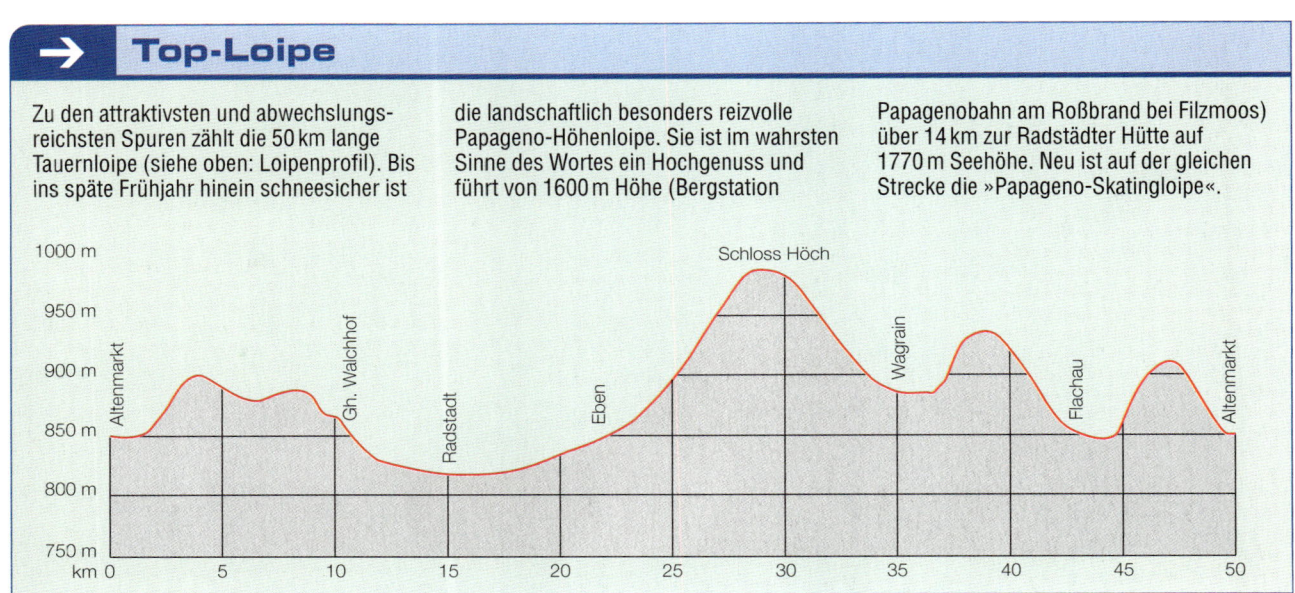

Map labels (top map):
Altenmarkt · P Radstadt · Taurachloipe · Mandling-loipe 20 km · Nachtloipe · Übungsloipe · Ennstalloipe · Zachtalloipe · Tauernloipe 50 km · Reitdorfloipe · Loipe Untertauern 23 km · P Wagrain · Flachau · Gasthofalmloipe 26 km · Waldloipe Zauchensee 20 km · Untertauern · Wanderloipe Wagrain - Kleinarl · Flachauwinkl · ↓Kleinarl · Gasthofalm · Zauchensee · 0 1 km · N

geschafft. Konditionsstarke Dauer(ski)-läufer und ambitionierte Leistungswunder treffen sich alljährlich im Januar zum Tauernlauf, einem Skimarathon für jedermann. Sportlich durchtrainierte und technisch versierte Läufer messen ihr Können auch auf der Zauchenseeloipe, mit einem Höhenunterschied von rund 500 m die »steilste« Spur weit und breit. Beim Thema »Après« ergeben sich in allen Orten unzählige Möglichkeiten. Von zahlreichen Faschingsbällen (zwölf davon allein in Radstadt) über ein Dutzend

Rodelbahnen bis hin zur leisen Variante. Dazu gehört beispielsweise ein Spaziergang durch die winterliche Natur auf einem der insgesamt 240 km langen geräumten Wanderwege oder eine Fahrt mit dem »Bummelzug« von Flachau, eine Schneeschuh-Wanderung in Radstadt oder ein Ausflug mit dem Pferdeschlitten in Filzmoos oder Radstadt.

Map labels (Filzmoos map): P · Langlauf Neuberg 10 km · Neuberg · N · 0 1 km · Filzmoos P · Langlaufloipe 10 km · Papageno Höhenloipe 13 km

Tipp: Die Sportwelt Amadé von oben sehen Langläufer in der 14 km langen Höhenloipe »Papageno« (siehe Top-Loipe). Startpunkt ist bei der Bergstation der Papageno-Gondelbahn von Filzmoos auf 1600 m Höhe. Ziel ist die auf 1770 m Höhe gelegene Radstädter Hütte (Infos über 0 64 53/82 42).

→ **Top-Loipe**

Zu den attraktivsten und abwechslungsreichsten Spuren zählt die 50 km lange Tauernloipe (siehe oben: Loipenprofil). Bis ins späte Frühjahr hinein schneesicher ist die landschaftlich besonders reizvolle Papageno-Höhenloipe. Sie ist im wahrsten Sinne des Wortes ein Hochgenuss und führt von 1600 m Höhe (Bergstation Papagenobahn am Roßbrand bei Filzmoos) über 14 km zur Radstädter Hütte auf 1770 m Seehöhe. Neu ist auf der gleichen Strecke die »Papageno-Skatingloipe«.

Höhenprofil-Beschriftung: 1000 m · 950 m · 900 m · 850 m · 800 m · 750 m · km 0 5 10 15 20 25 30 35 40 45 50 · Altenmarkt · Gh. Walchhof · Radstadt · Eben · Schloss Höch · Wagrain · Flachau · Altenmarkt

Salzkammergut

Das Salzkammergut ist das ideale Terrain für Urlauber, die gerne Wintersport mit den erholsamen Angeboten eines renommierten Kurortes wie Bad Ischl verbinden möchten. Das Herzstück des 120 km langen LL-Reviers liegt inmitten des Salzburger Landes.

Seit Jahren bemühen sich Bad Ischl und St. Wolfgang, die vor allem vom sommerlichen Massentourismus leben, auch Skifahrer anzulocken. Echte »Alpinisten« lässt der Anblick der Hänge zwischen Postalm, Zwölfer Horn und Spielbergalm zwar eher kalt, umso mehr lassen sie sich dafür vom Reiz der »Operetten-Landschaft« und den verlockenden Après-Angeboten überzeugen. Aber die Herzen der Langläufer schlagen erst richtig höher, wenn sie von den ausgedehnten und gut gepflegten Loipennetzen rund um **Bad Ischl, Strobl, St. Wolfgang, St. Gilden** und **Faistenau** hören.

Auf 40 km sind die Spuren von Bad Ischl, Strobl und St. Wolfgang miteinander verbunden und die Loipen von Faistenau ergeben immerhin insgesamt eine Länge von ca. 40 km. Zählt man dann noch die zahlreichen »Kurzstrecken« zusammen, kommen Loipenzähler auf ein beachtliches Areal von 120 km Spuren. Zu den schönsten Strecken zählen die fünf Loipen rund um das sonnige Hochplateau des ruhigen Feriendorfes Faistenau (800 m), abseits von Lärm und Trubel und doch nur 20 km von Salzburg entfernt. Die Loipen beginnen alle direkt im Ort, führen über den Kugelberg zum Hintersee, durch das Hamoos, Richtung Tiefbrunnau oder über einen 7 km langen Rundkurs am Dorfrand. Erwähnenswert ist die Waldloipe am Thalgauberg, mit 6,5 km die einzige Skatingspur weit und breit.

Auf halber Strecke, zwischen Strobl (Salzkammergut) und Abtenau (Tennengau), liegt hoch über dem südlichen Ende des Wolfgangsees das größte Hochplateau Österreichs. Die Europaloipe auf dem »Postalm«-Plateau führt über 15 km auf überwiegend mittelschwerem

Die schönsten Spuren im Schnee finden Loipenfreunde im 40 km langen LL-Netz von Faistenau.

Gelände von 1200 m auf 1300 m Höhe, und sie ist die einzige Höhenloipe der gesamten Region. Die Benutzung kostet ÖS 30 am Tag für Erwachsene.

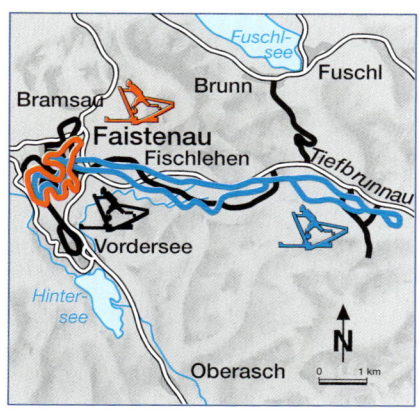

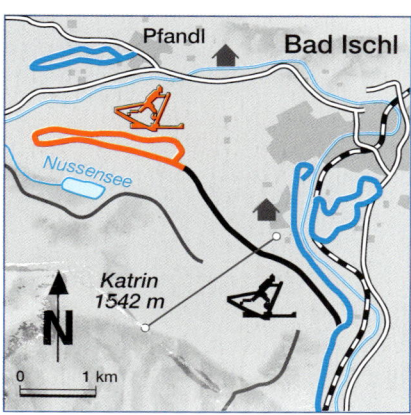

SALZKAMMERGUT

→ Die Langlaufgebiete

Bad Ischl, 470 m
Faistenau, 800 m

Saison: Dezember bis März.

Anreise: Autobahn München–Wien, Ausfahrt Thalgau oder Hallein; Bahnstationen sind Salzburg und Bad Ischl.

ℹ️ Tourismusregion Salzkammergut, A-4820 Bad Ischl, Tel. 0 61 32/76 17-0, Tourismusverband Faistenau, Tel. 0 62 28/23 14, E-Mail office@faistenau-info.co.at.

→ Die Loipen

14, davon 5 in Faistenau.

Gesamtlänge: Ca. 120 km, davon ca. 40 km in Faistenau.

Schwierigkeit: Leicht bis schwer.

Längste Loipe: Loipe Tiefbrunnau (19,2 km) in Faistenau, Postalmloipe 15 km.

Skatingloipe: 1 in Faistenau.

Loipenhöhen: 544–1380 m.

Loipenbenutzung: Faistenau ÖS 40 pro Tag, Postalm ÖS 30 pro Tag, sonst gratis.

Höhenloipe: Europaloipe Postalm 1165–1380 m, 15 km, mittel, ÖS 30 pro Tag.

Umkleiden/Duschen: In der Volksschule Faistenau.

Loipenplan: Beim Verkehrsamt Bad Ischl

und bei der Tourismusregion Salzkammergut, Tel. 06132/76 17-0.

Loipenstart: In Faistenau im Ortskern (Gasthöfe Botenwirt und Oberascher sowie am Kindergarten Tiefbrunnau).

LL-Schulen: Skischule Hettegger, Bad Ischl, Tel. 0 61 32/33 35, LL-Schule Mösenbichler in Faistenau, Tel. 06 64/9 76 43 84.

Leihausrüstung: In den meisten Sportgeschäften.

Rennen/Volksläufe: Salzkammergut-LL-Marathon; Faistenau plant einen »Langlauf-Oskar« ab 2002 (Infos beim Tourismusverband).

→ Allgemeine Informationen

🅿️ In Bad Ischl 3–8 km vom Bahnhof entfernt, in Faistenau an den Loipeneinstiegen.

Ski alpin: 62 km Pisten, ca. 12 km in Faistenau.

Sport: Skitouren, Skiwandern, Snowboard, Eislaufen, Eisstockschießen, Rodeln, Reiten, Tennis, Schwimmen.

Après-Ski: Restaurants, Cafés, Weinstuben, Tanz, Disko, Folklore, Diashows, Kino, Theater, in Faistenau nur in den Gasthöfen an den Loipen.

🛏️ 14 000 Gästebetten in Hotels, Pensionen, Privatunterkünften, in Faistenau 400 Gästebetten in Loipennähe.

Tennengau

Von Abtenau, dem Mittelpunkt des Lammertals, bis zum westlichen Dachsteingebiet erstreckt sich mit 260 Loipenkilometern nicht nur das größte Langlauf-Gelände des Salzburger Landes, sondern auch das zweitgrößte Almgebiet Mitteleuropas – ein ideales LL-Revier auf 1200 m Höhe.

Eine weitläufige, hügelige Beckenlandschaft bildet die Bilderbuch-Kulisse für die vielen gemütlichen Kleinode abseits des großen Rummels. Die Tennengau-Skigemeinden **Abtenau, Gosau, Hallein, Annaberg, Lungötz** und **Rußbach** nehmen für sich nicht gerade den Ruf eines Treffs der »Alpin-Schickeria« in Anspruch, sondern gelten eher als familienfreundliche Wintersportorte, die vor allem für Langläufer einiges zu bieten haben: täglich frisch gespurte Loipen durch Wald und über Wiesen, die als Verbund 40 km Spuren »am Stück« ergeben, eine übersichtliche Beschilderung, Wachshäuschen und

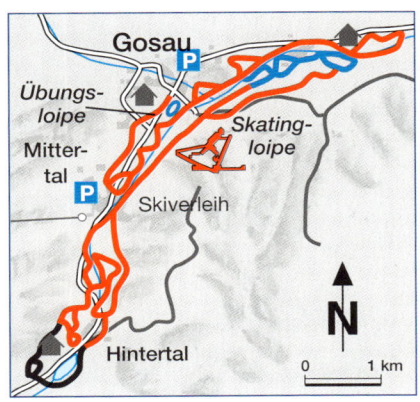

🎿🎿🎿🎿 ABTENAU / GOSAU

→ **Die Langlaufgebiete**

Abtenau, 712 m
Gosau, 750 m

Saison: Anfang Dezember bis Ende März/ Anfang April.

Anreise: Salzburg, Tauern-Autobahn, Ausfahrt Golling–Abtenau oder Hüttau–Lammertal.

ℹ️ Tourismusregion Lammertal Dachstein West, Tel. 0 62 43/4 40 00, Fax 0 62 43/40 40 40, www.lammertal.com, E-Mail info@lammertal.com; Tourismusverband, A-4824 Gosau, Tel. 0 61 36/82 95, Fax 0 61 36/82 55, www.gosau.com, E-Mail tourismus@gosau.gr.at.

→ **Die Loipen**

1 in Rußbach, 40 km in St. Martin, 11 in Abtenau, 5 in Annaberg.

Gesamtlänge: 124 km.

Schwierigkeit: Leicht bis schwer.

Längste Loipe: Abtenau 31 und 24 km, Annaberg 23 km, Postalmloipe, 15 km, bei Abtenau und »Loipe III« in Gosau, 18 km.

Skatingloipen: 1 Rennloipe in Gosau.

Loipenhöhe: 480–1380 m.

Loipenbenutzung: In Abtenau gratis; in Gosau ÖS 30 pro Tag, Saisongebühr ÖS 100.

Höhenloipe: Postalm-Europaloipe 1165–1380 m.

Nachtloipe: Seethalloipe (800 m) in Abtenau.

Duschen/Umkleiden: In Abtenau beim Eislaufplatz.

Loipenplan: Beim Tourismusverband.

Loipenstart: Sportzentrum in Gosau.

LL-Schule: LL-Schule Abtenau, Leitung Esther Wallinger, WM-Sport, Tel. 0 62 43/ 36 44 und Skischule Gosau, Talstation

Hornspitzbahn, Tel. 0 61 36/85 59, in Annaberg, Tel. 0 64 63/78 52, in Rußbach, Tel. 0 62 42/2 39.

Leihausrüstung: In Abtenau Sport Gsenger, Tel. 0 62 43/23 36; Sport Schwaighofer, Tel. 0 62 43/23 91; WM-Sport, Tel. 0 62 43/36 44 und Gosauer Skiverleih in der Talstation Hornspitzlift und LL-Verleih Rent-A-Sport/ Bertl beim Unimarkt, Tel. 0 61 36/88 53. Tipp: Hol-und-Bring-Service, Skiwachsen über Nacht!

Loipenfuchs: Bekanntester und erfolgreichster Langläufer in Abtenau ist Toni Windhofer, der österreichische Meister der Senioren von 1994 im 15-km-Lauf.

→ **Allgemeine Informationen**

🅿️ In Abtenau bei den Startplätzen und in Gosau beim Sportzentrum und in Gosau-Mittertal.

Bus: Kostenloser »Ski-Bäder-Freizeitbus« in Abtenau (und im gesamten Lammertal), für Gosau-Gäste gratis. Täglich verkehrender kostenloser Shuttle-Bus von Salzburg über Hallein nach Rußbach.

Ski alpin: 86 km Abfahrten in der gesamten Region.

Sport: Tennis, Schwimmen, Schlittschuhlaufen, Drachen-/Gleitschirmfliegen, Reiten, Rodeln, Eisstockschießen, Kegeln.

Einkehr an der Loipe: Ausreichend vorhanden.

Après-Ski: Restaurants, Cafés, Weinstuben, Tanz, Disko, Bars, Folklore, Kino.

🛷 In der Skischule Rußbach Kinderclub, auf Anfrage in Altenmarkt.

🛏️ 12 000 Gästebetten aller Kategorien in Hotels, Pensionen, Privatunterkünften, Ferienwohnungen/Appartements, davon 2000 Gästebetten in Gosau.

zahlreiche Einkehrmöglichkeiten liegen entlang der Loipen (die wichtigsten sind auf den Loipenplänen abgebildet). Zusammen mit Annaberg und Rußbach bildet **Gosau** die Skiregion Dachstein West. Großes Plus ist wie im gesamten Tennengau der Service für Langläufer: 40 km präparierte Loipen, kostenloser Skibus und sogar ein Hol- und Bringdienst, der über Nacht die Langlaufbrettl für den nächsten Tag präpariert.

Tipp: Anfänger können in Abtenau, das über rund ein Drittel aller Loipen vom Tennengau verfügt (über 70 km), an einem Schnupperkurs mit kostenloser Leihausrüstung teilnehmen.

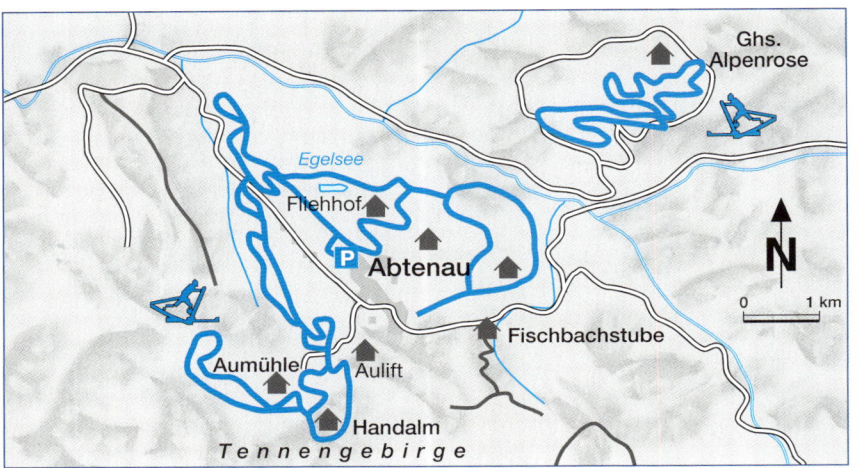

Lungau, Salzburger Land

Für ihre Gastfreundschaft berühmt sind die 15 kleinen, teils kaum bekannten Wintersportorte im Lungau: St. Michael i. L., St. Margarethen, Mauterndorf, Mariapfarr

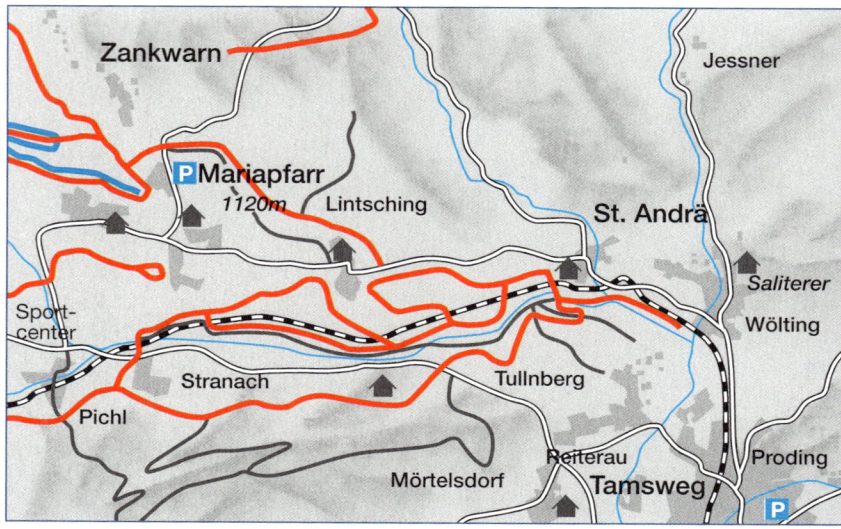

Der Lungau, Verbindungsglied zwischen der Steiermark und Kärnten, kann gleich mit einer Reihe der schönsten Loipen im Salzburger Land aufwarten. Vor dem malerischen Hintergrund der Niederen und Hohen Tauern, der Radstädter Tauern und der Kärntner Nockberge sind über ein Dutzend Gemeinden im weiten Talbecken rund um Tamsweg und den sonnenreichsten Ort Österreichs, **Mariapfarr**, nicht nur durch Straßen, sondern auch durch Loipenspuren miteinander verknüpft. Diese Verbindungsstrecken sind es, die das Loipennetz, das mit den großen Namen in der Nachbarschaft leicht mithalten kann, äußerst abwechslungsreich gestalten. An

Flussläufen entlang, über weite Felder und verschneite Wiesen, durch Wälder, in entlegene Täler und über Passhöhen führt das sehr weitmaschig »gestrickte« Loipengewebe zu immer neuen Landschaftsbildern des Lungau. Durch die

Höhenlage von über 1000 m profitieren Loipenfreunde bis Ende März von den täglich präparierten Spuren. An die beiden Hauptloipen, die Murtalloipe und die Taurachtalloipe, die **Tweng, Mauterndorf, Tamsweg** und **Mariapfarr** verbinden, schließen die technisch anspruchsvollsten, aber auch romantischsten Spuren in die Seitentäler der Niederen Tauern Weißpriachtal, Lignitztal und Göriachtal an. Vielleicht treffen Sie auf den zweifachen Seniorenweltmeister (1993 und 1994) Rupert Seitlinger, den bekanntesten Langläufer im Lungau. Wettergeschützt zwischen den Kuppen und Gipfeln der Nockberge führt die Höhenloipe im Schönfeld-Hochtal auf 14 km in hochalpines Gelände.

Die Loipen im Lungau führen an verschneiten Flussläufen entlang.

Gasteiner Tal, Großarltal

Ursprünglich wurde das Gasteiner Tal durch seine Thermalquellen berühmt, heute lockt das exzellente Loipenangebot auch Wintersportler ins sonnige Tal zwischen Kreuzkogel (2027 m) und Stubner Kogel (2246 m). Der Nachbar im Osten, Großarl, ist noch ein Geheimtipp für Loipenfreunde.

An der Südseite des Salzburger Landes trumpft das Gasteiner Tal mit einem erlesenen Ski-Cocktail auf: Da ist einmal **Bad Gastein** mit einem Schuss »Kurort«, 10 km weiter und 600 m höher verleiht **Sportgastein** dem ganzen etwas Pep, dann fügt man eine Prise Kur-, Thermal- und Langlaufspaß **Bad Hofgastein** dazu und schließlich wird das Ganze mit dem kleinen **Dorfgastein** (1500 Einwohner) am Eingang des Hochtales abgerundet. Zum Schluss kann man noch ein Tal weiter vom ruhigen **Großarl** kosten.

Charakteristisch sind die vielen sonnigen Loipen im weiten Gasteiner Tal. Die großräumigsten Loipennetze werden um Bad Hofgastein (33 km) und Bad Gastein (34 km) angelegt. Die am höchsten gelegenen Spuren befinden sich in Sportgastein (18 km) auf 1600 m Höhe. Insgesamt werden für alle Könnenstufen täglich über 100 km Loipen im Gasteiner

Das Gasteiner Tal bietet ein weitreichendes Loipennetz.

Tal und in Großarl gespurt. Ein breit gefächertes kulinarisches Angebot einer variantenreichen Gastronomie (zahlreiche Einkehrmöglichkeiten) vom Café bis zum Top-Restaurant sorgt entlang der Loipen für die entsprechende Grundlage.

Gasteiner Schmankerl ganz anderer Art sind die zahlreichen Thermen und Kurbäder im ganzen Tal, die ein ideales Entspannungsprogramm nach dem Skitag verheißen.

→ Top-Loipe

Nicht nur die längste, sondern auch die schönste Spur führt von Großarl nach Hüttschlag. Insgesamt erstreckt sich die 32 km lange Loipe über eine Höhendifferenz von 200 m. Die Loipe ist dreigeteilt, wobei jeder Abschnitt seine Eigenheiten aufweist. Nach einer kontinuierlichen Steigung entlang der Großarler Ache führt die Strecke über ein breiteres, kupiertes Gelände, mit einer längeren Abfahrt bis zum Wendepunkt in Unterberg. Nach einer Unterbrechung von 750 m führt die Großarlloipe Langläufer im offenen Gelände über leichte Anstiege am Gasthof Neumayr vorbei, entlang der Großarler Ache bis zum Heimatmuseum Kösslerhäusl. Hier erfolgt der Anschluss zur Loipe Hüttschlag. Das kurze, technisch schwierige Gelände ist auf einer Länge von etwa 750 m nur geübten Langläufern zu empfehlen. Die letzten 10,5 km der Hüttschlagloipe führen über kupiertes Gelände bis Wolfau, anschließend über offenes Feld bis Karteis, weiter ansteigend bis Aschau und wieder flach bis zum Wendepunkt Stockham.

⛷⛷⛷⛷ GASTEINER TAL / GROSSARLTAL

→ Die Langlaufgebiete

Gasteiner Tal, 830–1600 m
Großarl, 924 m

Saison: Anfang Dezember bis Ende März.

Anreise: Salzburg, Tauern-Autobahn, Ausfahrt Bischofshofen, Gasteiner Tal/ Großarl.

ℹ️ Kur- und Fremdenverkehrsverband, A-5640 Bad Gastein, Tel. 0 64 34/ 25 31-0, E-Mail fvv.badgastein@aon.at; Fremdenverkehrsverband, A-5611 Großarl, Tel. 0 64 14/2 81, Fax 0 64 14/81 93, www.grossarltal.co.at, E-Mail info@grossarltal.co.at.

→ Die Loipen

10 im Gasteiner Tal, 1 in Großarl.

Gesamtlänge: 90 km im Gasteiner Tal, 32 km in Großarl, Länge der Loipen zwischen 1 und 8 km.

Schwierigkeit: Leicht bis mittel.

Längste Loipe: »Großarl« 32 km (siehe Top-Loipe), »Luggauer Loipe« (Dortgastein), 8 km.

Skatingloipen: 4

Loipenhöhe: 835–1600 m.

Loipenbenutzung: Gratis im Gasteiner Tal; ÖS 20/Tag und ÖS 100/Woche in Großarl, Kinder erhalten jeweils eine 50%ige Ermäßigung.

Höhenloipe: Loipe Naßfeld (Sportgastein) 1600 m (1,5–4,8 oder 7,0 km lang).

Umkleiden/Duschen: Umkleidecontainer in Sportgastein.

Loipenplan: Beim Fremdenverkehrsverband.

Loipenstart: In Großarl, Niederaigen, Hinterlaireiting, Grießlehen, Schappach, Wolfau, Maurach, Stockham, Bad Bruck, Kötschachdorf, Bad Hofgastein, Dorfgastein.

LL-Schule: Skischule Bad Gastein, Tel. 0 64 34/22 60; Langlaufschule Lackner (Großarl), Tel. 0 64 14/87 88 oder 2 64.

Leihausrüstung: 12 Verleihmöglichkeiten im Gasteiner Tal (siehe Gasteiner Loipenbuch oder beim Fremdenverkehrsverband), 3 in Großarl und 1 in Hüttschlag.

→ Allgemeine Informationen

🅿️ Bei den Einstiegen.

Bus: Zu allen Loipen im Gasteiner Tal; kostenloser Skibus im Großarltal.

Ski alpin: 200 km Pisten im Gasteiner Tal und 80 km Pisten in Großarl; 2 Halfpipes im Gasteiner Tal, 1 in Großarl.

Sport: Tennis, Schwimmen, Eislaufen, Reiten, Squash, Indoor-Golf, Rodeln, Gleitschirmfliegen, Curling, Halfpipe.

Einkehr an der Loipe: Verschiedene Möglichkeiten.

Après-Ski: Restaurants, Cafés, Weinstuben, Disko, Bars, Theater, Diashow, Kino, Pferdeschlittenfahrten, Museum, Casino Bad Gastein.

🧒 Skikindergärten im Gasteiner Tal; Kinderclub Kunterbunt bwi Sport Lackner in Großarl.

🛏️ 22 500 Gästebetten aller Kategorien im Gasteiner Tal und in Großarl, davon in Großarl 4200.

Saalachtal

Wie auf einem Tablett präsentiert sich das 5-Sterne-Langlauf-paradies in Saalfelden. Weltcup- und WM-erprobte LL-Spuren, Skatingstrecken und Rennkurse, ein Nordisches Zentrum und sogar eine Loipen-Beschneiungsanlage garantieren perfekten Skisport.

Es fehlt nur noch ein alles umspannendes Zeltdach und der Langlauf-Zirkus wäre perfekt. Das Saalachtaler Loipennetz schließt mit 150 km gespurten Trassen den flachen, weiträumigen Talkessel von **Saalfelden** am Steinernen Meer ein, das gebirgige Leoganger Tal im Westen, ein Tal parallel dazu im Süden **Saalbach-Hinterglemm** bis hin zum romantischen Wintersportort **Maria Alm** im Osten. Ist der alpine Skizirkus Saalbach-Hinterglemm für Langläufer eher ein »Beiprogramm«, so bieten sich im beliebtesten Langläufer-Treff des Saalachtals, in Saalfeld auf elf Loipen mit über 80 km für zwei Schwierigkeitsgrade genügend Auslaufmöglichkeiten. Interessant sind im Saalachtal die Möglichkeiten, per LL-Ski an zwei riesige Loipennetze »anzuknüpfen«: Im Süden des Saalfeldener LL-Reviers können »Dauerläufer« über Zell am See auf mittelschweren Spuren bis zur 200 km langen Pinzgau-Loipe (siehe Oberpinzgau) auflaufen. Und folgt man den 10 km langen Spuren der Höhenloipe von Grießen nach Leogang übertritt man die Landesgrenze nach Tirol und befindet sich plötzlich auf dem LL-Areal von Hochfilzen und Fieberbrunn, mit Anschluss an den Langlaufzirkus von Kitzbühel.
Zu den landschaftlich schönsten Spuren zählt die Saalachtal-Loipe. Durch eine verschneite Moorlandschaft führt die mittelschwere Spur vom Kollingwald-Rundkurs in Saalfelden in Richtung Süden auf die 10 km lange Haidloipe und

SAALACHTAL

→ Die Langlaufgebiete

Saalfelden, 744 m
Leogang, 797 m
Saalbach-Hinterglemm, 1003 m

Saison: Anfang Dezember bis Mitte April.

Anreise: Salzburger Autobahn, Ausfahrt Traunstein, Steinpass, Lofer; Bahnstationen sind Saalfelden, Leogang und Saalbach-Hinterglemm

Tourismusverband, A-5760 Saalfelden, Tel. 0 65 82/7 06 60, Fax 0 65 82/7 53 98, www.leogang.saalfelden.at, E-Mail office@sale-touristik.at; Tourismusverband Leogang, Tel. 0 65 83/82 34, Fax 0 65 83/73 02, www.leogang-saalfelden.at, E-Mail office@sale-touristik.at; Tourismusverband, A-5753 Saalbach-Hinterglemm, Tel. 0 65 41/68 00 68, Fax 0 65 41/68 00 69, www.saalbach.com, E-Mail contact@saalbach.com.

→ Die Loipen

15 Saalfelden und Leogang; 3 Saalbach-Hinterglemm.

Gesamtlänge: 150 km, davon 9 km in Saalbach-Hinterglemm.

Schwierigkeit: Leicht bis schwer.

Längste Loipe: Haider Loipe (15 km) in Saalfelden; Loipe in den Talschluss (6 km) in Saalbach-Hinterglemm.

Skatingloipen: 8 (80 km), davon Pabing–Marzon (10 km) in Saalfelden.

Loipenhöhe: 740–820 m (Saalfelden); 1000 m (Leogang); 1100 m (Saalbach-Hinterglemm).

Loipenbenutzung: Gratis.

Höhenloipe: Grießen (1000 m).

Hundeloipe: Hunde erlaubt auf der 10 km langen Loipe Pabing–Marzon in Saalfelden.

Loipenplan: Skiplan gesamt von den Tourismusverbänden Saalbach-Hinterglemm und Leogang, Loipenplan vom Tourismusverband Saalfelden.

Loipenstart: Siehe Loipenkarte.

LL-Schule: Pinzgauer Langlaufschule Markus Förmer, Tel. 0 65 82/7 58 98, Langlauf-schule Martin Rainer, 0 65 83/83 53 in Saalfelden und Leogang; alle Skischulen von Saalbach-Hinterglemm und Leogang.

Leihausrüstung: In allen Sportgeschäften sowie Langlauf-Fachgeschäft Sport Grossegger, Tel. 06582/7 30 53 in Saalfelden.

Rennen/Volksläufe: Weltcup in der Nordischen Kombination, Junioren-WM, Militär-WM, Staatsmeisterschaft, Austria-Cup, FIS-Trainingsstrecke in Saalfelden, WM-Skatingloipe Ritzensee; auf Anfrage in Saalbach-Hinterglemm.

→ Allgemeine Informationen

P Beim Langlaufzentrum bei der Tennishalle, beim Langlaufstadion Ritzensee.

Skibus: Verkehrt in Saalbach-Hinterglemm.

Ski alpin: 410 km Pisten.

Sport: Skitouren, Wandern, Eislaufen, Rodeln, Eisstockschießen, Tennis, Squash, Reiten, Kegeln, Fitnesscenter, Schneeschuhwandern, Gleitschirmfliegen.

Einkehr an der Loipe: Wieseralm, Roßwaldhütte, Lindlingalm in Saalbach-Hinterglemm.

Après-Ski: Restaurants, Cafés, Weinstuben, Tanzabende, Bars, diverse Schirmbars, Folklore, Theater, Ski- und Heimatmuseum (Saalbach-Hinterglemm); verschiedene Möglichkeiten in Saalfelden und Leogang.

Teilweise ganztägig in den Skischulen in Saalfelden und Leogang.

24 500 Gästebetten aller Kategorien in Hotels, Pensionen, Privatzimmern und Ferienwohnungen/Appartements, davon 17 000 Gästebetten in Saalbach-Hinterglemm.
In der gesamten Gegend kommen etwa 4000 Gästebetten zusammen. Nicht viel, stellt man die schöne Winterlandschaft, das gut ausgebaute Alpinrevier, das Langlaufangebot von fast 80 km gespurten Loipen und die herrliche Gebirgswelt der Loferer und Reither Steinberge gegenüber.

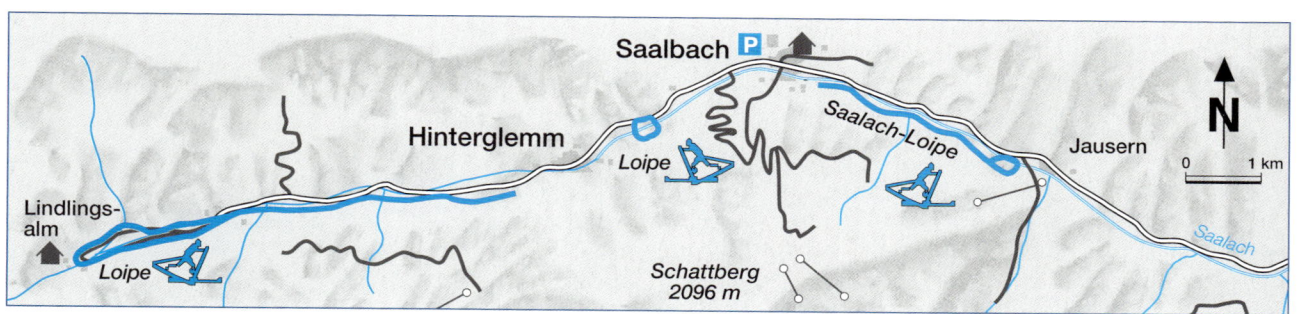

Die Loipen im Oberpinzgau und im Saalachtal sind von Dezember bis April schneesicher.

an der Saalach entlang bis zur Maishofener Sonnenloipe. Sportlich ambitionierte Loipenfüchse testen ihre Kondition gerne auf den Loipen der Nordischen Junioren-Weltmeisterschaft, die in Saalfelden ausgetragen wurde. Die 5 und 8 km langen Spuren führen, mit einer

zusätzlichen Skatingspur ausgestattet, durch den Kollingwald rund um den Ritzensee und werden, falls der Schnee von oben einmal ausbleiben sollte, sogar künstlich beschneit.

Folgt man dem Saalfeldener Loipennetz auf der 4,5 bzw. 6,4 km langen Ecking-

loipe, die eigentlich beim Wachterwirt im Ortsteil **Rosental** (Leogang) ihren Ausgang nimmt, läuft man im Ortsteil Ecking automatisch in die Leoganger-Spuren. Das LL-Angebot von Leogang kann sich mit 25 km überwiegend leichten Trassen durchaus sehen lassen. Die zentral gelegenen Spuren lassen sich von mehreren Stellen, auch von der Straße aus, bequem erreichen. Vom Ortszentrum startet die neuerdings auf 10 km erweiterte Hirnreit-Rundspur. Neu ist auch die parallel zur Loipe verlaufende 5 km lange Skatingspur. Die bereits erwähnte Eckinger Spur führt zum Leoganger Ortszentrum und stößt beim Wachterwirt auf die Asitzloipe.

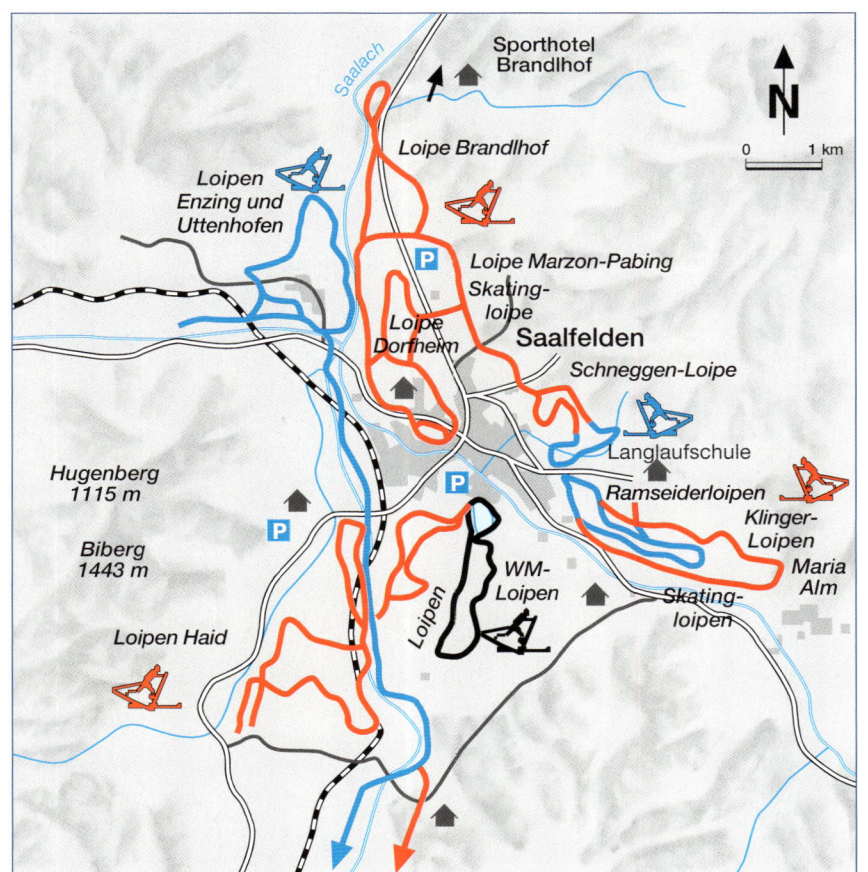

→ **Top-Loipe**

Sie sei nicht nur die längste, auch die attraktivste LL-Spur in Leogang, sagen Insider: In die 11,7 km lange Asitzloipe steigen Langläufer entweder beim besagten Wachterwirt oder am anderen Ende von Leogang, beim Parkplatz der Asitzbahnen, ein. Die als mittelschwer zu charakterisierende Spur führt, von der Asitzbahn aus gesehen, zunächst durch Embachhof und dann im weiten Bogen zum Krallerhof, beim Ortsteil Rain. Von dort schlängelt sich die Loipe am Ortsteil Sonnrain vorbei nach Leogang und schließlich zum Wachterwirt. Von dort wird die Loipe mehr oder weniger parallel zum Ausgangspunkt zurückgespurt. Die Asitz-Spur ist vor allem auch wegen des herrlichen Ausblicks auf das Leogangertal und die Leoganger Steinberge hervorzuheben.

Das Untere Saalachtal ist noch ein Geheimtipp für Skiurlauber auf der Suche nach kleinen idyllischen Bergdörfern.

SALZBURGER SAALACHTAL
Lofer, St. Martin, Unken und Weißbach

Die Annäherung an das Salzburger Saalachtal kann ganz nach Geschmack entweder ganz langsam und genießerisch oder ziemlich »flott« und bequem erfolgen. Die ruhige Variante beginnt auf Langlaufski und führt auf der Verbindungsloipe von der **Winklmoosalm** in Bayern über die Grenze (Ausweis nicht vergessen!) ins Heutal beim nördlichsten Saalachtal-Skiort **Unken**. Auf etwa 30 km können sich »Grenzgänger« auf einer Höhe von 1000 bis zu 1500 m austoben, Interessenten können auch an einem geführten Langlaufausflug der Skischule Unken nach Winklmoos teilnehmen. Der direkte Einstieg erfolgt mit dem Auto von München (140 km) entweder über die Autobahn Salzburg nach Siegsdorf – von dort sind es über Inzell nur noch knapp 40 km Bundesstraße – oder über die Inntal-Autobahn, Ausfahrt Kufstein Süd, St. Johann/Tirol nach Lofer, und schon können eilige Loipenfreunde die langen Latten im Hauptort des Salzburger Saalachtales in die Spur legen.

Doch genau dies ist der Grund für viele Tages- und Wochenendskifahrer, das Salzburger Saalachtal als Ziel zu wählen. Wie einsam war es doch noch 1904, als der erste Skifahrer im Tal, der Büchsenmacher Johann Faistauer, von einem Jäger zwei Brettl geschenkt bekam, in der Mitte mit Löchern versehen, durch die man Schnüre zum Festbinden der Schuhe ziehen konnte.

Neben Lofer und Unken gibt es für Langläufer noch zwei besonders idyllisch gelegene Anlaufpunkte: **St. Martin** und **Weißbach**. Leichte bis mittelschwere Spuren von 5 bis 16 km Länge führen über Wiesen und durch Wälder, an Bächen und Flüssen entlang zu den reizvollsten Plätzen der Region, die auch für Anfänger zu bewältigen sind. Skatingfreunde kommen allerdings nur auf einem Teilstück der Loipe St. Martin oder auf der Höhenloipe der Loferer Alm auf ihre Kosten.

Trost ist vielleicht die Tatsache, dass das Loferer Skigebiet zu den schneesichersten des Salzburger Landes zählt. Und selbst wenn es wieder einmal nicht ausreichend geschneit hat, bleibt immer noch die Möglichkeit, entweder in den vielen gemütlichen Gasthäusern einzukehren oder in die Unterwelt »abzutauchen« – die Lamprechtshöhle gilt mit einer Länge von 30 km als die längste Wasser führende Höhle Europas.

 UNTERES SAALACHTAL

→ **Die Langlaufgebiete**

Lofer, 640 m
St. Martin, 634 m
Unken, 563 m
Weißbach, 665 m
Saison: Mitte Dezember bis Mitte April.

Anreise: Autobahn München–Salzburg, Ausfahrt Siegsdorf bis Lofer/St. Martin oder Inntal-Autobahn, Ausfahrt Kufstein Süd–St. Johann/Tirol–Lofer/St. Martin; Bahnstationen sind St. Johann/Tirol oder Bad Reichenhall.

🛈 Tourismusverband Salzburger Saalachtal, A-5090 Lofer, Tel. 0 65 88/83 21-0, Fax 0 65 88/74 64, www.salzburgersaalachtal.com, E-Mail tourist-office@lofer-net.

→ **Die Loipen**

5 in Lofer/St. Martin; 4 in Unken.

Gesamtlänge: 40 km im Tal, 6 km Höhenloipe in Lofer/St. Martin, 24 km in Unken.

Schwierigkeit: Leicht bis schwer.

Längste Loipe: Loipe Weißbach (16 km, mittel).

Skatingloipen: 4 in Lofer/St. Martin, 2 in Unken.

Loipenhöhe: 640–1565 m.

Loipenbenutzung: Gratis, in Unken sind Spenden willkommen.

Höhenloipen: Loipe auf der Loferer Alm (1450–1500 m, 6 km lang, mittel bis schwer); Loipen im Heutal (1000–1500 m, 30 km, mittel bis schwer).

Umkleiden/Duschen: Bergstation Loferer-Alm-Bahn 2 bei der Höhenloipe.

Loipenplan: Beim Tourismusverband.

Loipenstart: Unken: Beim Liftparkplatz und Gasthof Post.

LL-Schule: Skischule Herbst, Tel. 0 65 88/75 10 und Skischule Sturm, Tel. 0 65 88/73 26 in Lofer; Skischule Flatscher in Unken/Heutal.

Leihausrüstung: In allen Sportgeschäften.

→ **Allgemeine Informationen**

🅿 Beim Kreisverkehr in Lofer, Gasthof Post in Unken.

Bus: Unken-Heutal-Skibus.

Ski alpin: 46 km Pisten, 14 Liftanlagen Loferer Alm; Unken/Heutal 12 km Pisten, 4 Liftanlagen.

Einkehr an der Loipe: Mehrere Möglichkeiten in der Region.

Sport: Skitouren, Wandern, Eislaufen, Eisstockschießen, Rodeln, Schwimmen (Unken), Tennis.

Après-Ski: Restaurants, Cafés, Weinstuben, Disko, (Schirm-)Bars.

🚗 In den Skischulen und im Gasthof Post (Unken).

🛏 4000 Gästebetten aller Kategorien in Hotels, Pensionen, Privatzimmern und Ferienwohnungen/Appartements, davon 3000 in Lofer/St. Martin und 1000 in Unken/Heutal.

Oberpinzgau

Das Oberpinzgau liegt zentral zwischen den bekannten Skiarenen Tirols und des Salzburger Landes. Die LL-Trassen durchqueren das gesamte Oberpinzgauer Gebiet mit den Skiorten Mittersill, Bramberg, Neukirchen, Wald und Krimml.

Schneesicherheit bis in den April hinein, über 100 km maschinell präparierte Loipen und ein großes Teilstück der gut 200 km langen Pinzgaloipe bilden die Basis für den gelungenen LL-Urlaub im Oberpinzgau.

Allein die Loipenkarte von **Neukirchen** unterhalb des imposanten Großvenedigermassivs ist ein detailverliebtes, schönes Erinnerungsstück, das man gerne mit nach Hause nimmt. Darauf erkennt man sofort den dörflichen Charakter der kleinen Gemeinde am westlichen Ende des Oberpinzgaus und des Salzachtales. Jedes einzelne Haus ist darauf abgebildet und natürlich die 40 km langen Venedigerloipen, die im Loipenverbund der Pinzgaloipe integriert sind und über leichtes bis mittelschweres Terrain führen. Wer hoch hinaus will, dem seien die 18 km langen Höhenloipen von **Hochkrimml** auf 1640 bis 1670 m (durch Naturschutzgebiet) oder die 18 km langen Hochmoorloipen bei Pass Thurn auf 1000 bis 1200 m Höhe empfohlen.

Tipp: Schneesicher bis manchmal in den Mai hinein ist die 10 km lange mittelschwere Höhenloipe auf der nicht weit von **Krimml** entfernten Gerlosplatte auf 1655 m Höhe. Das Zentrum des Oberpinzgaus ist **Mittersill**. Der Anknüpfpunkt an die Pinzgaloipe nach Unterpinzgau – hier haben Langläufer noch 170 km nach Zell am See vor sich und erst 30 km hinter sich – liegt am Nordrand des Nationalparks Hohe Tauern und bietet von leichten Übungsspu-

ren im Tal, über mittlere bis schwere Höhenloipen und sogar einer beleuchteten Nachtloipe alles, was des Langläufers Herz begehrt. Treibende Kraft sind die Mittersiller »Loipenflizzer«; sie waren die Initiatoren für die Beleuchtung auf der Hochmoorloipe und sorgen bei Bedarf für Schnee – mit der Schneekanone.

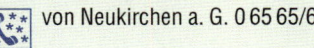

OBERPINZGAU

→ Die Langlaufgebiete

Mittersill, 789 m
Neukirchen a. G., 856 m

Saison: Anfang Dezember bis Anfang April. * Schneesicher!

Anreise: Inntalautobahn, Ausfahrt Kufstein Süd oder Zillertal, Kitzbühel, Mittersill oder Ausfahrt Zillertal, Zell am Ziller, Gerlos, Bahnstationen in Mittersill, Neukirchen, Wald und Krimml.

ℹ️ Verkehrsverband, A-5730 Mittersill, Tel. 0 65 62/42 92, Fax 0 65 62/50 07, E-Mail info@mittersill.at; Fremdenverkehrsverband, A-5741 Neukirchen a. G., Tel. 0 65 65/62 56, Fax 0 65 65/65 50, E-Mail info@neukirchen.at.

📞 von Neukirchen a. G. 0 65 65/62 05.

→ Die Loipen: 15.

Gesamtlänge: Ca. 100 km (ohne Pinzgaloipe).

Schwierigkeit: Leicht bis schwer.

Längste Loipe: 100 km langes Teilstück der Pinzgaloipe (insges. 200 km!); 22 km lange Hochmoorloipe (Mittersill/Pass Thurn), 11 km lange Trattenbachloipe in Neukirchen, 20 km Höhenloipen in Hochkrimml.

Skatingloipen: 6.

Loipenhöhe: 800–1670 m.

Loipenbenutzung: Gratis.

Höhenloipe: 18 km Hochmoorloipen (1000–1200 m), 18 km Höhenloipen Hochkrimml (1640–1670 m).

Nachtloipe: Blizzardloipe (800 m), 3,1 km lang, von 19 bis 21 Uhr beleuchtet, Hochmoorloipe in Mittersill.

Loipenplan: Bei den Verkehrsämtern.

Loipenstart: Sportplatz in Neukirchen.

LL-Schule: Langlauf-Schule Gottlieb Anfang, Neukirchen, Tel. 0 65 65/65 36 (auch

mit Videokontrolle); Stefan's Skischule Mittersill, Tel. 0 65 62/85 69 (auch Privatstunden).

Leihausrüstung: In den Sportgeschäften in Neukirchen und Intersport Breitfuß, Sport 2000 und Blizzrad Ski (Mittersill).

Rennen/Volksläufe: Volkslanglauf in Neukirchen, City-Langlauf und Dauerlanglauf in Mittersill; 6-Stunden-Rennen des Skiclubs Pass Thurn.

→ Allgemeine Informationen

🅿️ In Mittersill ca. 10 Min. bis zur Loipe, an der Wildkogelbahn und am Sportplatz in Neukirchen.

Bus: Gratis-Skibus für Gäste von Mittersill bis zur Hochmoorloipe und bis ins Kitzbüheler Skigebiet.

Ski alpin: 280 km Pisten im Skigroßraum Oberpinzgau/Kitzbühel (64 Lifte mit einem Skipass), 35 km Abfahrten am Wildkogel.

Einkehr an der Loipe: Mehrere Möglichkeiten in Neukirchen, viele Möglichkeiten in Mittersill.

Sport: Skitouren, Skiwandern, Rodeln, Eislaufen, Eisstockschießen, Pferdeschlittenfahrten, Drachen-/Gleitschirmfliegen, Tennis (Mittersill), Golfen (ab April), Reiten, Schwimmen, Schneeschuhwandern.

Après-Ski: Restaurants, Cafés, Weinstuben, Diskos, Musikabende, Folklore, Diashows, Kino, Theater.

👶 Kogel-Mogel Kinderland und auf Anfrage Tagesmutter in Neukirchen (Infos über Fremdenverkehrverband); Stefan's Kinderskischule in Mittersill, Tel. 0 65 62/85 69 und Skischule Jungwirth, Tel. 0 65 62/83 89 in Mittersill.

🛏️ 11 700 Gästebetten aller Kategorien im gesamten Oberpinzgau, davon 1000 in Mittersill.

Salzburger Land

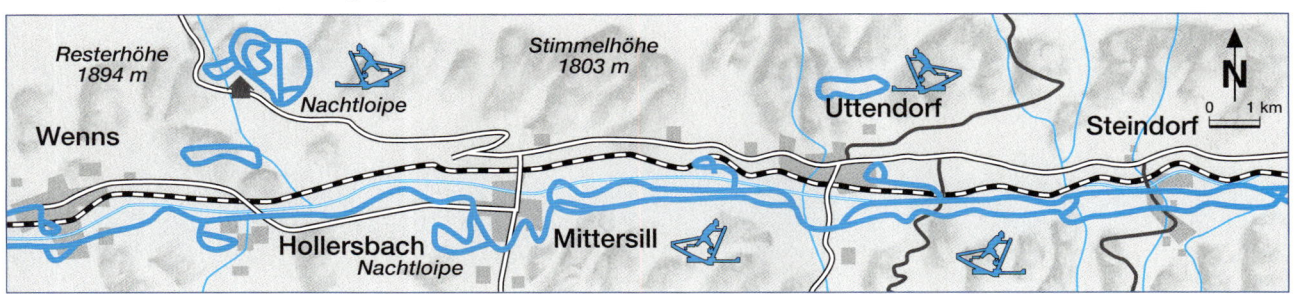

Oberösterreich

Die Skiregion rund um den Luft-kurort Windischgarsten hat eine langjährige Tradition als Winter-sportrevier. Vor allem Langläufer kommen in dem ausgedehnten Areal von Pyhrn-Priel und Pyhrn-Eisenwurzen, das von 200 km gespurter Loipen durchzogen wird, auf ihre Kosten.

Windischgarsten – ein idealer Ort für Ruhe und Erholung nach dem Sport.

Die Kelten und die Römer, später Bamberger Bischöfe und Nürnberger Kaufleute, benutzten den 945 m hoch gelegenen Alpenübergang, den Pyhrnpass. Die Gebirgslandschaft rund um das Garstener und Stoder Tal wurde schon frühzeitig als Skigebiet entdeckt. 1905 erfolgte die Gründung des Linzer Skiclubs, der in der Loferhütte auf der Wurzeralm sein Bergheim einrichtete, und im Januar 1907 gab es bereits die ersten Wintersport-Ermäßigungen für die Bahnfahrt nach Windischgarsten oder Spital am Pyhrn.

Von München aus ist das oberösterreichische Wintersportzentrum **Pyhrn-Priel** über die Salzburger Autobahn (etwa 300 km) sozusagen »noch in Reichweite«. Das Argument »ab vom Schuss zu sein« kann hier also nicht zutreffen. Vielmehr fehlen die Dreitausender, die Skischaukeln, und letztlich der ganze Skizirkus, um die Skiorte Oberösterreichs der Masse der süddeutschen Skifahrer

schmackhaft zu machen. Attraktiv ist die Skiregion rings um den Hauptort **Windischgarsten** (602 m) aber vielleicht gerade wegen des fehlenden Rummels, wegen des fehlenden Jetsets, wegen des vernünftigen Preisniveaus und nicht zuletzt wegen der stattlichen Anzahl von

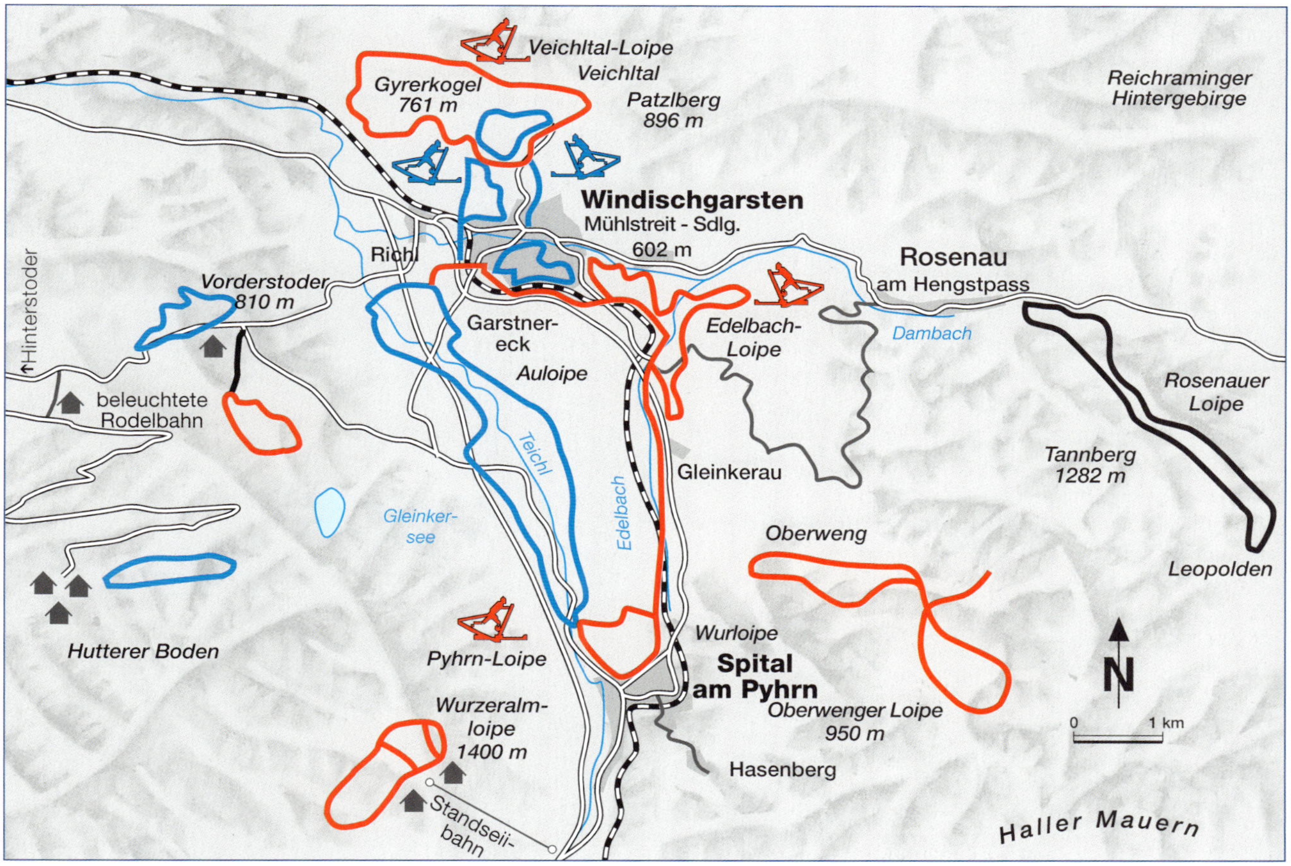

Die Langlaufspuren führen durch leichtes bis mittelschweres Gelände.

Langlaufmöglichkeiten. Über 200 km gespurte Loipen umgeben die 25 Orte zwischen **Kirchdorf an der Krems** und dem Windischgarstener Tal, das vom Pyhrnpass (954 m) an der Grenze zur Steiermark bis hinüber zum bekannten Skitreff **Hinterstoder**, unterhalb der höchsten Erhebung der Region, dem Großen Priel (2515 m), gelegen, reicht. Mit den unterschiedlichen Höhenlagen ist auch schon die geografische Situation charakterisiert. Auf mehreren »Etagen« spielt sich das Loipenleben ab: In der weiten, flachen Talsohle südlich von **Kirchdorf an der Krems** (ab 350 m), dann langsam ansteigend im Vorgebirgsland des Sengsengebirges und schließlich in den Hochlagen des Pyhrn-Priel- und Pyhrn-Eisenwurzen-Gebiets mit LL-Spuren zwischen 600 und 1400 m Höhe. Das Langlaufrevier lässt sich auf drei Stufen erkunden: Zunächst das größte LL-Angebot von Windischgarsten (60 km) auf etwa 600 bis 650 m Seehöhe gelegen. Zu den schönsten Spuren zählen die Veichltal- und die Rosenauerloipe. Etwas höher führen die 10 km langen Oberwenger Loipen von 900 auf 1000 m. Eine weitere Steigerung ist die 5 bis 7 km lange Wurzeralmloipe auf 1400 m und die 4 km lange Hutterer-Höhenloipe bei Hinterstoder, auf 1400 m gelegen. Als besonders attraktiv, wegen ihrer landschaftlichen Reize, werden die insgesamt 12 km langen Talloipen von Hinterstoder (auf 600 m) beurteilt. Die Region verfügt über 30 km Skatingloipen. Insgesamt umspannt das Loipennetz der vier Hauptorte Spital am Pyhrn, Windischgarsten und **Vorder-** und **Hinterstoder** etwa 100 km Langlaufspuren, die vor allem über leichtes bis mittelschweres Gelände führen. Eine Verbindung zu einem Ski-

Fernwanderweg gibt es von der Wurzeralmloipe in Spital am Pyhrn aus. Von dort läuft man rund um das Warscheneck, macht eine Abfahrt nach Vorderstoder und kommt so auf die Skitour vom »Loigistal«. Die Laufzeit der teils unpräparierten, mittelschweren Strecke beträgt ca. 3 Stunden. Zum Großteil bestens präparierte Loipen, ein kostenloser Skibus-Service und eine appetitanregende Anzahl von Gaststätten und Restaurants machen das Pyhrn-Priel- und Pyhrn-Eisenwurzen-Gebiet auch zu einem Dorado für Genießer.

OBERÖSTERREICH

→ Die Langlaufgebiete
Windischgarsten, 602 m
Hinterstoder, 600 m
Spital am Pyhrn, 640 m

Saison: Anfang Dezember bis April.

Anreise: Autobahn München–Salzburg Richtung Wien, Ausfahrt Voralpenkreuz A 9 Richtung Graz bis Kirchdorf a. d. Krems und Windischgarsten; Bahnstationen sind Windischgarsten, Spital am Pyhrn und Hinterstoder.

Fremdenverkehrsamt Pyhrn-Eisenwurzen, A-4560 Kirchdorf an der Krems, Tel. 0 75 82/24 50; Verkehrsämter der Pyhrn-Priel-Region: A-4580 Windischgarsten, Tel. 0 75 62/52 66 www.windischgarsten.ws.at, E-Mail windischgarstentalinfo@netway.at, A-4582 Spital am Pyhrn, Tel. 0 75 63/2 49 oder 70 07, www.spital.pyhrn.at, E-Mail pyhrn.info@netway.at, A-4574 Vorderstoder, Tel. 0 75 64/82 55, www.tiscover.com/vorderstoder, E-Mail infovorderstoder@netway.at und A-4573 Hinterstoder, Tel. 0 75 64/ 52 63, www.hinterstoder.at, E-Mail tr.hinterstoder@netway.at.

 von den Bergbahnen Hutterer Hoss–Wurzeralm 0 75 64/55 00.

→ Die Loipen
16 in Windischgarsten, 2 in Hinterstoder, 4 Loipen in Spital am Pyhrn.

Gesamtlänge: 122,5 km in Windischgarsten, 16 km in Hinterstoder.

Schwierigkeit: Leicht bis schwierig.

Längste Loipe: Pyhrn-Loipe, zwischen Spital am Pyhrn und Windischgarsten, 15 km, mittel, 600–650 m.

Skatingloipen: 6 in Windischgarsten, 2 in Hinterstoder, 1 davon nur teilweise, 3 in Spital.

Fernwanderwege: In Spital am Phyrn besteht Anbindungsmöglichkeit an die Skitour »Loigistal«: Wurzeralmloipe-Warscheneck-Abfahrt nach Vorderstoder (ca. 3 Stunden).

Loipenhöhe: 600–1700 m.

Loipenbenutzung: Gratis, außer Loipe im Biathlonzentrum Innerrosenau (12 km) 25 ÖS/Tag.

Höhenloipen: Wurzeralmloipe (1400 m, 6 km) und Huttererbödenloipen, oberhalb von Hinterstoder (1400 m, 3 km).

Umkleiden/Duschen: Im Hallenbad Spital am Pyhrn und im Biathlonzentrum Innerrosenau.

Loipenplan: In den Tourismusämtern der Region.

Loipenstart: Landhotel Gressenbauer und Seilbahnparkplatz in Hinterstoder; Einstieg sonst überall möglich, auch am Bahnhof von Spital am Pyhrn.

LL-Schulen: Skischule Wurzeralm, Tel. 0 75 62/60 20 in Windischgarsten, Skischule Stodertal, Tel. 0 75 64/50 50.

Leihausrüstung: In den Sportgeschäften und Skischulen.

Rennen/Volksläufe: Teilweise Rennen des örtlichen Sportvereins.

→ Allgemeine Informationen

P Seilbahnparkplatz, Schiederweiher, Polsterlucke in Hinterstoder, an den Loipen, auch am Bahnhof von Spital am Pyhrn.

Skibus: Loipentaxi zur Oberwenger Loipe und zum Biathlonzentrum Innerrosenau in Windischgarsten; Linienbus Bahnhof–Ort in Hinterstoder.

Ski alpin: 65 km Pisten.

Sport: Skitouren, Skiwandern, Eislaufen, Eisstockschießen, Rodeln, Snowrafting, Drachen-/Gleitschirmfliegen, Reiten (Halle), Tennis, Squash, Schwimmen, Schneeschuhwandern, Klettern, Tischtennis.

Einkehr an der Loipe: Polsterstüberl, Polsterluke, Baumschlagerreith, Nr. 1 in Hinterstoder; teilweise in Windischgarsten, verschiedene Möglichkeiten in Spital.

Après-Ski: Restaurants, Cafés, Pubs, Diskos.

 Keine.

15 000 Gästebetten im Pyhrn-Priel-Gebiet, in Hotels, Pensionen sowie Appartements und Ferienwohnungen, davon 1000 in Hinterstoder und 1300 in Spital.

Spur oder Kur?

Die Kärntner Ferienreviere sind nicht nur im Sommer ein Hit. Abseits des großen Skirummels eröffnet sich Langlaufurlaubern ein neuer Horizont. Fitness und Gesundheit kommen hier gleichermaßen zum Zug.

Heiligenblut, Mallnitz

Rund um den Nationalpark Hohe Tauern laden Bilderbuchlandschaften vor der Kulisse des Großglocknermassivs und schneesichere Skireviere vor allem Familien zum Verweilen ein. Auch im benachbarten Mölltal heißt es im Winter: »Schnee und Langlauf gut!«

Bergwanderer, Kletterer und Skifahrer wissen es längst, die Hohen Tauern sind die letzte großräumige, zusammenhängende Gebirgslandschaft Österreichs. Verständlich, dass dieses Naturrefugium als Nationalpark unter besonderen Schutz gestellt wurde. Rund um das Herzstück des Nationalparks, den Großglockner, heißt es im Winter: »Schnee und Loipe gut!« **Heiligenblut** und **Mallnitz** bedeuten gepflegte Gastlichkeit in Bergdörfern, deren höchstes Gebäude noch der Kirchturm ist. Der ist vor allem als Postkartenmotiv in Heiligenblut beliebt. Die gotische Kirche mit dem charakteristischen Spitzturm vor dem Bilderbuchpanorama des Großglocknermassivs (Gipfelhöhe: 3798 m) ist immer wieder ein Foto und vor allem einen Besuch wert. Da die Großglockner-Hochalpenstraße im Winter gesperrt ist, erreicht man Heiligenblut an der Westkärntner Grenze zum Salzburger Land nur über die Felbertauernstraße, die Tauernautobahn oder von Badgastein aus per Autoverladung durch den Tauerntunnel.

Nach eigenen Angaben ziehen sich unterhalb des Gletschers rund um **Heiligenblut** nur 13 km Langlaufspuren, aber die immerhin auf 1300 m Seehöhe und mit welch einer Aussicht! Parallel dazu wurden Laufflächen für Anhänger des Skatingstils gespurt. Längste präparierte Spur ist die Glocknerloipe, mit 5,5 km eine anspruchsvolle Strecke mit mittelschweren Steigungen. Wer hier rastet, der rostet nicht: Per Doppelstockschub oder im Diagonalschritt geht es an alten Bauernhöfen, dem Dorfhotel, dem Kärntnerhof, dem Café Lagler oder der Winklstube entgegen. Die Verbindung zwischen Heiligenblut und Mallnitz führt durch das Mölltal, einen der ältesten Reisewege der Alpen. Das Mallnitzer Hochtal im Kärntner Oberland und im Herzen der Hohen Tauern abseits des Verkehrsrummels ist prädestiniert für ruhige Stunden in den

naturschönen Loipen. Dabei ist Kärntens erster heilklimatischer Höhenluftkurort in 1200 m Seehöhe auch im Winter bekannt für sein angenehmes Reizklima ohne Föhn und Nebel. Von Alpinskifahrern wird das Skirevier rund um **Mallnitz** gerne als schönster Wintersportort Kärntens gelobt. Bekannt ist die Sportregion **Mölltal** auch als Gletscherskigebiet und für die vielseitigen Möglichkeiten für Skitourengeher bis auf die Dreitausender der Hohen Tauern.

Langläufer finden gute Bedingungen bis Ende März vor. Rund 25 km doppelt gespurte und gut markierte Rundkurse führen vom Ortszentrum an malerischen Bachläufen entlang in das Tauern-, in das Seebach-, Dösener- und ins Mallnitztal. Einkehrmöglichkeiten finden sich direkt an den Strecken, zum Beispiel in dem beliebten Langläuferziel »Stocker-

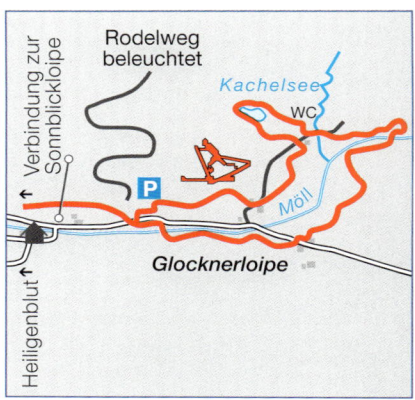

hütte«, im Tauerntal, oder im Gasthaus Alpenrose im Seebachtal.

Tipp: Schneemangel ist in Heiligenblut kein Grund, voreilig die Ski einzupacken, denn in solch einem Fall wird beim Wallackhaus (auf 2200 m Höhe!) eine 3 km lange, leichte Spur gezogen.

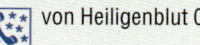

HEILIGENBLUT, MALLNITZ

→ **Die Langlaufgebiete**

Heiligenblut, 1301 m
Mallnitz, 1200 m

Saison: Mitte Dezember bis Mitte April. * Schneesicher!

Anreise: Inntalautobahn, Ausfahrt Kufstein Süd, Kitzbühel, Felbertauerntunnel, Lienz, Heiligenblut oder München–Salzburg, Badgastein–Tauerntunnel–Mallnitz; Bahnstation ist Mallnitz.

ℹ️ Tourismusverband, A-9844 Heiligenblut, Tel. 0 48 24/20 01 21, Fax 0 48 24/20 01 43, www.heiligenblut.at, E-Mail glockner@netway.at; Urlaubsinformation, Tel. 0 47 84/2 90.

📞 von Heiligenblut 0 48 24/26 40.

→ **Die Loipen**

2 in Heiligenblut, 3 in Großkirchheim, 4 in Mallnitz/Mölltal.

Gesamtlänge: 33 km in Heiligenblut/Großkirchheim, 95 km in Mölltal.

Schwierigkeit: Leicht bis mittel.

Längste Loipen: Stall–Rangersdorf (20 km) in Mölltal.

Skatingloipen: 2 in Heiligenblut, 2 in Mallnitz.

Loipenhöhen: 1200–1757 m in Mallnitz; 1200–2230 m in Heiligenblut.

Loipenbenutzung: Gratis.

Höhenloipen: Wallackhaus-Loipe (Heiligenblut, 2200 m, 3 km); Jamnigalm (Mallnitz, 4 km, 1745 m).

Loipenplan: Beim Tourismusverband.

Loipenstart: Siehe Loipenkarte.

LL-Schulen: Skischule Heiligenblut, Tel. 0 48 24/22 45, Skischule Lackner in Heiligenblut; Skischule Mallnitz, Tel. 0 47 84/3 58 oder 5 15.

Leihausrüstung: In den Skischulen.

Rennen/Volksläufe: Osterlauf in Mallnitz.

→ **Allgemeine Informationen**

🅿️ Direkt an den Loipen, beim Gemeindeamt und beim Hallenbad von Mallnitz.

Bus: Skibus zum Nulltarif (für Skipass- oder Gästekartenbesitzer) in Heiligenblut und Mallnitz.

Ski alpin: 55 km Pisten in Heiligenblut und 30 km Pisten in Mallnitz.

Sport: Eislaufen, Eisstockschießen, Snowboarden, Rodeln, Tennis, Squash, Schwimmen.

Einkehr an der Loipe: Alm Casino, Gasthof Sonnblick in Heiligenblut.

Après-Ski: Restaurants, Cafés, Weinstuben, Bars.

 Keine.

🛏️ 700 Gästebetten (Heiligenblut), 2000 Gästebetten (Mallnitz) aller Kategorien und 3950 Gästebetten in der Sportregion Mölltal; Tipp: Urlaub auf dem Bauernhof in Heiligenblut!

Karnische Skiregion

Wen es nach Idylle und Stille verlangt, der muss in Kärnten nicht lange suchen. Die Tauernautobahn lässt man links liegen, orientiert sich an den LL-Revieren Hermagor und Sonnenalpe-Naßfeld, und schon befindet man sich inmitten von rund 270 km gespurten Loipen.

Die Schneesicherheit ist bekannt und die gesamte Region verbürgt sich für gute Wintersportverhältnisse bereits ab Ende November. Größere Hotels oder städtischen Charakter findet man in der Karnischen Skiregion nicht, dafür aber unberührte Landschaft, ein großes Alpinskigebiet sowie eine breite Palette an Kärntner gastronomischen Schmankerln. Und was die Zillertaler und Karnischen Alpen nahe der italienischen Grenze in puncto Wintersport und speziell für Freunde der Loipe zu bieten haben, danach muss man im weiten Umkreis suchen. Das größte Langlaufrevier Kärntens verteilt sich auf zwei Stufen mit über 200 km gespurten Loipen. Die untere und wesentlich umfangreichere LL-Ebene (rund 190 km Loipen) spielt sich im Oberen Gailtal zwischen **Hermagor** im Osten und **Kötschach-Mauthen** im Westen ab. Auf etwa 600 m Höhe läuft man nur den Spuren entlang der Gail nach. Durch eine verschneite Winterlandschaft folgen die durchweg leichten Loipen dem Flusslauf. Höheres LL-Niveau findet sich im Karnischen Skigebiet **Sonnenalpe Naßfeld** (1530 m) auf zwei Panoramaloipen, die zum Teil nach Italien führen. Der Obergailtaler Skimarathon wird zum Großteil auf dem 60 km langen Rundkurs zwischen Kirchbach und Kötschach-Mauthen ausgetragen. Die Strecke kann in Abschnitte aufgeteilt

oder bis nach Hermagor und das Untere Gailtal im Osten und ins Lesachtal im Westen ausgeweitet werden. Wer seine

Kondition testen will, kann sich in der 3 km langen »Permanenten Rennstrecke« von Tröpolach versuchen.

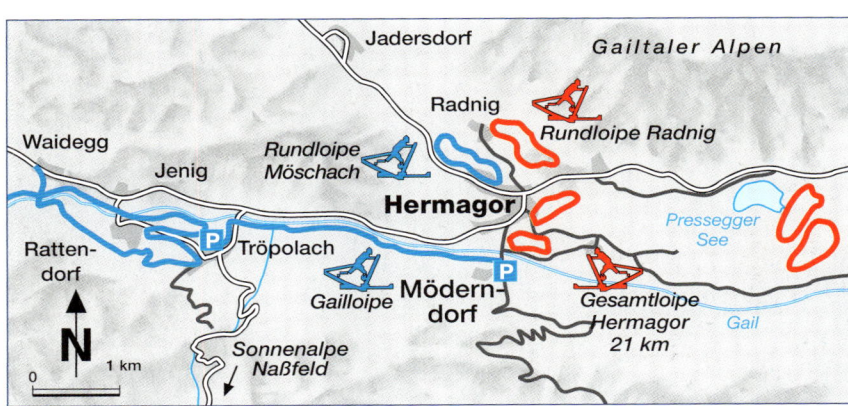

♟♟♟♟ KARNISCHE SKIREGION

→ Die Langlaufgebiete

Hermagor, 590 m
Sonnenalpe Naßfeld, 1530 m

Saison: Ende November bis Ende April.

Anreise: Inntalautobahn, Ausfahrt Kufstein Süd, Kitzbühel, Felbertauerntunnel, Lienz, Oberdrauburg, Kötschach, Gailtal, Hermagor oder Salzburg, Tauernautobahn, Arnoldstein, Ausfahrt Hermagor/Gailtal; Bahnstation ist Hermagor.

ℹ️ Verkehrsämter: A-9620 Hermagor, Tel. 0 42 82/20 43, E-Mail office-tibh@carnica.at und A-9620 Sonnenalpe Naßfeld, Tel. 0 42 85/82 41.

→ Die Loipen

42 Doppelspurloipen.

Gesamtlänge: 80 km im Gailtal mit Anschluss an 200 km im Oberen Gailtal und 11 km Sonnenalpe-Naßfeld, insgesamt ca. 300 km.

Schwierigkeit: Leicht bis schwer.

Längste Loipe: Rundkurs Tröpolach–Jenig, auf 600 m Höhe, 15 km, leicht.

Skatingloipen: 6.

Loipenhöhen: 600–1500 m.

Loipenbenutzung: Gratis.

Höhenloipen: 2 (1539 m, 4 und 7 km).

Hundeloipe: 1 Hundewanderloipe und 1 Loipe für Schlittenhunde.

Umkleiden/Duschen: Vorhanden.

Loipenplan: Von den Verkehrsämtern.

Loipenstart: Einstieg in das Loipennetz überall möglich.

LL-Schulen: Skischule Karnische Region Sölle, Tel. 0 42 85/82 81, Skischule Kötschach, Tel. 0 47 15/84 30, Langlaufschule

Weissensee, Tel. 0 47 13/24 09, Langlaufschule Obertilliach, Tel. 0 48 47/52 43, Skischule Enzi, Tel. 0 42 86/2 55.

Leihausrüstung: In zahlreichen Sportgeschäften und Skischulen, auch in den Beherbergungsbetrieben.

Rennen/Volksläufe: Silvesterlanglauf in St. Lorenzen im Lesachtal (31.12.), Eiskristall-Langlauf am Weissensee (6.1.), Obergailtaler Langlaufmarathon in Kötschach/Mauthen (6.1.), Nachtlanglauf in Grafendorf/Kirchbach (25.1.).

→ Allgemeine Informationen

🅿️ An allen Einstiegstellen ausreichende Parkmöglichkeiten.

Bus: Gratis-Shuttle mit modernen Niederflurbussen im Gailtal, Gitschtal und Weissensee.

Ski alpin: 28 Seilbahnen und Liftanlagen mit über 100 km Pisten aller Schwierigkeitsgrade.

Sport: Skitouren, Skiwandern, Eislaufen (größte Natureisfläche Europas am Weissensee), Eisstockschießen, Rodeln, Reiten, Tennis, Squash, Schwimmen, Rodeln (beleuchtete Bahn), Fitnesscenter, Kegeln.

Einkehr an der Loipe: Zahlreiche Möglichkeiten entlang der Hauptloipen.

Après-Ski: Restaurants, Bars, Hütten, Diskos, Tanz, Diashows.

🚼 Bobo-Mini Club der Skischule Sölle auf der Tressdorfer Alm am Naßfeld und im Kindergarten Pressegen.

🛏️ Ca. 15 500 Gästebetten aller Kategorien in Hotels, Pensionen, Privatzimmern (auch Bauernhöfen) und Ferienwohnungen/Appartements in der gesamten Region.

Villach, Bad Kleinkirchheim

Villach und Bad Kleinkirchheim ist eine gelungene Kombination von Skistadt und Skidorf, Sport- und Kururlaub sowie Exklusivität und Bodenständigkeit. Langläufer können sich über ein fast 260 km umfassendes Loipenangebot freuen.

Rund um Villach erstreckt sich ein schon fast rekordverdächtiges Revier mit Loipen in einsamer Höhe.

Wie eng in den beiden Traditions-orten Skifahren und Gesundheit verknüpft sind, zeigt das Bad Kleinkirchheimer Spezialangebot eines kombinierten Skipasses für Bergbahnen und Thermalbäder und ein Ski- und Thermen-Bus-Service zum Nulltarif. Exklusivität und Bodenständigkeit passen in den beiden Skirevieren inmitten des Bundeslandes Kärnten bestens zusammen. Der Bezirkshauptort Villach bietet städtisches Flair, Bad Kleinkirchheim hingegen ist das gemütliche Skifahrerdorf. Beide Orte können gleichermaßen mit einem vorzüglichen Loipenrevier für die ganze Familie aufwarten. Für Schneesicherheit garantieren zahlreiche Höhenloipen, die bis auf 2000 m hinaufführen.

Die 54000-Einwohner-Skistadt **Villach** liegt näher an München (300 km) als an Wien und ist hauptsächlich durch das berühmte Warmbad Villach bekannt gewor-

den. Aus sieben Quellen sprudeln täglich rund 40 Millionen Liter heilkräftiges Wasser.

Tipp: Besuch im Kristallbad, im Thermalbad von Bad Bleiberg und im Heilklimastollen »Terra Medica«.

Dass das von Touristikern »Schneebärenland« getaufte Skigebiet, mit dem südlichsten Skiberg Österreichs, noch ein Geheimtipp sein soll, kann man kaum glauben, zumal sich in den vier LL-Gebieten Villach-Stadt, Faaker See,

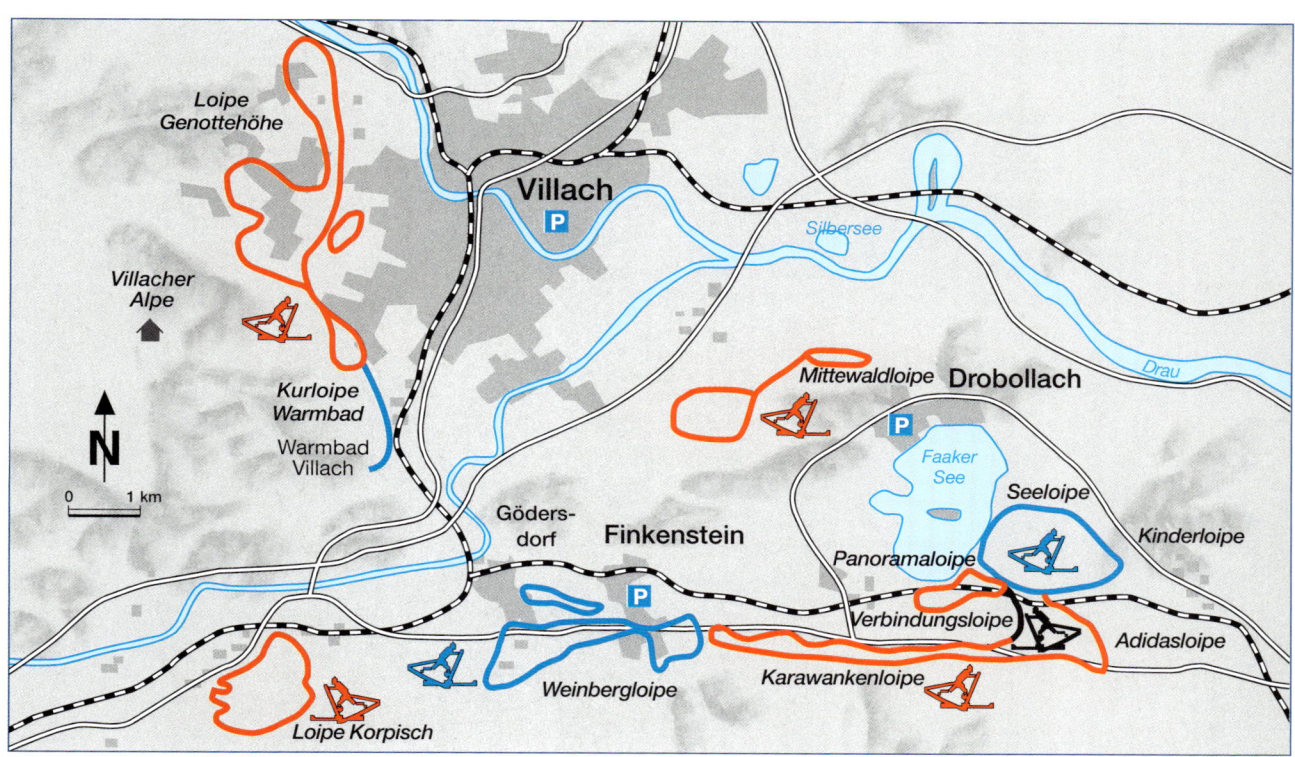

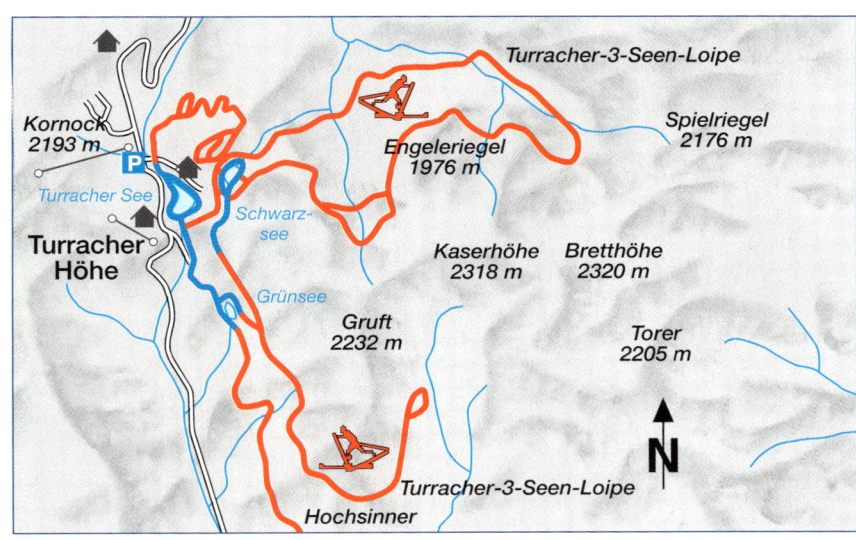

Ossiacher See und Dreiländereck ein beachtliches Pistenrevier und präparierte Spuren mit einer Gesamtlänge von über 200 km ausbreiten, was selbst in Österreich rekordverdächtig ist. Im näheren Umkreis von Villach-Stadt befinden sich die Kurloipe Warmbad (2 km, leicht), die Loipe Genottehöhe (2 km, mittelschwer) und die Loipe Oberdörfer (8 km, Rennloipe und 6 km, mittelschwer). Als die beliebteste und landschaftlich reizvollste Spur ist die Loipe Villacher Alpe – Alpengarten bekannt. Der etwa 7,5 km lange Rundkurs beginnt beim Parkplatz Villacher Alpengarten, der über eine kurvige Bergstraße von Villach-Stadt aus zu erreichen ist.

Das LL-Terrain auf 1400 m Höhe gilt als schweres Gelände, reizt aber durch den schönen Blick und die Schneesicherheit. Neben den beliebten Loipenrevieren der Kanzelhöhe und der Villacher Alpe sind außerdem die LL-Areale von Arnoldstein (3 Loipen, 5 bis 10 km leicht–mittel), die Spur von Bad Bleiberg (8 km, leicht)

und die Loipen vom Faaker See zu empfehlen. Insgesamt werden um die Orte Oberaichwald, Aichwaldsee, Latschach, Pogöriach, Finkenstein, Gödersdorf und Fürnitz herum elf Loipen aller Schwierigkeitsgrade gespurt. Das Repertoire reicht von der leichten 500 m langen Kinderloipe bis zur 10 km langen mittelschweren Karawankenloipe beim Finkensteiner Ortsparkplatz. Die Spuren werden regelmäßig präpariert und be-

finden sich in Tallagen von 556 bis 684 m Höhe.

Sport und Kultur verbindet man am besten in Villach-Stadt. Von dort muss man allerdings Fahrzeiten zu den außerhalb liegenden Loipen in Kauf nehmen. Tipp für alle, die lange Anfahrten scheuen: Auf dem Villacher Loipenplan sind alle Gasthöfe und Hotels, die am Start- oder Zielplatz der Loipen liegen, verzeichnet. Im »Schneebärenland« treffen sich vor al-

VILLACH UND BAD KLEINKIRCHHEIM

→ **Die Langlaufgebiete**

Villach, 500–900 m
Bad Kleinkirchheim, 1100 m

Saison: Dezember bis März.

Anreise: Salzburg, Tauernautobahn, entweder Knoten Lieserhofen, Millstätter See, Bad Kleinkirchheim oder Spittal a. d. Drau, Villach; Bahnstationen sind Spittal und Villach

 Villach Tourismus A-9500 Villach, Tel. 0 42 42/2 05-29 00, Fax 0 42 42/2 05-29 99, www.villach.at, E-Mail villach.tourismus@villach.at; Bad Kleinkirchheim Tourismus, A-9546 Bad Kleinkirchheim, Tel. 0 42 40/82 12, Fax 0 42 40/85 37, www.bkk.at, E-Mail office@bkk.at.

 von Bad Kleinkirchheim 0 42 40/82 12 66.

→ **Die Loipen**

10 in Villach, 3 in Bad Kleinkirchheim.

Gesamtlänge: Ca. 47 km in Villach, 48,5 km in Bad Kleinkirchheim.

Schwierigkeit: Leicht bis schwer.

Längste Loipen: Römerloipe mit Anschluss an die Gurktalloipe in Bad Kleinkirchheim (42 km); Oberdörfer Loipe in Villach (8 km).

Skatingloipe: 3 in Bad Kleinkirchheim.

Loipenhöhen: 500–2000 m.

Loipenbenutzung: Gratis.

Höhenloipen: Panoramaloipe Kanzelhöhe 1800 m, 8 km, mittel; Höhenloipe Verditz 2000 m, 10 km, mittelschwer und Loipe Roßtratte–Villacher Alpe 1795 m, 2,2 km, leicht; Bad Kleinkirchheim: Panoramaloipe, Falkert-Höhenloipe, Nockalm-Wiesernock, Turracher 3-Seen-Höhenloipe über 26 km.

Umkleiden/Duschen: Teilweise in Bad Kleinkirchheim, keine Möglichkeit in Villach.

Loipenplan: Von den Tourismusbüros.

Loipenstart: An den Parkplätzen, am Gratschacher Kircherl, Skistadion Möltschach, Kurpark Warmbad in Villach, am Parkplatz in Bad Klienkirchheim.

LL-Schulen: Skischule Villach/Hotel Ebner in Villach, Skischule Wolschnig und Skischule Bad Kleinkirchheim in Bad Kleinkirchheim.

Leihausrüstung: Skiverleih Norbert Winkler in Villach, auch Möglichkeit in Bad Kleinkirchheim.

Rennen/Volksläufe: Dreiländerlauf in Arnoldstein (Schneebärenland) im Februar; FIS-Volksskilanglauf »Römerlauf« am 19. Februar über 20 und 42 km zwischen Reichenau, Gnesau und Bad Kleinkirchheim.

→ **Allgemeine Informationen**

 Direkt in Loipennähe in Villach und Bad Kleinkirchheim.

Bus: Kostenloser Skibus rund um den Ossiacher See. Transfer auf die Villacher Alpe in den Weihnachtsferien.

Ski alpin: 68 km Pisten (Villach) und 85 km Pisten (Bad Kleinkirchheim) auf der Villacher Alpe.

Sport: Skitouren, Skiwandern, Eislaufen, Eisstockschießen, Eissurfen, Rodeln, Reiten, Tennis, Squash, Schwimmen (Thermal-Hallen-Freibäder), Schneeschuhwandern.

Einkehr an der Loipe: Verschiedene Möglichkeiten in Villach, Nockalmhütte und Golfrestaurant in Bad Kleinkirchheim.

Après-Ski: Restaurants, Cafés, Weinstuben, Tanz, Disko, Folklore, Diashows, Kino, Theater (Villach), Pferdeschlittenfahrten.

 Hotels mit Kinderbetreuung in Villach, auch in Bad Kleinkirchheim.

11 000 (Villach) und 3000 (Bad Kleinkirchheim) Gästebetten aller Kategorien.

Wildromantische Spuren finden Langläufer bei Bad Kleinkirchheim.

Exklusivität gilt in Bad Kleinkirchheim auch für Langläufer, denn wo darf man sonst über den Golfplatz Langlaufen, oder auf markierten Loipen durch einen Nationalpark (Nockberge) trecken? Für den ersten Überblick empfiehlt sich entweder der Lauf in der Nockalm-Panorama-Loipe, rund um den 2000 m hohen Falkertsee über 4,5 oder 12 km oder die Rundtour um die Turracher Höhe. Die längste Höhenloipe, die Turracher »3-Seen-Loipe«, wird auf einer Länge von 26 km gespurt. Von dort oben kann man erste Eindrücke von dem Skirevier des 1900-Einwohner-Ortes auf etwa 2000 m Höhe sammeln. Weitere 20 km Loipen werden in der Tallage gespurt. Interessant ist noch die Anschlussmöglichkeit an die 40 km lange Gurktalloipe und die LL-Spuren im benachbarten St. Oswald. Danach locken die Kleinkirchheimer Schmankerl, und es heißt entspannen bei Käsnudeln und Haubenmenüs, bei Brettljausen oder Naturkost. Zur Urlaubszeit gehört Bad Kleinkirchheim ganz seinen Gästen. Die Bettenzahl übersteigt fast um ein Vierfaches die Einwohnerzahl; dennoch findet man keine »Hotelburgen«, sondern es wurde Wert auf eine breit gestreute »lockere« Bebauung gelegt.

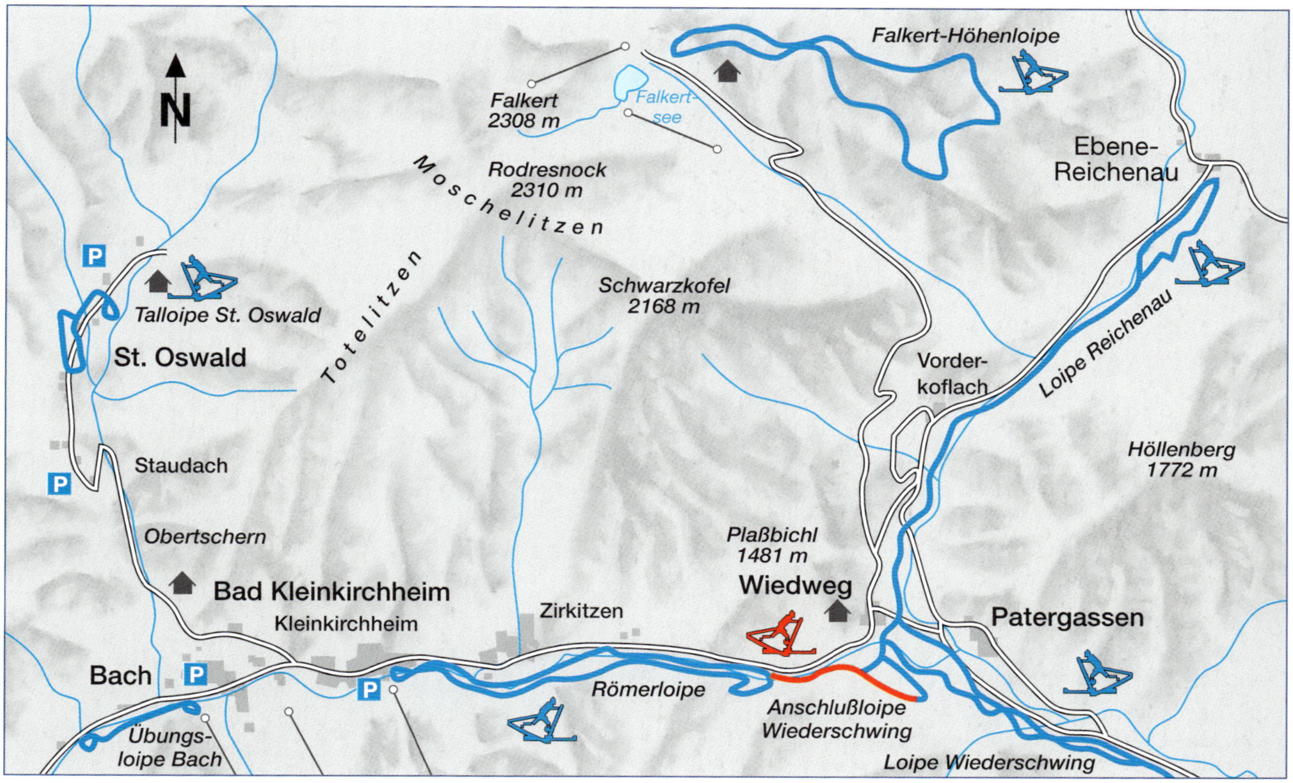

lem Skigäste, die neben sportlichen Aktivitäten auch ein komplettes »Après«-Programm wünschen. Durch eine breite Palette an Gastronomiebetrieben, von exklusiv bis bodenständig, spezielle kinderfreundliche Hotels und Kultureinrichtungen bemüht man sich, diesem Wunsch gerecht zu werden.

Unter dem Motto »von der Loipe/Piste in die Therme« steigen Skifahrer in **Bad Kleinkirchheim** gerne um: Umkleidemöglichkeiten gibt es praktischerweise gleich im Thermal-Römerbad. Langläufer können hier relaxen und währenddessen die Langlaufausrüstung im Skiraum unterstellen. Der schon erwähnte Gemeinschaftspass für Bergbahnen und die beiden Thermalbäder schließt Sauna und Massagen, Dampfbad und Solarien, Hot-Whirlpool und Kräutersauna ein, sodass der Urlaub zu einem wahren Jungbrunnen für den Körper wird.

N

Falkert-Höhenloipe

Falkert
2308 m

Falkert-
see

Ebene-
Reichenau

Rodresnock
2310 m

M o s c h e l i t z e n

Schwarzkofel
2168 m

Talloipe St. Oswald

Loipe Reichenau

T o t e l i t z e n

St. Oswald

Vorder-
koflach

Höllenberg
1772 m

Staudach

Obertschern

Plaßbichl
1481 m

Bad Kleinkirchheim

Wiedweg

Kleinkirchheim

Zirkitzen

Patergassen

Bach

Römerloipe

Übungs-
loipe Bach

Anschlußloipe
Wiederschwing

Loipe Wiederschwing

Weissensee

Das Gebiet um den Weissensee ist als überaus schneesicher bekannt. Durch das gesamte Seetal zieht sich ein insgesamt 70 km langes Netz von Langlaufloipen, wobei das Anforderungsprofil vom Anfänger bis zum Könner reicht.

Eine Reihe von Vorzügen macht das Skigebiet von **Weissensee** und **Spittal an der Drau** gegenüber den anderen Kärntner Skiorten konkurrenzfähig. Die Pisten haben in den beiden sich ergänzenden Skiorten mit 730 (Weissensee) und 15 000 Einwohnern (Spittal) zwar nur sekundäre Bedeutung, dafür verschandelt jedoch kein Lift- und Seilbahnwald die Natur. Außerdem liegen die Orte nahe der Tauern-Autobahn. Langläufern offeriert sich ein Loipenverbund von zusammengezählt 120 km doppelt gespurter Trassen, die zum Großteil um die mit 6,5 Quadratkilometer größte Natureisfläche Europas herumführen. Der im Winter zugefrorene Weissensee ist ein Dorado für Eissportler aller Art,

aber auch für Langläufer, denn die Spuren von 0,5 bis 10 km Länge führen zum Teil über den See (»Eislaufrundbahn«). Wohl geschützt durch zwei Bergkämme kann man sich hier, in einer der sonnigsten Wintersportregionen, gut erholen. Wer den See in natura in der Loipe erleben möchte, der kann vom Parkplatz in Naggl aus in die schwere Panoramaloipe

einsteigen. Sie steigt in engen Kehren von 930 m bis auf 1330 m zur Naggler Alm, die auch per Lift zu erreichen ist, an. Die Weissensee-LL-Region rund um den See und an sechs kleinen Weilern entlang ist mit dem historischen Marktstädtchen Spittal die ideale Kombination von Sport und Kultur. Die Oberkärntner Bezirkshauptstadt liegt im benachbarten Unterdrautal und ermöglicht »Dauerläufern« den Anschluss an die 4-Länder-Loipe, die über 200 km von Kärnten über Osttirol und Südtirol bis nach Venetien führt. Wer lieber vor Ort seine Runden drehen möchte, findet auf 50 km gespurten Trassen ein vorwiegend leicht zu bezwingendes LL-Revier vor. Nach all den sportlichen Anstrengungen können sich Gäste im heilklimatischen Kurort Weissensee aus einem reichhaltigen Après-Ski-Angebot sicher das richtige Entspannungsprogramm aussuchen.

WEISSENSEE

→ Das Langlaufgebiet

Weißensee, 930 m

Saison: Mitte Dezember bis Mitte März. * Schneesicher!

Anreise: Salzburg, Tauernautobahn, Spittal oder Knoten Lieserhofen, Greifenburg, Weissensee.

Weissensee-Information, A-9762 Weißensee, Tel. 0 47 13/ 2 22 00, www.weissensee.com, E-Mail info@weissensee.com.

→ Die Loipen

11 Doppelloipen.

Gesamtlänge: 75 km.

Schwierigkeit: Leicht bis schwer.

Längste Loipe: »Franz-Josephs-Höhe« 10 km (935–1030 m, mittel).

Skatingloipen: 2 (15 km).

Loipenhöhen: 930–1350 m.

Loipenbenutzung: Gratis.

Höhenloipe: Panoramaloipe, 4 km, 1200–1350 m.

Umkleiden/Duschen: Vorhanden.

Loipenplan: Bei Weissensee-Information.

Loipenstart: Verschiedene Einstiegsmöglichkeiten.

LL-Schulen: Langlaufschule Horst Schwarzenbacher, Tel. 0 47 13/24 09 oder 24 77.

Leihausrüstung: Sportgeschäft Alpensport in Techendorf bei der Brücke, Tel. 0 47 13/23 33.

Rennen/Volksläufe: Eiskristalllauf über 6, 10 und 30 km am 6. Januar, wöchentlich Gästerennen.

→ Allgemeine Informationen

P In unmittelbarer Nähe zu den Loipeneinstiegen (Parkleitsystem beachten).

Ski alpin: 6 km Pisten.

Sport: Skitouren, Skiwandern, Eislaufen, Eisstockschießen, Rodeln, Schwimmen (in Hotels), Reiten, Winterwandern.

Einkehr an der Loipe: Schuler's Weinstube, Café M&M.

Après-Ski: Restaurants, Cafés, Weinstuben, Tanz, Disko, Folklore, Diashows.

 Kinderskikurse mit Betreuung.

3300 Gästebetten aller Kategorien in Hotels, Pensionen, Privatzimmern und Ferienwohnungen/Appartements.

In Weissensee führen die Loipen meist rund um den gleichnamigen See.

Langlauf total

Aus der langen Skitradition dieser Region entstand hier ein Langlaufparadies der Superlative. Loipensportler, die hoch hinaus wollen, finden sonnige Hochplateaus und schneesichere Höhenspuren.

Steirisches Salzkammergut

Mit dem Steirischen Loipen-Gütesiegel belohnt, haben die Langlaufreviere im Steirischen Salzkammergut einen ausgezeichneten Ruf zu verteidigen. Natur pur und bodenständige Gastlichkeit locken Wintersportler in die Donnersbacher Tauernregion.

Nur in der Ramsau: die Einbahnregelung der Standardloipe auf zwei Spuren.

Nicht nur das Steirische Loipen-Gütesiegel bürgt hier für Qualität. Was sich zwischen dem Kurort **Bad Aussee** und **Tauplitz** an bodenständiger Gastlichkeit und traditionellem Brauchtum bewahrt hat, ist vor allem bei Skiurlaubern, die abseits des großen Pistenrummels auf ihre Kosten kommen wollen, gefragt.

Jenseits der Salzburger Landesgrenze liegt zwischen den bis zu 3000 m hohen Massiven von Totem Gebirge, Dachsteingebirge und dem charakteristischen »Grimming« (2351 m) das »bodenständige« Steirische Salzkammergut. Das großzügig ausgedehnte Skirevier verteilt sich rund um die sechs Hauptgemeinden **Bad Aussee, Altaussee, Grundlsee, Pichl-Kainisch, Bad Mitterndorf** und **Tauplitz**, wobei die Loipennetze von Bad Mitterndorf, Pichl-Kainisch und Tauplitz (insgesamt 80 km) und die Loipen von Altaussee und Grundlsee (insgesamt 40 km) miteinander verbunden sind. Alle Loipen von Bad Mitterndorf und Tauplitz sind mit dem Steirischen Loipen-Gütesiegel ausgezeichnet und sowohl für Läufer im klassischen Stil wie

auch für Skater geeignet. Zu den schönsten Wanderloipen zählt die 8 km lange und leicht zu bewältigende Freibergloipe von Tauplitz – ein Genuss für Naturliebhaber. Zu den schönsten Höhenloipen mit Blick zum Dachsteinmassiv gehört die 15 km lange Tauplitzalmloipe, die durch ihre Schneesicherheit bereits Ende November viele Mitglieder verschiedener LL-Nationalmannschaften in die Spur lockt. Sie unterteilt sich in die leichte 8 km lange Lärchenwaldloipe und in die mittelschwere 7 km lange Sturzhahnloipe, die am Fuße des Sturzhahnes, dem beliebten Kletterberg von Heinrich Harrer, vorbeiführt. Die Paradespur des Salzkammergutes beginnt in Bad Mitterndorf und führt durch das »Laasen«-Vogelschutzgebiet zur Wall-

fahrtskirche Maria Kumitz und weiter über die Gemeinden **Pichl-Kainisch, Mühlreith** bis **Kainisch**. Südlich des Ortes zweigt die 20,2 km lange Loipe in Richtung des Zielpunktes nach **Ödensee** ab. Die leichte Spur kann man in rund zweieinhalb Stunden schaffen. Zu den schönsten Loipen zählt die 5,3 km lange Kulmloipe, die von Bad Mitterndorf aus an der bekannten Skifluggroßschanze am »Kulm« (Schanzenrekord 191 m von Andreas Felder) zum Bahnhof von Tauplitz und zurück führt. Ausflugsschmankerl der anderen Loipen sind unter anderem das Schloss Grubegg von 1591 und das Heilbad von Bad Mitterndorf mit einer modernen Thermalschwimmhalle. Eine zweite Höhenloipe von nur 1 km Länge beginnt am Loser

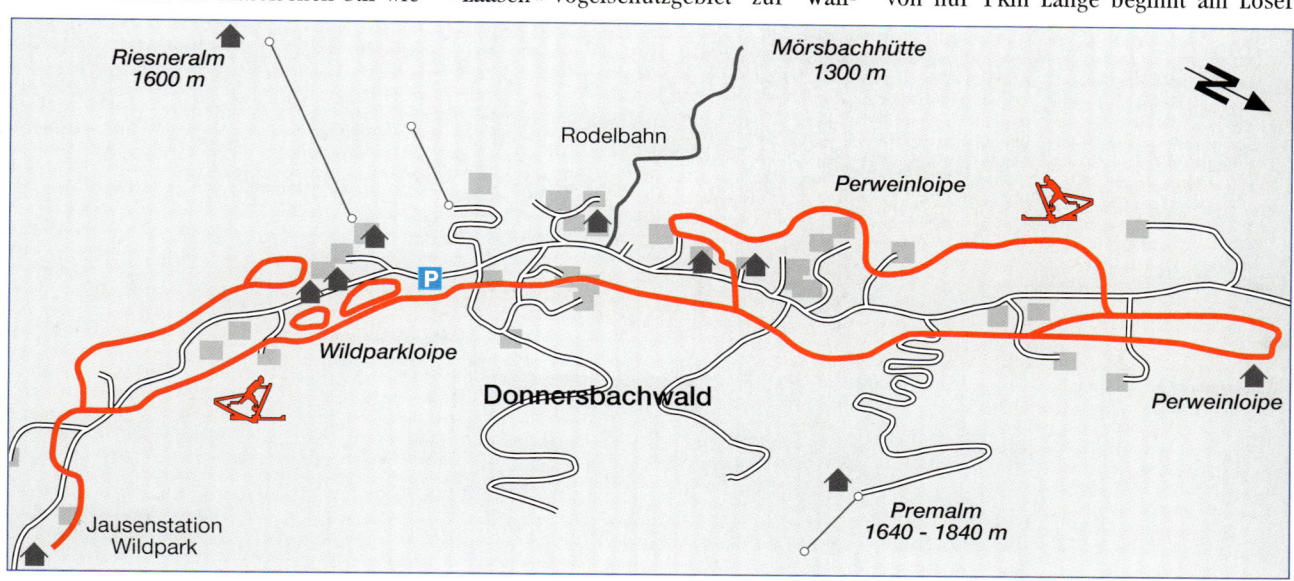

Bergrestaurant beim Augstsee. Die in 1643 m Seehöhe liegende leichte Spur wird nur im Frühjahr präpariert. Die Skiwanderloipe vom Ort Grundlsee nach Schachen ist wegen ihrer steilen Abfahrten »gefürchtet«, ein Trost sind da die vier Gasthöfe, die an der Strecke liegen. Landschaftlich besonders reizvoll ist die 8 km lange mittelschwere Spur von Altaussee über Obertressen nach Grundlsee.

Vom südöstliche Ende des Steirischen Salzkammergutes, von Tauplitz aus, sind es nur wenige Fahrminuten in das Mittlere Ennstal zum Skigebiet der Donnersbacher Tauern. Hier zählt noch bodenständige Gastlichkeit in einer romantischen Winterlandschaft. Rund um den Talort **Irdning** werden etwa 15 km Loipen gespurt, im zweiten Talort **Aigen** am Putterersee sind es rund 17 km. Zusammen mit den anderen Talloipen und den »Bergstrecken« rund um Donnersbach und Donnersbachwald summieren sich 120 km Loipen in den Donnersbacher Tauern. Die Orte mit dem ländlichen Charakter sind bekannt für ihren familienfreundlichen »Betrieb«, ohne Gedränge und Hektik. Die Gäste vermissen hier die Nobelhotels nicht, sondern logieren vorzugsweise in gemütlichen Gasthöfen und Pensionen.

Tipp: Der schöne und typische Gasthof Perwein liegt auf 1000 m Höhe in Donnersbachwald und wurde als »Familienfreundlicher Betrieb der Steiermark« ausgezeichnet. Ein Verzeichnis mit weiteren urigen und preiswerten Gasthäusern, Pensionen und Bauernhöfen ist beim Tourismusbüro **Donnersbach-**

Wildromantische Spuren finden Naturfreunde bei Donnersbachwald auf rund 1000 m Höhe.

wald erhältlich. Direkt an den zwei Loipen von Donnersbachwald liegen sechs Gasthöfe und eine bewirtschaftete Hütte. Zum Après-Ski gehören Angebote wie Schneeschuhwandern durch die Winterlandschaft, eine zünftige Rodelpartie auf einer Naturbahn, romantische Pferdeschlittenfahrten, Eisstockschießen, Eislaufen auf dem zugefrorenen Putterersee, der Spaziergang zu Wildfütterungen im Wildpark (4 km nach dem Ort) Donnersbachwald, zünftige Tanz- und Brauchtumsabende oder ein Besuch im Hallenbad.

Willkommene Rast an einem einsamen und idyllischen Heuschober.

 ## STEIRISCHES SALZKAMMERGUT / DONNERSBACHER TAUERN

→ Die Langlaufgebiete

Bad Aussee, 700 m
Donnersbachwald, 1 000 m

Saison: Ende November/Anfang Dezember bis Ende März.

Anreise: Salzkammergut: München, Salzburg, Bad Ischl, Steirisches Salzkammergut; Bahnstationen: Bad Aussee, Pichl-Kainisch, Bad Mitterndorf und Tauplitz; Donnersbacher Tauern: Salzburg, Ausfahrt Radstadt, Schladming, Irdning; Bahnstation: Stainach-Irdning.

ℹ️ Tourismusverband Salzkammergut-Steiermark, A-8990 Bad Aussee, Tel. 0 36 22/5 48 73 oder 5 24 17, Telefax: 0 36 22/5 48 90; Tourismusverband Donnersbachwald, A-8953 Donnersbachwald, Tel. 0 36 80/2 01 14, Fax 0 36 80/2 55, www.donnersbachwald.at, E-Mail info@donnersbachwald.at

→ Die Loipen

22 im Salzkammergut, 12 in den Donnersbacher Tauern, 2 in Donnersbachwald.

Gesamtlänge: 140 km im Salzkammergut) und 100 km in den Donnersbacher Tauern.

Schwierigkeit: Leicht bis schwer.

Längste Loipe: Ödenseeloipe 22 km im Salzkammergut und die 8 km lange Wildparkloipe in Donnersbachwald.

Skatingloipen: 1 km lange Ortsloipe Fischererfelder, Krunglloipe 5 km, sämtliche Loipen von Tauplitz und 1 Teilstrecke der Wildparkloipe in Donnersbachwald, 1 in Bad Mitterndorf.

Loipenhöhen: 700–1650 m im Salzkammergut und 646–1400 m in den Donnersbacher Tauern.

Loipenbenutzung: Gratis.

Höhenloipen: Tauplitzalmloipen auf 1650 m Höhe, 7 und 8 km, leicht und

mittel; Augstsee-Loser-Loipe 1643 m, 1 km, leicht (beide Steirisches Salzkammergut).

Loipenplan: Vom Tourismusverband.

Loipenstart: Siehe Loipenkarte.

LL-Schulen: Skischule Magic Snow Riesneralm-Talstation.

Leihausrüstung: In allen Orten des Salzkammergutes und in Donnersbachwald und bei Sportshop Scherz und Talstation Riesneralm in Donnersbachwald.

Rennen/Volksläufe: Steira Lauf (Februar).

→ Allgemeine Informationen

🅿️ In Donnersbachwald in der Ortsmitte und am Parkplatz Riesneralm, sonst an den Loipeneinstiegen.

Bus: Kein Loipenbus im Salzkammergut; Loipen führen durch die Orte.

Ski alpin: 37 km Pisten im Salzkammergut; 35 km Pisten in den Donnersbacher Tauern.

Sport: Skitouren, Skiwandern, Eislaufen, Eisstockschießen, Rodeln, Drachen-/Gleitschirmfliegen, Reiten, Tennis, Squash, Schwimmen, Kegeln, Billard, Schneeschuhwanderungen, Winterwanderungen, Snowboarden, Schießen.

Einkehr an der Loipe: 4 Gasthöfe in Donnersbachwald.

Après-Ski: Restaurants, Cafés, Bars, Tanz, Disko.

🚌 Keine.

🛏️ 10 000 Gästebetten im Salzkammergut und 2650 Gästebetten in den Donnersbacher Tauern in Gasthöfen, Pensionen und Bauernhöfen, davon 850 in Donnersbachwald.

Dachstein-Tauern-Region

Als Paradies auf Langlaufski eröffnet sich selbst dem anspruchsvollsten Loipenläufer das LL-Dorado rund um das Ennstal zwischen Dachstein und Schladminger Tauern. Zwischen acht Skiorten mit zirka 350 km präparierten Spuren müssen sich Langläufer rings um Ramsau entscheiden.

Gleich hinter der Grenze des Salzburger Landes zur Steiermark begrüßt **Schladming**, der Ski-WM-Ort von 1982, Gäste in der Skiregion zwischen dem Dachsteinmassiv und den Schladminger Tauern. Die steirische Skimetropole ist die erste von insgesamt acht größeren und acht kleineren Gemeinden, die sich zur Skiregion Dachstein-Tauern zusammengeschlossen haben. Ein Skizirkus der Superlative, der vor allem Langläufern ein wahres Loipendorado von 350 km präparierten Spuren anbietet. Dabei spielt in erster Linie das LL-Areal rund um das 18 km lange Sonnenplateau von **Ramsau** die erste Geige. Wer das gesamte Loipennetz erst einmal von oben kennen lernen will, der sollte mit einem Ballon über die weiße Schneelandschaft fahren und staunen: Zwischen 1000 und 1350 m Seehöhe ziehen sich elf Loipenkreise zusammen, die ein Gesamtnetz von 150 km doppelspurig präparierten und markierten Spuren ergeben. Unzählige Einkehrmöglichkeiten gibt es entlang der bestens präparierten Spuren. Neu ist die Einbahnregelung der Standardloipe. Sie ist die einzige Loipe in der Ramsau, deren Laufbetrieb als Einbahn, das heißt mit zwei Hinspuren und zwei Rückspuren nebeneinander geregelt ist. Eine Etage höher finden LL-Fans, die auf Höhenluft abfahren, auf dem in sieben Gondelminuten erreichbaren Dachsteingletscher zwei Loipen von 15 km Länge in 2700 m Höhe, die sogar im Sommer gespurt und von 20 LL-Nationalmannschaften als Trainingsstrecken benutzt werden. In den Tallagen werden Renn- und spezielle Skatingloipen über 70 km Länge angeboten.

Die interessanteste Spur ist die 30 km lange Ennstalloipe. Sie wird für den klassischen Stil gespurt und führt von Schladming über Gröbming, Haus/Ennstal nach Öblarn. Als landschaftlich besonders schön gilt die 2 km lange Herold-Schleife von Ramsau zum Gasthof Stecker (Dachsteinblick!). In die Rittis- und die Rössingloipe sollten sich nur geübte Langläufer wagen. Die schwarz markierten Erlebnisloipen bieten im Wechsel An- und Abstiege vom Feinsten. Überhaupt ist das Langläuferdorf Ramsau am Dachstein (2500 Einwohner, 6700 Gästebetten) ein »Muss« für Loipenfans im Großraum Dachstein-Tauern. Der bekannte Weltcuport zieht sich über 18 km in die Länge und breitet sich auf einem sonnigen Hochplateau, man spricht gemeinhin von »der Ramsau«, weit über dem Ennstal, auf 1200 m Seehöhe aus. Von der schneereichen Sonnenterrasse aus bietet sich ein herrliches Panorama auf die zwischen 1850 und 2015 m hohen Gipfel gegenüber.

In der Ramsau treffen sich in erster Linie die Freunde des Langlaufsports. Kein Wunder, breitet sich dort oben doch ein Netz von annähernd 150 km bestens gespurter LL-Trassen aus. Die überwiegende Zahl der Spuren, rund 70 km, sind

---

Ramsau am Dachstein.

im mittelschweren Terrain angesiedelt, 50 km Loipen sind als schwer und etwa 30 km als leicht einzustufen. Die Loipen liegen in einer Höhe zwischen 1100 und 1400 m und führen an zahlreichen beliebten Einkehrstopps vorbei.

Einmalig ist in der Ramsau die großzügige Regelung der Spuren: Mit Gegenverkehr (siehe Bild oben) ist dabei nicht zu rechnen und die Anhänger der klassischen Technik sowie der Skatingtechnik kommen sich nicht in die Quere. Unter anderem gibt es eine 20 km lange Skatingloipe (Rennloipe) sowie eine Klassikspur von 21 km (»Rittisloipe«). Aber die Standardloipe (18 km) und die Kulmbergloipe (13 km) fordern ebenso den ganzen »Mann«. Schwer ist auch die 5 km lange Skatingstrecke auf der »Tritscher-Höhe«.

Der zum »schönsten Marktflecken des Landes« gekürte Ort, **Haus im Ennstal**, ist mit 2470 Einwohnern und etwa ebenso vielen Gästebetten durchaus zu empfehlen. Typisch steirische Bauernhäuser wurden zum Teil zu gemütlichen Gasthöfen und rustikalen Pensionen umgebaut. Vom Ortszentrum führt eine Seilbahn ins Alpinskigebiet vom Hauser Kaibling in über 2000 m Höhe. Kinder ab vier Jahren werden in zwei Skischulen halb- und ganztags betreut. Die Familienfreundlichkeit hat sich die Dachstein-Tauern-Region seit den ersten skitouristischen Schritten – im Jahre 1909 fuhren die ersten »Sportzüge« ins Tal – bis auf den heutigen Tag bewahrt. Seit vielen Jahren schon sind die Pferdeschlittengespanne aus dieser Region nicht mehr wegzudenken. Den ganzen Tag sind bis

zu 40 Schlitten in der schönen Winterlandschaft unterwegs. Zu den neuesten Attraktionen zählen geführte Langlaufsafaris mit dem Ziel, jeden Tag ein neues LL-Revier kennen zu lernen. Dass man dafür gut eine ganze Woche einplanen kann, spricht für das steirische Langlaufparadies.

Tipp: Einen LL-Ausflug wert sind die vier Spuren von Rohrmoos-Untertal, drei Kilometer oberhalb von Schladming, zwischen den Hausbergen Hochwurzen und Planai, mit Blick auf das gesamte Dachsteinmassiv. Neu im 60 km langen Loipennetz ist die romantische Spur ins Untertal, die bis zum Riesach-Wasserfall führt. Neu ist in Rohrmoos auch der »Mini-Club«, der sich um die Betreuung der Nachwuchsskifahrer von eineinhalb bis vier Jahren sorgt.

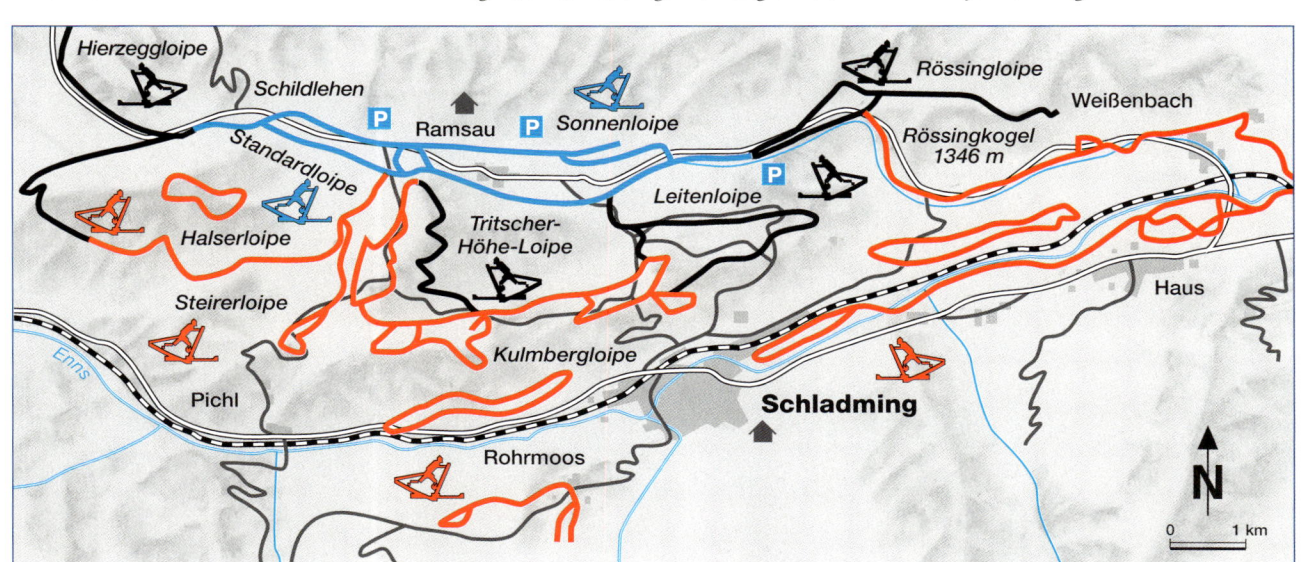

Italien

Sonnige Spuren durch idyllische Täler der südlichen Alpen, verbunden mit einem vorzüglichen gastronomischen Angebot, machen Langläufern den Mund wässrig.

Dem Langlaufboom ist es zu verdanken, dass sich Loipenfreunde aus einem Angebot von über 2000km gespurten LL-Trassen in SÜDTIROL, TIROL, TRIENT und VENETIEN die schönsten Spuren im Schnee herauspicken können. Große Skisportwettbewerbe sind es zudem, die Südtirol als das beliebteste Ski-»Land« Italiens immer wieder ins Rampenlicht rücken. Auf in- und ausländischen Wintersportler üben vor allem die mächtigen Gebirgsstöcke der Dolomiten immer wieder eine magische Anziehungskraft aus. Kein Wunder, wenn die beliebtesten Loipenreviere rund um die imposante Kulisse dieser Bergriesen zu finden sind. Die Namen hören sich an wie das »Who's who« der Dolomiten: Die mächtige Sella-Gruppe, die Spitze des Langkofel, die Zacken des Rosengartens, die breiten Wände der Marmolada oder der Pala-Gruppe. In den Tälern dazwischen, im Grödnertal, im Hochabteital, im Fassa- und im Fleimstal bis zum Hochpustertal und dem Tauferer-Ahrntal, liegen die bekanntesten Ski- und LL-Reviere Italiens. Dazu gesellen sich auf der gegenüberliegenden westlichen Brennerseite landschaftlich bemerkenswerte und noch wenig bekannte Loipen rund um das Sarn- und das Wipptal. Längst als LL-Dorado akzeptiert sind die Skigebiete des Obervinschgau und der Ortlerregion. Die Sonnenseite der Alpen, Trient und Venetien, kann sich auch in puncto Langlauf auf seine weltberühmten Renommier-Skiorte Cortina d'Ampezzo und Madonna di Campiglio verlassen.

13 LL-Regionen in Italien

Südtirol
S. 144

Es sind die großen Sportwettbewerbe wie Winterolympiaden oder Skiweltmeisterschaften, die immer wieder das Augenmerk auf Südtiroler Skigebiete lenken. Einer der letzten Höhepunkte war 1995 die Austragung der Biathlonweltmeisterschaften im Antholzer Tal. Für Volkslangläufer bieten sich jeden Winter gleich drei Gelegenheiten, auf den Langlaufsport in Italien aufmerksam zu machen. Der Dolomiten Cup ist die größte Volkslanglaufveranstaltung der Alpen, teilt er sich doch in drei Marathonläufe auf: den Pustertaler Skimarathon über 50 km, den Volkslanglauf Toblach–Cortina d'Ampezzo (in Venetien) über 42 km und den Gsiesertal-Lauf über 40 km. LL-Touristen können auf den Spuren der Volkslangläufer die schönsten Loipen und Skigebiete Südtirols kennen lernen. Rund um den berühmten Gebirgsblock der Sella-Gruppe verteilen sich die wichtigsten Skitäler Südtirols: Das **Grödnertal ❶**, das Livinallongo (Buchenstein), das **Hochabteital ❷** und das Fassatal, das bereits im Trentino liegt. In allen vier Tälern spricht man noch die Ursprache, das Ladinische. Die Verständigung mit in- und ausländischen Skitouristen erfolgt freilich inzwischen auch im benachbarten **Schlerngebiet ❸** und im **Eggental ❹** längst auf Italie-

nisch oder Deutsch. Weniger namhafte Langlaufparadiese erstrecken sich auf der anderen Brennerseite zwischen Sterzing, Meran und Brixen: Das Sarntal und das Wipptal liegen Seite an Seite und können zusammen mit über 120 km gespurten Loipen aufwarten. Als LL-Dorado kann man das westlich angrenzende, weitläufige Tal des **Obervinschgau** mit der **Ortler-Region ❺** bezeichnen. Das nordöstliche Pendant dazu sind die bei Langläufern bekannten Skigebiete im **Tauferer-Ahrntal ❻** und das vor allem bei Familien beliebte **Hochpustertal ❼** rund um **Sexten** und **Toblach**. Insgesamt wird jeden Winter ein Loipennetz von über 1500 km durch Südtirol gespurt. Einen großen Anteil daran haben die durch viele LL-Wettbewerbe bekannten Reviere bei **Bruneck** und im **Antholzer Tal ❽** sowie die Spuren im benachbarten **Gsiesertal ❾**.

Trentino
S. 165

Wenn sich Südtirol mit dem Prädikat »Sonnenseite der Alpen« schmückt, dann kann das Trentino, eine der populärsten Skiregionen Italiens, für sich in

Anspruch nehmen, die Sonnenseite Südtirols zu sein. Bestimmt durch die einmalige Szenerie der südlichen Dolomiten, bis hin zu den mittleren Hochlagen des italienischen Voralpenlandes, vermitteln die Skigebiete allein schon wegen der imposanten Kulisse der mächtigen Gebirgsstöcke einen hochalpinen Eindruck. Berühmtester Vertreter des Trentino ist sicherlich **Madonna di Campiglio ❿**, der Renommier-Skiort schlechthin. Für Langläufer gesellt sich das Dorado im **Val di Sole**, im Sonnental, mit insgesamt 100 km präparierten Spuren hinzu. Zu den wichtigsten Skirevieren im Trentino zählt aber auch das **Fassatal ⓫**. München und Mailand haben die gleiche Kilometerzahl bis zum Val di Fassa (300 km) und dementsprechend besteht die Klientel hauptsächlich aus italienischen und deutschen Skifahrern. Die Ursprache ist im Fassatal Ladinisch, es wird noch von vielen Talbewohnern gesprochen. Das malerische Tal wird von den bekanntesten Gebirgsmassiven der italienischen Alpen einge-

rahmt. Die Namen klingen für viele wie Musik in den Ohren: Die mächtige Sella-Gruppe, die Spitze des Langkofel, die Zacken des Rosengartens, die breiten Wände der Marmolada oder der Pala-Gruppe bilden die Kulisse für eine imposante Winteraufführung in mehreren Akten: Nachdem sich der Vorhang für einen schönen Skitag öffnet, hat man im Fassa- und dem benachbarten **Fleimstal** ⓬ (Val di Fiemme) die Wahl zwischen fast 235 Loipenkilometern mit insgesamt rund 360 km Spuren im gesamten Trentino.

Venetien
S. 162

Die kontrastreiche Landschaft des Veneto, von den sanften Hügeln bis zu den Felsriesen der Dolomiten, lockt Gäste nicht nur im Sommer in das Nachbarland Südtirols. Gerade im Winter bieten die Gebirgsorte Venetiens die gesamte Bandbreite an Ski- und Ferienvergnügen für die ganze Familie. Die Grenze zwischen Südtirol und Venetien verläuft, wenn man per Langlaufski auf der 200 km langen »Vierländer-Loipe«, von Osttirol über Südtirol nach Venetien unterwegs ist. Mit dem Auto gelangt man von München aus über die Brennerautobahn und das Pustertal (Toblach) oder über die »Große Dolomitenstraße« zum Herzen der Dolomiten. Im Osten Venetiens grenzen die Skireviere des Friaul, Piancavallo und Sella Neve an, die allerdings hauptsächlich für Alpinskifahrer eine Rolle spielen. Zu den bekannten Skigebieten des Veneto zählen Arabba und die Wintertreffs rund um die berühmte Schneearena der Marmolada. Doch das zweifellos bekannteste Aushängeschild und auch für Loipenfreunde am interessantesten ist Italiens beliebtester und nobelster Wintersportort **Cortina d'Ampezzo** ⓭ – an der Südseite schroff aufragender Dreitausendermassive gelegen. Ein Klassiker, der 1956 mit der Austragung der Olympischen Winterspiele seinen Ruf als Topskiort und als »heimliche Hauptstadt der Dolomiten«, wie viele die 8000-Seelen-Gemeinde respektvoll nennen, festigte.

Ski-Zirkus

*Südtirol gehört seit eh und je zu den beliebtesten Wintersportzielen Europas.
Die verkehrsgünstige Lage, das angenehme Klima und die herrliche Bergwelt der Dolomiten locken
immer mehr Skiurlauber an.*

Tauferer-Ahrntal

Eines der schönsten Seitentäler Südtirols ist vor allem für Langläufer ein Tummelplatz. Das Winterglück für Loipenfreunde liegt in rund 100 km feinsten Spuren aller Couleur.

Vor allem die Schneesicherheit ist zu erwähnen, wenn man auf das Tauferer-Ahrntal zu sprechen kommt. Aber auch die verkehrsgünstige Lage: zum einen wegen der Anbindung an den Brenner, und zum anderen, weil das Tauferer-Ahrntal eine Sackgasse ist, also von großem Durchgangsverkehr verschont wird. Biegt man bei Bruneck (vom Brenner kommend) links ab, befindet man sich bereits in der ersten von 17 kleinen Gemeinden, die sich entlang des natürlichen Tales am Ahrnbach ausbreiten. Das in Seitentäler verästelte Gebiet erinnert an ein großes »H«. Auf der 9 km langen, leichten Taufererloipe gelangen Langläufer per Ski von **Gais** nach **Kematen**. Dort hat man die Wahl zwischen einer 3 km und zwei 4 km langen Spuren in der Nachbargemeinde **Mühlen** oder im Hauptort **Sand in Taufers**, auch geografisch das Zentrum des breiten Talbodens. Der Ortskern von Sand in Taufers ist im Übrigen autofrei! Weitaus höher und damit schneesicherer liegen die beiden Rundkurse von **Mühlwald** (11 km, 1220 m) und **Lappach** (8 km, 1436 m). Im gegenüberliegenden Seitental, im Reintal, geht's sogar bis auf etwa 1600 m hinauf. Rund um das kleine Örtchen **Rein** wird ein 3, 5, 10 oder 15 km langer Rundkurs gespurt.

Während der Fahrt bemerkt man bereits die imposante Bergkulisse. Rund 80 verschneite Dreitausender, etwa der Zillertaler Alpen, der Defereggen Alpen und der Hohen Tauern, bilden ein beeindruckendes Panorama. Im nächstgrößeren Ort **Luttach** (Ahrntal) beginnt die mit 16 km längste Spur der Region, die Ahrntalerloipe. Folgt man ihr, lernt man auch gleich die restlichen Gemeinden des Gebietes kennen: In leichtem bis mittelschwerem Gelände (Höhenunterschied: 215 m) führt sie von Luttach nach **St. Martin, St. Johann, Steinhaus, St. Jakob** bis **St. Peter** und wieder zurück. Diese Loipe eignet sich besonders für Anfänger, da nur geringfügige Höhenunterschiede zu überwinden

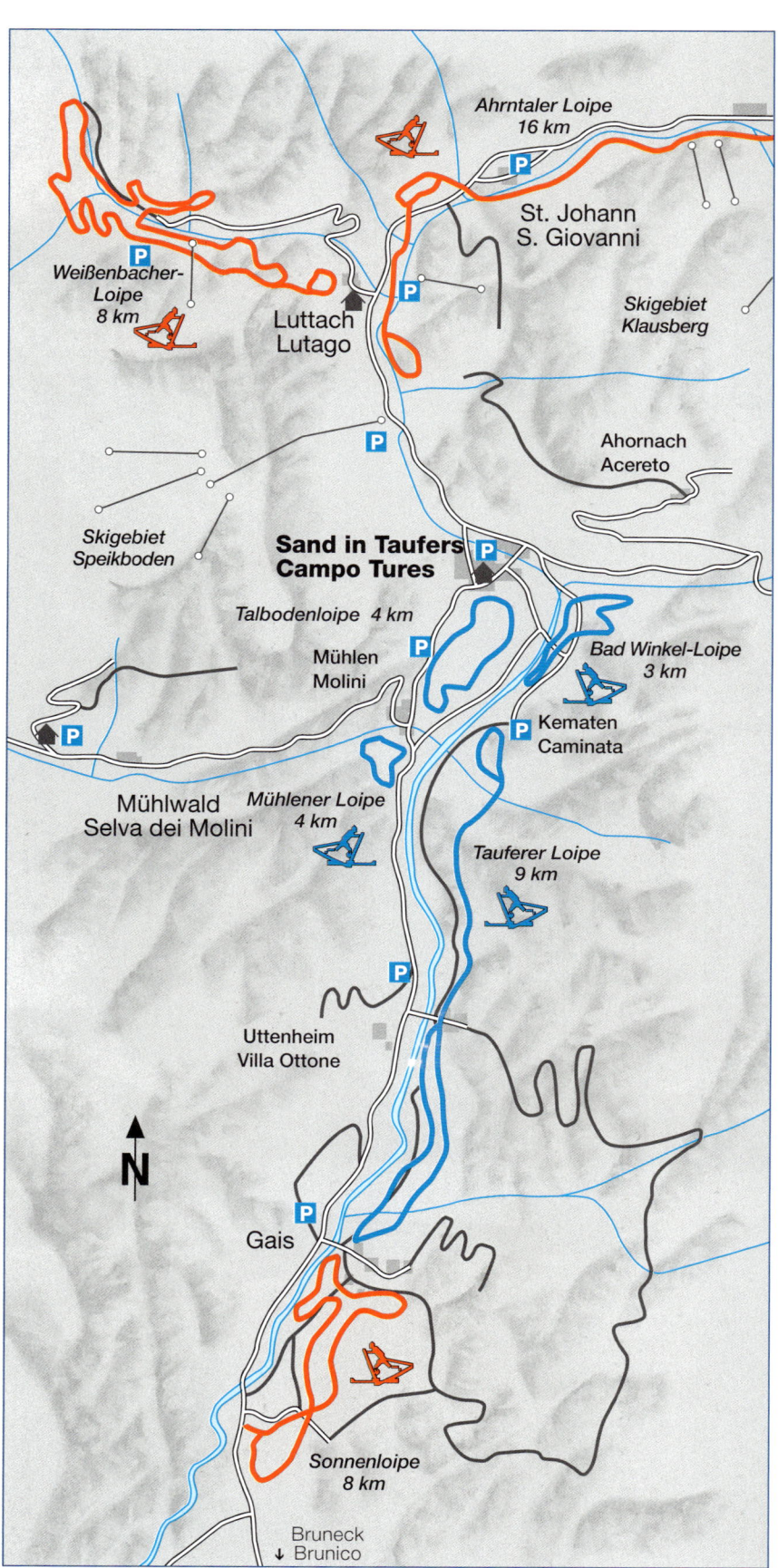

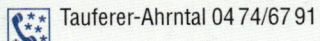

Im Zentrum des breiten Talbodens, in Sand in Taufers, finden Wintersportler noch preiswerte Quartiere für einen Familienurlaub.

sind und man die Loipe jederzeit verlassen kann. Über St. Peter (1366 m) gelangt man zur 4 km langen **Prettauer** Loipe (1476 m) und zur schneesicheren Höhenloipe von **Kasern** (12 km, 1595–1671 m). Fehlt nur noch die Erwähnung der Weißenbachloipe. Diese wunderschöne Rundloipe inmitten einer unberührten und tief verschneiten Landschaft zieht sich 4 km durch Weißenbach. Sie ist für Fortgeschrittene und Profis gleichermaßen geeignet, da sie ständig zwischen Anstiegen, Abfahrten und flachen Abschnitten wechselt. Wegen ihrer Höhenlage und der Schneesicherheit (1334 m) bis in den April hinein, ist sie ein Geheimtipp für Insider des Langlaufs.

TAUFERER-AHRNTAL

→ **Die Langlaufgebiete**

Sand in Taufers, 865 m
Luttach/Ahrntal, 962 m
Steinhaus/Ahrntal, 1052 m
Weißenbach, 1334 m

Saison: Dezember bis Mitte April.
* Schneesicher!

Anreise: Brennerautobahn, Brixen, Pustertal, Bruneck, Sand in Taufers; Bahnstation ist Bruneck.

Tourismusverein: I-39032 Sand in Taufers, Tel. 04 74/67 80 76; I-39030 Luttach/Ahrntal, Tel. 04 74/67 11 36; www.ahrntal.it; E-Mail info@ahrntal.it, I-39030 Steinhaus/Ahrntal, Tel. 04 74/ 65 21 98.

Tauferer-Ahrntal 04 74/67 91 01.

→ **Die Loipen**
12, davon 1 im Ahrntal, 1 in Weißenbach.
Gesamtlänge: 30 km.

Schwierigkeit: Leicht bis schwer.
Längste Loipe: Ahrntalloipe 16 km.
Skatingloipen: 2.
Loipenhöhe: 836–1671 m.
Höhenloipe: Kasernloipe, 12 km, 1595–1671 m und Loipen in Rein 3, 5, 10, 15 km, 1595 m.
Loipenbenutzung: Gratis.
Loipenplan: Bei den Verkehrsvereinen.
Leihausrüstung: In den Sportgeschäft und in den Skischulen.
LL-Schule: Skischule Jungmann in St. Jakob, Skischule Kirchler in Weißenbach, Tel. 04 74/68 00 58.

→ **Allgemeine Informationen**

14 Parkplätze in Loipennähe bzw. Ortskern.

Bus: 18 Bushaltestellen in allen Orten, außer in Rein, Busverkehr ab Bahnhof Bruneck.

Ski alpin: 20 km Pisten.

Sport: Snowrafting, Snowboarden, Wandern, Schlittschuhlaufen, Rodeln, Reiten, Drachen-/Gleitschirmfliegen, Schwimmen.

Einkehr an der Loipe: Hotel Wirt an der Ahr in St. Johann, Gasthof Alpenfrieden in Weißenbach.

Après-Ski: Restaurants, Cafés, Disko, Folklore, Kino, Bauerntheater, Tanz.

Gästekindergarten in Sand in Taufers (ab 1,5 Jahren), Skischule ab 3 Jahre; Gästekindergarten in Steinhaus (ab 1,5 Jahren), Skischule ab 4 Jahren.

10 000 Gästebetten in Hotels, Pensionen, Gasthöfen, im Schloss Neubaus, in Appartements und Privatunterkünften, davon 3200 im Ahrntal und 300 in Weißenbach.

Grödner Tal

Sonnige Spuren im Schnee, wohltuende Höhenluft und herrliche Dolomitengipfel sind die Gründe, warum viele Langläufer das Gebiet zwischen Langkofel und Sella zu ihrem Lieblingsrevier erkoren haben.

Das Grödner Tal bietet neben Skispaß auch jede Menge Freizeitmöglichkeiten.

Eingerahmt von den berühmten Dolomitenmassiven Sella (3151 m) und Langkofel (3181 m) liegen die drei Hauptorte **St. Ulrich, St. Christina** und **Wolkenstein** in einigen Kilometern Abstand aufgereiht wie Perlen an einer Schnur. Zwischen den teils waldreichen Hängen der Skiberge verbindet ein perfekter Skizirkus aus Pisten und Liften die Touristenorte im Tal. Eine ganz andere Gemeinsamkeit der Grödner Gemeinden ist die rätoromanische Sprache der Ladi-

ner. Nicht nur die älteren Talbewohner sprechen untereinander Ladinisch, auch in der Schule wird es unterrichtet.

Die Hauptverständigung erfolgt aber längst auf Deutsch oder Italienisch. Eine gute Beschilderung und die häufig dreisprachig angezeigten Wege und Straßen führen allemal zum Ziel: Sonne, Schnee und Loipen. Ob auf der Piste oder in der Spur, die Wintersportbedingungen gelten rund um das sonnige Hochtal als vorbildlich. Vor allem im größten Wintersportzentrum des Grödentales treffen sich die Skisportler entweder an den Liften oder auf der Loipe, die in das schöne Langental hineinführen. Der Startpunkt (1600 m) aller Langlaufloipen befindet sich neben dem Sportzentrum der Carabinieri, wo das Starthäuschen zur Verfügung der Langlaufschule Wolkenstein steht, dem Treffpunkt aller Skilangläufer. Es dient als Umkleideraum, Skiverleih und Servicebereich. Ein Biathlonschießstand kann dort ebenfalls benutzt werden.

Hinter dem Sportzentrum ist eine Parkmöglichkeit und ein kleiner Kiosk. Dort beginnt die Spur in das idyllische Langental mit dem herrlichen Naturpark Puez-Geisler-Gruppe. Zunächst erwartet den Langläufer ein leichtes Flachstück, das für Anfänger bestens geeignet ist. Für Anspruchsvollere steht eine rot markierte Loipe bereit, für Trainings- und Rennzwecke ist sie entsprechend homologiert. Anschließend schlängelt sich

🎿🎿🎿🎿 GRÖDNER TAL

→ Die Langlaufgebiete

St. Ulrich, 1236 m,
St. Christina, 1428 m,
Wolkenstein, 1563 m

Saison: Dezember bis Mitte April.

Anreise: Brennerautobahn, Klausen Gröden, St. Ulrich; Bahnstationen sind Klausen und Bozen.

 Tourismusverband Gröden: I-39048 Wolkenstein, Tel. 04 71/79 51 22, I-39047 St. Christina, Tel. 04 71/79 30 46, I-39046 St. Ulrich, Tel. 04 71/79 63 28, www.val-gardena.com, E-Mail info@val-gardena.com.

☎ 04 71/79 20 80.

→ Die Loipen

19,5 km in Wolkenstein, 2,5 km in St. Ulrich, 25 km in St. Christina.

Gesamtlänge: 47 km; von St. Ulrich direkte Verbindung zur Seiser Alm mit über 60 km Loipen.

Schwierigkeit: Leicht bis schwer.

Längste Loipen: Langental, 19,5 km, Monte Pana, 25 km, Großer Ring in Wolkenstein 12 km.

Skatingloipen: 47 km.

Loipenhöhe: 1236–2150 m.

Loipenbenutzung: Gratis.

Höhenloipen: Loipe Wolkenstein–Langental, 1600–1799 m (19,5 km).

Loipenplan: Bei den Tourismusvereinen.

Umkleide/Duschen: In St. Christina kleine Ablagefächer mit Schlüssel, Infos bei

Verkehrsamt, in Wolkenstein bei den Skischulen, bei der LL-Schule am Eingang ins Langental.

Loipenstart: In der Nähe von St. Christina am Monte Pana, am Eingang zum Langental (Wolkenstein).

LL-Schulen: Skischulen in Wolkenstein, Tel. 04 71/79 51 56; St. Christina 04 71/79 20 45; St. Ulrich 04 71/79 61 53.

Leihausrüstung: In verschiedenen Skiverleihen in St. Ulrich, St. Christina und Wolkenstein und bei den Skischulen.

Rennen/Volksläufe: In St. Christina, Informationen bei Verkehrsamt.

→ Allgemeine Informationen

 An den Loipeneinstiegen (siehe Loipenkarte).

Ski alpin: 175 km Pisten, 81 Liftanlagen.

Sport: Skitouren, Snowboarden, Skiwandern, Eislaufen, Rodeln, Reiten, Gleitschirmfliegen, Tennis, Squash, Schwimmen.

Einkehr an der Loipe: Zahlreiche Möglichkeiten.

Après-Ski: Restaurants, Cafés, Weinstuben, Tanz, Disko, Folklore, Diashows, Kino, Theater, Heimatmuseum, Konzerte.

 Kinderskikurse und Mini-Ski-Clubs: in den Skischulen.

 In Loipennähe Gästebetten aller Kategorien vom Hotel bis zur Hütte, 2800 in St. Christina, 7440 in St. Ulrich, 7900 in Wolkenstein.

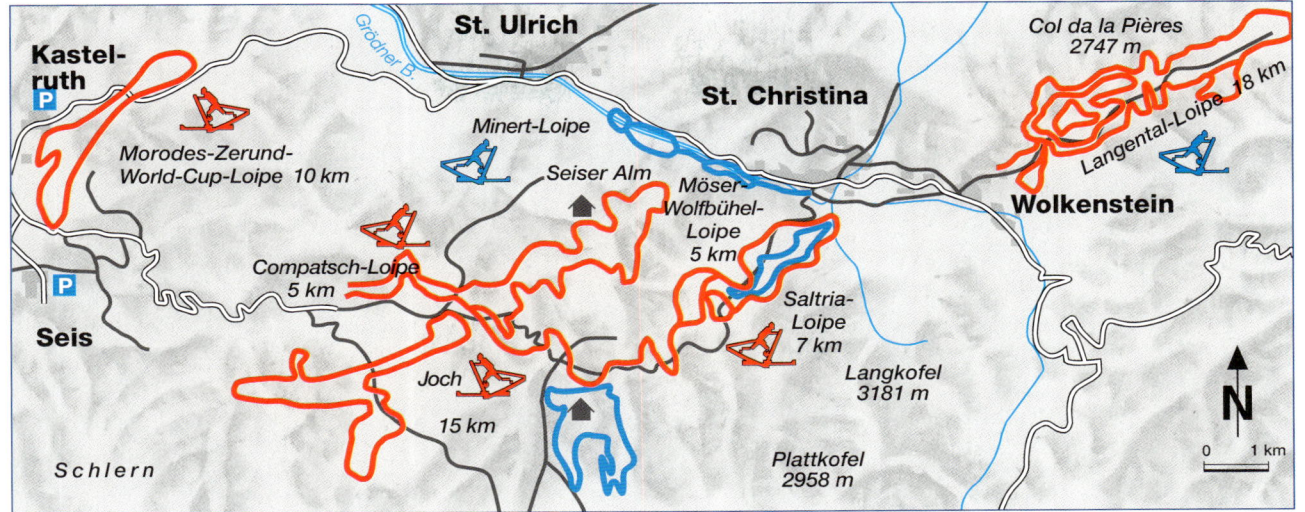

eine 10 km lange schwarz markierte Loipe bis in den Talschluss zur Pra da Ri-Wiese, dem Wendepunkt der Loipe. Nach herrlicher Rückfahrt mit anspruchsvoller Abfahrt entlang der reizvollen Bergkulisse warten am Taleingang einige Einkehrgelegenheiten, von denen man wenigstens den faszinierenden Teeroom Frainella besuchen muss.

Von St. Christina aus (1428 m) erreicht man per Sessellift (oder mit dem Auto) Monte Pana. Die kleine Skistation auf 1670 m Höhe ist Treff der Alpinen wie der Langläufer gleichermaßen: Die Spuren ziehen sich durch welliges Wald- und Wiesengelände. Ein 3 km langer Ring beginnt auf Monte Pana, kehrt aber noch vor Erreichen der Seiser-Alm-Fahrstraße zum Ausgangspunkt zurück (Abfahrtstechnik notwendig!). Eine 6 km lange Schleife greift weiter nach Westen aus und erreicht im Anstieg an der idyllischen Waldlichtung »Palusc« ihre Wendemarke (Höhenunterschied 100 m, Beherrschung des Schneepfluges wird in diesem mittelschwer bis schweren Gelände

empfohlen). Eine 8 km lange Loipe deckt sich zunächst mit dem 6-km-Ring, wendet sich aber ein Stück weiter ab nach Westen. Die Wendemarke erreicht man beim für den Verkehr gesperrten Waldweg zur Seiser Alm (Höhenunterschied: 150 m). Schließlich stellt noch eine Skiwanderspur den Zugang zum LL-Gebiet der Seiser Alm her: Zunächst folgt man der 8-km-Rundspur von Monte Pana, zweigt aber an dessen Höhepunkt beim Wegweiser der Loipe ins Jendertal ab. Die Langlaufspur folgt der breiten, für den Verkehr gesperrten Forststraße »3A«. Im Mittelteil wartet eine etwas heikle Abfahrt. Die Länge ab Monte Pana beträgt 6 km, vom Hotel Saltria auf 1675 m Höhe führt dann eine Verbindungsloipe auf das rund 180 m höher liegende Plateau (Großes Moos). Dort reiht sich die Spur nahtlos ins Loipennetz der Seiser Alm ein.

Wer sich nach anstrengenden Stunden in der Loipe erholen will, findet im ganzen Grödner Tal ein reichhaltiges Angebot, trifft sich zum Après aber vorzugsweise in St. Ulrich, das mit 5000 Einwohnern als Hauptort zu bezeichnen ist. Wer aber auch in St. Ulrich Lust auf Langlaufen verspürt, dem stehen neben der kleinen Übungswiese im Ortsteil Überwasser noch zwei Spuren zur Wahl: Die Minertloipe (2,5 km) startet bei der Übungswiese, führt am Ufer des Grödnerbachs taleinwärts und wendet in Soplases (Höhenunterschied: 50 m). Folgt man der Straße nach Kastelruth (5 km westlich von St. Ulrich), stößt man auf die Loipe »Panider Sattel«, die auf 5 km Länge (Höhenunterschied: 80 m) sowohl für Anfänger als auch für Fortgeschrittene geeignet ist.

Im Grödner Tal treffen sich die „Alpinen" wie die Langläufer gleichermaßen.

Schlern/Seiser Alm

Die Seiser Alm breitet sich auf einem Hochplateau mit bester Aussicht auf das imposante Bergpanorama aus. Die Hochmoor-Landschaft gilt als das schönste Langlaufrevier Südtirols.

Von St. Ulrich fährt man über den Panider Sattel nach **St. Michael** und **Kastelruth**, die ersten beiden Dörfer des Schlerngebiets. Zusammen mit **St. Valentin** und **Seis** bilden sie die »untere Etage«. Die weitaus bekanntere Ebene befindet sich etwa 800 bis 1000 m weiter oben auf der Seiser Alm, der größten Hochalm Europas. Rund 13,5 km Loipen schlängeln sich im »Flachland« des Schlerngebietes zwischen Kastelruth und Seis, die restlichen Spuren befinden sich in der luftigen Höhe des Seiser-Alm-Plateaus. Vielen Alpinfahrern ist das Gelände auf der Seiser Alm zu flach, für Langläufer ist es, kurz gesagt, ideal. Viele Nationalmannschaften schätzen die trotz Sonnenlage schneesicheren mehr als 60 km langen Loipen, die für beide Stile präpariert und zudem bestens in Schuss gehalten werden. Vorbildlich ist auch die Wegweisung auf der Seiser Alm durch die großen Loipen-Panorama-Tafeln an allen wichtigen Punkten. Vielleicht sind es aber auch die vereinzelten Gasthöfe, Hotelrestaurants oder Hütten, die die Loipen für manche Langläufer zum erklär-

♦♦♦♦ SCHLERN / SEISER ALM

→ Die Langlaufgebiete

Kastelruth, 1060 m
Seiser Alm, 1850–2078 m

Saison: Dezember bis April.

Anreise: Brennerautobahn, Ausfahrt Klausen, Waidbruck, Kastelruth–Seis–Seiser Alm; Bahnstationen sind Bozen und Brixen.

ℹ️ Tourismusverein Schlern, I-39040 Kastelruth, Tel. 04 71/70 63 33, Fax 04 71/70 51 88 und I-39040 Seis, Tel. 04 71/70 61 24; I-39040 Seiser Alm, Tel. 04 71/72 79 04, www. kastelruth.com, E-Mail info@kastelruth.com.

→ Die Loipen: 12.

Gesamtlänge: 76,5 km.

Schwierigkeit: Leicht bis schwer.

Längste Loipe: Jochloipe/Seiser Alm (15 km).

Skatingloipen: Etwa 60 km.

Loipenhöhe: 1085–2078 m.

Loipenbenutzung: Gratis.

Höhenloipen: Alle Seiser-Alm-Loipen, vor allem die Jochloipe vom Gasthof Ritsch zum Hotel Goldknopf (1865–2078 m).

Loipenplan: Bei den Verkehrsämtern.

Loipenstart: Zahlreiche Möglichkeiten, siehe Loipenkarte.

LL-Schulen: Skischule Seiser Alm, Tel. 04 71/72 79 09.

Leihausrüstung: In Kastelruth und auf der Seiser Alm.

→ Allgemeine Informationen

🅿️ An den Startplätzen (siehe Loipenplan).

Bus: Skibus von Kastelruth und Seis auf die Seiser Alm.

Ski alpin: 70 km Pisten.

Sport: Skitouren, Winterwandern (30 km), Eislaufen, Eisstockschießen, Rodeln, Snowboarden, Reiten, Tennis, Squash, Drachen-/Gleitschirmfliegen.

Einkehr an der Loipe: Verschiedene Möglichkeiten auf der Seiser Alm.

Après-Ski: Restaurants, Cafés, Kneipen, Hütten, Pub, Tanz, Disko, Folklore, Diaabende, Skishows, Kino, Konzerte, Fackelwanderungen, Mondscheinrodeln.

👪 Kinderskikurse und Skikindergarten (ab dem 3. Lebensjahr) bei der Skischule Seiser Alm, Tel. 04 71/72 79 09.

🛏️ 6100 Gästebetten aller Kategorien im Gebiet Schlern/Seiser Alm.

ten Lieblingsziel machen. Zu den schönsten Spuren zählt die 15 km lange Jochloipe, die nicht, wie die anderen Spuren, über die Möser verläuft, sondern über

den Almrücken hinter dem Gasthof Ritsch in 1865 m zum Hotel Goldknopf auf 2078 m Höhe ansteigt. Die Loipen auf der Seiser Alm führen zum Großteil über waldfreies, überwiegend nur leicht kupiertes Gelände mit gelegentlichen Anstiegen und sind in der Regel doppelt bis vierfach gespurt (mit Skatingloipe). Gelegenheit, die langen Latten einmal in die Ecke zu stellen und die Schönheiten des seit 1974 offiziell zum Naturpark erklärten 60 Quadratkilometer großen Plateaus zu genießen, bieten die 30 km Winterwanderwege auf der Seiser Alm oder die zahlreichen Skitourenmöglichkeiten. Das Landschaftsschutzgebiet ist im Sommer, zwischen Mai und Oktober, für den Autoverkehr tabu, im Winter gilt eine Verkehrsberuhigung. Die Zugänge zu den Loipen findet man, von der Bergstation der Schwebebahn von St. Ulrich ausgehend, auf dem Pferdeschlittenweg (15 Minuten) oder mit dem Sessellift (4 Minuten) beim Hotel »Sonne«. Unmittelbar vor dem Haus steigt man in die 1,4 km lange Zubringerloipe, die allerdings nur geübten Langläufern zu emp-

Kastelruth liegt am unteren Rand der Seiser Alm und bietet ideale Möglichkeiten für einen Familienurlaub.

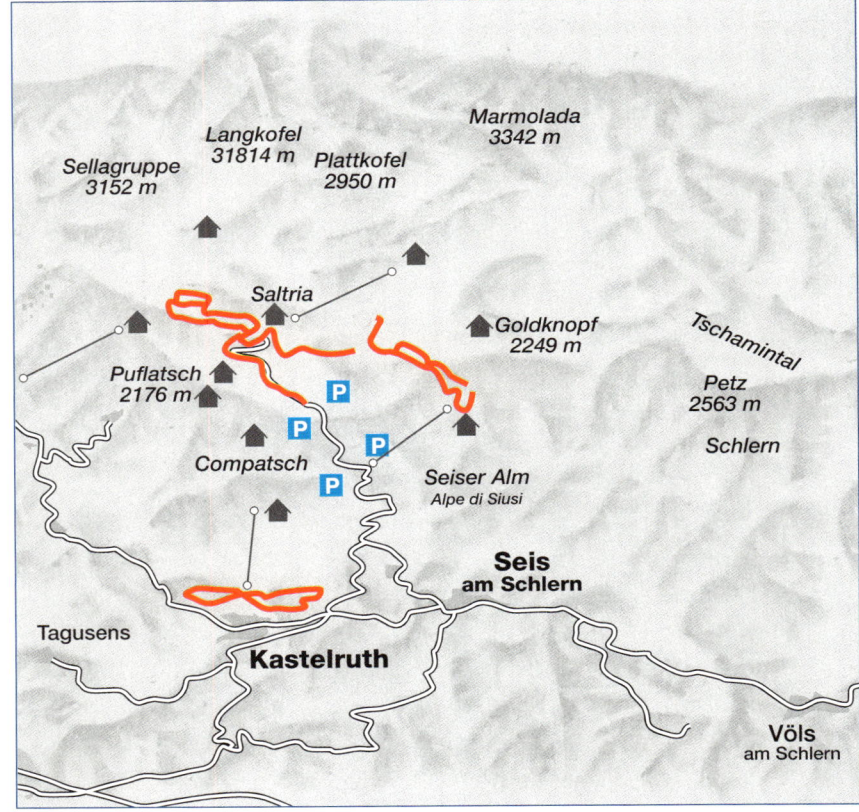

Vor wild-romantischer Kulisse finden Naturfreunde zwar nicht immer einsame Spuren im Schnee, Überholen ist auf den großzügig angelegten Langlauftrassen der Seiser Alm jedoch kein Problem.

fehlen ist, ein. Bei der Sanon-Hütte befindet sich der Anschluss an das Loipennetz der Seiser Alm mit dem Zentrum, dem Gasthof Ritsch. Um den Gasthof zu erreichen, steigt man entweder in eine 1,6 km lange Spur, die gegen Südwesten bergauf führt, oder man reiht sich in das jenseits der Wiesenmulde vorbeiziehende Loipenkarussell ein. Zum Wendepunkt läuft man etwa 1 km, zum Ritsch sind es noch weitere 2,5 km.

→ **Top-Loipe**

Eine echte Herausforderung ist die mit 15 km längste und schwerste Spur der Seiser Alm, die Jochloipe (Kennzeichen: schwarze Stangen!). Startpunkt ist beim Gasthof Ritsch. In mehreren steil ansteigenden Schleifen führt die Spur hinauf zum Joch. Danach folgt man einer Linksschleife in Richtung Goldknopf, dann biegt man rechts nach Gumadun ab und fährt weiter zur Laurinhütte, hinaus zum Spitzbühel und wieder zurück zur Bergstation des Panoramaliftes. Von dort fällt die Spur leicht ab und führt zurück zum Ausgangspunkt Ritsch.

Eggental

Der Name des Bozener Haus-skigebiets, oberhalb des Brenner, klingt etwas missverständlich. Denn das Eggental liegt an teils steilen Hängen, bis zu 2000 m Höhe unterhalb der Rosengarten-spitze und der Rotwand. Die Loipenreviere rund um Deutsch-nofen, Petersberg und dem Lavazè-Joch gelten selbst bei Süd-tirolinsidern noch als Geheimtipp.

Langlaufen im Eggental: Ein Netz aus mehrfach gespurten Loipen.

Zwischen dem Bozener Etschtal und dem Latemar-Alpinskigebiet liegt das Hochplateau des Regglbergs zwischen 1200 und 2000 m. Aus alten germanischen Siedlungen entwickelten sich im Lauf der Zeit kleine Bergbauern-dörfer, die langsam aber sicher vom Tourismus entdeckt und im Winter in Skiorte umgewandelt wurden. Die Über-nachtungszahlen der Vorzeigegemein-den **Deutschnofen, Eggen, Obereg-gen** und **Petersberg** haben sich in den letzten 20 Jahren verfünffacht. Selbst eingefleischte Südtirolfans, die bislang lieber in eines der verlockenden Seiten-täler vor Bozen abbogen, geben gele-gentlich noch einmal »Gas«, um sich dieses Winterangebot nicht entgehen zu lassen. In den letzten Jahren machte vor allem die sonnige Hochlage und das gut ausgebaute Pisten- und Loipennetz von sich reden. Eng wird es allenfalls an Wo-chenenden oder Feiertagen, wenn die Tagestouristen aus Bozen und Umge-bung massenweise das nahe Skigebiet aufsuchen. Die Kernzone des etwa 76 km umfassenden LL-Reviers bildet der Loi-penverbund **Deutschnofen, Peters-berg**, und **Jochgrimm-Lavazè-Pass**. Die Langläufer geraten vor der imposan-ten Kulisse der Dolomiten ins Schwär-men, folgen den teilweise doppelt und dreifach gespurten Loipen durch Wald-stücke, über weite, verschneite Almwie-sen, an alten Bauernhöfen vorbei und in steilen Ansteigen bis zum höchsten mit LL-Ski erreichbaren Punkt, dem Joch-grimm auf 2020 m Höhe. Ein empfeh-lenswerter Ausgangspunkt für eine Loi-pentour ist das kleine Dorf Petersberg auf etwa 1400 m Höhe. Für die Straße nach Petersberg sollte der Wagen sicher-heitshalber mit Winterausrüstung ausge-stattet sein. Die einzelnen Rundkurse können zum Teil auf ungespurten Ski-wanderwegen verbunden werden. Wer länger als einen Tag bleibt, dem bieten sich noch 38 km Spuren zwischen den benachbarten Skiorten Karersee und Welschnofen, mit der Anschlussmöglich-keit an 85 km Loipen im Fassa- und an 140 km Loipen im benachbarten Fleimstal an.

EGGENTAL

→ Das Langlaufgebiet

Deutschnofen, 1359 m

Saison: Mitte Dezember bis Mitte März.

Anreise: Brennerautobahn, Ausfahrt Bozen-Nord, Kardaun, Eggental; Bahn-stationen sind Bozen und Auer.

Verkehrsbüro, I-39050 Deutschnofen, Tel. 04 71/61 65 67, www.eggental.com, E-Mail info@eggental.com.

24-Stunden-Service Tel. 04 71/61 57 95.

→ Die Loipen

23; davon 6 in Deutschnofen (ca. 25 km), in Petersberg (ca. 13 km), 4 in Reggl-berg–Jochgrimm (ca. 26 km), 9 in Aldein–Radein–Jochgrimm (ca. 25 km).

Gesamtlänge: 76 km in Eggental; 38 km in Welschnofen–Karersee (1200–1600 m).

Schwierigkeit: Leicht bis schwer.

Längste Loipe: Jochgrimm–Lavazè 26 km, 1980 m.

Skatingloipen: Die Hälfte der Loipen.

Loipenhöhen: 1250–2020 m.

Loipenbenutzung: Gratis; freiwillig: 3000 L/Tag, 10 000 L/Woche und 30 000 L/Saison.

Höhenloipen: 3 Jochgrimm-Loipen (1791–2020 m, 5, 9 und 8 km).

Umkleiden/Duschen: Am Lavazèjoch.

Loipenplan: Bei den Verkehrsämtern.

Loipenstart: Siehe Loipenplan.

LL-Schulen: Skischule Lavazèjoch in Va-rena, Tel. 0462/23 18 30.

Leihausrüstung: Skiservice in Sport-geschäften.

→ Allgemeine Informationen

 Im Ortszentrum.

Bus: Täglich Shuttle-Service Deutsch-nofen–Eggen–Obereggen–Birchabruck–Bozen und zurück.

Ski alpin: 90 km Pisten in Obereggen.

Sport: Skitouren, Skiwandern, Eislaufen, Eisstockschießen, Rodeln, Reiten, Tennis, Squash, Schwimmen.

Einkehr an der Loipe: Verschiedene Mög-lichkeiten.

Après-Ski: Restaurants, Cafés, Wein-stuben, Tanz, Disko, Folklore, Diashows, Kino, Theater.

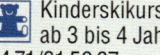 Kinderskikurse und Skikindergarten ab 3 bis 4 Jahre in Obereggen, Tel. 04 71/61 56 67.

 7000 Gästebetten aller Kategorien.

Alternativ zum Langlaufangebot können Gäste auf 50 km geräumten Winterwanderwegen spazieren gehen, sich auf den über 90 km langen Pisten vergnügen, auf Eislaufplätzen Schlittschuh laufen oder Rodeln. Aprèsspezialisten kehren in einer der über 30 Bars, in den zahlreichen Weinstuben oder in einem der 30 Restaurants ein, lassen sich die Schönheit der Region per Dia-Show zeigen oder besuchen die sehenswerten Kirchen und Kulturgüter der Gegend. Bekanntester »Tourist« war immerhin Papst Johannes Paul II., der 1988 den bekannten Wallfahrtsort Maria Weißenstein besuchte.

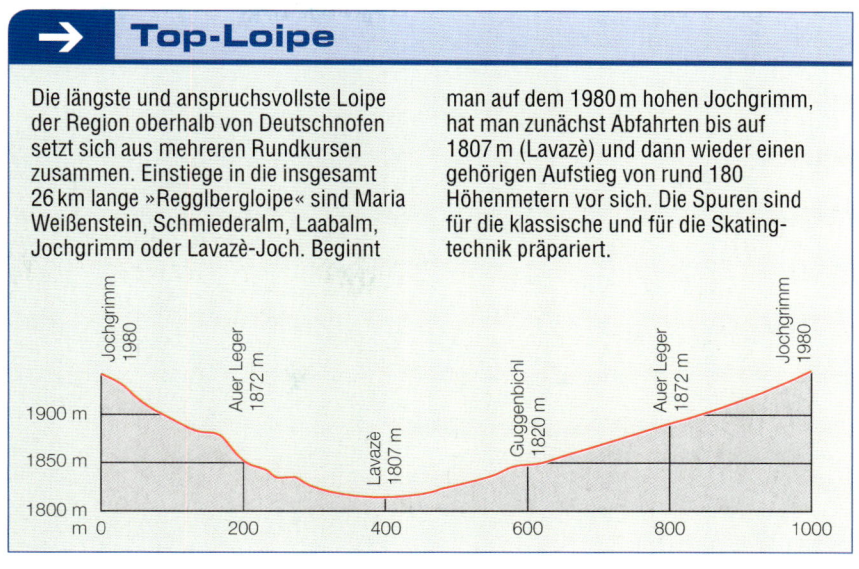

→ Top-Loipe

Die längste und anspruchsvollste Loipe der Region oberhalb von Deutschnofen setzt sich aus mehreren Rundkursen zusammen. Einstiege in die insgesamt 26 km lange »Regglbergloipe« sind Maria Weißenstein, Schmiederalm, Laabalm, Jochgrimm oder Lavazè-Joch. Beginnt man auf dem 1980 m hohen Jochgrimm, hat man zunächst Abfahrten bis auf 1807 m (Lavazè) und dann wieder einen gehörigen Aufstieg von rund 180 Höhenmetern vor sich. Die Spuren sind für die klassische und für die Skatingtechnik präpariert.

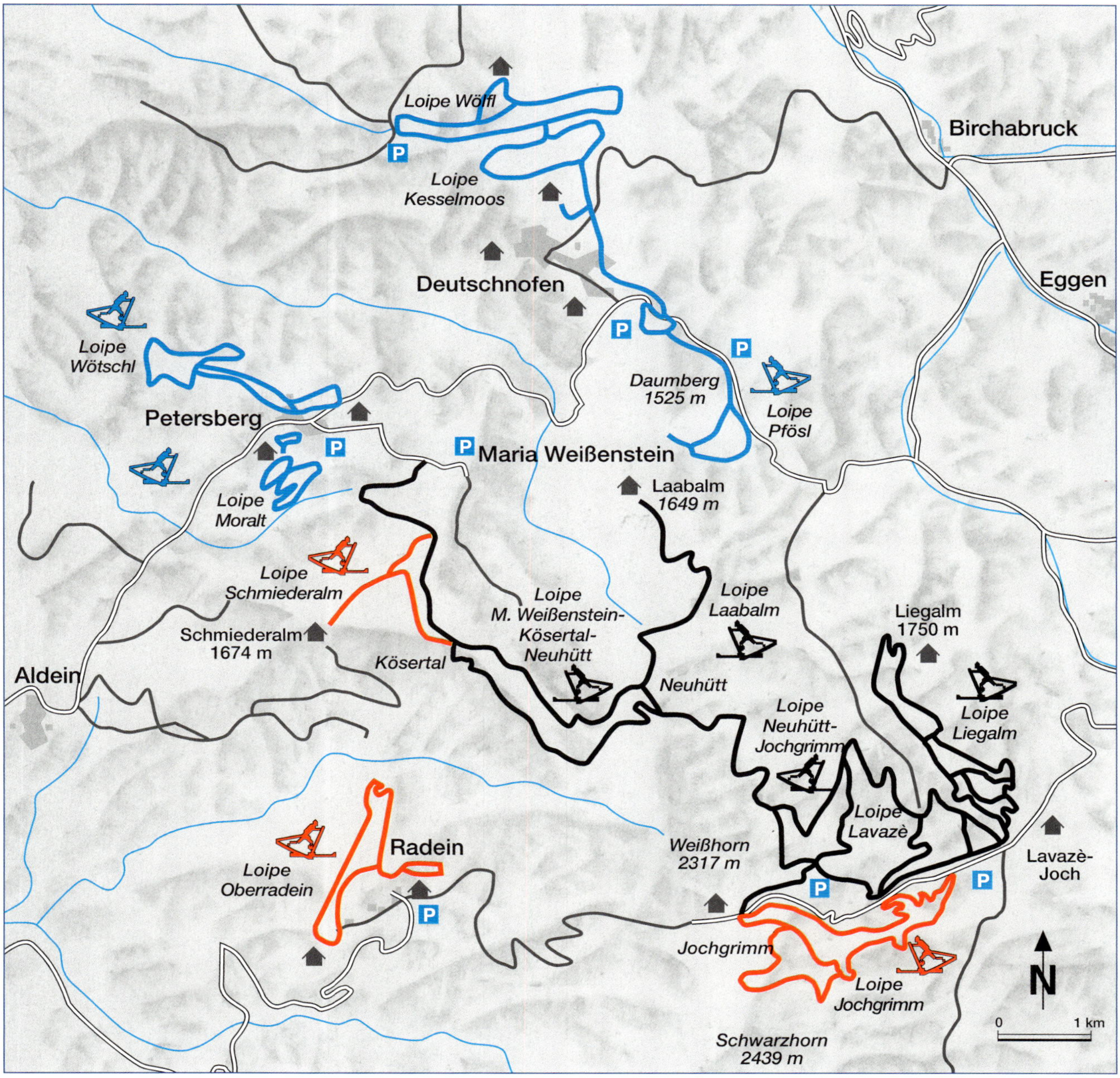

Südtirol

Hochpustertal

Das LL-Dorado Südtirols kann auf eine fast 20-jährige Tradition zurückblicken. Ein perfektes Angebot von über 200 km doppelt gespurten Loipen durchzieht das Hochpustertal von Niederdorf bis Sexten. Wie eine Spinne sitzt die LL-Metropole Toblach inmitten des Loipennetzes.

Den Grundstein für die touristische Entwicklung legte vor über 100 Jahren die Südbahn, die die ersten Sommerurlauber von Wien in das damals noch österreichische Hochpustertal karrte. Aus der Sommerfrische von einst wurde ein gleichwertiger Wintertreff mit 1,2 Millionen Übernachtungen von Dezember bis Ende April. Das Hoch-

Innichen liegt am östlichen Abfall des Hochpustertales; das Ortsbild wird von der romanischen Kirche dominiert.

 **HOCHPUSTERTAL**

→ **Die Langlaufgebiete**

Sexten, Innichen, Toblach, Niederdorf, Prags, 1150–1310 m

Saison: Dezember bis April.

Anreise: Brennerautobahn, Ausfahrt Brixen–Pustertal, Bruneck, Toblach; Bahnstationen sind Niederdorf, Toblach und Innichen.

ℹ️ Tourismusverband Hochpustertal, I-39038 Innichen, Tel. 0474/913156, Fax 0474/4361, www.altapusteria.net, E-Mail info@altapusteria.net.

☎️ für das gesamte Hochpustertal, Tel. 0474/703 55.

→ **Die Loipen**

Gesamtlänge 200 km.

Schwierigkeit: Leicht bis schwer.

Längste Loipe: Toblach–Cortina 35–42 km; Pustertaler Marathonloipe Innichen–Olang 50 km (+10 km nach Antholz); Hochpustertaler Sonnenloipe Niederdorf–Toblach–Staatsgrenze 19 km.

Skatingloipen: 100 km.

Loipenhöhen: 1083–1530 m.

Loipenbenutzung: Gratis.

Höhenloipen: Plätzwiese, 2000 m (7 km); Mittelberg–Alpe Nemes 1705–1877 m (8 km).

Loipenplan: Bei den Tourismusvereinen.

LL-Schulen: Skischule Sexten, Tel. 0474/710375; Skischule Kreuzbergpass, Tel. 0474/710328; Skischule Innichen, Tel. 0474/913374; Skischule Niederdorf/Prags, Tel. 0474/748740; Skischule Azzurra/Toblach, Tel. 0474/972970.

Leihausrüstung: In den Sportgeschäften und Skischulen.

Rennen/Volksläufe: Internationaler Volkslanglauf Toblauch–Cortina 42 km (am 1. Sonntag im Februar); Pustertaler Skimarathon 35–50 km (am 2. Sonntag im Januar), beide (plus Gsiesertallauf 40 km) zählen zum Dolomiten Cup (Info: Dolomiten Cup, c/o Günther Bachmann, Rienzstr. 116, I-39039 Niederdorf); Weltcup, FIS-Rennen, Nationale Meisterschaften, Alpencup.

→ **Allgemeine Informationen**

P Beim LL-Zentrum Toblach und an den Loipenstarts von Innichen, Niederdorf, Sexten und Prags.

Bus: Skibus Sexten/Fischleintal, Kreuzbergpass, Innichen, nach Niederdorf bis Prags und rund um Toblach und Shuttle-Bus an die Loipen.

Ski alpin: 50 km Pisten.

Sport: Skitouren, Skiwandern, Snowboarden, Eislaufen, Eisstockschießen, Rodeln, Reiten, Drachen-/Gleitschirmfliegen, Tennis, Squash, Schwimmen.

Einkehr an der Loipe: Verschiedene Möglichkeiten.

Après-Ski: Restaurants, Bars, Cafés, Tanz, Disko, Folklore, Diashows, Pferdeschlittenfahrten.

👶 Kinderskikurse und Betreuung in den Skischulen.

🛏️ 12 000 Gästebetten aller Kategorien (Hotel, Pension, Privatzimmer, Tipp: Urlaub auf dem Bauernhof!).

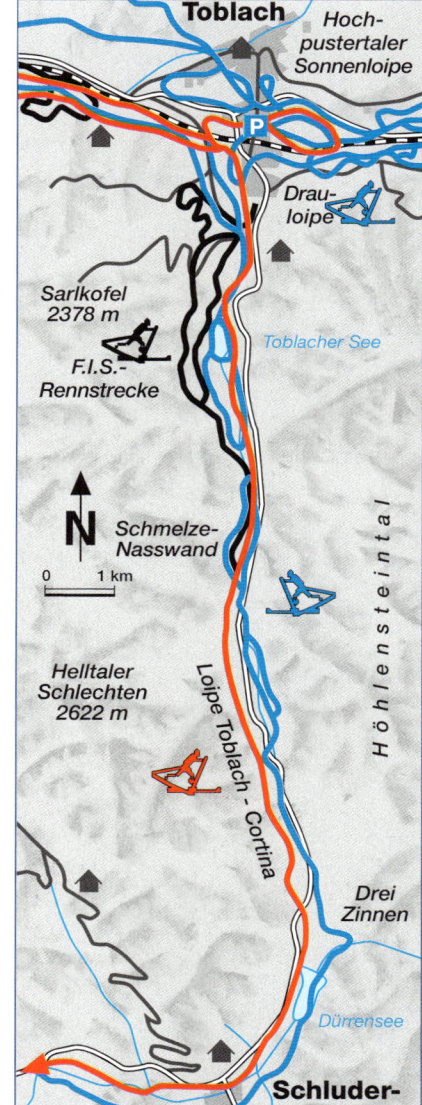

pustertal ist über die Brennerautobahn und eine gut ausgebaute Bundesstraße nach Bruneck zu erreichen und erstreckt sich von **Winnebach** an der italienisch-österreichischen Grenze und **Sexten** im Osten, über **Innichen, Toblach**, nach **Niederdorf** und **Prags** im Westen. Alle Orte sind im Übrigen durch Loipen miteinander verbunden. Umringt von den typischen Dolomitengipfeln und geschützt durch imposante Gebirgsmassive mit dichten Waldbeständen unter den kahlen Spitzen, bildet die landschaftliche Kulisse zwischen 1130 und 2200 m Höhe den idealen Rahmen für Wintersportler. Das Hochpustertal oder Alta Val Pusteria ist bei deutschen und italienischen Skiurlaubern gleichermaßen beliebt. Dabei ist das sonnige Hochtal der Dolomiten schon seit fast 20 Jahren auch Langläufern als ein besonders ideales Trainingsgelände bestens bekannt.

Der Toblacher Langlaufplan erinnert auf den ersten Blick mit seinen vielen verwirrenden Loipenlinien an einen Strickmusterplan. Ganz so kompliziert stellt sich das LL-Netz auf den zweiten Blick dann doch nicht dar, hat man erst einmal erkannt, dass sich die meisten Spuren in drei Hauptrichtungen entwirren. Von Toblach aus führt das Gros der Loipen entweder nach Niederdorf, von dort weiter nach Prags oder Olang und nach Innichen, mit der Verzweigung nach Sexten oder nach Winnebach zur Staatsgrenze. Der dritte große Zweig führt ins malerische Höhlensteintal am Toblacher und am Dürrensee vorbei über das Gemärk, bis nach Cortina d'Ampezzo. Auf den drei FIS-homologierten Loipen über 5, 7,5 und 10 km, die nach den Toblacher Olympiateilnehmern benannt sind, werden internationale Langlaufrennen ausgetragen. Ausgangspunkt ist das Langlaufstadion. Das Stadion ist mit Tribü-

Das Hochpustertal ist mit seinen sonnigen Loipen und der idealen Vernetzung den Langläufern aus dem Norden schon lange ein fester Begriff.

nen, Parkplätzen, einem Wachsservice, einer Gastwirtschaft und dem Start-/Zielbereich – mit einer eigenen Aufwärm-

strecke – auch für große Sportereignisse bestens ausgerüstet.

Als sportliche Höhepunkte stehen in der kommenden LL-Wintersaison die italienischen Langlaufmeisterschaften, der Alpencup, der 19. Pustertaler Skimarathon und der 18. Internationale Volkslauf Toblach–Cortina auf dem Programm. Die 50 km lange Spur der Pustertaler Marathonloipe kann natürlich auch ohne Wettkampfstimmung absolviert werden. Die Strecke beginnt in Innichen (San Candido) beim Schwimmbad oder beim hotel Brandl auf 1174 m Höhe. Die weiteren Stationen sind Toblach, Niederdorf, Prags, Welsberg, Olang und Rasen. Endpunkt ist in Antholz (Anterselva) auf 1241 m Höhe. Mit 8 km längste Etappe ist die Loipe von Innichen nach Toblach, sie führt allerdings über leichtes Gelände, der Höhenunterschied beträgt nur 36 m. Die hauptsächlich leichten bis mittelschweren Loipen im Hochpustertal reizen Anfänger wie trainingsfleißige Langläufer gleichermaßen. Der überwiegende Teil der Trassen ist doppelt gespurt und optimal durch eine Skatingloipe ergänzt.

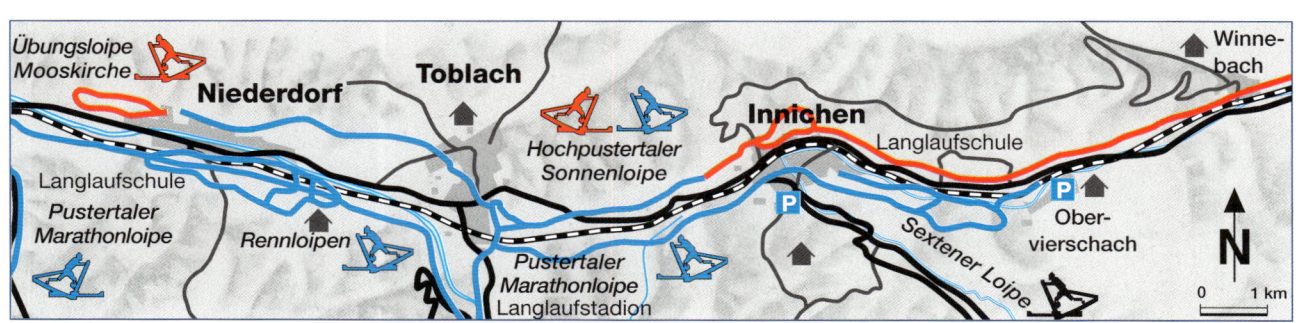

Bruneck und Antholzer Tal

Vom Angebot her sind die Langläufer im unteren Teil des Pustertals mit den Alpinskifahrern gleichberechtigt. Sie haben unter rund 100 Loipen mit einer Gesamtlänge von 260 km ihre Wahl zu treffen – darunter die Strecke der Biathlon-Weltmeisterschaften von 1995.

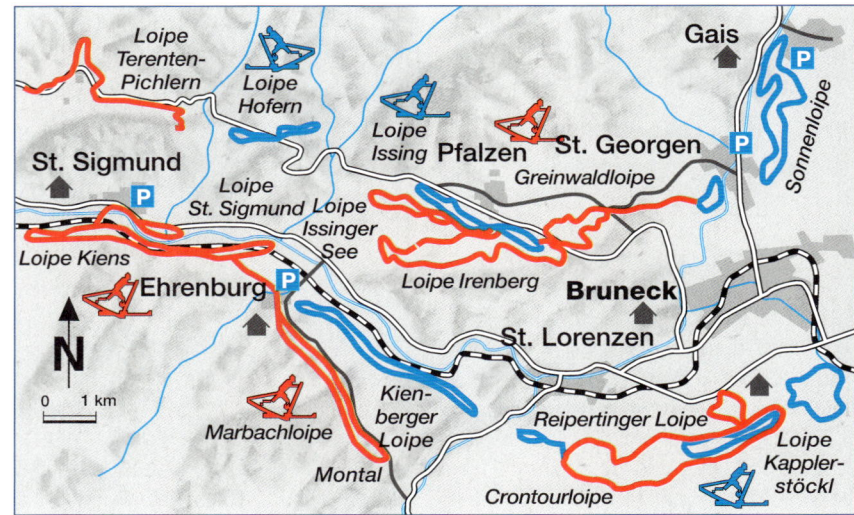

Ungewöhnlich gut haben die 13 Gemeinden rund um den Kronplatz auch für die Langläufer gesorgt. Neben dem Hauptort **Bruneck** sind es die Orte St. Vigil, Olang, St. Lorenzen, Kiens, Percha, Pfalzen, Rasen, Antholz, Terenten, Welsberg und Taisten, die sich um den kahlen Mittelpunkt, den 2253 m hohen Kronplatz, und im **Antholzer Tal** verteilen. Dazu kommen noch die kleinen Dörfer des romantischen Gsiesertals, das bei Welsberg abzweigt. Fast 100 Loipen ergeben ein Langlaufrevier von insgesamt über 220 km Spuren, die in die Seitentäler einfließen wie kleine Rinnsale, zusammen aber noch kein ganz geschlossenes Netz ergeben. Sportlich durchtrainierte Dauerläufer kommen dennoch auf ihre Kosten. Die durchgehend präparierten Spuren im Gsiesertal ermöglichen einen 40 km langen Dauerlauf auf Strecken aller Schwierigkeits-

grade, die auch für den alljährlich stattfindenden »Gsiesertal-Volksskilanglauf« genutzt werden. Dieser Skimarathon zählt zusammen mit dem Pustertaler und dem Toblacher Volkslanglauf zum »Dolomiten Cup«. Buchstäblich lange laufen können Loipenfans, die von Prags aus starten. Sie wählen entweder die Route in die Nachbarregion »Hochpustertal« in Richtung Toblach, oder entscheiden sich für den langen Marsch an Welsberg und **Olang** vorbei durch das gesamte Antholzer Tal oder in die andere Rich-

tung nach Percha. Ein Teilstück der 60 km langen Pustertaler Marathonloipe führt an Rasen vorbei nach Antholz-Niedertal, Mittertal oder Obertal. Kurz vor dem Antholzer See am Talende drehte sich im großzügigen LL-Zentrum bei der Weltmeisterschaft 1995 alles um Biathlon. Die Disziplin »Schießen und Laufen« kann freilich auch von LL-Touristen trainiert werden. Welche Tradition diese Spuren haben, zeigt, dass hier schon seit 1975 die besten Biathleten der Welt zur Konkurrenz antreten. Dass

★★★★ BRUNECK UND ANTHOLZER TAL

→ **Die Langlaufgebiete**

Bruneck, 840 m

Antholzer Tal, 1050–1650 m

Saison: Dezember bis Ende März/Anfang April.

Anreise: Brennerautobahn, Ausfahrt Brixen–Pustertal, Bruneck, Olang (Bahnstation), Antholzer Tal.

🛈 Tourismusverband Crontour, I-39031 Bruneck, Tel. 04 74/55 54 47, E-Mail info@kronplatz.com ; Tourismusverein Antholzer Tal, Tel. 04 74/49 21 16.

Schnee- und Loipentelefon: Bruneck 04 74/8 57 22, Rasen im Antholzer Tal 04 74/49 62 69.

→ **Die Loipen**

92, davon 10 im Antholzer Tal.

Gesamtlänge: 220 km.

Schwierigkeit: Leicht bis schwer.

Längste Loipe: Rautalloipe in St. Vigil (25 km).

Skatingloipen: 220 km.

Loipenhöhen: 840–1702 m.

Loipenbenutzung: Gratis; in Antholz Gebühr von 7000 LIT/Tag für Einheimische, Gäste gratis; Startgeld bei Volksläufen.

Höhenloipe: LL-Zentrum Antholz/Obertal 1556–1650 m, 18 km, leicht/mittel.

Umkleiden/Duschen: Sportbar in Pfalzen, Biathlonzentrum Antholz/Obertal.

Loipenplan: Beim Tourismusverband.

Loipenstart: Mehrere Einstiegsmöglichkeiten entlang des Tales, zum Beispiel Zufahrtsstraße zum Loipenzentrum.

LL-Schulen: Skischule Kronplatz, Tel. 04 74/2 08 50; Skischule St. Vigil, Tel. 04 74/50 10 49 oder Skischule Sporting, Tel. 04 74/50 14 48; Langlaufschule Olang, Tel. 04 74/4 64 72 oder 4 62 06; LL-Schule Kronplatz, Tel. 04 74/52 83 36; LL-Schule Antholzer Tal, Tel. 04 74/49 24 46.

Leihausrüstung: In Sportgeschäften und Skischulen.

Rennen/Volksläufe: Pustertaler Skimarathon, Ziel in Antholz, am 3. Sonntag im

Januar; Biathlon-Weltcup in Antholz im Januar.

→ **Allgemeine Informationen**

🅿 In allen Orten bei den Loipeneinstiegen.

Bus: Shuttle-Bus im Loipenzentrum an der Bushaltestelle 5-mal/Tag.

Ski alpin: 90 km Pisten.

Sport: Skitouren, Skiwandern, Eislaufen, Eisstockschießen, Rodeln, Reiten, Drachen-/Gleitschirmfliegen, Tennis, Schwimmen, Kegeln.

Einkehr an der Loipe: Mehrere Möglichkeiten.

Après-Ski: Restaurants, Bars, Cafés, Weinstuben, Tanz, Disko, Diashows, Musikabende, Kino, Theater.

🧸 3 Skikindergärten mit teils ganztägiger Betreuung.

🛏 20 000 Gästebetten aller Kategorien vom First-Class-Hotel bis zur Ferienwohnung.

dabei der Service für Langläufer groß geschrieben wird, versteht sich von selbst. Kostenlose Zubringerbusse bringen Loipenfreunde im 20-Minuten-Takt von den Bahnhöfen zur Loipe; 20 mechanische Spurgeräte sind im Langlaufgroßrevier rund um Bruneck täglich im Einsatz.

Die Antholzer Loipen verbinden das Tal zum Teil auch mit den Nachbartälern und -ortschaften, womit ein durchgehender Anschluss an 60 km Loipen angeboten wird. Im Biathlonzentrum werden Rundkurse von 2, 3 und 5 km Länge für leichte bis mittelschwere Strecken gespurt. Die LL-Trassen sind sowohl für Anhänger der klassischen wie auch der Skatingtechnik präpariert. Für Anfänger ideal ist die schöne Loipe am Antholzer See. Günstig liegen zahlreiche Gaststätten direkt an den Rundkursen. Neben den alljährlich stattfindenden Weltcup-

Durchtrainierte Langläufer kommen im Antholzer Tal auf ihre Kosten.

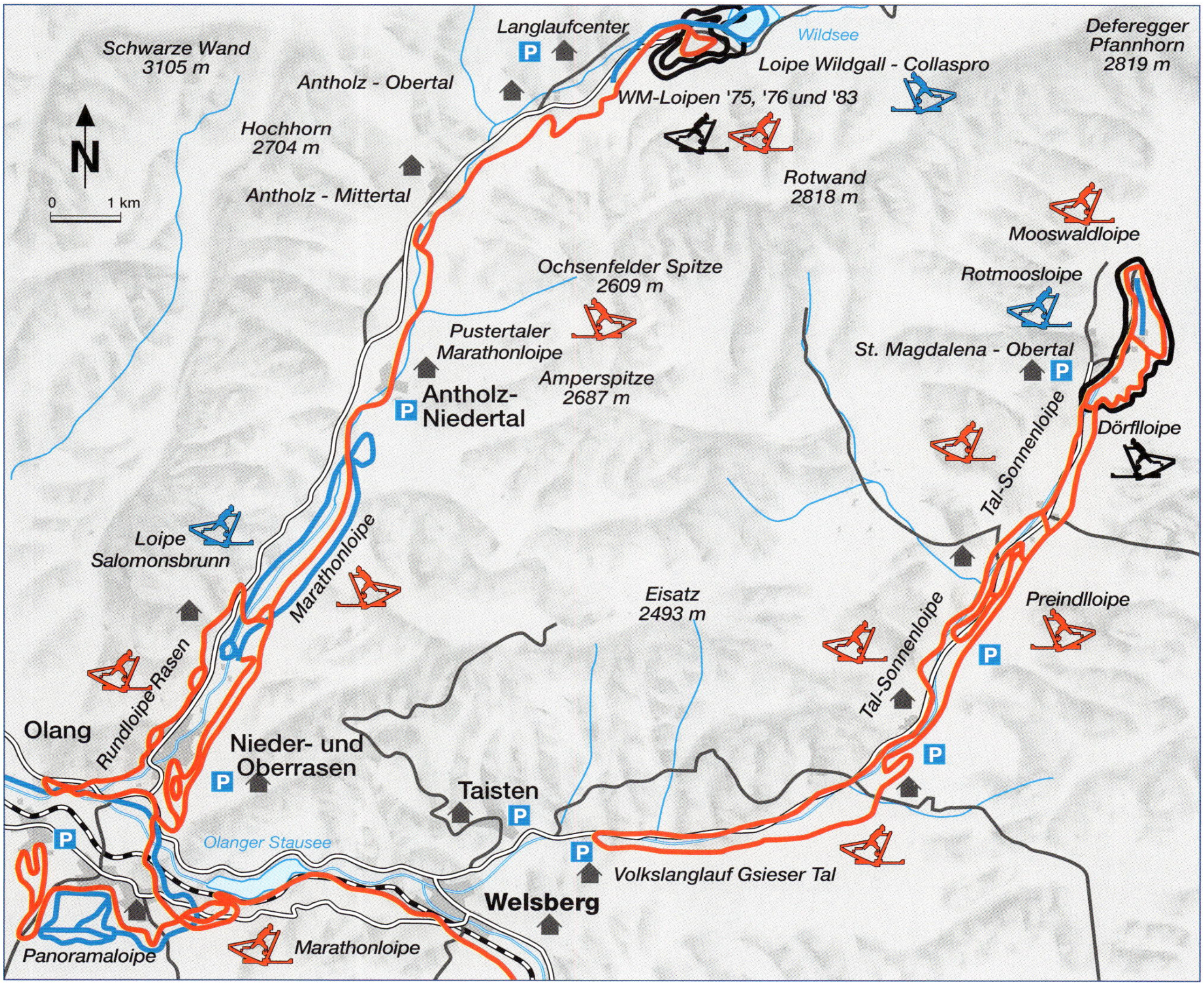

rennen wurden auf diesen Strecken bereits mehrfach die Biathlonweltmeisterschaften ausgetragen.

Alternativ zum Langlaufen gibt es einen perfekt erschlossenen Skiberg, den kahlen Kronplatz (2275 m), ein landschaftlich reizvolles Skitourengelände, ein großes Eisstadion in Bruneck, Hal-

lenbäder, Tennishallen und geführte Reitausflüge auf Islandponys im Nationalpark Fanes-Sennes-Prags (Informationen beim Tourismusverein St. Vigil). Nach dem Sport an der frischen Luft schmecken die köstlichen Südtiroler Schmankerl der rund 380 Gastgewerbebetriebe.

Langlaufcenter
Antholz - Obertal
Wildsee
Loipe Wildgall - Collaspro
Deferegger Pfannhorn 2819 m
WM-Loipen '75, '76 und '83
Schwarze Wand 3105 m
Hochhorn 2704 m
Antholz - Mittertal
N
0   1 km
Rotwand 2818 m
Mooswaldloipe
Rotmoosloipe
Ochsenfelder Spitze 2609 m
Pustertaler Marathonloipe
St. Magdalena - Obertal
Antholz-Niedertal
Amperspitze 2687 m
Tal-Sonnenloipe
Dörflloipe
Loipe Salomonsbrunn
Marathonloipe
Eisatz 2493 m
Preindlloipe
Tal-Sonnenloipe
Olang
Rundloipe Rasen
Nieder- und Oberrasen
Taisten
Olanger Stausee
Welsberg
Volkslanglauf Gsieser Tal
Panoramaloipe
Marathonloipe

Gsieser Tal

Das bei Langlaufenthusiasten und Naturfreunden so beliebte Gsieser Tal ist noch immer ein Geheimtipp im Pustertal. Das Langlaufjuwel bietet 42 km gespurte Loipen, ausgehend vom Brückenwirt in Wiesen/Taisten bis nach St. Magdalena. Jedes Jahr am dritten Sonntag im Februar findet der Internationale Gsieser-Tal-Lauf-Südtirol statt – mit fast 2500 Teilnehmern!

V on Bruneck aus kommend biegt man bei Welsberg (Monguelfo) links ab und schon befindet man sich im sonnigen und unverfälschten Gsieser Tal. Hier haben Tradition, Handwerk, aber auch (Gast-)Freundschaft und Ursprünglichkeit noch eine Zuflucht gefunden. Urlaub zwischen 1200 und 1400 m Höhe kann Gemütlichkeit oder den Schritt in die Langlaufspur bedeuten. Für beide Ansprüche findet sich im romantischen Seitental des Pustertales das Richtige. Gleich am Eingang des Sacktales, im Ort **Wiesen**, beginnen beim Brückenwirt zwei der schönsten Spuren. Die 13 km lange, mittelschwere Waldrandloipe, mit einem Höhenunterschied von 174 m, und die 14 km lange, leichte Sonnenloipe, mit einem Höhenunterschied von 150 m. Beide führen durch das gesamte Tal bis an das Ende hinter **St. Magda-**

✗✗✗✗ GSIESERTAL

→ Das Langlaufgebiet

Gsieser Tal, 1150–1450 m

Saison: Dezember bis Ende März/Anfang April.

Anreise: Brennerautobahn, Ausfahrt Brixen–Pustertal, Bruneck (Bahnstation), Olang, Welsberg, Gsieser Tal.

ℹ️ Tourismusverband Crontour, I-39031 Bruneck, Tel. 04 74/55 54 47, E-Mail info@kronplatz.com; Tourismusverein I-39030 Gsieser Tal, Tel. 04 74/97 84 36, Fax 04 74/97 82 26, E-Mail tv.gsies@anet.it.

📞 Tourismusverband Gsieser Tal 04 74/7 41 18.

→ Die Loipen: 7.

Gesamtlänge: 42 km.

Schwierigkeit: Leicht bis schwer.

Längste Loipe: Gsieser-Tal-Loipe, 25 bzw. 40 km.

Skatingloipen: 42 km.

Loipenhöhen: 1150–1500 m.

Loipenbenutzung: Gratis.

Höhenloipen: Alle Loipen bei St. Magdalena.

Loipenplan: Beim Tourismusverein.

Loipenstart: Brückenwirt in Wiese/Tais-

ten und an jedem beliebigen Ort entlang der Loipen.

LL-Schulen: Skischule St. Magdalena, Tel. 04 74/94 81 42.

Leihausrüstung: Sport Burger, Tel. 04 74/94 80 50.

Rennen/Volksläufe: Internationaler Gsieser-Tal-Lauf (3. Sonntag im Februar), 28 km bzw. 42 km.

→ Allgemeine Informationen

🅿️ 7 Parkplätze in allen Orten oder bei den Loipeneinstiegen.

Bus: Loipenbus vorhanden.

Ski alpin: 90 km Pisten (Kronplatz).

Sport: Skitouren, Skiwandern, Eislaufen, Eisstockschießen, Rodeln, Reiten, Schwimmen, Kegeln.

Einkehr an der Loipe: Mehrere Möglichkeiten in den Dörfern.

Après-Ski: Restaurants, Bars, Cafés, Weinstuben, Tanz, Diashows, Musikabende.

In der Skischule Kinderskikurse, keine darüber hinausgehende Betreuung.

1300 Gästebetten in Hotels, Gasthöfen, Pensionen, Ferienwohnungen und Bauernhöfen.

lena. In **Durnwald**, einer Ortschaft nach Wiesen, wird eine 2 km lange Übungsloipe gespurt. Start der inzwischen bekannten Gsierser-Tal-Laufs ist in St. Martin. Sie führt in einem entweder 28 km oder in einem 42 km langen Rundkurs ebenfalls durch das ganze Tal (Höhenunterschied: 334 m). Der Gsieser-Tal-Lauf findet immer am 3. Sonntag im Februar statt. Das sportlich einmalige Erlebnis wird durch ein buntes, ganz den Langläufern gewidmetes Rahmenprogramm abgerundet. Neben dem Gsieser-Tal-Lauf ist der »Gsieser Knödelmarathon« zur festen Instanz geworden: Entlang der Gsieser-Tal-Loipe werden vom Brückenwirt ausgehend bis nach St. Magdalena in zwölf Gastbetrieben, die natürlich alle an der Loipe liegen, verschiedene Knödelspezialitäten vom Pressknödel, Semmelknödel, Spinatknödel, Speckknödel bis zum Topfenknödel und noch viele andere kredenzt. Diese kulinarischen Genüsse werden zur »Gsieser Langlaufkost« (zwischen Januar und März) angeboten und sind speziell auf die Bedürfnisse der Langläufer abgestimmt. Der nächste Knödelmarathon findet Anfang Januar 2002 statt.

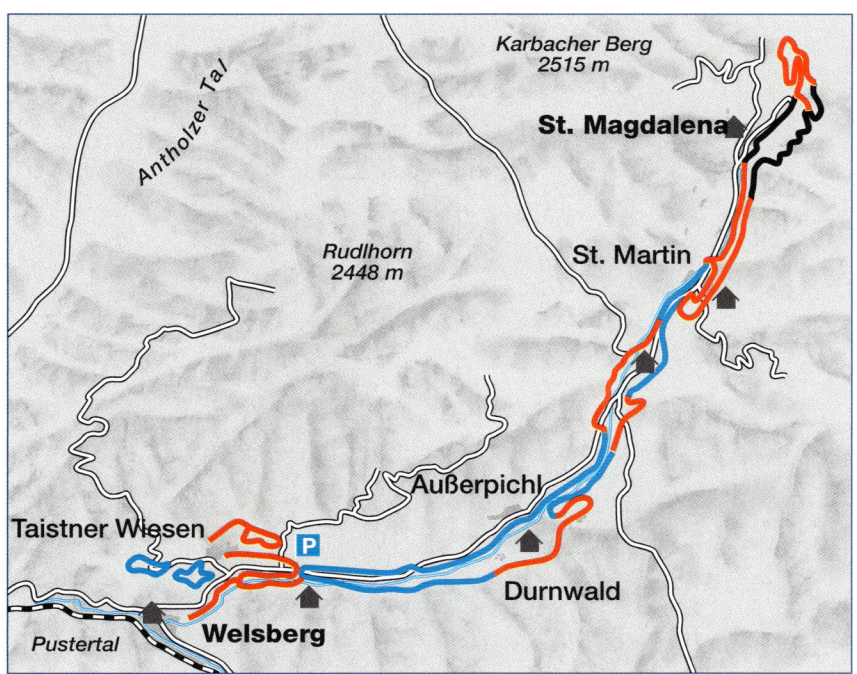

Alta Badia

Im Herzen Ladiniens gewinnen vor allem die stillen Ecken abseits des Pistentrubels immer mehr Freunde. Insgesamt verdient die Skiregion rund um Corvara, Colfosco, La Villa, San Cassiano, Pedraces und Armentarola das Prädikat »besonder familienfreundlich«.

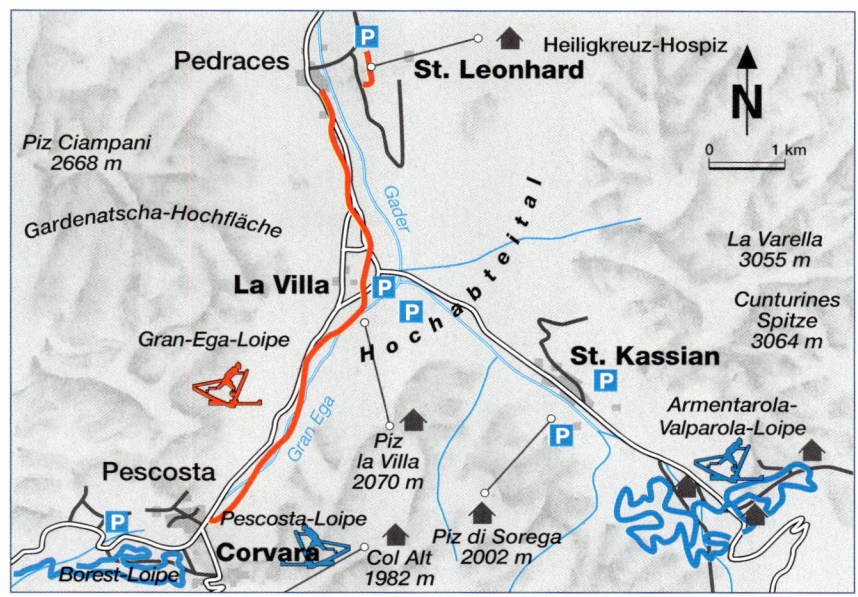

Das Abteital liegt an der Westseite des Sella-Gebirgsstocks, im Hintergrund grüßen Marmolada, Langkofel und die Geisler-Spitzen. Durch das jährlich stattfindende Weltcuprennen ist es besser unter dem ladinischen Namen Alta Badia bekannt. Das Nachbartal von Gröden ist über das Grödnerjoch (2121 m) aus schnell zu erreichen und neben dem Fassatal, Livinallongo und Ampezzo eines der vier ladinischen Täler der Dolomiten. Die wichtigsten Gemeinden sind die Wintersportzentrale **Corvara**, das kleinere **Colfosco** und die

drei weitgehend ursprünglichen Dörfer **La Villa, Pedraces** und **S. Cassiano**, eingerahmt von dem 2665 m hohen Sas-

songher und dem mächtigen Massiv des Conturines (3072 m). Neben einem perfekt erschlossenen Lift- und Pistenzirkus finden ruhigere Gemüter vor allem zwischen Pedraces und Armentarola den stillen Winter, so wie er im Bilderbuch steht, mit alten Bergbauernhöfen auf verschneiten Almen, verträumten Winterwanderwegen und sauber gespurten Loipen. Als schönste Strecke gilt die Spur in der Hochtalebene von Armentarola und San Cassiano. Sie führt über 15 km vom Hotel Gran Ancei in 1650 m Höhe an der Sarè-Bar vorbei in Richtung Valparolapass mit der Abzweigung zur Capanna-Alpina-Hütte. Die längste Loipe neben der Strecke Corvara/Colfoscs (15 km) beginnt beim Badia-Pub in Pedraces. Sie führt von der Talstation des Heiligkreuz-Sessellifts am Lauf der Gader entlang bis nach Corvara, mit der Anschlussmöglichkeit an die 5 km lange Pescostaloipe, die eher für Anfänger geeignet ist. Direkt an den Loipen gibt es zehn Einkehrmöglichkeiten.

Das Alta Badia/Hochabteital ist bekannt als familienfreundliches Skigebiet mit leichten Pisten und Loipen, mit Kinderskikursen, Kleinkinderbetreuung und dem Skikindergarten »Kinderland« sowie der Skischule in Corvara, La Villa und Pedraces. Ein Blick ins Land zeigt uns aber noch viel mehr: ein immer noch sehr lebendiges Brauchtum, ein phantasievolles Kunsthandwerk und eine der ältesten Sprachen Europas.

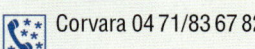 **ALTA BADIA**

→ **Das Langlaufgebiet**

Corvara, 1568 m

Saison: Dezember bis Ostern.

Anreise: Brennerautobahn, Ausfahrt Brixen/Pustertal, Richtung Bruneck, oder Ausfahrt Klausen und über Gröden.

ℹ️ Tourismusverband Alta Badia, I-39033 Corvara, Tel. 04 71/83 61 76 und 84 70 37, www.altabadia.org, E-Mail corvara@anet.it.

☎ Corvara 04 71/83 67 82.

→ **Die Loipen: 3.**

Gesamtlänge: 40 km.

Schwierigkeit: Leicht bis mittel.

Längste Loipe: Armentarola (15 km), Corvara–Colfosco (15 km).

Skatingloipen: 3.

Loipenhöhen: 1330–1750 m.

Loipenbenutzung: Gratis.

Höhenloipe: Armentarola 1650–1750 m, 15 km.

Umkleiden/Duschen: Im Langlaufzentrum in Armentarola.

Loipenplan: Bei den Tourismusvereinen.

Loipenstart: In Corvara bei der Kabinenbahn Boe, in Armentarola beim Langlaufzentrum.

LL-Schulen: Corvara, Tel. 04 71/83 61 26; La Villa, Tel. 04 71/84 72 58; Pedraces, Tel. 04 71/83 96 48; Armentarola, Tel. 04 71/84 96 10; S. Cassiano, Tel. 04 71/84 94 91.

Leihausrüstung: In den meisten Sportgeschäften und im LL-Zentrum Armentarola.

→ **Allgemeine Informationen**

🅿️ Direkt am Start der Loipen (siehe Loipenplan).

Bus: Kein eigener Loipenbus, aber regelmäßiger Verkehr öffentlicher Busse.

Ski alpin: 130 km Pisten.

Sport: Skitouren, Skiwandern, Snowboarden, Monoski, Eislaufen, Eisstockschießen, Curling, Eisklettern, Drachen-/Gleitschirmfliegen und Tandemflüge, Rodeln, Reiten, Tennis Squash, Schwimmen, Klettern, Hüttenwandern, Schneeschuhwandern.

Einkehr an der Loipe: Viele Möglichkeiten.

Après-Ski: Restaurants, Bars, Cafés, Weinstuben, Tanzlokal, Pianobar, 5-Uhr-Tee, Disko, Folklore, Diashows, Kino, Pferdeschlittenfahrten.

🚌 Kinderskikurse und Skikindergarten »Kinderland« der Skischulen Corvara, La Villa und Pedraces.

🛏️ 14 700 Gästebetten, vom Viersternehotel über Pensionen bis zu Privatzimmern und Ferienwohnungen.

Vinschgauer Oberland

Die kleinen Dorfgemeinschaften im Vinschgauer Oberland erinnern stark an ihre Nachbarn auf der Tiroler Seite des Reschenpasses. Die Verständigung klappt auf Deutsch, die Leckerbissen kommen aus Südtiroler Küchen und bezahlt wird mit Euro. Die Loipen sind absolut schneesicher, denn die Spuren auf dem Stilfser Joch und dem Schnalstaler Gletscher werden auch im Sommer präpariert.

In den einsamen Seitentälern lassen sich noch manche malerischen Weiler entdecken.

Neu ist der Zusammenschluss der Fremdenverkehrsämter der Ortlerregion mit denen des Oberen Vinschgaus. Touristisch unter einen Hut gebracht stellt die »Mosaik-Tour Ortler-Obervinschgau« ein respektables Wintersportrevier auf die Beine. Zusammengesetzt ergeben die vielen kleinen Mosaiksteinchen wie **Sulden** am Ortler, **Trafoi, Gomagoi, Stilfs, Prad** und die Obervinschgauer »Steinchen« **Graun, St. Valentin, Reschen, Langtaufers, Mals** und **Burgeis** das Bild eines perfekt erschlossenen Ski-Mosaiks. Einen Pisten- oder Loipenverbund gibt es allerdings nicht. Immerhin teilweise verknüpft sind die 60 km langen Spuren im Vinschgauer Oberland. Die bekannteste unter ihnen ist die Dreiländerloipe an der Grenze von Italien, der Schweiz und Österreich. Die für den klassischen Stil gespurte Doppelloipe führt 4 km lang auf Südtiroler Seite und 26 km auf Tiroler Seite über ein recht einsames Hochplateau von Reschen nach Naturns (Personalausweis vorsichtshalber mitnehmen!). In umgekehrter Richtung fahren die meisten Vinschgaubesucher lieber mit dem Auto über den 1504 m hohen Reschenpass. In Reschen sollten Sie ihren Wagen bei der Kabinenbahn abstellen und per Seilbahn zur 2100 m hoch gelegenen Schönebenloipe fahren, die mit 2 km Länge keine allzu großen Anforderungen an die Kondition stellt, dafür aber ihrem Namen alle Ehre macht. Einen Blick auf den Reschensee werfen Langläufer im 4,5 km langen Rundkurs bei St. Valentin oder von der 6 km langen Reschenseeloipe. Das schönste Panorama verspricht der 5,5 km lange Marain-Rundkurs oberhalb St. Valentins. Einen halben Tagesausflug können gemüt-

VINSCHGAUER OBERLAND / ORTLERREGION / SCHNALSTAL

→ **Die Langlaufgebiete**

Reschen, 1520 m
Sulden, 1900 m
Kurzras, 2011 m

Saison: Dezember bis April; Stilfser Joch und Schnalstal das ganze Jahr.

Anreise: München, Garmisch, Landeck, Reschenpass. Ortlerregion: Reschenpass, Spondining, Prad, Gomagoi, Sulden oder Trafoi. Schnalstal: Reschenpass, Mais. Bahnstationen sind Landeck, Naturns und Meran.

 Mosaik-Tour Ortler Obervinschgau, I-39024 Mals, Tel. 04 73/8 06 00; Tourismusverband Ortlergebiet, I-Sulden am Ortler, Tel. 04 73/61 30 15, www.vinschgau.suedtirol.com, E-Mail sulden@suedtirol.com; Verkehrsamt Vinschgauer Oberland, Tel. 04 73/63 31 40; Verkehrsverband, I-39020 Schnals, Tel. 04 73/8 91 48.

Sulden: Tel. 04 73/7 54 15; Schnals: Tel. 04 73/66 21 77.

→ **Die Loipen**

7 km in Sulden; 4 km in Trafoi; 8 km am Stilfserjoch.

Gesamtlänge: 70 km Vinschgauer Oberland; 20 km Ortlerregion; 15 km Schnalstal.

Schwierigkeit: Leicht bis mittel.

Längste Loipen: Dreiländerloipe, 30 km, Reschen-Nauders (Tirol); Sulden-Rundkurs 12 km.

Skatingloipen: Hochjochloipen (Schnalstal); je 1 in Sulden und in Schlinig.

Loipenhöhen: 1440–2050 m.

Loipenbenutzung: Gratis.

Höhenloipen: Hochjochloipe I, 2800 m, 10 km, Hochjochloipe II, 3050 m, 5 km

(Schnalstal); Stilfser Joch 2700 m und Suldenloipe 1850–1950 m, 12 km; Schöneben bei Reschen 2100 m, 3 km; Almenpfad-Schlinig 1726–1883 m, 10 km und Weißkugelloipe 1900 m, 5 km.

Umkleiden/Duschen: Im Freizeitcenter Sulden.

Loipenplan: Bei den Verkehrsämtern.

LL-Schulen: Skischule Sulden Gustav Thöni, Tel. 04 73/61 31 00; Langlaufschule Schlinig, Tel. 04 73/8 14 35.

Leihausrüstung: Skiservice Erwin Sticker, Kurzras, Tel. 04 73/66 21 12 sowie in einigen Sportgeschäften.

→ **Allgemeine Informationen**

P An den Talstationen der Liftanlagen bzw. am Einstieg der Loipen.

Bus: In Sulden gratis; kein Shuttle-Bus zu den Loipen.

Ski alpin: 70 km Pisten Obervinschgau; 25 km Ortlerregion, Sommerski; 23 km Pisten Schnalstal (Sommerski).

Sport: Skitouren, Skiwandern, Eislaufen, Eisstockschießen, Rodeln, Reiten, Drachen-/Gleitschirmfliegen, Tennis, Squash, Schwimmen.

Einkehr an Loipe: Mehrere Möglichkeiten.

Après-Ski: Restaurants, Bars, Cafés, Weinstuben, Tanz, Disko, Folklore, Diashows, Kino, Theater.

 Kinderskikurse der Skischulen mit teilweise ganztägiger Betreuung.

17 500 Gästebetten aller Kategorien in Hotels, Pensionen und Gasthöfen, davon in Sulden 1850 Gästebetten, in Trafoi 445 und am Stilfserjoch 712.

Höhenloipen auf über 1500 m Höhe.

liche Langläufer in der 9 km langen Waldloipe von Perwang bei Graun ins Langtaufer Tal, in Kombination mit der 7 km langen Sonnenloipe bei Melang, einplanen. Durch ein malerisches, enges Sacktal führt die 10 km lange Spur »Alpenpfad« im Schliniger Tal unterhalb des Watles-Skigebietes. Sie beginnt bei Schlinig in 1726 m Höhe und klettert langsam über sieben leichte Kilometer und die letzten drei mittelschweren Kilometer zum höchsten Punkt, der Sesvennahütte auf 1883 m. Parallel dazu wird (auch wegen der Anstiege) eine Skatingloipe gespurt. Am Loipenbeginn kann man sich in der Bar, im Café oder in der Almhütte stärken und sich von den Skilehrern der Schliniger Langlaufschule theoretische Tipps geben lassen. Erwähnens-

wert sind noch die 10 km langen, gut präparierten Loipen des kleinen verträumten **Taufers** im Münstertal, am Schweizer Grenzgebiet, und die schneesicheren, 20 km langen Höhenloipen von Sulden am höchsten Berg Südtirols, dem Ortler (3905 m), und auf dem Stilfser Joch in 2700 m Höhe!

Die neu gegründete Langlaufschule von Sulden bietet Privatstunden oder täglich zwei Stunden Gruppenunterricht an. Mit der Erschließung der alpinen Landschaft (1804 Erstbesteigung des Ortlers durch Josef Pichler) kamen auch die ersten Touristen in das unberührte Tal.

Tipp: Skitouren und Skiwanderungen in die herrliche Gletscherwelt rund um Ortler und Königspitze (3859 m) mit vielen gemütlichen Hütten als Anlaufpunkt (Anmeldung bei der Skischule Sulden Gustav Thöni oder Alpinschule Ortler, Tel. 0473/61 52 63).

Noch höher hinaus wollen Langläufer in dem zum Ganzjahresskigebiet ausgebauten Schnalstal. Das erst vor 100 Jahren erschlossene enge Hochtal ist mittlerweile über eine gut ausgebaute Straße von Naturns aus zu erreichen. Auf den per Liften und Seilbahn (bei Kurzras) erschlossenen Gletscherhängen vergnügen sich hauptsächlich Alpinskifahrer. Langläufer können sommers wie winters in zwei Höhenloipen von 5 und 10 km Länge auf 2800 bis 3050 m Höhe Kondition und Sonne tanken.

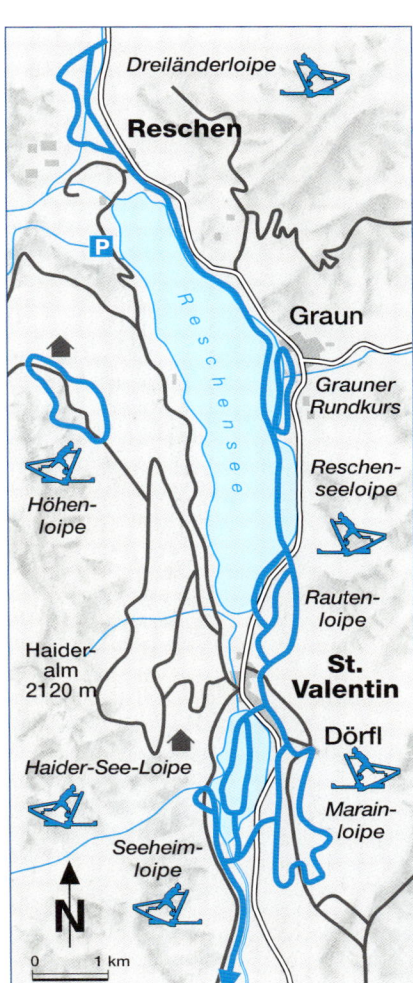

Die beiden Gletscherloipen (Hochjochloipe I+II) werden allerdings im Winter nicht immer gespurt, sondern nur bei schlechten Schneeverhältnissen im Tal oder bei größerer Nachfrage.

Geführte Skitouren und Skiwanderungen laden zum Besuch der herrlichen Gletscherwelt des Ortlergebiets.

Ski exklusiv

Die hochalpinen Skiorte des Veneto sind das Herzstück der Dolomiten und liegen an der Südseite eines steil und kahl in den Himmel ragenden Dreitausender-Massivs. Neben dem noblen Cortina d'Ampezzo gibt es noch viele kleine stillere Orte.

Cortina d'Ampezzo

Der noble Ski(ckeria)treff Cortina ist fest in italienischer Hand und bietet vor dem frühzeitig beginnenden Après-Ski alle sportlichen Möglichkeiten. Zum Beispiel geführte Langlauftouren in die verschneite Bergwelt, eine Menge Spaß auf den 160 km Skipisten oder eine Partie Winter-Polo.

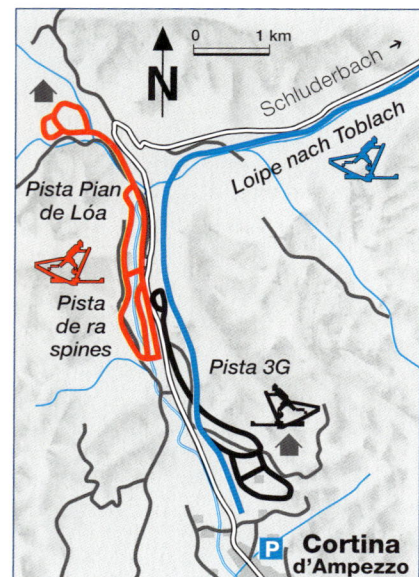

Cortina d'Ampezzo, von vielen nur Cortina genannt, kann man mit ruhigem Gewissen zu den bekanntesten Skiorten der Alpen zählen. Ein Klassiker, der 1903 mit der Gründung des ersten Skiclubs loslegte und 1956 mit der Austragung der Olympischen Winterspiele seinen Ruf als Top-Skiort festigte. Weltcupveranstaltungen und Weltmeisterschaften sorgten die folgenden Jahre hindurch für einen stetig wachsenden Bekanntheitsgrad der heimlichen Hauptstadt der Dolomiten (6000 Einwohner). Man könnte den Ort für eine Schöpfung des modernen Tourismus halten. Doch haben die Einwohner des Ampezzano schon vor dem Jahr 1000 so genannte »regole« zur Verwaltung des Wald- und Weidebesitzes erlassen und das Gebiet bildete sowohl unter Venedigs als auch unter Tirols Herrschaft eine kleine, autonome Republik. Fünfsternehotels, eine moderne Infrastruktur, exklusives Shopping und ein ausgiebiges Après-Ski gehören genauso dazu wie ein erlesenes Pistenangebot oder die gepflegten Spuren rund um das Langlauf-Revier von **Fiames**.

Der kleine Ort, nicht weit von Cortina entfernt, besteht aus nur wenigen Häusern, darunter befindet sich auch das Langläufer-Hotel »Fiames« (18 Betten). Zu den schönsten Spuren des 75 km umfassenden Loipennetzes gehört die 35 km und bis auf 42 km erweiterbare, vierspurig angelegte Trasse zum Nachbarort **Toblach** und dem Loipendorado des Hochpustertales. Die Loipe Cortina–Toblach führt durch das malerische Höhlensteintal zum höchsten Punkt (1530 m) »Im Gemärk«, mit der beliebten Einkehrhütte »Chalet Passo Cimabanche« und über den Landrosee weiter nach Toblach. Erwähnenswert sind noch die Rundkurse von Fiames vor der herrlichen Kulisse des 2456 m hohen Pomagagnon, des Cristallo (3199 m) und des 3205 m hohen Sorapis. In der Langlaufschule von Cortina/Fiames unterrichten 24 speziell ausgebildete LL-Skilehrer und geben auf Wunsch auch Privatstunden.

Tipp: Um der verschwiegenen Winteridylle rund um Cortina auf die LL-Spur zu kommen, sollte man an einer der landschaftlich reizvollen Langlauf-Exkursionen unter der Leitung von erfahrenen Führern teilnehmen (Anmeldung bei der LL-Schule von Fiames). Etwas Kondition sollte man sich aber doch für das ausgiebige Après-Ski-Leben von Cortina aufheben: Wie wäre es mit einer Runde im Olympia-Eisstadion oder einem Espresso in einer der unzähligen Bars? In den Bars und Diskotheken lässt sich dann miterleben, wie die hauptsächlich italienische Schickeria dem mitunter recht exklusiven Dolce vita frönt.

 CORTINA D'AMPEZZO

→ Das Langlaufgebiet

Cortina d'Ampezzo, 1224 m

Saison: Dezember bis April.

Anreise: Brennerautobahn, Ausfahrt Brixen/Pustertal, Toblach, Cortina; Bahnstationen sind Toblach-Nord und Calalzo-Süd.

🛈 Azienda Promozione Turistica, I-32043 Cortina d'Ampezzo, Tel 04 36/27 11, www.cortinadampezzo.it.

☎ 04 36/86 21 71 oder 7 92 21.

→ Die Loipen: 5.

Gesamtlänge: 58 km.

Schwierigkeit: Leicht bis schwer.

Längste Loipe: Cortina–Toblach, 35–42 km, leicht/mittel.

Skatingloipen: 2 (10 und 30 km).

Loipenhöhen: 1220–1800 m.

Loipenbenutzung: Gratis.

Höhenloipe: Passo Tre Croci, 1809 m (8 km).

Loipenplan: Beim Verkehrsamt.

Loipenstart: Siehe Loipenplan.

LL-Schulen: Centro Sci-Fondo, Tel. 04 36/86 22 01.

Leihausrüstung: In den Sportgeschäften.

Rennen/Volksläufe: Internationaler Volksskilanglauf über 42 km von Toblach nach Cortina am ersten Sonntag im Februar und vier nationale bzw. lokale Rennen.

→ Allgemeine Informationen

🅿 In Cortina am nördlichen Ortsrand sowie in Fiames.

Bus: Bus (Nr. 1) jede Stunde von Cortina nach Fiames.

Ski alpin: 160 km Pisten.

Sport: Skitouren, Snowboarden, Skiwandern, Eislaufen, Eisstockschießen, Rodeln, Skibobfahren, Reiten, Tennis, Squash, Schwimmen.

Einkehr an der Loipe: Mehrere Möglichkeiten.

Après-Ski: Restaurants, Cafés, Weinstuben, Tanz, Disko, Folklore, Diashows, Kino, Theater, Museen, Pferdeschlittenfahrten.

🚗 Kinderskikurse, Mini-Club, Tel. 04 36/86 09 42 und Babysitterservice, Tel. 04 36/50 86.

🛏 23 000 Gästebetten aller Kategorien in Hotels (5000) und Privathäusern (18 000).

Cortina verströmt luxuriöses Flair.

Fleimstal

Das Ganzjahrestal: Im Sommer ist das breite Tal zu Füßen des Latemar ein beliebtes Wander- und Bergtourenrevier, im Winter zieht es Alpinisten und Langläufer gleichermaßen an.
Als Austragungsort der Nordischen Skiweltmeisterschaften und des jährlich stattfindenden 70 km langen Marcialonga-Volksskilaufes wurde es über die Grenzen Italiens hinaus bekannt.

Das so genannte »Tor zu den Dolomiten« öffnet sich nur wenige Kilometer von der Brennerautobahn entfernt und hält ein beachtliches LL-Revier bereit. Zu Füßen der Latemar-Gruppe, die zur Riege der mächtigen Dolomiten-Gebirgsstöcke gehört, schlängelt sich das Fleimstal, auch unter dem italienischen Namen Val die Fiemme bekannt, entlang des Avisio vom Hauptort **Cavalese** über **Predazzo** und nach Bellamonte ins benachbarte Fassatal. In der breiten Talsohle liegen 15 typische Bergdörfer auf weite, abfallende Terrassen verteilt. Der Schneekessel von Cavalese wurde weltberühmt, als er 1991 zum ersten Mal in Italien Austragungsort von Nordischen Skiweltmeisterschaften wurde. Die WM-Strecken werden heute noch zum Teil bei **Lago di Tesero** gespurt. Von den fünf ehemaligen WM-Spuren von 3 bis 15 km Länge aller Schwierigkeitsgrade werden rund 10 km Loipen mit künstlichen Beschneiungsanlagen schneesicher gemacht.

Unter Loipenfreunden ist das Fleimstal schon länger bekannt, wird hier doch seit 20 Jahren der längste Volksskimarathon der Alpen, der 70 km lange Marcialongalauf, der auch die Loipen des benachbarten Fassatals einschließt, ausgetragen. Die gesamte Strecke wird allerdings nur zum Rennen, das heißt am letzten Sonntag im Januar, gespurt, kann aber danach auf Teilstücken (Predazzo–Ziano–Lago di Tesero und Masi di Cavalese–Molina–Castello–Cavalese) genutzt werden. Neu ist die Skibusverbindung von Cavalese nach Lago di Tesero wegen der schneesicheren Höhenlage und der perfekten Infrastruktur ein beliebter Treffpunkt für anspruchsvolle Langläufer auf der weiten Hochebene des Lavazè-Passes. Beim LL-Zen-

✗✗✗✗ FLEIMSTAL

→ Das Langlaufgebiet
Cavalese, 1000 m
Saison: Anfang Dezember bis April.
Anreise: Brennerautobahn, Ausfahrt Neumarkt–Auer; Bahnstationen: Bozen und Auer.

ℹ️ Azienda di Promozione Turistica della Valle di Fiemme, I-38033 Cavalese, Tel. 04 62/24 11 11, www.aptfiemme.tn.it, E-Mail info@aptfiemme.tn.it, I-38037 Predazzo, Tel. 04 62/50 12 37.

→ Die Loipen
22 in den Gebieten Passo Lavazè, Lago di Tesero-Predazzo, Bellamonte.
Gesamtlänge: 150 km.
Schwierigkeit: Leicht bis schwer.
Längste Loipe: Marcialonga-Strecke (70 km), von Molina über Predazzo ins Fassatal.
Skatingloipen: 22.
Loipenhöhen: 1000–2020 m.
Loipenbenutzung: Gebührenpflichtig in Molina, sonst gratis (Infos bei der Azienda di Promozione Turistica).
Höhenloipen: Jochgrimmloipen, 2020 m.
Nachtloipe: In der Talsohle in Predazzo, 3 km, bis 22.00 Uhr und in Molina.
Umkleiden/Duschen: Passo Lavazè und Lago di Tesero.
Loipenplan: Bei der Azienda di Promozione Turistica.
Loipenstart: In Passo Lavazè vor dem Hotel Bucaneve, in Lago die Tesero im Langlaufstadion, in Predazzo beim Fußballplatz und in Bellamonte Höhendorf.

LL-Schulen: Lavazèjoch, Tel. 04 62/23 18 30; Lago di Tesero, Tel. 04 62/81 40 64; Ziano, Tel. 04 62/57 00 16; Bellamonte, Tel. 04 62/57 61 64.

Leihausrüstung: In den meisten Sportgeschäften und Skischulen im Langlaufgebiet.

Rennen/Voksläufe: Marcialonga, letzter Sonntag im Januar und Mini-Marcialonga für Kinder, Samstag vor Marcialonga; Trofeo Topolino für Kinder, Sonntag vor Marcialonga; Lavazèloppet, Donnerstag vor dem Marcialonga-Worldloppet, Weltcuprennen, FIS-Rennen und nationale Meisterschaften, Weltmeisterschafts-Generalprobe 2002, Weltmeisterschaften 2003.

→ Allgemeine Informationen
🅿️ In Nähe der Langlaufzentren und bei einigen Loipeneinstiegen.

Ski alpin: 150 km Pisten.

Sport: Skitouren, Skiwandern, Eislaufen, Snowboarden, Rodeln, Drachen-/Gleitschirmfliegen, Tennis, Squash, Schwimmen.

Einkehr an der Loipe: Mehrere Möglichkeiten.

Après-Ski: Restaurants, Cafés, Weinstuben, Tanz, Disko, Folklore, Diashows, Kino, Theater, Bocciabahnen.

🧸 Kinderskikurse mit teilweise ganztägiger Betreuung in Alpe Cermis und Predazzo.

🛏️ 6600 Gästebetten in Hotels und 28 000 Betten in Privathäusern und 2000 Betten in Ferienhausanlagen.

trum auf 1807 m Höhe beginnen drei von sechs Spuren, die miteinander verbunden ein Netz von 56 km Länge bilden und bis zum 2000 m hohen Jochgrimm führen. Das Lavazè- und Jochgrimmgebiet ist auch vom Eggental aus erreichbar. Die Lavazè-Passhöhe wird vom Skibus von Cavalese aus angefahren und hat alles zu bieten, was ein Skifahrer braucht: Parkplätze, zwei Gasthöfe mit Restaurant und Unterkunft, Skilifte, eine Skischule, Telefon und Pferdeschlitten. Sogar an Notruftelefone entlang der Loipen wurde gedacht. Ähnlich ausgerüstet ist die Höhenstation des Jochgrimm. Hier beginnt die längste und gleichzeitig abwechslungsreichste Spur, die 17 km lange Jochgrimmloipe nach Neuhütt (Capanna

nuova). Wer noch Konditionsreserven mobil machen will, kann von hier auf der 6 km langen Laabloipe bis zum Kloster Maria Weißenstein auf 1520 m abfahren und auf der Schmiederloipe, einer 12 km langen Schleife an der Schönrastalm, vorbei zur Schmieder Alm auf 1680 m hinauf und wieder zum Lavazè-Zentrum zurücklaufen. Für Anfänger eignet sich nur der 3 km lange und leichte Rundkurs Campiol vom Lavazè-Zentrum aus. Zwei jeweils 9 km lange, mittelschwere Spuren führen zur 1750 m hohen Liegalm oder nach Auer Leger auf 1872 m.

Tipp: Sämtliche 150 km LL-Trassen werden für den klassischen wie auch für den Skating-Stil präpariert.

Fassatal

Im Winter ist das 20 km lange Hochtal mit dem unvergleichlichen Bergpanorama zu zwei Dritteln fest in italienischer und zu einem Drittel in deutscher Hand. Kaum ein Skihang, der nicht mit Liften erschlossen, kaum ein Gebäude, das nicht für Gäste eingerichtet wurde.

Eine Fahrt durch das Fassatal im nordöstlichen Trentino hört sich an wie die Hitliste der Dolomitenmassive und bietet einen unvergleichlichen Panoramablick auf ein halbes Dutzend Dreitausender. Das ladinische Vorzeigetal dehnt sich unterhalb der Sellagruppe bogenförmig von **Alba, Canazei** und **Campitello** im Nordosten, mit Blick auf Pordoi und Langkofel, über **Mazzin, Pozza di Fassa, Vigo di Fassa** und **Soraga** aus: die Rosengartenspitzen zur Rechten bis zum tiefstgelegenen **Moena** im Süden und am Ende des Halbkreises um die Rückseite der mächtigen »Königin der Dolomiten«, der Marmolada herum, bis zum Passo San Pellegrino (1910 m), vor der Kulisse der Civetta- und Palagruppe. Auf der gegenüberliegenden Seite breitet sich neben dem zackigen Rosengarten-Gebirgsstock das Hochplateau des Karerpasses mit seinen

→ **Top-Loipe**

Die berühmteste und zugleich längste Loipe ist die Strecke des »Marcialonga«-Volkslaufes. Der zum »Worldloppet« zählende Skimarathon führt über eine Distanz von 70 km vom Fassatal bis Cavalese im Fleimstal. Ende Januar wird die Wettkampfstrecke von Moena nach Cavalese für Anfänger der freien Technik gespurt. vor und nach dem Super-Langlauf kann man, sozusagen in den Spuren der Volksläufer, auf einem 30 km langen Teilstück (Pozza–Canazei–Pozza–Soraga und zurück) auch im klassischen Stil laufen.

sonnigen Höhenloipen und dem beeindruckenden Panorama aus. Während der vier bis fünf Wintermonate ist das Fassatal fest in Skifahrerhand. Kaum ein

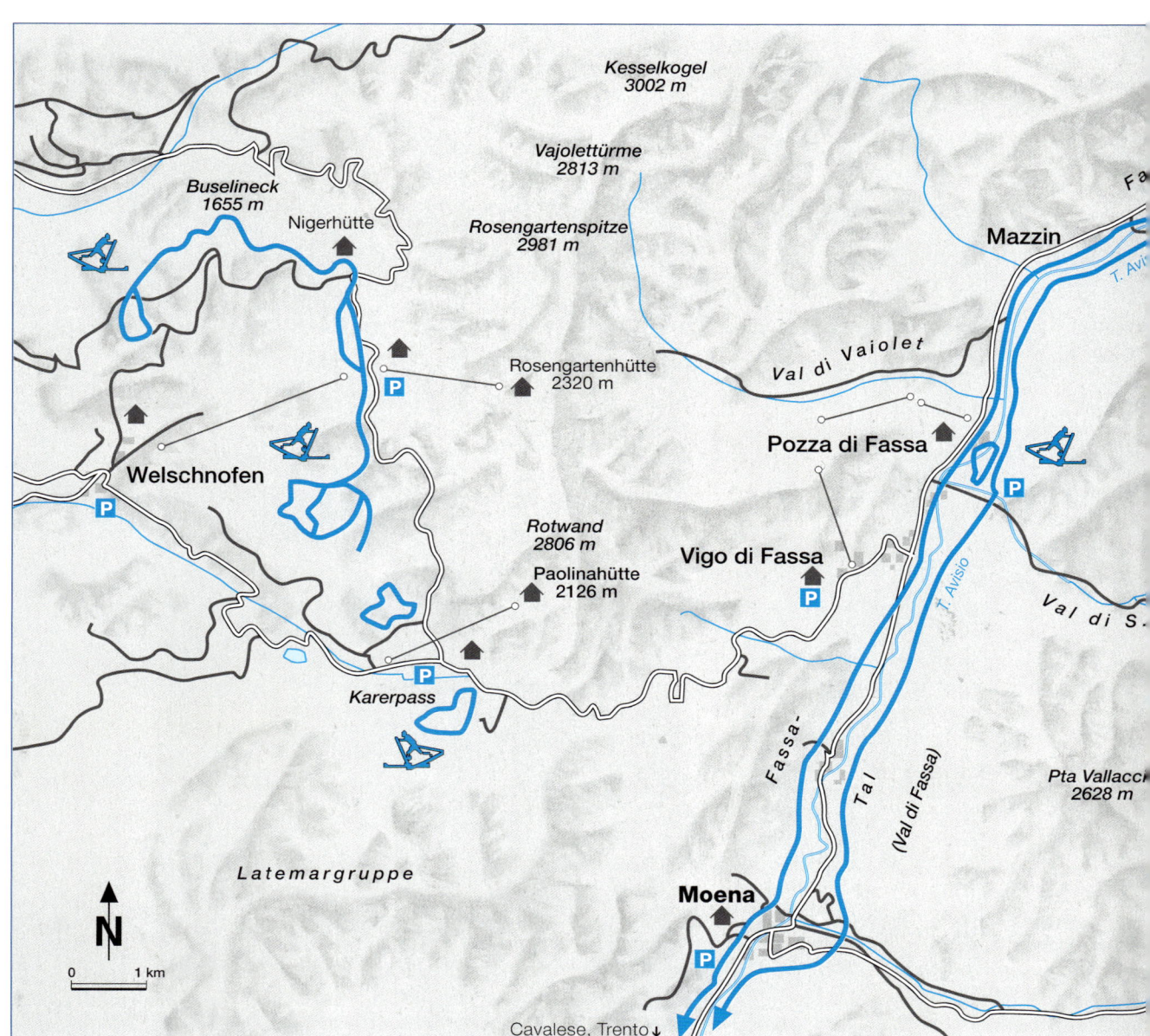

Die Höhenloipen am San-Pellegrino-Pass sind als Übungsgelände der Langlaufschulen beliebt.

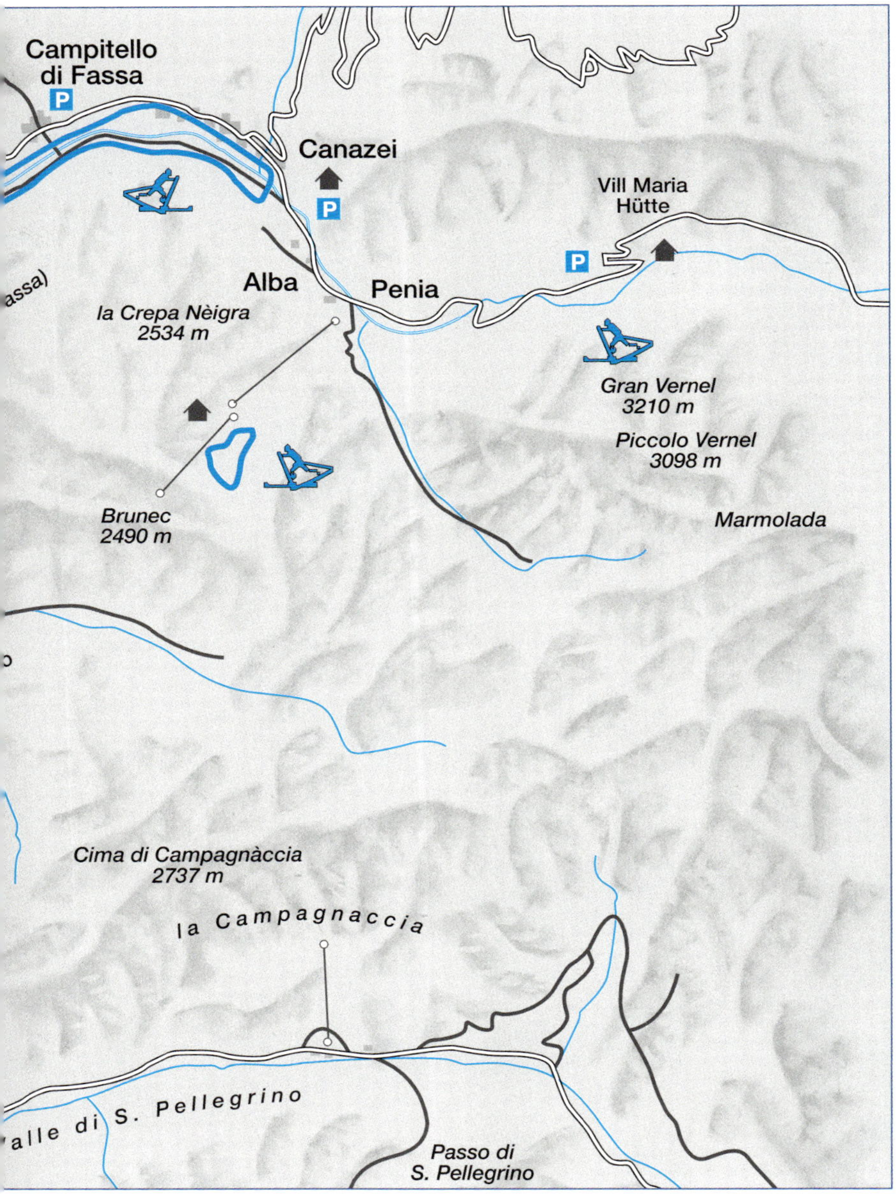

Campitello
di Fassa
🅿

Canazei
🅿

Vill Maria
Hütte
🅿

Alba   Penia

la Crepa Nèigra
2534 m

Gran Vernel
3210 m

Piccolo Vernel
3098 m

Brunec
2490 m

Marmolada

Cima di Campagnàccia
2737 m

la Campagnaccia

alle di S. Pellegrino

Passo di
S. Pellegrino

Hang, der von Liftanlagen verschont wurde, kaum ein Gebäude, das nicht in irgendeiner Form mit Urlaubern zu tun hat. Andererseits bleiben Wintersportlern kaum Wünsche offen. Ob hochalpin oder auf der Piste, ob in der Loipe oder auf dem Eis, rund um die Skiorte findet jeder Gast sein Lieblingsterrain. So perfekt das 20 km lange Tal auch erschlossen ist, so stark sind die Bemühungen um die Wahrung der ladinischen Kultur und ihrer Tradition. Bei dem Angebot von 42 138 Gästebetten ist zu Hochsaisonzeiten von der alten ladinischen Sprache der 8748 Talbewohner natürlich nicht mehr viel zu hören.

Um das herrliche Bergpanorama in Stille genießen zu können, »flüchten« viele Skisportler in das hervorragend ausgebaute Loipennetz von etwa 70 km Länge. Etwa 60 km Spuren gibt es im Fassatal

Langlauf nonstopp - Marcialonga.

167

Langläufer bei Canazei mit Blick auf die wuchtigen Felstürme der Sella.

und auf dem San-Pellegrino-Pass. Die restlichen Spuren verlaufen in den Hochlagen von 1600 bis 1700 m auf dem Karerpass mit der Anschlussmöglichkeit zu den 80 km Loipen des Eggentales. Das gesamte Fassatal per LL-Ski zu erkunden, ist auf der 30 km langen Spur von Canazei bis nach Moena möglich. Die Fassatalloipe geht nahtlos in das Loipendorado des benachbarten Fleimstales über und wird einmal im Jahr (Ende Januar) als Marcialonga-Volkslanglaufstrecke von insgesamt 70 km Länge genutzt. Der höchste Rundkurs von 1,5 km Länge wird täglich rund um die Bergstation der Ciampac-Seilbahn bei Alba–Canazei in 2100 m Höhe gespurt. In ähnlichen Hochlagen und mit dem reizvollen Panoramablick auf sämtliche Paradeberge ziehen Langläufer auf der San-Pellegrino-Passhöhe ihre Runden. Die schönsten Spuren für alle Stilarten werden hier rund um das Langlaufzentrum bei Alochet angelegt. Die überwiegend leichten Loipen sind auch als Übungsgelände der LL-Schulen beliebt. Über 200 Skilehrer in elf Skischulen ar-

beiten mit der gesamten Palette ihrer Schneekünste bis hin zu Snowboard- und Telemark-Kursen. Dazu: Parallelslalom bei Nacht und Fackelläufe oder die klassische Skitour um den Sella-Stock.
Tipp: Neu ist der erste Nichtski-Kinder-Spielpark Italiens für Drei- bis Sechsjährige. Das Kinderparadies »Fantaski« liegt auf 2100 m Höhe direkt neben der

Seilbahnstation des Ciampac mit Blick auf den Canazei-Vorort Alba.
Im Après-Ski-Leben dominiert das übliche Winterprogramm, vom Tennismatch in der Halle über Eissportarten, Pferdeschlittenfahrten oder Hallenbadbesuchen, bis hin zur vielfältigen Auswahl an gastronomischen Genüssen, Bars und Diskotheken.

🎿🎿🎿🎿 FASSATAL

→ Das Langlaufgebiet
Canazei, 1460 m

Saison: Dezember bis April.

Anreise: Brennerautobahn, Ausfahrt Bozen-Nord, Eggental; Bahnstation ist Bozen.

ℹ️ Azienda di Promozione Turistica della Valle di Fassa, I-38030 Alba di Canazei, Tel. 04 62/6 24 66 oder 6 25 94, www.valdifassa.it, und die örtlichen Verkehrsämter von I-38030 Alba di Canazei, Tel. 04 62/6 13 54; I-38032 Canazei, Tel. 04 62/6 11 45, www.canazei.it; I-38031 Campitello, Tel. 04 62/6 11 37; I-38030 Mazzin, Tel. 04 62/6 71 96; I-38036 Pozza di Fassa, Tel. 04 62/6 41 36; I-38039 Vigo di Fassa, Tel. 04 62/6 40 93; I-38030 Soraga, Tel. 04 62/6 81 14; I-38035 Moena, Tel. 04 62/57 31 22, www.moena.it.

→ Die Loipen: 13.

Gesamtlänge: 69 km.

Schwierigkeit: Leicht bis schwer.

Längste Loipe: Tratto Pozza–Canazei–Pozza–Soraga 30 km, 1200–1460 m, Teilstück der Marcialonga-Strecke (70 km Fassa- und Fleimstal).

Skatingloipen: 69 km.

Loipenhöhen: 1200–2050 m.

Loipenbenutzung: Gratis; Gebühr von 5000 Lire/Tag und 22 000 Lire/Woche nur im LL-Zentrum Alochet am San-Pellegrino-Pass.

Höhenloipen: Ciampac 2050 m (1,5 km).

Umkleiden/Duschen: LL-Zentrum Alochet am San-Pellegrino-Pass.

Loipenplan: Bei den Azienda di Promozione Turistica.

LL-Schulen: Centro Fondo, Canazei, Tel. 04 62/6 20 35; Skischule Vajolet, Pozza di Fass, Tel. 04 62/6 33 09; Skischule Vigo/Karerpass, Tel. 04 71/61 24 11; Centro fondo Alochet, San-Pellegrino-Pass, Tel. 04 62/57 44 40.

Leihausrüstung: In allen Sportgeschäften.

Rennen/Volksläufe: Marcialonga (70 km) im Januar.

→ Allgemeine Informationen

🅿️ In den Orten wenige Minuten von den Loipeneinstiegen entfernt.

Bus: Kostenloser Skibus, auch für Nichtskifahrer.

Ski alpin: 145 km Pisten.

Sport: Skitouren, Skiwandern, Eislaufen, Rodeln, Drachen-/Gleitschirmfliegen, Tennis, Squash, Schwimmen.

Après-Ski: Restaurants, Bars, Cafés, Weinstuben, Tanz, Disko, Folklore, Diashows, Kino, Theater, Pferdeschlittenfahrten.

🧒 Erster Kinder-Spielpark Italiens auf 2100 m, »Fantaski« bei der Seilbahn Ciampac bei Alba/Canazei; Kinderskikurse, Skikindergarten »Kinderland« der Skischule Canazei.

🛏️ 42 138 Gästebetten aller Kategorien inklusive Campingplätze und Berghütten.

Madonna und Val di Sole

Die ideale Verbindung aus gesell-schaftlichem Renommierort – Madonna di Campiglio – und etwas günstigeren, kleinen Bergdörfern im »Sonnental« macht die Skiregion im Norden des Trentino zur interessanten Alternative. Für Freunde des Langlaufs ergänzen sich die beiden ungleichen Partner durch ein Loipennetz von zusammen 100 km.

Die 70 km langen Loipen im Val di Sole lassen (fast) keine Wünsche offen.

Dass die Nachfrage nach den rund 30 km langen Spuren rund um **Madonna** steigende Tendenz aufweist, zeigt die eigens gegründete Langlaufschule mit neun Skilehrern, die rund um ihr Zentrum am Passo Campo Carlo Magno (1682 m) nicht nur den letzten Schrei in Sachen Mode, sondern auch in Technik und Ausrüstung parat haben. Um möglichst ohne ablenkende Umwege auf die Loipe zu gelangen, nächtigen Langläufer am liebsten in einem der drei Hotels beim Loipenstart am Campo Carlo Magno, etwas außerhalb von Madonna gelegen. Die teilweise drei- bis vierspurigen Loipen führen hauptsächlich durch bewaldetes Gebiet und werden täglich bestens präpariert. Gut ausgeschlafen sollten sportliche Langläufer jedoch sein, wenn sie die steilen Anstiege zum

Lago Malghette hinauf schaffen wollen. Die ideale Ergänzung zum LL-Angebot von Madonna ist das wesentlich preisgünstigere und für Langläufer bestens ausgerüstete **Val di Sole**. Das etwa 25 km lange »Sonnental« liegt auf dem Weg nach Madonna an der Abzweigung von Dimàro und der Fortsetzung nach Passo Tonale und befriedigt mit 70 km gespurten Loipen sämtlicher Schwierigkeitsgrade alle noch offenen Wünsche. Ein gutes Dutzend kleiner Bergdörfer

bietet sich als Standort für einen Skiurlaub an. Das Val di Sole hat auch ursprünglichere Dorfkulturen wie zum Beispiel Pejo oder Rabbi zu bieten. In beiden Orten kurte einst der österreichische Adel. Optimale Loipenangebote finden sich auch in Vermiglio (in Velón und Stavèl) ab einer Höhe von 1300 bis 1500 m. Der Tonalepass bietet Langläufern absolute Schneegarantie, da die Loipen bis auf 1880 m hinauf gespurt werden können.

MADONNA DI CAMPIGLIO / VAL DI SOLE

→ **Die Langlaufgebiete**

Madonna di Campiglio, 1550 m
Val di Sole, 682–1882 m

Saison: Dezember bis Ende April.

Anreise: Brennerautobahn, Ausfahrt San Michele All'Adige, Mezzolombardo, Malè, Madonna di Campiglio (Bahnstation ist Trient) oder Bozen, Mendelpass, Malè im Val di Sole (Bahnstation der lokalen Elektrobahn, Linienbusse verbinden Malè mit den Skistationen und Dörfern des Tales).

ℹ️ Azienda di Promozione Turistica, I-38084 Madonna di Campiglio, Tel. 04 65/4 20 00, www.campiglio.net, E-Mail info@campiglio.net; Azienda di Promozione Turistica delle Valli di Sole Peio e Rabbi, I-38027 Malè, Tel. 04 63/90 12 80, Val Rendena, Tel. 04 65/44 20 00.

→ **Die Loipen**

3 in Madonna.

Gesamtlänge: 100 km (30 km in Madonna di Campiglio und 70 km im Val di Sole).

Schwierigkeit: Leicht bis mittel.

Längste Loipe: Vermiglio/Stavèl und Commezzadura (10 km) im Val di Sole; Weltcup-Loipe, (7,5 km) und Giro delle Malghe (15 km) in Madonna.

Skatingloipen: 3 in Madonna.

Loipenhöhen: 680–1880 m.

Loipenbenutzung: 7000 LIT/Tag, 30 000 LIT/Woche, 100 000 LIT/Saison.

Höhenloipen: Giro delle Maighe, 1650 m und Passe Tonale, 1883 m (3 km).

Nachtloipe: In Caderzone »Pista Frassanida«.

Loipenplan: Bei den Azienda di Promozione Turistica.

Loipenstart: Campo Carlo Magno, etwa 1,5 km von Madonna entfernt.

LL-Schulen: Scuola Sci Fondo Malghette, Tel. 04 65/44 16 33, Malghette, Madonna di Campiglio; Centro Fondo Mezzana, Tel. 04 63/75 74 01 und Centro Fondo Cogolo/Peio, Tel. 04 63/75 44 33 im Val di Sole.

Leihausrüstung: In den Sportgeschäften und Skischulen.

→ **Allgemeine Informationen**

🅿️ In den Orten.

Bus: Linienbusse, im Winter Shuttle-Bus von Mailand zum Flughafen Verona.

Ski alpin: 90 km Pisten in Madonna di Campiglio; 100 km im Val di Sole.

Sport: Skitouren und Eisklettern auch mit Bergsteigergruppe, Snowboarden, Eislaufen, Eisstockschießen, Reiten, Schwimmen (Val die Sole).

Einkehr an der Loipe: Mehrere Möglichkeiten.

Après-Ski: Restaurants, Cafés, Disko, Kino.

🚼 Kinderskikurse mit teilweise ganztägiger Betreuung.

🛏️ 27 000 Gästebetten aller Kategorien in Madonna di Campiglio, 47 000 im Val di Sole.

SCHWEIZ

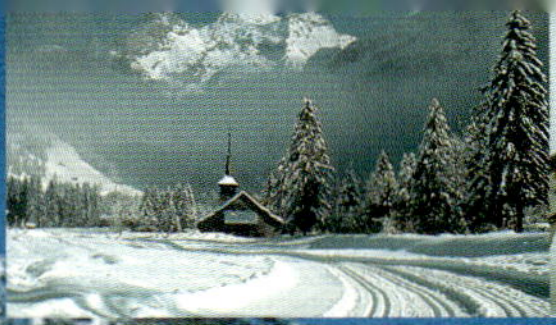

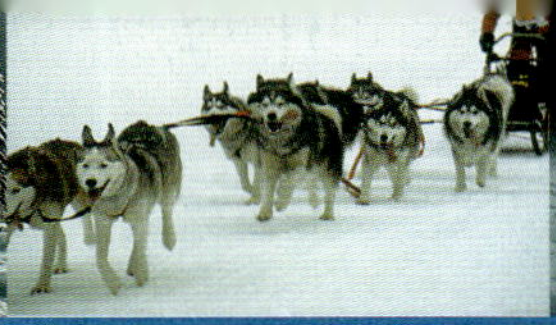

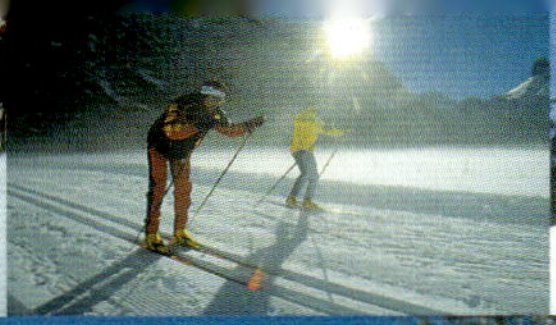

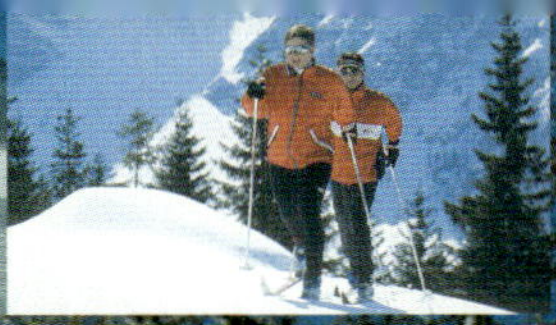

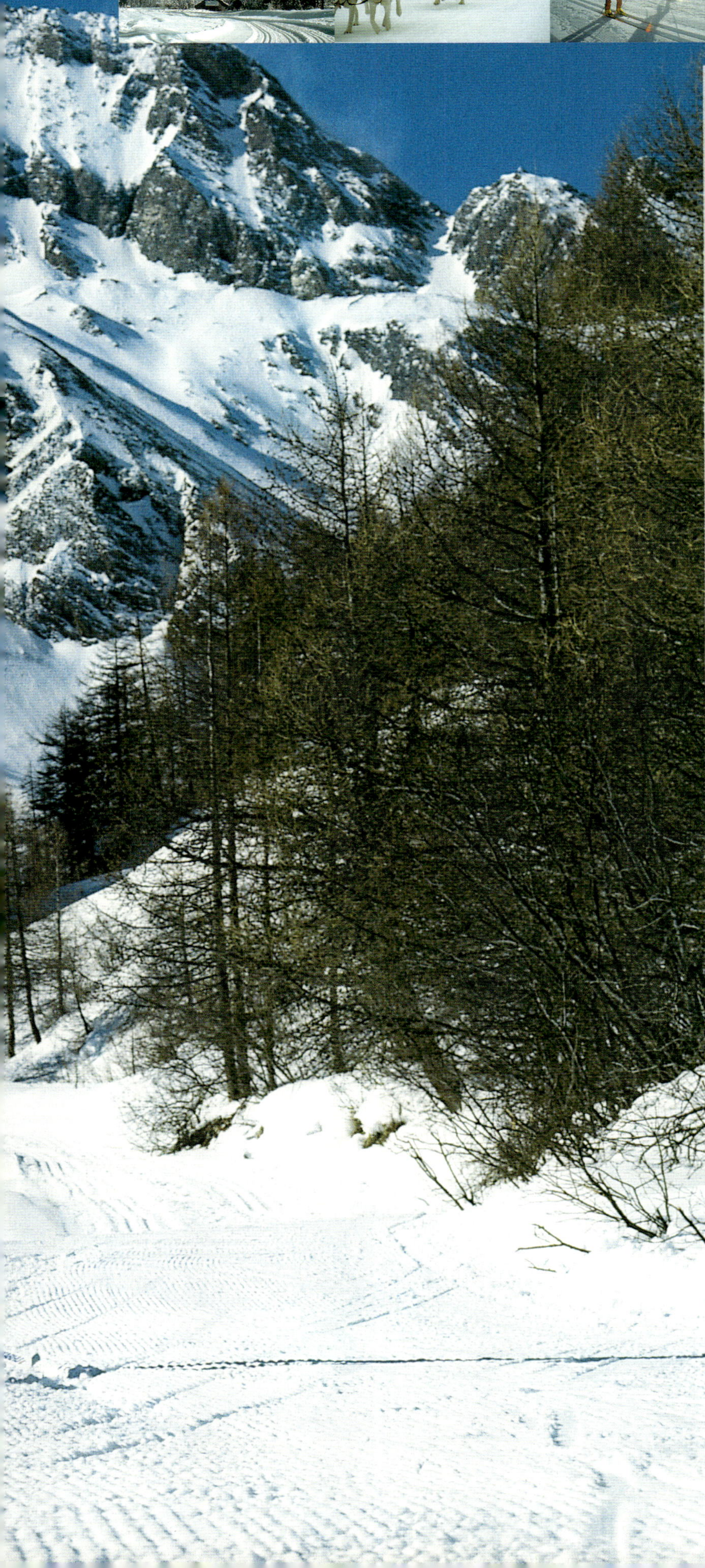

Ob klein und fein, mondän und städtisch oder romantisch und still – die Schweizer Skiorte verdanken ihren guten Ruf der einzigartigen Berg-welt, den perfekt erschlossenen Winter-sportorten, der hervorragenden Hotelle-rie und Gastronomie und nicht zuletzt dem exquisiten Angebot für Langläufer. Über 5000km gespurte Loipen, so groß wie das Schienennetz der Schweizer Ei-senbahn, ziehen sich hauptsächlich durch die Bundesländer GRAUBÜNDEN mit den weltberühmten und klassischen Skiorten St. Moritz und Davos, durch die Ostschweiz mit den Geheimtipps des Obertoggenburgs, durch das WALLIS mit seinen sonnigen Hochtälern, durch die ZENTRALSCHWEIZ mit seinen bekannten LL-Revieren rund um den Vierwaldstät-ter See und durch das BERNER OBER-LAND mit den Vorzeigeorten Adelboden und Grindelwald. Die vielen mustergültig gepflegten Spuren im Schnee teilen sich in 4636km klassisch gespurte Loipen, 1875km Skatingloipen, 278km Nachtloi-pen und über 100km Hundeloipen auf. Dazu kommen noch über 1000km Ski-wanderwege und nahezu 6000 subregio-nale Langlaufloipen. Nach den letzten Er-hebungen benutzen jährlich rund 500 000 Schweizer und ebenso viele ausländische Winterurlauber das regel-mäßig präparierte Spurenangebot. Schweizer Loipen sind zwar vorwiegend umsonst benutzbar, da aber die Pflege pro Kilometer zwischen 3500 und 5000 Schweizer Franken kostet, bitten die Loi-penorganisationen die Langlaufgäste um einen Beitrag in Form des – bis auf we-nige Ausnahmen — freiwillig zu erwer-benden Langlaufpasses.

Schweiz

14 LL-Regionen in der Schweiz

Berner Oberland
S. 174

Die Berglandschaft zwischen dem Wallis und der Zentralschweiz wurde um die Jahrhundertwende von englischen Alpinisten als winterlicher Abenteuerspielplatz entdeckt. Die ersten Skiversuche fanden zunächst in der Fall-Linie statt, später entwickelten sich aus den von Bergsteigern bereits bekannten Alpenorten Skitreffs vom Feinsten. Als Langläuferrevier machte das Berner Oberland im Süden des Kantons Bern erst in den letzten Jahrzehnten auf sich aufmerksam. Das Schweizer Ski-Land südlich des Thuner und des Brienzer Sees kann dabei in zwei bedeutende LL-Regionen aufgeteilt werden: In der Mitte breitet sich das hochalpine Skirevier rund um die imposante Bergkulisse einiger Viertausender, die Jungfrau-Region von **Grindelwald und Mürren ❶** – aus, und im Südwesten verläuft das landschaftlich wie klimatisch gemäßigte Saanenland entlang der Grenze zum Wallis. Durch Loipen ist die Super-Skiregion des Nobelortes **Gstaad ❷**, das Herz des Saanenlandes, mit dem Oberen Simmental und der Langlaufhochburg **Lenk** verbunden. Mit Liften oder per Auto gelangen Skifahrer von Lenk über den Hahnenmooskamm in das benachbarte Engstlingental mit dem Parade-Skiort **Adelboden ❸**. Ein Tal weiter versteckt sich das bislang kaum beachtete und bei Langläufern als Geheimtipp gehandelte Loipenareal von **Kandersteg ❹**. Bei Alpinskifahrern wie Langläufern gleichermaßen beliebte Skigebiete sind das weniger bekannte Diemtigtal, ein Seitental des Nieder-Simmentals (mit 40 Loipenkilometern) und das östlich vom Brienzer See gelegene Meiringen-Hasliberg mit weiteren 40 km gespurten LL-Trassen.

Graubünden
S. 182

Graubünden steht für Wintertourismus und für Ski-Superlative. Der größte und traditionsreichste Kanton der Schweiz ist auch in Bezug auf das skitouristische Angebot super. Durch wichtige Verkehrsverbindungen erreichte das Land der tausend Täler mit vielen wichtigen Gebirgspässen schon frühzeitig große Bedeutung für den Fremdenverkehr. Im Südosten fügen sich St. Moritz, Pontresina, Sils, Celerina, Maloja und Silvaplana zu einem Loipenparadies der Extraklasse zusammen. Doch das **Oberengadin ❺**, bekannt durch Skiweltmeisterschaften und Winterolympiaden, ist nur ein Mosaikstein in dem herrlichen Winterbild der Graubündener Skiwelt. Als bekannte Bade- und Kurorte und jetzt auch als Loipendorado treten Bad Scuol und Bad Tarasp im **Unterengadin ❻** langsam aber sicher aus dem Schatten des Oberen Engadin heraus. **Davos und Klosters ❼** im Norden des vielseitigen Kantons bilden ein ideales Paar, da bei beiden die Kombination Wintersport-Stadt und kleiner romantischer Langläufertreff perfekt ist. Eine weitere hervorzuhebende Loipenverbindung ist die Weiße Arena von **Flims-Laax ❽**. Durch einen Gebirgsstock getrennt, aber dennoch Nachbarn, stellen die Orte **Arosa und Lenzerheide-Valbella ❾** einen Tipp für Langläufer dar, die gerne freie Auswahl haben. Insgesamt verlaufen mehr als 600 Loipenkilometer durch den kleinen aber feinen Ski-Kanton zwischen der österreichischen und der italienischen Grenze.

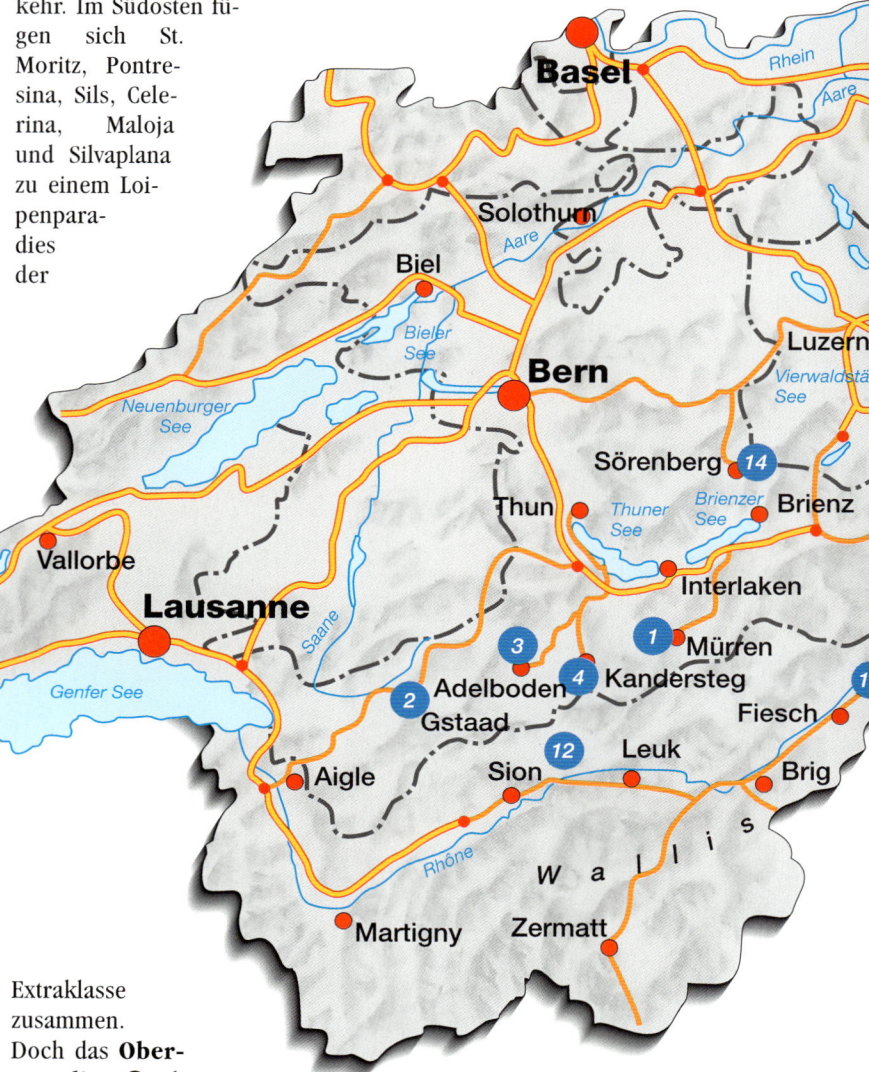

Ostschweiz
S. 194

Wer am Bodensee vorbei in das Skiland Schweiz hineinfährt, wird zunächst auf die voralpinen

Skigebiete der Ostschweiz stoßen. Pisten und Loipen sind kaum mit den skitouristischen Hochburgen der anderen Kantone vergleichbar, aber die verkehrsgünstige Lage wird von vielen deutschen Skifahrern gerne für Tages- und Wochenend-Skiausflüge genutzt. Loipen-

freunde, die dem Rheintal auf der Autobahn in südlicher Richtung folgen, zweigen nach rechts in das **Obertoggenburger** ❿ Skirevier ab und überlegen es sich wahrscheinlich zweimal, ob sie noch bis in das hochalpine Graubünden oder ins Wallis weiterfahren sollen. Unterhalb der markanten, 2300 m hohen Churfirsten breitet sich rund um die familienfreundlichen Skiorte Obertoggenburg, Alt-St. Johann, Unterwasser und Wildhaus ein landschaftlich besonders reizvolles Skirevier in 900 bis 1000 m Höhe aus. Der beliebte Langläufertreff verspricht schneesichere Spuren von Dezember bis in den April hinein. Kulturoder Shoppingtrips unternimmt man in St. Gallen oder Vaduz in Liechtenstein. Entspannung finden Langläufer nach einem anstrengenden Skitag in den naheliegenden Thermalquellen von Bad Ragaz. Einen Abstecher ist eines der ältesten Skigebiete der Alpen, rund um Flumserberg im schneereichen St. Galler Oberland, mit 20 km Loipen, auf alle Fälle wert.

Wallis und
Zentralschweiz
S. 198

Seit dem Bau von Simplon-, Lötschberg- und vor allem Furkatunnel rückte das Wallis für deutsche Skiurlauber ein wesentliches Stück näher. Skifahrer schwärmen trotz der langen Anfahrtszeit immer wieder vom Wallis und der Westschweiz. Und mit den, neben den Oberengadiner Loipen, hochgelegensten und sonnigsten Spuren im Schweizer Schnee lässt man sich gerne entschädigen. Mächtige Gletscherströme, weltberühmte Gipfel wie das Matterhorn und ein breites Langlaufangebot genügen, um die Skiregion südlich des Berner Oberlandes attraktiv zu machen. Dazu kommt die vor allem für Langläufer so wichtige Schneesicherheit. Zum einen ist die Region durch ihre Höhenlage begünstigt, zum anderen – weil die Hochtäler durch mächtige Massive geschützt liegen – können in den Skirevieren des Wallis Loipen oft bis Ende April gespurt werden. Für Langläufer geradezu ideal sind die fast schnurgeraden Ufer der oberen Rhone, das 20 km lange Rottental mit den LL-Zentren rund um das **Goms** ⓫. Seit den ersten alpinen Skirennen im Wallis, im Winter 1907, entwickelte sich die Skiregion **Crans-Montana** ⓬ auch zu einem beachtlichen Langlaufrevier. Die Skistadt auf dem 1500 m hoch gelegenen Plateau hat, wie die beiden berühmtesten Skiorte des Wallis, das noble Zermatt und Saas-Fee im Süden, feine und vor allem absolut schneesichere Loipen in einer für Wintertouristen perfekt erschlossenen Umgebung zu bieten.

Nicht nur für Züricher und Luzerner Wochenendskifahrer interessant sind die LL-Gebiete rund um den Vierwaldstätter See. **Unter- und Oberiberg** ⓭ bieten reizvolle Spuren auf rund 1000 bis 1100 m Seehöhe. Als ideale Ergänzung und wahren Hochgenuss kann man die Loipen der beiden autofreien Orte Rigi und Stoos, die noch eine Etage höher liegen, bezeichnen. Klein aber fein ist das Langlaufareal des bekannten Skiortes **Sörenberg** ⓮ im Westen der Zentralschweiz.

Schweiz

Hoch-Gefühl

Einst Spielplatz englischer Alpinisten, heute Skitreff vom Feinsten: Das Berner Oberland ist in punkto Langlauf in Hochform. Das beweisen die Spuren um Adelboden, Lenk, im Saanenland, aber auch die von Grindelwald, Wengen und Mürren.

Kandersteg

Das gemütliche Feriendorf im Herzen des Berner Oberlandes ist weniger für Alpinskifahrer als vielmehr für Langläufer ein Geheimtipp. Einige der Spuren sind sogar nur per Sessellift oder mit der Luftseilbahn zu erreichen.

Kandersteg lässt sich ideal mit der Bahn erreichen.

Mit einem Beitrag von sechs Franken pro Tag leistet man einen obligatorischen Beitrag zur Präparierung und Unterhalt der acht LL-Spuren, die sich auf einem Loipennetz von rund 60 km erstrecken. Rund um das weitgehend unverfälscht gebliebene Dorf Kandersteg – 1300 Einwohner mit 3000 Gästebetten – breitet sich unterhalb der imposanten Bergwelt, im ausgedehnten

🎿🎿🎿🎿 KANDERSTEG

→ Das Langlaufgebiet

Kandersteg, 1200 m

Saison: Anfang Dezember bis April.

Anreise: Autobahn Zürich–Bern, Ausfahrt Spiez, Kandersteg; Bahnstation für ICs ist Kandersteg (direkte Verbindungen von vielen europäischen Destinationen).

 Kandersteg Tourismus, CH-3718 Kandersteg, Tel. 0 33/6 75 80 80, Fax 0 33/6 75 80 81, www.kandersteg.ch, E-Mail info@kandersteg.ch.

📞 Kandersteg 0 33/6 75 80 82.

→ Die Loipen

8 in Kandersteg sowie Verbindungsloipen zu den Nachbarorten.

Gesamtlänge: 57,5 km.

Schwierigkeit: leicht/mittel/schwer.

Längste Loipen: Rund um Kandersteg 14 km, leicht/mittel; Skiwanderloipe Stock–Sunnbüel (Oeschinen) 14 km, mittel; Schwarze Loipe, 10 km, schwer, klassisch und Skating.

Skatingloipen: 7 Spuren, parallel zu den bestehenden Loipen in Kandersteg.

Loipenhöhen: 1170–1900 m.

Loipenbenutzung: Tagespass 6 Sfr, Wochenpass 25 Sfr, Saisonpass 60 Sfr.

Höhenloipe: Skiwanderloipe Oeschinensee 1578–1688 m, 3–6 km; Skiwanderloipe Sunnbüel 1880–1950 m, 5–8 km, mittel.

Nachtloipe: In Kandersteg, Neu: 4,5 km, mittel.

Umkleide/Duschen: In Kandersteg: Hotel Des Alpes und Hotel Erika (beide mit eigenem Wachsraum); Bergstation Sunnbüel und Bergstation Oeschinen.

Loipenplan: Bei Kandersteg Tourismus erhältlich.

Loipenstart: Beim Hotel des Alpes und beim Hotel Erika.

Leihausrüstung: In den Sportgeschäften.

LL-Schule: Schweizer Ski- und Schneesportschule Kandersteg, Tel. 0 33/6 75 80 89; Langlaufschule Edelweiss, Tel. 0 33/6 75 22 77; beide liegen an der Hauptstraße.

→ Allgemeine Informationen

🅿 Beim Hotel Des Alpes und Hotel Erika; Autobus Kandersteg.

Bus: Der Ortsbus dient zugleich als Loipen-Shuttlebus.

Ski alpin: 13 km Pisten.

Sport: Skitouren, Gleitschirmfliegen, Skispringen, Wandern, Schlittenbahn, Eislaufen, Curling, Hallenbad, Sauna, Solarium, Fitness, Kegeln.

Einkehr an der Loipe: Mehrere Möglichkeiten, z. B. Waldhotel Doldenhorn, Hotel Des Alpes, Hotel Spycher, Hotel Erika.

Après-Ski: z.B. Adlerbar, Ski-bar, High Moon Bar sowie jedes Restaurant am Weg, Cafés, Disko, Fondueabend, Wildbeobachtungen (Februar und März), Orgelkonzerte.

 Halbtagsbetreuung in der Skischule, Kinderskirennen jeden Freitag.

 3000 Gästebetten in Hotels, in Ferienwohnungen, Ferienheimen und Touristenlagern, 1200 Betten im Massenlager und Campingplatz.

Talboden, ein LL-Terrain aus, das wirklich für jeden Geschmack ausgerichtet ist. Ob man nun im klassischen Stil oder als Skater seine Runden drehen will oder ob man sogar abends die beleuchtete Loipe ausprobiert, an alles wurde gedacht. Zahlreiche große LL-Sportereignisse wurden bislang in den Annalen Kandersteg verzeichnet. Europäische Nordische Forst-Skimeisterschaft, Schweizermeisterschaften und der alljährliche Halbmarathon, der Kandersteger Volksskilanglauf.

In Kandersteg unterscheidet man zwei Langlaufreviere. Einmal die acht Loipen »Im Talboden« – Ausgangspunkt der Kandersteger Loipen ist das »Hotel Des Alpes« im Ortsteil »Im Weicheli« – und zum anderen die doppelt gespurte Höhen-Skiwanderloipe vom Skigebiet »Oeschinen« (3,5 bis 6 km), über die Sesselbahn Oeschinen zu erreichen. Zum gespurten Skiwanderweg Sunnbüel (5 oder 8 km), fährt man mit der Luftseilbahn Kandersteg-Sunnbüel. Wer sich noch etwas unsicher auf den schmalen Latten fühlt, der ist in den zwei Langlaufschulen im Ort bestens aufgehoben. Zu

→ Top-Loipe

Originell ist die Möglichkeit, Kandersteg (1200 m) auf LL-Ski förmlich zu umrunden. Der 14 km lange gespurte Rundkurs ist teilweise für Anfänger, mit Sicherheit aber für geübtere Sportler bestens geeignet. Günstig an der Loipe liegen zahlreiche Einkehrmöglichkeiten.

moderaten Unterrichtszeiten, von 10 bis 12 Uhr vormittags, erlernt man die Grundtechnik des Langlaufens in der Gruppe. Wer dabei lieber unbeobachtet sein will, für den gibt's auch Privatunterricht. Als besonderes Schmankerl bietet Kandersteg Wildbeobachtungen auf Langlaufski an.

Gemütlichkeit ist in dem kleinen Bergdorf auch bei den Unterkunftsmöglichkeiten Trumpf: Ob in großräumigen und preiswerten Touristenlagern oder im nobeln Fünf-Sterne-Hotel, die sprichwörtliche Gastfreundschaft und die gepflegte Atmosphäre lassen nach einem anstrengenden Tag in der Loipe kaum noch Wünsche offen. Einige Häuser verfügen über ein eigenes Hallenbad mit Sauna und Solarium. Zum Après locken eine Reihe vorzüglicher Restaurants, einige Bars und für die Nimmermüden sogar Diskotheken. Wer's gerne sportlich mag, für den gibt es eine nachts beleuchtete Schlittenbahn und eine Kunsteisbahn mit Curling-Rinks.

Die Holzarchitektur des Berner Oberlandes vermittelt sofort Gemütlichkeit.

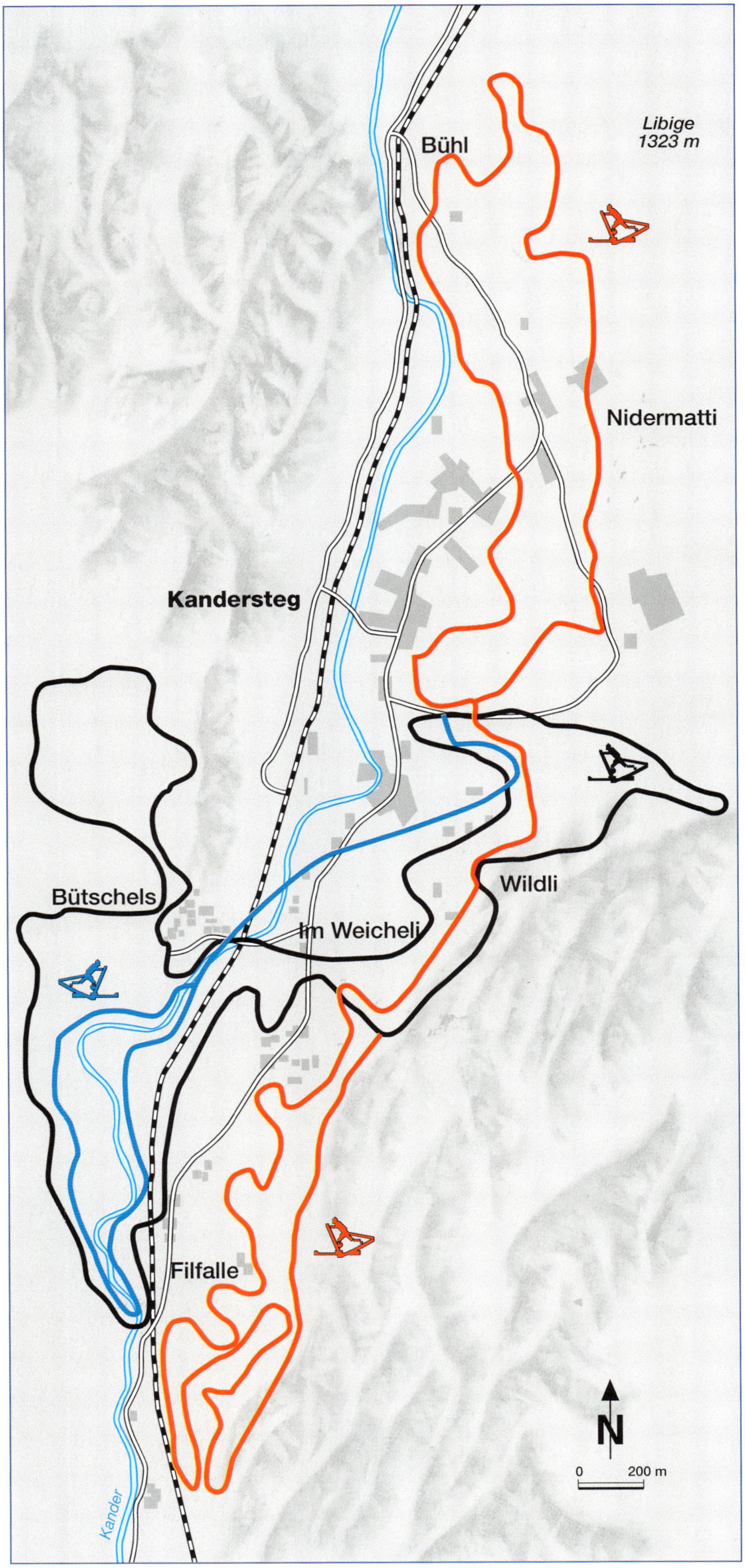

Adelboden/Lenk

In Adelboden wollen Langläufer hoch hinaus. Auf fast 2000 m Seehöhe erreicht man per Seilbahn manchmal bis in den Mai hinein schneesichere Spuren. Aber auch die Loipen im Tal können sich durchaus sehen lassen. Lenk im Simmental ist noch ein Geheimtipp für Spurensucher.

Eines der größten Langlaufreviere im Berner Oberland, das Gebiet Adelboden/Lenk, verteilt sich auf das gesamte Hochtal bis in 2000 m Höhe: Die hochalpine 4 bis 5 km lange Loipe auf der Engst-

ligenalp ist mit dem Kleinbus und mit der Luftseilbahn, die vom südlichen Talende Skifahrer in luftige Höhen transportiert, zu erreichen. Der Start befindet sich beim Zubringerlift »Märbenen«. Ambitionierte Langläufer können auf dem Hochplateau von November bis Ende April, manchmal sogar noch im Mai, ihre Trainingsrunden drehen. Die landschaftlich attraktive Loipe ist im Talboden von (5–13 km) zu finden. Sie geht waldreiches Gebiet entlang des Engstlibodens. Neben den schneesicheren Loipen auf dem Hochplateau der Engstligenalm, die fünf Spuren von **Boden** noch ein Ge-

Das Sportangebot in Adelboden lässt keine Wünsche offen.

heimtipp: Der Startplatz der 3, 5, 7, 8 und 13 km langen, leichten bis mittelschweren Rundkurse liegt vis-à-vis des Restaurants Wildstrubel. Dorthin wird auch ein Zubringerbus von Adelboden-Dorf eingesetzt.

Die Loipe von **Geils** beginnt zuerst harmlos, steigt aber im Verlauf 3,5 km auf mittelschweres Gelände an. Wer anschließend eine Dusche nötig hat, findet sie bei der Pistenfahrzeug-Einstiegshalle in Geils. Den Start der Rundspur zeigt ein Wegweiser beim Restaurant Geilsbrüggli. Was Adelboden für Alpine ist, ist **Lenk** für Langläufer. Adelbodens Skischaukel-Partner liegt im nächsten Tal hinter dem mächtigen Hahnenmooskamm versteckt. Der vermeintlich kleinere Bruder hat für Langläufer mit 42 km präparierten Spuren weitaus mehr Loipen als Adelboden zu bieten. Die längste Trasse, von Lenk zu den Simmenfällen, ist 23 km lang, und die Höhenloipe vom Haslerberg führt 6 km lang über mittelschweres Gelände in 1900 m Höhe. Wer jetzt immer noch nicht genug geschwitzt hat,

---

★★★★ ADELBODEN / LENK

→ Die Langlaufgebiete

Adelboden, 1353 m
Lenk, 1068 m

Saison: Anfang Dezember bis Mitte/Ende April (auf der Engstligenalp ist Langlauf bis Mai möglich).

Anreise: Autobahn Basel–Bern, Thun, Ausfahrt Wimmis, Zweisimmen, Lenk; Bahnstation: Bern oder Thun. Ausfahrt Spiez, Adelboden, Bahnstation Frutingen.

ℹ️ Tourist Center, CH-3715 Adelboden, Tel. 0 33/6 73 80 80, www.adelboden.ch, E-Mail info@adelboden.ch; Tourist Center, CH-3775 Lenk, Tel. 0 33/7 33 31 31, www.lenk.ch, E-Mail info@lenk.ch.

→ Die Loipen

3 Adelboden; 3 Lenk.

Gesamtlänge: 25 km Adelboden; 42 km Lenk.

Schwierigkeit: 1 leicht, 1 leicht/mittel, 1 mittel (Adelboden); 1 leicht, 1 mittel, 1 schwer (Lenk).

Längste Loipen: Adelboden: Boden (15 km), Engstligen (4,5 km), Geils (3 km); 2 in Lenk (13 und 6 km).

Skatingloipen: 3 in Adelboden: Boden (5 km), Engstligen (4,5 km), Geils (3 km); 2 in Lenk (13 und 6 km).

Loipenhöhe: 1300–2000 m in Adelboden, 1070–1900 m in Lenk.

Loipenbenutzung: Loipengebühr freiwillig: Schweizer Loipenpass 6 Sfr./Tag oder 60 Sfr./Saison.

Höhenloipen: Engstligen (Adelboden) 2000 m, leicht, 55 km lang und 6 km auf dem Haslerberg in 1900–2000 m Höhe, mittel (Lenk).

Umkleiden/Duschen: Adelboden: Waschraum und Garderobe in Boden und Engst-

ligen (mit Dusche), in Geils nur Dusche; Eisbahn und Bergstation Betelbergbahn in Lenk.

Loipenplan: Von den Verkehrsämtern.

LL-Schule: Schweizer Skischule Adelboden, Tel. 0 33/6 73 80 90; Schweizer Ski- und Snowboardschule Lenk, Tel. 0 33/7 33 26 23.

Rennen/Volkslauf: »Altjahrswoche«, ein Nacht-LL in Adelboden und BOSV-Rennen Ende März in Lenk.

Leihausrüstung: In jedem Sportgeschäft erhältlich.

→ Allgemeine Informationen

🅿️ Parkplätze in Adelboden neben den Loipen und Skibus ab Dorfzentrum; Parken an der Gondelbahn Betelberg und der Eisbahn von Lenk.

Bus: In Adelboden gibt es einen Ortsbus, in Geils Gondel plus Bus, in Engstligen Bus plus Luftseilbahn.

Ski alpin: 160 km Pisten in Adelboden, 65 km Pisten in Lenk.

Sport: Skitouren, Wandern, Eishalle, Rodeln, Curling, Drachen-/Gleitschirmfliegen, Reiten, Fitness, Snowtubing (nur in Adelboden), Schlittenhunderennen in Lenk (Januar).

Einkehr an der Loipe: Mehrere Möglichkeiten, z. B. Restaurant Geilsbrüggli, Restaurant Wildstrubel, Restaurant Engstligenalp.

Après-Ski: Restaurants, Cafés, Diskos, Bars, Kino, Theater, Folklore, Diavorträge, Sauna, Solarium, Massagen.

 Kinderhütedienst (Gästekindergarten) nach Vereinbarung im Tourist Center.

🛏️ 10 000 Betten in Adelboden, 7000 Betten in Lenk.

→ Top-Loipe

Die 13 km lange Höhenloipe von Zweisimmen (Simmenfälle) über St. Stephan nach Lenk ist vor allem wegen ihrer Schneesicherheit von November bis manchmal in den Mai hinein ein Geheimtipp. Die als mittelschwer zu bezeichnende Rundspur ist für Anhänger des Skating-Stils bei einem Höhenunterschied von rund 160 m eine Herausforderung. Wer die landschaftlich schön gelegene Loipe in umgekehrter Richtung von Lenk zu den Simmenfällen laufen will, muss kleinere Anstiege einplanen.

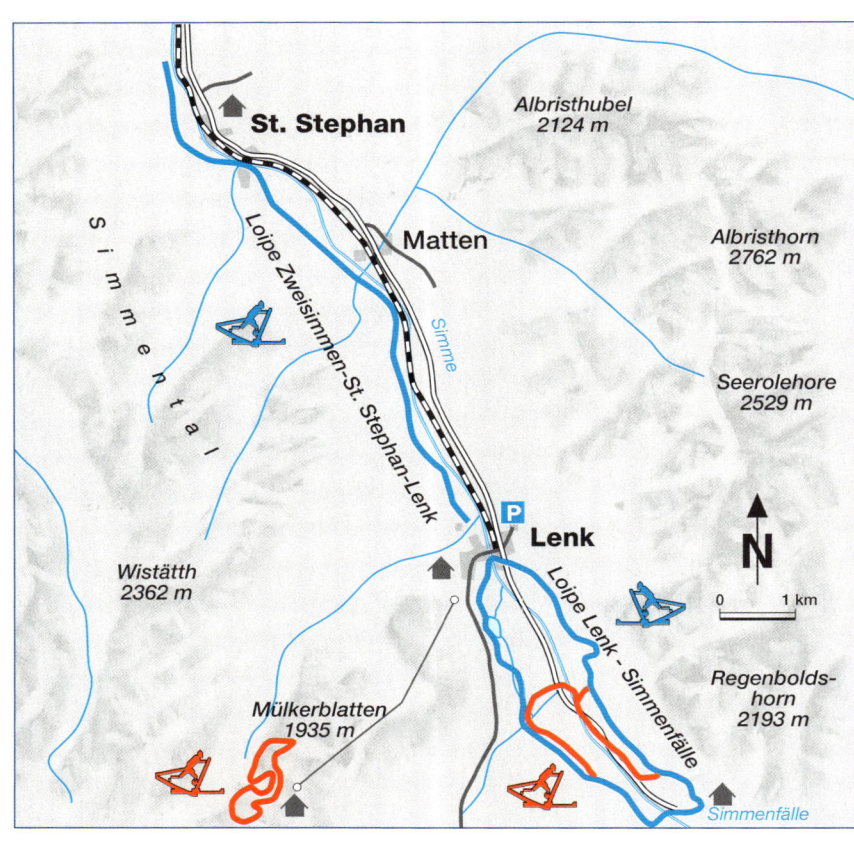

Das Loipenangebot hat sowohl leichte Spuren im Tal, als auch Anspruchsvolles in hochalpinem Gelände zu bieten.

St. Stephan

Albristhubel
2124 m

Matten

Albristhorn
2762 m

Loipe Zweisimmen-St.-Stephan-Lenk

Simmental

Simme

Seerolehore
2529 m

Wistätth
2362 m

Lenk

Loipe Lenk - Simmenfälle

N

0   1 km

Mülkerblatten
1935 m

Regenbolds-
horn
2193 m

Simmenfälle

sollte die über 300 Jahre alten Schwefel-
quellen von Lenk besuchen und bei einer Badekur Körper und Geist entspannen. Langläufen unterm Sternenzelt ist in
der beleuchteten Nachtloipe vom LL-
Zentrum Sparenmoos, von Lenk über St.
Stephan und Zweisimmen zu erreichen,
möglich. Von dort ist es nicht mehr weit
zu den drei Loipen zwischen den Nachbarorten Saanenmöser, Schönried und
Saanen (leicht, mittel, schwer), die sich
durch die langgezogenen Nachbartäler
des Saanenlands schlängeln. Die reizvolle Mischung romanischer und alle-
mannischer Einflüsse, das gut gepflegte
Loipennetz, die große Bandbreite kuli-
narischer Genüsse und die variantenrei-
che Auswahl bei den Unterkünften, vom
kleinen Bergdorf bis zum weltberühmten Chaletdorf Gstaad, lassen die etwas
längere Anreise schnell vergessen.

Wer sich für Kultur interessiert, dem bietet sich zum Après ein Besuch im »Kul-
tur-Egge« an. Das kunsthandwerklich
orientierte Haus findet man leicht im
kleinen Bergdorf Matten, etwa 5 km von
Lenk entfernt.

Gstaad-Saanenland

Gstaad hat Weltruhm und verdient auch in punkto Langlauf das Prädikat »besonders wertvoll«. Kenner treffen sich im LL-Zentrum von Sparenmoos oder unter- *nehmen einen Ausflug ins benachbarte Saanenland, dem Dorado für Langläufer im Grenzland zwischen Schweiz und Frankreich.*

✕✕✕✕ GSTAAD-SAANENLAND

→ Die Langlaufgebiete

Gstaad, 1100m
Saanenland, 900–1600m

Saison: Anfang Dezember bis Mitte/Ende April.

Anreise: Autobahn Basel–Bern, Thun, Ausfahrt Wimmis, oder Bern–Bulle, Gstaad, Bahnstationen sind alle größere Orten des Saanenlands.

ℹ️ Tourismusbüro, CH-3780 Gstaad, Tel. 0 33/7 48 81 81, www.gstaad.ch, E-Mail gst@gstaad.ch.

→ Die Loipen

Insgesamt 25.

Gesamtlänge: 118 km.

Schwierigkeit: 9 leicht, 9 mittel, 7 schwer (Saanenland).

Längste Loipen: Durchgangloipe Gsteig–Gstaad-Château-d'Oex, 26 km (920–1200 m); LL-Zentrum Sparenmoos 18 km, schwer.

Skatingloipe: 8 Skatingloipen.

Loipenhöhe: 900–2800 m.

Loipenbenutzung: Loipengebühr freiwillig: Schweizer Loipenpass 6 Sfr./Tag oder 30 Sfr./Woche oder 60 Sfr./Saison.

Höhenloipen: LL-Zentrum Sparenmoos 1640–1800 m, mittel/schwer; Gletscher Les Diablerets 2800 m, 5 km, leicht (hinter Gsteig).

Nachtloipen: LL-Zentrum Sparenmoos 3 km, 1600–1650 m, leicht, auf Anfrage bis 22 Uhr beleuchtet; Château-d'Oex 4 km, 1000 m, leicht, bis 22 Uhr.

Hundeloipen: Schönried, Saanen, Saanenmöser, Zweisimmen und Lenk.

Umkleiden/Duschen: Jeweils in den LL-Zentren Sparenmoos, Gstaad, Saanen und Lenk.

Loipenplan: Von den Tourismusbüros, gemeinsamer Plan »Saanenland und Obersimmental«.

Loipenstart: Siehe dazu die Kartenskizze.

LL-Schule: LL-Schule Gstaad, Tel. 0 33/7 44 18 65 (Mo, Die, Do, Fr 10–12 Uhr), LL-Lehrer Saanen, Tel. 0 33/7 48 10 47; LL-Schule Zweisimmen (Privatunterricht), Tel. 0 33/7 22 11 33; LL-Schule Saanenmöser, Tel. 0 33/7 44 10 44.

Rennen/Volkslauf: Sparenmoos-Zweisimmen 415 km im März; Saanen-Volkslauf Anfang Januar; Coupe vom Weißen Hochland über 15 km am 1. Samstag im Februar; La Lécherette-Col des Mosses, 1023 km, im März.

Leihausrüstung: In jedem Sportgeschäft erhältlich.

→ Allgemeine Informationen

Parken: In allen Orten im Saanenland Parkmöglichkeiten in Loipennähe vorhanden.

Bus: Die Loipen können gut mit Zug, Postauto oder Skibussen erreicht werden.

Ski alpin: 250 km Pisten in der »Ski Gstaad« Region (Saanenland).

Sport: Skitouren, Ski und Snowboard, Schneeschuhlaufen, Snowtube, Snowcart, Winterwandern, Eishalle, Rodeln, Curling, Drachen-/Gleitschirmfliegen, Reiten, Fitness, Schwimmhalle.

Einkehr an der Loipe: Zahlreiche Möglichkeiten entlang der Route.

Après-Ski: Restaurants, Cafés, Disko, Bars, Kino, Folklore, Diavorträge, Sauna, Solarium, Massagen.

👶 Kinderhütedienst nach Vereinbarung im Tourismusbüro.

🛏️ 13 000 Gästebetten in der »Ski Gstaad« Region.

Gstaad steht für gehobenen Skitourismus auch in punkto Langlauf.

Touristischer Mittelpunkt und berühmtester Vertreter des Saanenlands ist Gstaad. Das Grenzgebiet zwischen der deutschen und der französischen Schweiz nennt sich »Ski Gstaad« und macht seinem Namen alle Ehre. Neben den zahlreichen Alpinpisten (250 km) wurde rund um den Skizirkus auch an die Langläufer gedacht (118 km Loipen). Von Gstaad aus bietet sich die Möglichkeit, in das enge Sacktal bis nach Gsteig über 11 km leichten Spuren zu folgen, oder in der anderen Richtung über Saanen, Rougemont nach Château-d'Oex 15 km in leichten bis mittelschweren Loipen zu laufen. Sollte es bei der Tour wegen der vielen Einkehrgelegenheiten einmal später werden, kann man, im Ort Gsteig zum Selbsteinschalten, in Château-d'Oex, in Rougemont und in Sparenmoos unter Flutlicht seine Runden drehen. Wen es in die Höhe treibt, der kann auf 2800 m Seehöhe in die Gletscherloipe vom bereits auf französischer Seite liegenden Les Diablerets (Auffahrt hinter Gsteig) auf 5 km in einer leichten Loipe das Bergpanorama genießen oder noch höher hinauf mit dem Heißluftballon über Château-d'Oex schweben.

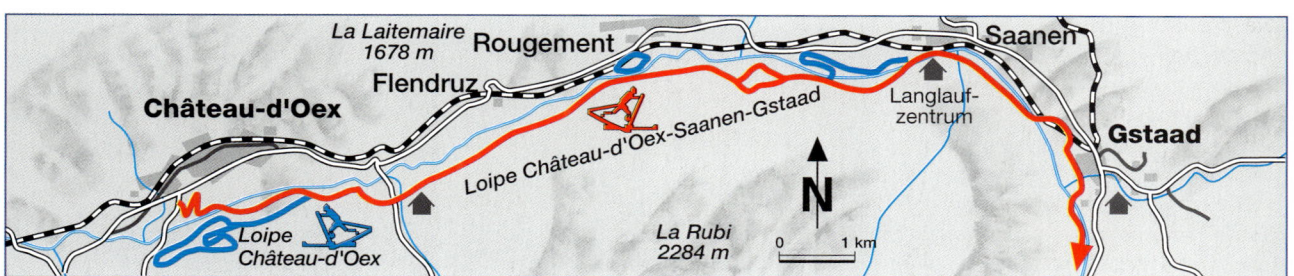

Grindelwald und Mürren

Mal sonnig, mal schattig, Langläufer suchen sich die schönsten Spuren rund um die exklusiven Gletscherdörfer Grindelwald, Wengen und Mürren, zwischen Eiger-Nordwand und Lauberhorn, ganz nach der Tageszeit aus.

Der erste Skifahrer in **Grindelwald**, der Engländer Gerald Fox, tauchte im Jahr 1881 auf. Seinen Spuren folgten russische Großfürsten und gekrönte Häupter aus aller Herren Länder. Auch Künstler und Gelehrte gaben sich im gastlichen Gletscherdorf die Ehre. Inzwischen zieht es hauptsächlich Skifahrer, die es sich leisten können, ins Berner Oberland. Ein Geheimtipp für Sparsame ist der Skiort zwar nicht gerade, aber dafür zählt das Skiangebot zum Besten der Schweiz. Langläufer schätzen nicht nur die Aussicht auf die berüchtigte Eiger-Nordwand, sondern auch die Schneesicherheit des auf über 1000 m Höhe liegenden Grindelwald. Rund 30 km bestens präparierte Spuren aller

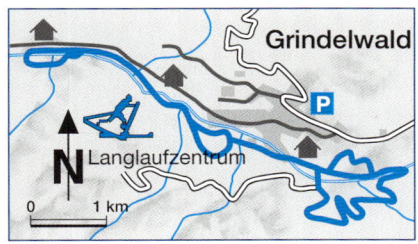

Schwierigkeitsgrade stehen zur Verfügung. Abwechslungsreich, von leicht bis anspruchsvoll, mal schattig, mal sonnig, mal mit Panoramablick in luftiger Höhe, mal klassisch gespurt, mal für den Skatingstil und manchmal sogar für beide Stilarten geeignet. Die beiden autofreien Nachbarski- und Luftkurorte **Wengen** und das kleine Bergdorf **Mürren** (330 Einwohner) sind vor allem durch ihre alpinen Skisportereignisse, Weltcup und »Inferno«-Rennen (im Januar), bekannt gewordne. Zusammengezählt bringen es die beiden exklusiven Gletscherdörfer zwischen Lauberhorn (2472 m) und Schilthorn (2971 m) auf über 20 km gespurte Loipen. Die schönsten befinden sich in dem canyonartigen Lauterbrunnental. Die längste Loipe beginnt auf rund 800 m Höhe in Lauterbrunnen und führt dann über 12 km nach Stechelberg unterhalb des Jungfrau-Massivs.

GRINDELWALD UND MÜRREN

→ Die Langlaufgebiete
Grindelwald, 1034 m
Wengen, 1274 m
Mürren, 1650 m

Saison: Anfang Dezember bis Mitte/Ende April.

Anreise: Autobahn Basel, Genf oder Zürich, über Bern nach Spiez, Interlaken, Zweilütschinen, Grindelwald. Berner-Oberland-Schmalspurbahn von Interlaken in 35 Minuten nach Grindelwald oder Interlaken-Lauferbrunnen und per Bahn nach Wengen und Mürren oder von Stechelberg per Luftseilbahn nach Mürren.

Grindelwald Tourismus, CH-3818 Grindelwald, Tel. 0 33/8 54 12 12, Fax 0 33/8 54 12 10, www.grindelwald.ch, E-Mail touristcenter@grindelwald.ch; Tourist Information, CH-3823 Wengen, Tel. 0 33/855 14 14, www.wengen.ch, E-Mail info@wengen.ch; Mürren Tourismus, CH-3825 Mürren, Tel. 0 33/8 56 86 86, www.wengen-muerren.ch, E-Mail info@muerren.ch.

Grindelwald, Tel. 0 33/8 55 44 33; Mürren, Tel. 0 33/8 56 86 88.

→ Die Loipen
Insgesamt 5.

Gesamtlänge: 30 km.

Schwierigkeit: 2 leicht, 2 mittel, 1 schwer.

Längste Loipen: Grund–Burglauenen 12 km, 896–960 m, mittel; Lauterbrunnen–Stechelberg 12 km, 796–922 m, leicht.

Skatingloipe: Grund, 7,5 km, schwer.

Nachtloipe: Ja, 1 km Länge (Gletscherschlucht Wengen).

Loipenhöhe: 943–1800 m.

Loipenbenutzung: Loipengebühr freiwillig: Grindelwald 6 Sfr./Tag oder 30 Sfr./Woche, Saisonpass 60Sfr.

Höhenloipen: Bußalp (Grindelwald) 1800 m, 3 km lang, leicht. Neu: Sonnenloipe Bort, 3 km, mittel; Höhenloipe Sonnenberg bei Mürren 1850 m, 2 km, leicht.

Umkleiden/Duschen: Garderoben in Grindelwald bei der Bahnstation Grund und beim Tennisplatz von Mettenberg.

Loipenplan: Kostenlos von Grindelwald Tourismus.

Loipenstart: In Grindelwald vom Dorf-Grund zu Fuß in 15 bis 20 Minuten.

LL-Schule: Schweizer Ski- und Snowboardschule Grindelwald, Tel. 0 33/8 53 52 00.

Rennen/Volksläufe: Clubrennen, Loipengebühr 3 Sfr./Person. Inferno-Langlauf und Inferno-Triathlon (im Januar).

Leihausrüstung: In jedem Sportgeschäft erhältlich.

→ Allgemeine Informationen

Am Bahnhof Grund (Grindelwald); Parkhaus in Lauterbrunnen; Mürren ist mit der Mürrenbahn von Lauterbrunnen aus erreichbar oder mit der Seilbahn von Stechelberg (Gratisparkplätze).

Bus: Kein spezieller Loipenbus, jedoch Bus- und Zugverbindung.

Ski alpin: Rund 200 km Pisten.

Sport: Skitouren, Snowtubing, Winterwandern, Eishalle, Rodeln, Eisstockschießen, Curling, Drachen-/Gleitschirmfliegen, Fitness, Schwimmhalle.

Einkehr an der Loipe: z.B. in Grindelwald: Restaurant Grund, Hotel Gletscherschlucht.

Après-Ski: Restaurants, Cafés, Diskos, Bars, Kino, Theater, Folklore, Diavorträge, Sauna, Solarium, Massagen, Pferdeschlittenfahrten.

Kinderhort Sunshine im Berggasthaus First und Ski-Kinderclub Bodmi bei der Skischule Grindelwald; Gästekindergarten in Mürren (ab 2 Jahren).

11 700 Gästebeten aller Kategorien in Grindelwald, 5000 in Wengen und 2000 in Mürren.

Auf der Kleinen Scheidegg – Aussicht auf »Eiger, Mönch und Jungfrau«.

First class!

Graubünden ist der größte Kanton der Schweiz und ein Dorado für Langläufer. Namen, die hier für Qualität bürgen, sind: St. Moritz–Pontresina, Davos, Arosa-Lenzerheide, Flims–Laax, Splügen und Bad Scuol.

Arosa, Lenzerheide-Valbella

Als im Winter 1877/78 waghalsige Tiefschnee-Abenteurer auf Hickory-Ski die Hänge rund um Arosa unsicher machten, konnte noch niemand die rasante Entwicklung des Skisports vorhersehen. Doch die beiden Graubündener Wintersportzentren haben sich, so gut es ging, den alpenländischen Charakter bewahrt.

Nahezu alle Loipen werden hier auch für den Skatingstil präpariert.

Klein, aber fein könnte die Kurzcharakteristik der beiden Graubündener Wintersportperlen bei Chur lauten. Mit jeweils gerade einmal 2500 Einwohnern, aber der rund fünffachen Bettenzahl wird klar, um wen sich hier alles dreht: um den Urlaubsgast. **Arosa** liegt am Talende auf 1800 m Höhe, ist somit vor dem Durchgangsverkehr und durch behördlich festgelegte Grün- und Skischutzzonen vor übertriebener Bebauung geschützt.

Ob Alpinskifahrer oder Langläufer, für Neulinge hat Arosa eine ganz besondere Einstimmung auf Schweizer Art parat: Walter Vollenweider aus Arosa (01/3 91 37 14) ist Pilot eines Heißluftballons und schwebt oder, richtiger gesagt, fährt eine Stunde lang mit Gästen über Arosa und die Bündner Alpen. Sportlicher geht es mit dem Gleitschirm-Taxi (0 79/4 49 88 13). Am angenehmsten jedoch lernt man das Skigebiet von Arosa mit kostenlosen Skihostessen kennen. Wer das Mittelbündener Skirevier zu Fuß, also per LL-Ski, erkunden möchte, kann dies auf einem Loipennetz von 25 km Länge tun. Ratsam ist es, sich von einem erfahrenen Skilehrer – sogar bei Mondschein – durch die Spuren führen zu lassen, denn Langlaufen in 1800 bis 1900 m Höhe muss auch geübt sein. Treffpunkt der Loipenfreunde ist das LL-Zentrum Maran, nördlich des Obersees. Hier finden sich Umkleide-, Dusch- und Wachsmöglichkeiten. Wie perfekt ein Skigebiet organisiert sein kann, zeigt ein eigens installierter Loipenrettungsdienst, der über die Telefonnummer 0 81/3 77 22 15 oder 3 77 31 31 zu erreichen ist. Arosa ist ein exklusives Pflaster, das sicher nicht nur zum Langlaufen verlockt. Ein perfektes Après-Skiangebot, von Curling über Reiten bis zu zahlreichen Einkehrmöglichkeiten, sorgt für eine gute Mischung nach dem Motto: von allem etwas und wenn es geht vom Feinsten.

Und davon bekommen Langläufer vor allem rund um den über 100 Jahre alten Skiort **Lenzerheide-Valbella** genug ab In den beiden zusammengehörenden Berggemeinden Lenzerheide und **Valbella** kommen Langläufer teilweise ganz schön aus der Puste. Auf einer Durchschnittshöhe von 1500 m wurden 52 km leichte bis mittelschwere Loipen zusammengestrickt. Bemerkenswert, weil relativ selten im Alpenraum, dass fast alle Loipen, das heißt 45 km davon, auch für den Skatingstil präpariert werden. Wer tagsüber bei einem Glas Roten im Liegestuhl auf dem Rothorngipfel auf 2865 m

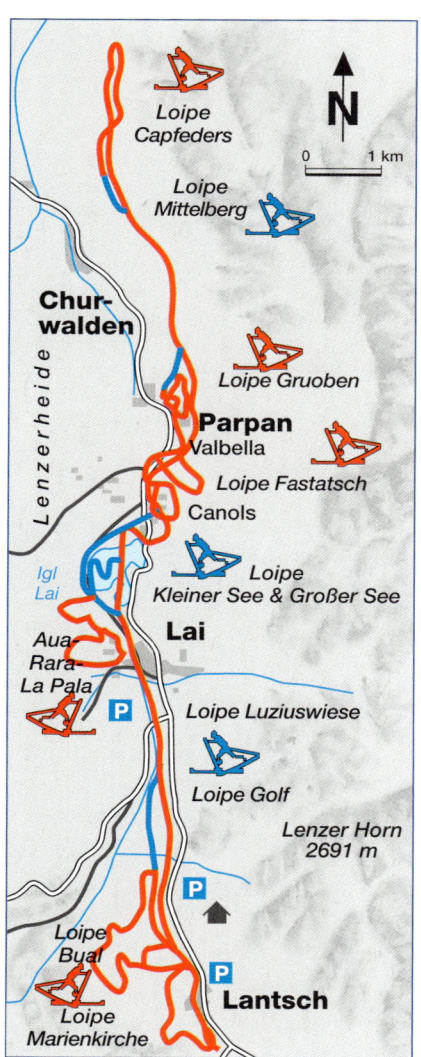

→ Top-Loipe

Die schönste und, wie Insider behaupten, die beliebteste Spur von Arosa wird offiziell als »Loipe Prätschalp plus Panoramaloipe Prätschalp« geführt. Unter Kennern weiß man, wenn von der »Loipe zur Ochsenalp« gesprochen wird, welche Langlauftrasse gemeint ist. Startpunkt ist beim Langlaufzentrum Maran, das bereits auf einer Höhe von 1850 m (!) liegt. Doch keine Angst, insgesamt beträgt der Höhenunterschied vom tiefsten Punkt (1770 m) bis zum Ziel (1936 m) »nur« etwa 166 m. Die Gesamtstrecke setzt sich aus der Prätschalp-Loipe (8 km) und der Verlängerung zur Ochsenalp (bei Kilometer 5!), das bedeutet eine zusätzliche Strecke von 6 km, zusammen. Tipp: Proviant mitnehmen, da die Ochsenalphütte nicht bewirtschaftet ist. Außerdem sollte man genug Kondition mitbringen und den Schneepflug für die Abfahrten beherrschen.

die Höhensonne genießt und gegen Abend unverbrauchte Energien loswerden möchte, dem seien die beiden Rundkurse auf der Luziuswiese und um den Kleinen See empfohlen. Die jeweils 1 km langen Spuren werden montags, mittwochs und freitags von 19 bis 21.30 Uhr beleuchtet. Sommergäste kennen die 5 km Rundstrecke von Lenzerheide-Valbella zum kleinen Nachbarort Lantsch vielleicht von diversen Golfschlägen, denn die leichte Loipe führt über den Golfparcours von Lenzerheide-Valbella. Wer sich ganz dem Langlaufen verschrieben hat, wird sich bestimmt auf der in einer Richtung 17 km langen Kombinationsloipe austoben wollen. Sie beginnt wahlweise bei Lantsch und führt über

Lenzerheide-Valbella nach Capfeders und von Churwalden nach Malix oder in umgekehrter Richtung. Durchtrainierte Langlauffans wagen sich jeden Januar zum alljährlichen Planoiras-Volkslauf in die mit kleinen Änderungen oben beschriebene Spur, die dann allerdings hin und zurück über insgesamt 25 km beträgt!

Es gibt sieben Einstiegsmöglichkeiten in die Gesamtstrecke auf dem schmalen Hochtal. In Lenzerheide-Valbella lässt man sich zum Après-Ski gerne auf die 50 km geräumten Wanderwege oder auf das Glatteis führen: Zwei Natureisbahnen und eine Kunsteisbahn mit 13 Curling-Rinks und zwei Eisstockbahnen werden zur Verfügung gestellt.

Bei dem vielfältigen Angebot kommen Langläufer schon mal außer Puste.

♒♒♒♒ AROSA; LENZERHEIDE-VALBELLA

→ Die Langlaufgebiete

Arosa, 1800 m
Lenzerheide-Valbella, 1480 m

Saison: Anfang Dezember bis April.

Anreise: Basel, Zürich, Chur oder Bregenz, Feldkirch, Chur, Arosa oder Chur-Süd, Lenzerheide; Bahnstationen sind Arosa und Chur.

 Arosa Tourismus, CH-7050 Arosa, Tel. 0 81/3 78 70 20, LL-Telefon des Tourismusvereins 0 81/3 78 70 22, www.arosa.ch, E-Mail arosa@arosa.ch; Tourismusverein, CH-7078 Lenzerheide-Valbella, Tel. 081/3 85 11 20, Loipen-Hotline: Tel. 0 81/3 85 11 41, www.lenzerheide.ch, E-Mail info@lenzerheide.ch.

Loipenrettungsdienst: Arosa: 0 81/3 77 22 15 (LL-Schule Geeser) oder 3 77 31 31 (Rettungszentrale).

→ Die Loipen

7 Arosa; 13 Lenzerheide.

Gesamtlänge: 25 km Arosa; 52 km Lenzerheide-Valbella.

Schwierigkeit: Arosa: 5 km leicht, 20 km mittel/ schwer; Lenzerheide: 22 km leicht, 23 km mittel, 5 km schwer.

Längste Loipe: Panoramaloipe in Arosa Prätschalp–Ochsenalp 14 km, 1770–1936 m, mittel.

Skatingloipen: 9,5 km (Arosa) Obersee, Isel und Nachtloipe; 45 km (Lenzerheide).

Nachtloipe: LL-Zentrum Arosa, 2 km, Mo/Mi/Fr bis 21.00 Uhr. Jeden Abend auf der Luziuswiese in Lenzerheide, 1-km-Rundkurs, 17–21.30 Uhr.

Hundeloipe: Obersee (Arosa), 1 km.

Loipenhöhen: 1620–1936 in (Arosa); 1300–1550 m (Lenzerheide-Valbella).

Loipenbenutzung: Der Erwerb eines Loipenpasses ist obligatorisch, es gibt Tages- (5 Sfr.), Wochen- (10 Sfr.), Zweiwochenkarten (15 Sfr.) und Saisonkarten (30 Sfr.) sowie den Langlaufpass Schweiz (60 Sfr.); der Pass berechtigt zur Benützung sämtlicher Langlaufloipen, der Garderoben, des Wachsraumes, zur freien Fahrt mit dem Isla-Bus sowie zur Inanspruchnahme des Loipenrettungsdienstes.

Umkleiden/Duschen: Valbella-Canols, LL-Zentrum Maran in Arosa, mit Wachsraum, Ausrüstungsverleih und LL-Shop.

Höhenloipen: 8 km langes Teilstück der Prätschalp–Ochsenalp-Loipe, 1800–1930 m, mittel/schwer (Arosa); 5 km lange Capfedersloipe, 1512–1550 m, mittel.

Loipenpläne: Von den Tourismusvereinen.

Loipenstart: In Arosa: beim LL-Zentrum Maran sowie für das Gebiet Isel an der Kläranlage; für die Loipe Obersee am Bahnhof. In Lenzerheide: am Skischulplatz, in Valbella: in Canols, in Lantsch/Lenz: bei St. Cassian, in Papan: bei Triangel.

Leihausrüstung: In den Sportgeschäften sowie im LL-Zentrum Maran.

LL-Schulen: Schneeschuh- und Langlaufzentrum Geeser, Arosa, Tel. 0 81/3 77 22 15; LL-Zentrum Maran, Arosa, Tel. 0 81/ 3 77 22 15; Schweizer Schneesportschule: Lenzerheide, Tel. 081–384 19 33, Valbella, Tel. 0 81/3 84 31 21, Papan, Tel. 0 81/ 3 83 15 33, Lantsch/Lenz, Tel. 0 81/ 6 81 16 49, Activ Sport Baselgia Lenzerheide, Tel. 0 81/3 84 25 34.

Rennen/Volksläufe: Aroser Volkslanglauf im Februar; »Planoiras« Volksskilanglauf über 25 km Freistil, Planoiras Team-Night, Planoiras Jugendlauf, Swisscom Loppet Plaoiras, jeweils im Januar in Lenzerheide; Volkslauf St. Cassian (Skating und Klassisch im März.

→ Allgemeine Informationen

P Zentrale Parkplätze in allen Orten.

Bus: Bei den Loipen in Arosa; gratis ebenfalls der LL-Bus von Post nach Isel und zurück; Sportbus in Lenzerheide-Valbella.

Ski alpin: 70 km Pisten in Arosa und 155 km Pisten in Lenzerheide-Valbella.

Sport: Schneeschuhwandern, Winterwandern, Skitouren, Eislaufen, Eishockey, Eisstockschießen, Curling, Rodeln, Drachen-/ Gleitschirmfliegen, Reiten, Tennis-/ Squashhalle, Hallenbad, Ballonfahren, Indoorgolf.

Einkehr an der Loipe: In Arosa im Restaurant Hof Maran, 200 m vom LL-Zentrum entfernt. In Lenzerheide verschiedene Möglichkeiten (z. B. Pizzastände).

Après-Ski: Restaurants, Cafés, Weinstuben, Tanz, Disko, Folklore, Diashows, Kino, Theater.

 »Lollipop-Kinderland« der Schweizer Ski- und Snowboardschule (ab 4 Jahren) sowie »Zwergliland« in der ABC-Schneesportschule, Kinderskikurse; Kindergarten und Babysitter-Service in den Hotels Eden (Arosa), Valbella und Hotel Schweizerhof, Lenzerheide-Valbella.

🛏 12 000 (Arosa) und 17 500 (Lenzerheide) Gästebetten aller Kategorien.

Davos/Klosters

Der eine hat, was der andere nicht hat. Gemeinsam betrachtet sind die beiden Graubündener Ferienorte Davos und Klosters ein ideales Paar: Davos, die moderne Skistadt mit mondänem Flair, und der kleine Nachbar Klosters, das ursprüngliche, romantische und gemütliche Skidorf.

18 Seilbahnen verhelfen zu prächtigen Panoramaaussichten.

Davos ist in Hochform: Die höchstgelegene Stadt (1560 m) – zugleich der größte Bergort – des gesamten europäischen Alpengebietes kann sowohl mit einem perfekten hochalpinen Skizirkus wie auch mit einer Palette von anspruchsvollen Loipen aufwarten, die für Topsportler und für Ferienlangläufer gleichermaßen geeignet sind. **Klosters**, auf 1200 m gelegen, lockt mehr mit Beschaulichkeit und dem ursprünglichen Charakter eines Bergdorfes, aber auch mit einem beachtlichen Angebot für Skifahrer. Davos ist der kulturelle Mittelpunkt, mit Kino, Disko, Theater, mit internationalen Kongressen und einer Reihe von Spezialkliniken. Nicht umsonst wurde der traditionsreiche Luftkurort mit dem viel gerühmten Heilklima von Thomas Mann als Schau-

🎿🎿🎿🎿 DAVOS / KLOSTERS

→ Die Langlaufgebiete

Davos, 1560 m
Klosters, 1200 m

Saison: Dezember bis April.
* Schneesicher!

Anreise: Autobahn Basel–Zürich–Klosters oder München–Landeck–Vereina Autoverlad–Davos (Bahnstation).

ℹ️ Davos Tourismus, Promenade 67, CH-7270 Davos-Platz, Tel, 0 81/ 4 15 21 21, www.davos.ch, E-Mail davos@davos.ch; Kur- und Verkehrsverein Klosters, Klosters Platz, CH-7250 Klosters, Tel. 0 81/4 10 20 20, www.klosters.ch, E-Mail info@klosters.ch.

📞 für Davos und Klosters 0 81/4 15 21 33; Loipenbulletin: 0 81/4 15 21 33 (Davos).

Loipen-Rettung: Langlaufzentrum Davos. 0 81/4 16 44 55 oder 413 36 83.

→ Die Loipen

In Davos 6, in Klosters 2.

Gesamtlänge: 110 km; Davos: 75 km (davon 34 km auch Skating) und Klosters: 35 km (35 km klassisch und 29 km Skating).

Schwierigkeit: Leicht/mittel/schwer.

Längste Loipe: Davos–Mühle–Sertig über 24 km (1560–1860 m).

Skatingloipen: 29 km kombinierte Loipen, klassisch und Skating (davon 3 in Davos, 2 in Klosters).

Loipenhöhe: Davos 1560 m–1631 m, Klosters 1179 m–1373 m.

Höhenloipen: Davos–Mühle–Sertig oder Klosters–Novai–Garfiun–Klosters (15 km, von 1200 auf 1373 m).

Nachtloipen: Loipe ab Aeujer Brücke in Klosters, dienstags und donnerstags von 18 bis 21 Uhr beleuchtet (3,2 km) und Loipe im Langlaufzentrum, Davos-Platz, täglich von 18 bis 21.30 Uhr beleuchtet (2,5 km).

Hundeloipe: Klosters (12 km, klassisch und Skating), Davos (11 km).

Loipenplan: Bei den Verkehrsbüros (Davos 2,50 Sfr).

Loipenstart: Sportzentrum Klosters, Klosters Dorf und Klosters Platz; Davos Platz und Langlaufzentrum.

Loipenbenutzung: In Davos gratis; in Klosters wird der Erwerb eines Loipenpasses empfohlen.

Leihausrüstung: In den Sportgeschäften (Klosters) und bei Hofmänner-Sport (Davos).

Umkleiden/Duschen: Davos: das LL-Wachszentrum sowie Umkleidekabinen befinden sich im Sportzentrum; in Klosters im LL-Zentrum.

Rennen/Volksläufe: Sonntags-Blick »Langlaufplausch« (Ende November), Internationale LL-Tage/Davos Nordic (Dezember).

LL-Schule: Schweizer Schneesportschule Davos, Tel. 0 81/4 16 24 54 und LL-Zentrum Davos, Davos-Platz, Tel. 0 81/4 15 36 00 und Nordic Skischool Klosters, Anmeldung bei Bardill Sport, Tel. 0 81/4 22 10 40 oder 4 10 20 28.

→ Allgemeine Informationen

🅿️ In Klosters: LL-Zentrum, Bahnhofplatz (Gehzeit zum Sportzentrum 5 Minuten), Aeujer Brücke sowie in Monbiel. In Davos am Bahnhof und in Davos Platz.

Bus: Ortsbus Davos und Ortsbus Klosters, aber kein Loipenbus.

Ski alpin: 18 Seilbahnen, 37 Lifte und über 320 km Pisten.

Sport: Winterwandern, Schneeschuh-Trekking, Pferde-Trekking, Tennis, Badminton, Squash, Eislauf auf Natur- und Kunsteisbahnen, Curling, Schwimmen, Snowboard, Rodelbahn, Reiten, Gleitschirmfliegen, Hallenbad in Davos mit Sauna Lind Solarium.

Einkehr an der Loipe: In Klosters Platz, im Sportzentrum, in Monbiel und Garfiun sowie in Aeuja. In Davos Restaurant Kulm, Restaurant Bunda, Isler, Mühle, Teufi, Walserhaus Sertig und viele mehr.

Après-Ski: Konzert, Theater, Museum, Pferdeschlitten, Spazierwege (84 km), Restaurants, Disko, Bars, Kino, Cafés, Kasino.

👶 Gästekindergarten ab 3 Jahren und Kinderskischule ab 3 Jahren, Tel. 0 81/4 16 24 54.

🛏️ in Davos 23 000 und in Klosters 8800 Betten aller Preisklassen.

platz für seinen »Zauberberg« ausgewählt. Das etwa 10 km entfernte Klosters lebt zum Teil von der Landwirtschaft, dem Baugewerbe und dem Handwerk, hat sich aber längst dem lukrativen Tourismusgewerbe verschrieben. Dies aber in Maßen, das heißt, ohne modernen »Alpen-Look«, ohne mehrstöckige Appartementhäuser, dafür aber leider mit einer verkehrsreichen Hauptstraße. Eine sehr nützliche Einrichtung ist dabei in Klosters der Ortsbus. Er fährt in kurzen Abständen in alle weit verzweigten Teile des Dorfes. Außerdem ist der Shuttle für Inhaber von Skipässen und Gästekarten umsonst.

Die bestens und täglich frisch präparierten Loipen von Davos können mit dem breiten Alpinangebot rund um das Jakobshorn (2590 m) durchaus mithalten, bilden aber nicht, wie die Pisten, einen Verbund mit dem LL-Angebot von Klosters. Sie verzweigen sich wie Äste vom Langlaufzentrum, im Ortsteil Davos-Platz, in die Seitentäler Flüela, Dischma oder Sertig und fordern mit zum Teil erheblichen Steigungen eine gehörige Portion Kondition. Ein Drittel der 75 Loipenkilometer sind eher als schwer, die restlichen zwei Drittel als leicht bis mittel einzustufen. Die längste Spur – unter Kennern wird sie als die schönste bezeichnet – führt über 24 km vom LL-Zentrum über Wildboden, Junkerboden, Mühle und Sertig bis nach Sand auf 1859 m (!). Ein Geheimtipp unterwegs ist der Gasthof »Bergführer«.

Die Spuren sind in Davos/Klosters meist für beide Stilarten, das heißt, den klassischen und den Skatingstil präpariert. Nur die Höhenloipen werden aus-

schließlich für »Klassiker« gespurt. Die beiden Loipen von Klosters ergeben verknüpft immerhin eine Strecke von insgesamt 40 km. Sie führen über leicht kupiertes Gelände an einem Bachlauf entlang bis zur romantisch gelegenen Alp Novai. Wer danach immer noch nicht genug hat, kann sogar bis 21.30 Uhr in den Nachtloipen von Davos und Klosters seine Runden drehen.

Das Sportzentrum von Klosters.

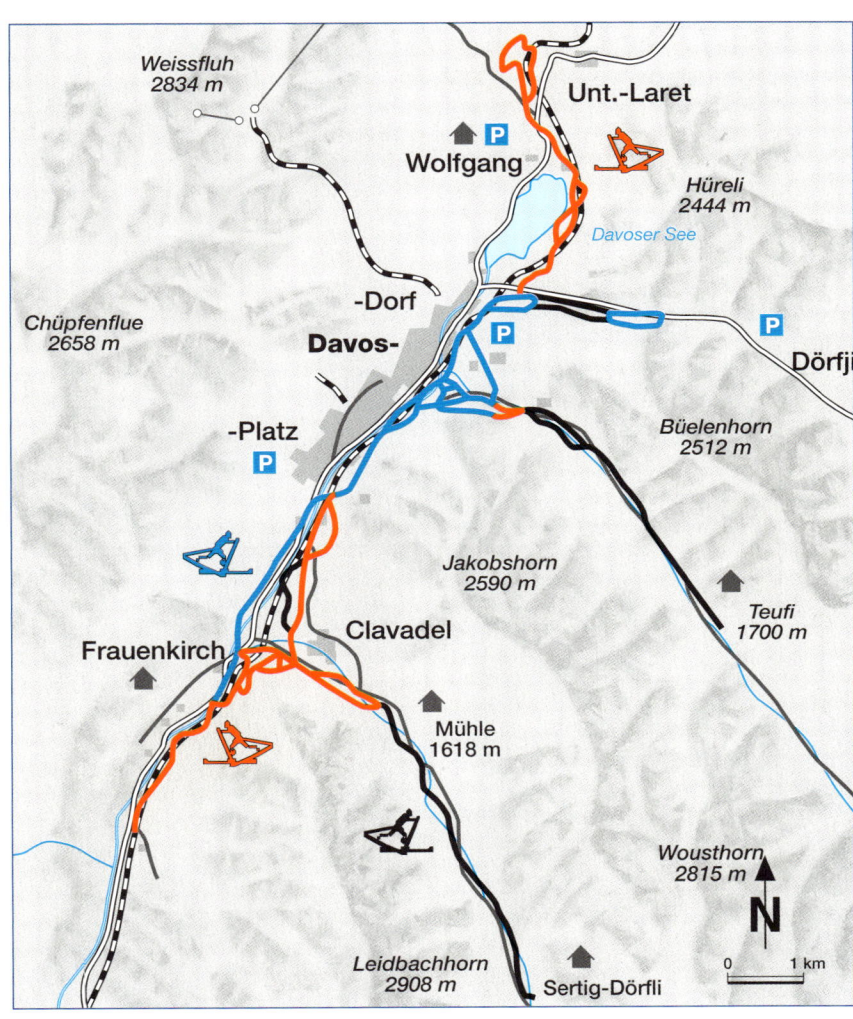

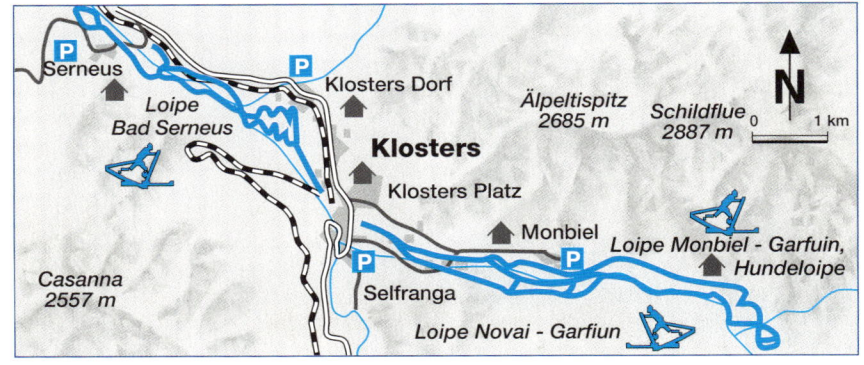

187

Flims/Laax

Alpinskifahrer sind hier zwar in der Überzahl, aber das Loipenangebot ist äußerst vielschichtig: ob im Rheintal auf 700 m, beim LL-Zentrum in Flims auf 1000 m, auf dem Vorabgletscher in 2500 m Höhe, in der Nachtloipe oder auf den 30 km Skatingloipen.

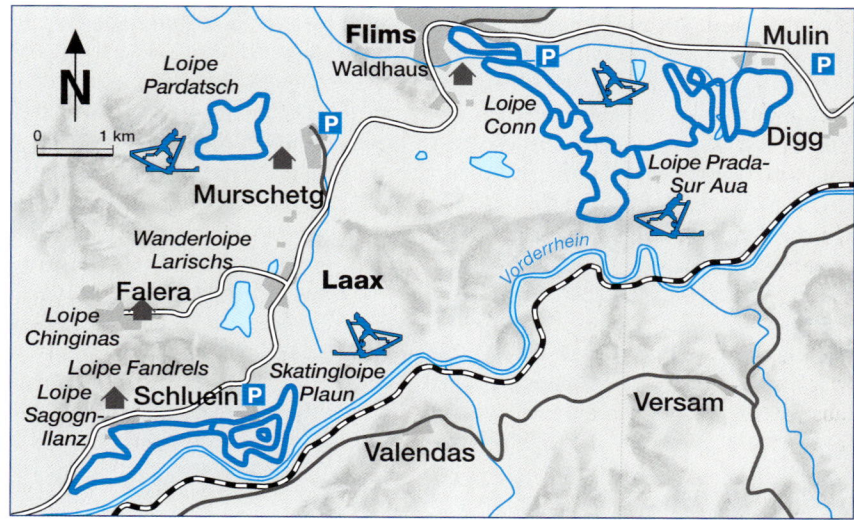

Imponierend, wie das Skigebiet rund um die zwei kleinen Graubündener Bergdörfer bis hinauf zum Vorabgletscher auf 3018 m Höhe in den letzten 25 Jahren durch Lift- und Seilbahnanlagen erschlossen wurde. Eine gut ausgebaute Straße bringt Wintergäste problemlos zu den teils modernen, teils alten Dorfteilen von **Flims** und **Laax**. Etwas enger und steiler wird die Bergstraße zum kleinen, typischen Bergdorf **Falera**. Größte Gemeinde ist mit 2500 Einwohnern Flims, das sich in Flims Dorf und Flims Waldhaus aufteilt.

Der Loipenverbund von rund 60 km wird von Flims, Laax, Falera zusammen mit den »Satelliten« **Trin, Sagogn** und

Schluein regelmäßig maschinell präpariert und stellt insgesamt keine allzu hohen Anforderungen. Ein beliebter Treffpunkt der Loipenfreunde ist das Sportzentrum Prau la Selva in Flims. Hier stehen auch Umkleidemöglichkeiten, Duschen, Toiletten und ein Restaurant zur Verfügung. Eine der schönsten Spuren führt über 15 km, teilweise im Tal des Vorderrheins, von Sagogn nach Schluein. Die längste Spur wird regelmäßig über 19,5 km von Flims nach Murschetg gespurt und leitet Langläufer zum malerischen Caumasee. Empfehlenswert sind auch die beiden Spuren durch das Waldstück am Crestasee.

FLIMS / LAAX

→ Die Langlaufgebiete

Flims, 1020 m
Laax, 1100 m

Saison: Mitte Dezember bis Mitte März.

Anreise: Bregenz, Chur, Flims oder Autobahn Basel, Zürich, Chur, Flims.

Alpenarena.ch, Informationsbüro, CH-7017 Flims-Dorf, Tel. 0 81/ 9 20 92 00, www.alpenarena.ch, E-Mail tourismus@alpenarena.ch; Alpenarena.ch, Informationsbüro, CH-7031 Laax, Tel. 0 81/ 9 20 81 81, www.alpenarena.ch, E-Mail tourismus@alpenarena.ch.

→ Die Loipen

Insgesamt gibt es 13 gespurte Loipen im Gebiet, davon sind 11 Loipen zusätzlich mit Skatingspuren versehen. Das gesamte Loipennetz erstreckt sich über eine Länge von 50km.

Gesamtlänge: ca. 50 km.

Schwierigkeit: 5 km schwer, 20 km mittel, 25 km leicht.

Längste Loipen: Staderas 19,5 km, Flims–Conn–Staderas/Murschetg.

Skatingloipen: ca. 30 km.

Loipenhöhen: 700–2500 m.

Loipenbenutzung: Schweizerischer Langlaufpass, gültig in der ganzen Schweiz:

Tageskarte 6 Sfr., Wochenkarte 25 Sfr., Saisonkarte 60 Sfr.

Höhenloipen: Vorab 3000, 2500 m Höhe, 6 km, leicht (nicht immer gespurt).

Nachtloipe: »Ner«, 3 km, bei Flims.

Loipenplan: Von den Informationsbüros.

Loipenstart: Flims-Unterwaldhaus, Bargis, Trin Mulin und Larnags.

LL-Schule: Langlauf Servicestation Trin Nordic, Trin Mulin, Tel. 081–635 16 88.

Rennen/Volksläufe: 4 Dim-Lauf (Mitte Februar).

Umkleiden/Duschen: Im Langlaufzentrum Flims-Unterwaldhaus, im Berghaus Bargis und in der Langlauf Servicestation Trin Nordic in Trin Mulin.

Leihausrüstung: LL-Zentrum Flims-Unterwaldhaus, Tel. 0 81/9 11 20 35; Berghaus Bargis (Flims), Tel. 0 81/9 11 11 45; Langlauf Servicestation Trin Nordic (Trin Mulin), Tel. 0 81/6 35 16 88.

→ Allgemeine Informationen

An allen Einstiegstellen stehen genügende Parkplätze zur Verfügung. Nach Bargis muss der spezielle Bargisbus benützt werden.

Bus: Kostenlose Fahrt mit dem speziell gekennzeichneten Regionalbus »Arena Shuttle« in der Hauptsaison der Weissen Arena Bergbahnen AG zwischen Falera und Fidaz mit der Gästekarte oder einem gültigen Bergbahnticket. Die Strecke Fidaz–Bargis sowie der Linienbus (von und nach Chur/Illanz) ist auch mit Gästekarte kostenpflichtig.

Ski alpin: 220 km Pisten, 28 Bahnanlagen, Skier-Cross auf dem Vorabgletscher.

Sport: Skitouren, Winterwandern, Snowboard, Eislaufen (auch in der Halle), Eisstockschießen, Rodeln, Curling, Hundeschlitten-Abenteuer, Drachen-/Gleitschirmfliegen (Schule), Reiten, Tennis-/Squashhalle, Hallenbad mit Sauna und Solarium, Heißluftballon, Fitness-Clubs.

Einkehr an der Loipe: Im Hotel Restaurant Surpunt (Flims), im Ustria Parlatsch (Trin Mulin) und im Berghaus Bargis (Flims).

Après-Ski: Restaurants, Cafés, Tanz, Disko, Pferdeschlitten, Kegeln, Billard.

Schweizer Skischule Flims Laax Falera; Flims: Tel. 0 81/9 27 71 81; Laax: 0 81/9 27 71 71.

2700 Hotelbetten aller Kategorien und ca. 6000 Betten in Ferienwohnungen.

Unterengadin

Bad Scuol ist bekannt als Kur- und Badeort. Heute gesellen sich kombinationsfreudige Wintergäste dazu: Langlaufen rund um Scuol, dann Einkaufen im zollfreien Shopping-Paradies Samnaun und zum Relaxen in die Bäderlandschaft »Bogn Engiadina Scuol«.

Scuol kann getrost als Zentrale des sonnigen Unterengadin bezeichnet werden. Neben dem großzügig ausgebauten Pistennetz erstrecken sich drei empfehlenswerte Loipen im Tal und auf den Berghängen. Die in einer Richtung 23 km lange Strecke von Scuol nach Martina, im Norden des Unterengadiner Inntals, wird mit zwei Loipen nebeneinander gespurt und für einen Volksskilauf im Februar als Rennstrecke freigegeben. Die längste Loipe des Inntals beginnt westlich von Scuol in Giarsun und führt 33 km weit, Zernez und Brail nach Zuoz. Die höchste Spur ist über die Seilbahn von Scuol aus zu erreichen. Sie beginnt auf der Bergstation Motta Naluns in 2146 m Höhe und führt in zwei Schleifen wieder zum Ausgangspunkt zurück.

Tipp: Nach anstrengenden Stunden in der Loipe ist es eine Wohltat, sich im »Bogn Engiadina Scuol« zu entspannen. Die Schwimmbecken und Bäder sind alle mit Mineralwasser gefüllt.

Samnaun

Vor rund 100 Jahren erhielt Samnaun den Status der Zollfreiheit zugesprochen. Pistenfahrer schätzen die Verbindung zum österreichischen Ischgl und das riesige Angebot von 200 km Pisten. Für Langläufer bleiben nur vier gespurte Trassen von insgesamt 16 km Länge in leichtem Gelände, die Talloipe rund um Samnaun mit 9 km und die 1 km lange Höhenloipe in Samnaun-Dorf.

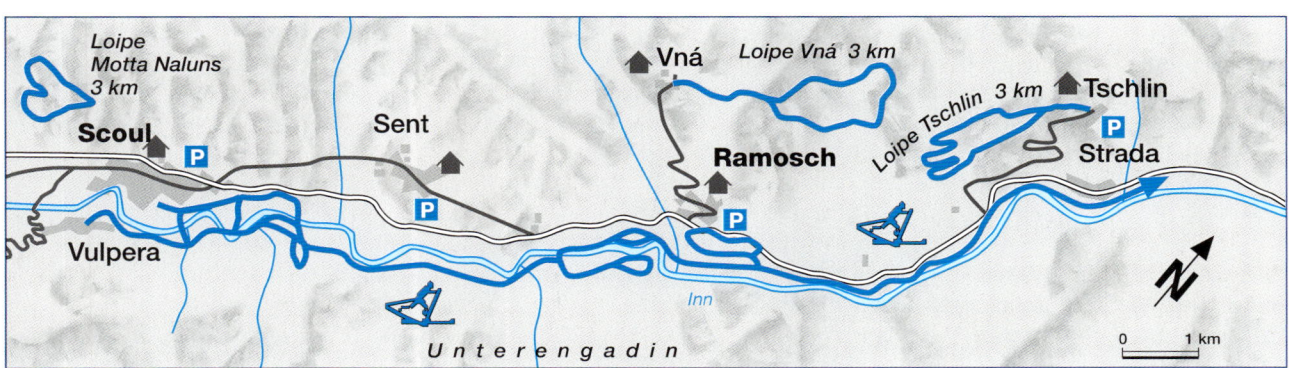

UNTERENGADIN

→ Die Langlaufgebiete

Scuol, 1250 m
Samnaun, 1840 m

Saison: In Samnaun Ende November bis Anfang Mai, in Scuol Anfang Dezember bis Mitte März.

Anreise: Autobahn Zürich, Ausfahrt Landquart, Klosters, Vereina-Tunnel mit Autoverlad, Scuol oder München, Garmisch, Landeck, Scuol; Garmisch, Fernpass, Landeck, Samnaun; Bahnstationen sind Scuol-Tarasp oder Landeck.

ℹ Scuol Information, CH-7550 Scuol, Tel. 0 81/8 61 22 22, www.scuol.ch, E-Mail info@scuol.ch; Samnaun Tourismus, CH-7563 Samnaun-Dorf, Tel. 0 81/8 68 58 58, www.samnaun.ch, E-Mail info@samnaun.ch.

☎ Scuol: 0 81/8 61 14 00, Samnaun: 0 81/8 66 56 52.

→ Die Loipen

7 in Scuol + 4 in Samnaun.

Gesamtlänge: 52 km Scuol, 16 km Samnaun, Loipe Glarsun-Zernez 33 km.

Schwierigkeit: Leicht/mittel.

Längste Loipen: Scuol–Martina–Scuol, 23 km einfache Strecke, leicht, und Giarsun–Zuoz 33 km, mittel.

Skatingloipen: 7 Loipen mit insgesamt 52 km Länge in Scuol, 1 Loipe in Samnaun.

Loipenhöhen: 1200–2150 m.

Loipenbenutzung: In Scuol Tageskarte 6 Sfr., Saisonkarte 25 Sfr.

Höhenloipen: Motta Naluns (Scuol) 2146 m, 3 km, leicht.

Nachtloipe: 1 in Scuol.

Umkleide/Duschen: In Scuol im LL-Center.

Loipenplan: Von den Informationsbüros.

Loipenstart: In Scuol beim LL-Center, in Scuol 1/2 Std. zu Fuß vom Bahnhof zu den Loipen; in Samnaun-Dorf bzw. Laret bzw. Samnaun-Plan, bei der Brücke.

LL-Schulen: Sport Florinett, Scuol, Tel. 0 81/8 64 71 71.

Leihausrüstung: In den meisten Sportgeschäften.

Rennen/Volksläufe: Volkslanglauf »Passlung« Scuol–Martina (jeweils am 2. Sonntag im Februar). Startgeld: 30 Sfr. (Stand 2001).

→ Allgemeine Informationen

P Im Zentrum der Orte und an den Loipeneinstiegen. In Samnaun 1000 kostenfreie Plätze.

Bus: In Scuol stehen Skibusse zur Verfügung. Strecke Bahnhof–Loipe alle 20 Minuten.

Ski alpin: 80 km Pisten (Scuol) und 200 km Pisten (Samnaun).

Sport: Skitouren, Snowboard, Skiwandern, Winterwandern, Schneeschuhwandern, Eislaufen, Eisstockschießen, Curling, Rodeln, Drachen-/Gleitschirmfliegen, Tennishalle (Vulpera), Kur- und Erlebnisbad mit Sauna.

Einkehr an der Loipe: Mehrere Möglichkeiten in Samnaun, Restaurant Val d'Uina in Scuol.

Après-Ski: Restaurants/Cafés (z. B. Kuhstall, Schmuggleralm, Sunshine Bar in Samnaun), Tanz, Disko, Folklore, Diashows, Kino, Theater.

🧒 Gästekindergarten und Skischulbetreuung (alpin) in Samnaun; Kinderskikurse und Betreuung ab 3 Jahren, Info über Scuol Information.

🛏 6500 in Scuol und 3000 Gästebetten aller Kategorien in Samnaun.

Oberengadin

St. Moritz, Pontresina, Celerina, Silvaplana, Sils und Maloja brauchen um Gäste nicht zu buhlen. Denn dieses Skigroßrevier ist mit 322 Sonnentagen im Jahr klimatisch mehr als begünstigt. Das Oberengadin gilt als Mekka betuchter Winterurlauber, aber auch als Lieblingsplatz für Loipenfreunde, die in 150 km perfekt präparierten Höhenspuren nur noch eines wollen – laufen, laufen, laufen.

St. Moritz

Mit dem Privatjet landen, in einem der vier Luxushotels logieren und sich einen Teil der 180 km gespurten Loipen von einem Privatskilehrer vorführen lassen, das nennt man High-Life im »Champagner-Klima« von St. Moritz. Dass es zuweilen im Oberengadiner Hochtal auch ganz »normal« zugeht, wissen Besucher der benachbarten Hochgebirgsorte **Pontresina, Celerina, Silvaplana, Sils** und **Maloja** zu berichten. Landschafts- und Klimagenießer treffen sich hier in den Spuren, aber auch hart trainierende Sportler, die ihr Höhentraining in der LL-Spur zum Konditionstanken nutzen. Jammerschade, wer da vor lauter Trainingsfleiß keine Muße findet, um die herrliche Bergkulisse der Drei- bis Viertausender und die vielen naturgeschützten Seenparadiese zu bewundern. St. Moritz, 1928 und 1948 Austragungsort der Olympischen Winterspiele, ist wohl der bekannteste, renommierteste und immer noch der exklusivste Skiort der Welt. St. Moritz steht für Jet Set, Hoch- und Geldadel, für eine Hotellerie und Gastronomie der Sonderklasse, aber auch für ein Sportangebot der Extraklasse. Für Sportler und Après-Spezialisten finden sich zwischen Golf und Gala mehr als genügend Betätigungsfelder. Manchmal machen sich bis zu fünf verschiedene Sportveranstaltungen an einem Tag gegenseitig Konkurrenz. Nicht nur Alpinskifahrer kommen rund um St. Moritz auf ihre Kosten, auch Langläufern bietet die Top-Adresse der Alpen viele interessante Varianten. Wer die Chance nutzt, auf einer der vielen Loipen die Nachbarorte anzusteuern, lernt nicht nur das Oberengadin von einer ganz anderen Seite, sondern vielleicht auch

Die Wintersportmöglichkeiten im Oberengadin sind beinahe grenzenlos.

seine eigenen Möglichkeiten ganz neu kennen. Für Anfänger oder Übungsbedürftige versteht es sich fast von selbst, sich unter geschulter Leitung in die Spur zu begeben, eine Selbstverständlichkeit, hier einen Privatlehrer zum Loipenunterricht zu bitten. Mit etwas Glück kann man beim Olympiamedaillengewinner und fünffachen Besten des Engadin Skimarathons, Albert Giger, dem Leiter der Langlaufschule St. Moritz, ein paar Lehrstunden auf einem der zugefrorenen Seen bekommen. Service wird ganz groß geschrieben, speziell für

Langläufer, die sich über eine eigene Telefonnummer (081–833 75 75) Wachstipps zum Tage geben lassen oder in einem Spezialunterricht für Volksläufe trainieren können

Absoluter Saisonhöhepunkt ist der Engadin Skimarathon, der im Schnitt 12 000 Teilnehmer aus aller Welt anlockt. Das beeindruckende Schauspiel, jeweils am zweiten Sonntag im März, lockt aber auch Zigtausende von Zuschauern an die Strecke zwischen Maloja und Schanf. Sie führt an St. Moritz-Bad, Am St. Moritzer-LL-Zentrum sowie beim Parkhotel Kurhaus vorbei, über Pontresina nach Samedan, bis nach Zuoz und zum Zielort Schanf.

Pontresina

»Nicht am lichtschimmernden Golf von Neapel, nicht in der Provence oder in Venedig, nirgends scheint mir die Sonne so hell und leuchtend zu strahlen wie auf der Hochebene von Maloja«, so beschreibt der Dichter Giovanni Giacometti das Engadin. Pontresina liegt im höchsten Seitental des Oberengadins, windgeschützt auf einer nach Südwesten freien Hangterrasse. Das langgestreckte, noch heute typische Engadinerdorf ist von

dichten Arven- und Lärchenwäldern umgeben, und es herrschen gute LL-Bedingungen bis Ende April. Pontresina ist mit 60 gespurten Loipenkilometern der Langlauftreff des Oberengadins. Darum verwundert es kaum, dass sich gerade hier (beim Bahnhof) ein großzügig angelegtes Langlaufzentrum mit Langlaufschule, Garderoben, Duschen, Wachsraum und Informationsbüro eingerichtet hat. Während der Wintersaison bietet die LL-Schule neben den üblichen Kursen auch Spezialwochen für den »Skilanglauf abseits der Loipen« an. Im Frühjahr stehen Ausflüge in besonders ruhige und schöne Seitentäler auf dem Programm,

Im Engadin gibt es auch zahlreiche Möglichkeiten zu Erkundungen abseits der gespurten Loipen.

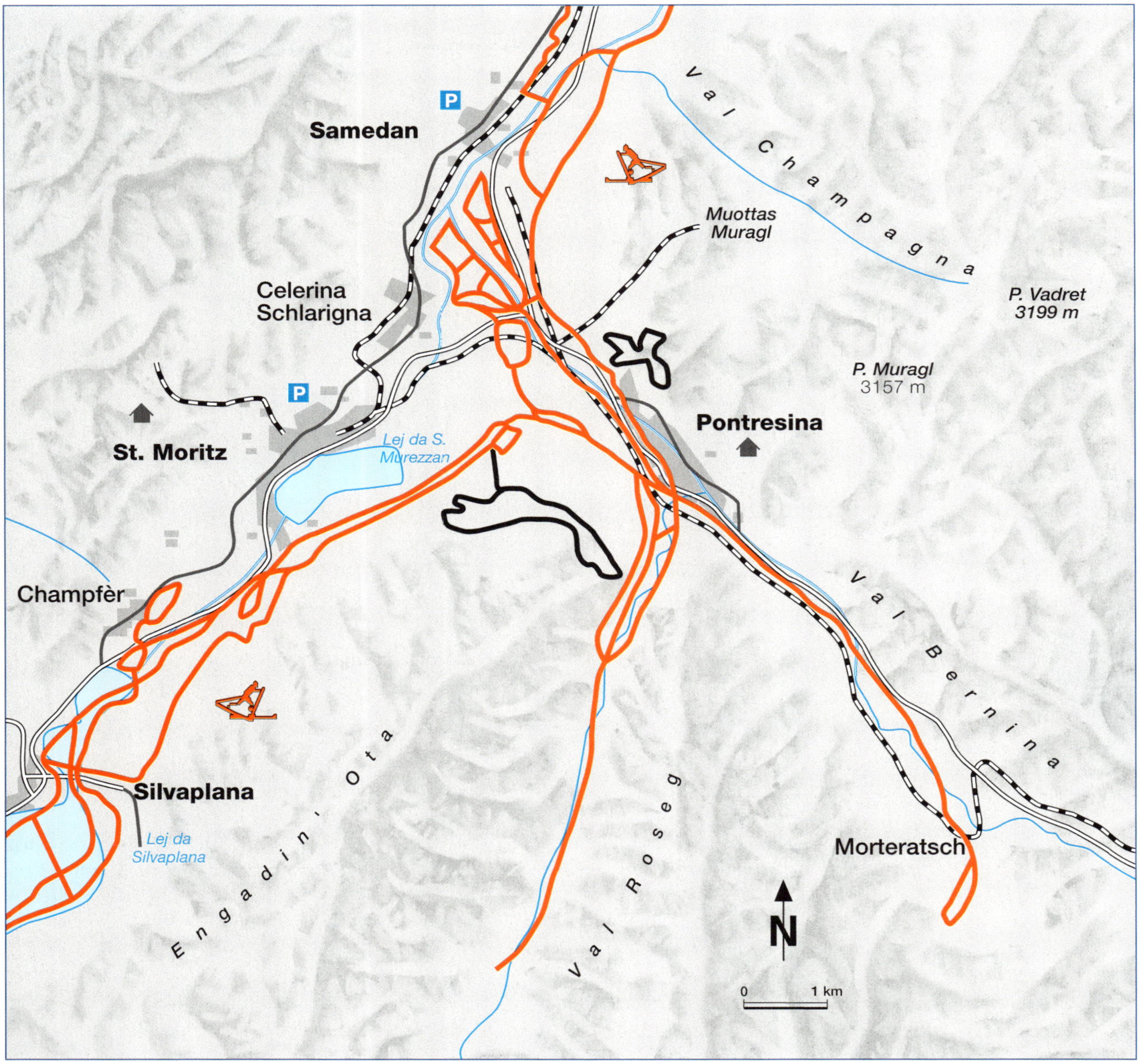

und während des Engadin Skimarathons werden Vorbereitungswochen für Teilnehmer angeboten. Außerdem gibt es Privatunterricht im Telemarkskifahren, stehen Gästerennen, Langlauftests sowie Schneeschuhtouren auf dem Programm. Der Trainingsstand kann auch individuell auf der 7,5 km langen »Rennstre-cke« von Pontresina getestet werden. In Pontresina eröffnete zudem der bisher einzige für Langläufer attraktive Winter-»Club Med«. Wem nach 11 Stunden durchschnittlicher Sonnenscheindauer (im April) nach Langlaufen unterm Sternenhimmel zumute ist, der findet vielleicht in der Nachtloipe Tolais die gewünschten Lichtblicke. Das Oberengadin gehört zwar zu den regenärmsten Regionen der Schweiz, und Pontresina, ein anerkannter Klimakurort, profitiert von der stets kühlen, sehr trockenen und reinen Luft (Reizstufe 2) und der geringen Bewölkung, nichts desto weniger bietet es Schneesicherheit bis Ende April.

OBERENGADIN

→ Die Langlaufgebiete

Gebietshöhe: 1610–2223 m.

Saison: Mitte November bis Mitte/Ende April.

Anreise: Autobahn Bregenz, Chur, Julier-pass oder Landeck, Zernez, Skigebiete. Bahnstationen sind Bever, Samedan, Gelerina, St. Moritz und Pontresina.

Kur- und Verkehrsverein, CH-7500 St. Moritz, Tel. 0 81/8 37 33 33, www.stmoritz.ch, E-Mail information@stmoritz.ch; Kur- und Verkehrsverein, CH-7513 Silvaplana, Tel. 0 81/8 38 60 00, www.silvaplana.ch, E-Mail info@silvaplana.ch; Verkehrsverein, CH-7514 Sils, Tel. 0 81/8 38 50 50, www.sils.ch, E-Mail info@sils.ch; Kurverein- und Vekehrsverein, CH-7516 Maloja, Tel. 0 81/8 24 31 88, www.maloja.ch, E-Mail maloja@bluewin.ch; Kur- und Verkehrsverein, CH-7504 Pontresina, Tel. 0 81/8 38 83 00, www.pontresina.com, E-Mail info@pontresina.com.

 des Oberengadin: 0 81/8 33 75 75.

→ Die Loipen

Insgesamt 32.

Gesamtlänge: 180 km (davon 160 km Skatingloipen). Die Loipen des Oberengadin sind mit denen des Unterengadin verbunden (Maloja–Zernez 61 km).

Schwierigkeit: 70 km leicht, 50 km mittel, 60 km schwer.

Längste Loipen: Loipenverbund Maloja–Zuoz–Schanf–Zernez (61 km) und die Engadiner Marathon-Strecke von Maloja nach Schanf (42 km).

Skatingloipen: 160 km.

Loipenhöhe: 1610–2223 m.

Loipenbenutzung: Loipengebühr freiwillig: 6 Sfr/Tag; 25 Sfr/Saison.

Höhenloipe: Sils–Fextal, 10 km, (1800–2170 m); Lej da Cavloc (Maloja), 4 km (1815–1907 m). Berninapass–Alp Bondo 7–10 km (2096 m–2160 m), bis Ende April gespurt.

Nachtloipen: St. Moritz-Rundloipe, 2 km, von 17.30 bis 21 Uhr beleuchtet und in Pontresina »Tolais«, 1,3 km lang, Mo–Fr von 18.30 bis 20 Uhr beleuchtet.

Hundeloipe: Von La Punt nach Madulain und Zuoz.

Duschen/Umkleiden: Im Hallenbad von St. Moritz; im Langlaufzentrum Pontresina, direkt am Bahnhof; im Sportzentrum Mulets In Silvaplana, im Sportzentrum Plazzet/ Muot Marias bei Sils.

Loipenplan: »Loipenkarte Engadin« für 3,– Sfr. von den Verkehrsbüros oder LL-Zentren.

Loipenstart: Moritz-Bad: beim Kurhaus; - direkt beim Bahnhof von Pontresina Einstieg in die Loipen möglich; Maloja: vom Dorfkern und der Hauptpost sind die Loipen gut erreichbar; diverse Einstiegsmöglichkeiten in allen Orten.

LL-Schule: Schweizer Langlaufschule im LL-Zentrum von Pontresina, Tel. 0 82/8 42 68 44 (14 Lehrer, arbeiten mit Video!); Langlaufzentrum St. Moritz, Albert Giger, Tel. 0 81/8 33 62 33; Skisportschule Sils, Tel. 0 81/8 38 50 55, Schneesportschule Maloja (über Verkehrsbüro), Tel. 0 81/8 24 31 88; Ski- und Langlaufschule Silvaplana, Tel. 0 81/8 28 86 84.

Leihausrüstung: In allen Sportgeschäften von St. Moritz und im St. Moritzer LL-Zentrum; in Pontresina Fähndrich-Sport, Tel. 0 81/8 42 71 55, Flück-Sport, Tel. 0 81/8 42 62 62, Montanara-Sport, Tel. 0 81/8 42 64 37 und Gruber-Sport, Tel. 0 81/8 42 62 36; Sportgeschäft Giacometti in Maloja, Tel. 0 81/8 24 31 66; Skiservice Corvatsch, Silvaplana, Tel. 0 81/8 28 82 75, La Fainera Sport und Giovanoli Sport in Sils sowie im LL-Zentrum von Pontresina.

Rennen/Volksläufe: Letzter Samstag im Dezember Maloja-Lauf (20 Sfr. Startgeld); Rund-um-Pontresina im Januar, Veteranenlauf ins Rosegtal (10 km) im Januar und Swiss Masters Rennen im März; Engadin Skimarathon über 42 km am 2. Sonntag im März (80,– Sfr Startgeld; Tel. 0 81/8 42 66 85).

→ Allgemeine Informationen

P Parkplätze und/oder Parkhäuser in allen Orten, meistens auch in Nähe der Loipen.

Bus: Der Sportbus verkehrt im ganzen Oberengadin, das heißt: von Maloja bis Bever und Pontresina bis hinauf zur Diavolezza/ Lagalb, jede halbe Stunde. Shuttlebus zwischen Silvaplana und Surlej (gratis).

Ski alpin: 350 km Pisten (57 Anlagen).

Sport: Skitouren, Schneeschuhtouren, Snowboarden, Eisklettern, Bob, Crestarun, Skeleton, Polo, Wintergolf, Eislaufen, Rodeln (4,2 km lange Bahn), Eisstock, Curling, Pferdeschlitten, Hundeschlittenfahrten, Eishockey, Winterwandern (z. B. gepfadeter Winterspaziergang ins Val Roseg), Kegeln, Drachen-/Gleitschirmfliegen, Reiten und Reithalle, Tennis-/Squashhalle, Fitness-training, Schwimmbad, Sauna.

Einkehr an der Loipe: Diverse Möglichkeiten bei jeder Ortschaft an den Strecken.

Après-Ski: Restaurants, Cafés, Bars, Tanz. Diskos, Nightclubs, Musikabende, Diavorträge, Kino, Weinstuben, Museen und Galerien, Kunsthalle St. Moritz, Beauty-Farm, Moorbäder, Trink- und Kneippkuren, Pferdeschlittenfahrten.

Gästekinderbetreuung ab 2 Jahren im Hotel Schweizerhof, St. Moritz Tel 0 81/8 37 07 07; ab 3 Jahren im Hotel Carlton St. Moritz, Tel. 0 81/8 36 70 00 und Parkhotel Kurhaus, St. Moritz, Tel. 0 81/8 32 21 11; Skischule St. Moritz ab 4 Jahren, ganz- und halbtags; Skischule Celerina ab 3 Jahren halb- und ganztags; Ski- und Langlaufschule Silvaplana, ab 4 Jahren, halb- und ganztags, Tel. 0 81/8 28 86 24; Schneesportschule Maloja ab 4 Jahren, Tel. 0 81/8 24 31 88; Gästekindergarten ab 3 Jahren in Pontresina, Hotel Saratz, Tel. 0 81/8 39 40 00, halb- und ganztags (LL-Unterricht auch für Kinder) oder Schweizer Skischule Pontresina ab 3 Jahren, Tel. 0 81/8 38 83 83, halb- und ganztags.

35 000 Gästebetten aller Kategorien im gesamten Oberengadin; Portresina: 6200, Maloja: 630, Sils: 3000, St. Moritz: 12 500, Silvaplana: 5500, Celerina: 1500. Pauschalangebote von diversen Hotels und »Langlauf-Hits« werden von Mitte Dezember bis Ende März angeboten.

Das Langlaufrevier von Silvaplana und Pontresina ist ein ideales Trainingsgelände für sportliche Langläufer.

Silvaplana, Sils, Maloja

Überragend ist schon von der Julierpasshöhe aus der Anblick des schneeweißen Berggipfels des 3451 m hohen Piz Corvatsch – Lieblingsberg für anspruchsvolle Alpinskifahrer und legendär der Ruf seines Panoramas. Zu seinen Füßen strahlen die drei Skidörfer südwestlich von St. Moritz noch etwas vom ursprünglichen Engadiner Gebirgscharakter aus, den der noble Nachbar manchmal vermissen lässt. Hier wird sich derjenige Urlauber ein Quartier suchen, der vor allem die Ruhe schätzt und nicht Tag und Nacht auf ein umfassendes touristisches Angebot im Ort angewiesen ist. Wanderwege und Loipen fügen sich nahtlos ins Netz der übrigen Oberengadiner Orte ein. Kleinster und ruhigster Skitreff ist Maloja an der Oberengadiner Gebietsgrenze mit nur etwas mehr als 600 Gästebetten. Wie auf dem Serviertablett präsentieren sich hier die reizvollsten Spuren der Gegend auf dem zugefrorenen und verschneiten Silvaplana- und dem Silsersee. Der Blick schweift kilometerweit, und die Loipen sind nicht selten schnurgerade und topfeben. Rundherum werden täglich 14 Trassen mit einer Länge von rund 56 km bestens präpariert, um der ständig wachsenden Zahl der Langläufer im Oberengadin gerecht zu werden.

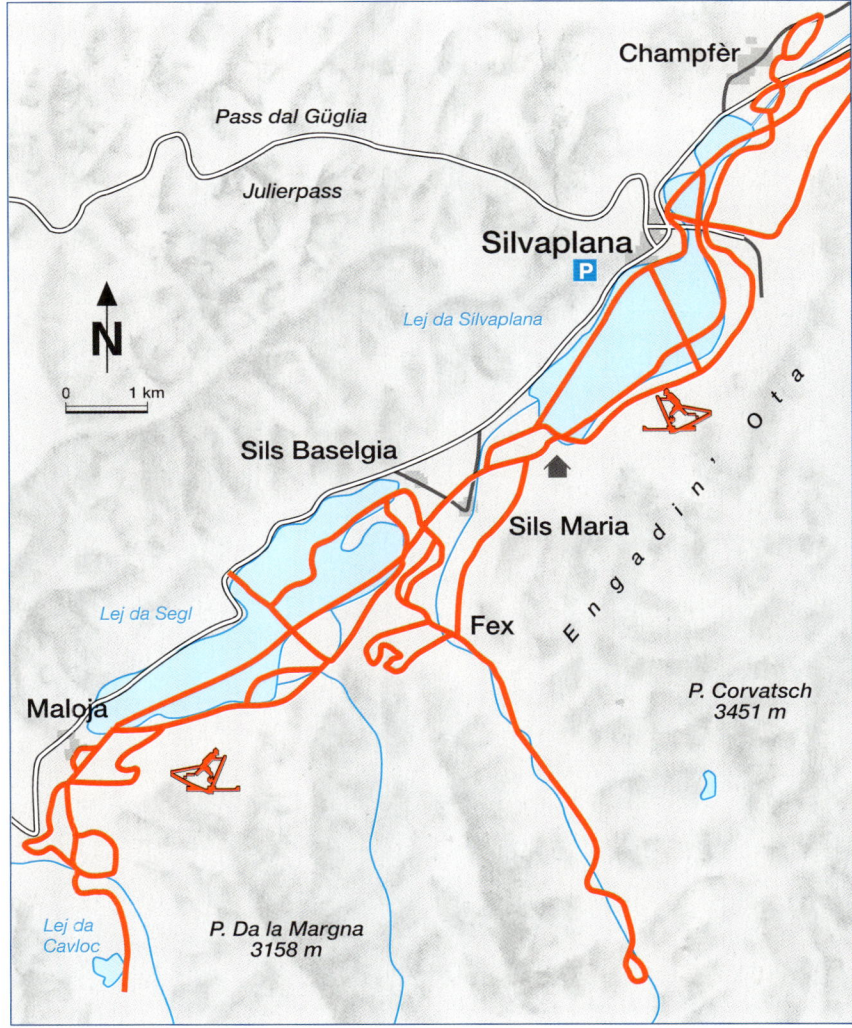

Familien-Tipp

Das Klima in der Voralpen-Skiregion südlich des Bodensees ist als heiter bis familienfreundlich zu bezeichnen. Langläufer treffen sich in Obertoggenburg, Alt-St. Johann, Unterwasser und Wildhaus.

Obertoggenburg

Verkehrsgünstig liegen die drei Skiorte rechter Hand des Rheintals nicht nur für Schweizer. Vom Bodensee ist es nur ein Katzensprung ins Obertoggenburg. Das solide Skiangebot des familienfreundlichen Skireviers reicht von leichten Talloipen bis hin zur anspruchsvollen Panoramaspur in alpinem Gelände vor der eindrucksvollen Kulisse der Churfirsten.

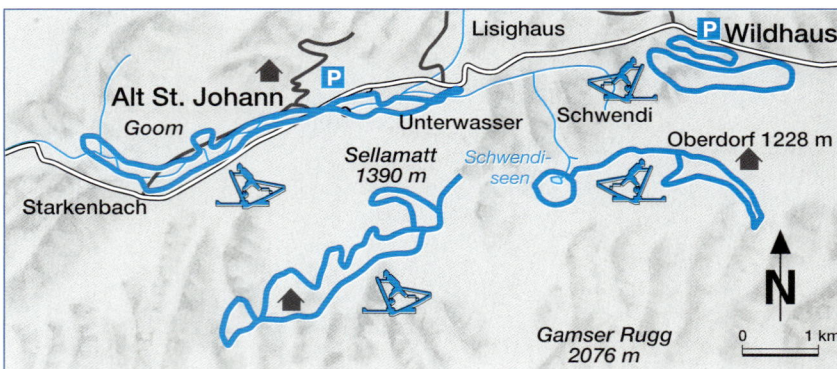

Echt alpinen Skifahrern ist das Gelände unterhalb der Churfirsten vielleicht zu zahm. Die Langläufer finden im Obertoggenburg rund um die drei kleinen Skiorte **Alt-St. Johann, Wildhaus** und **Unterwasser** jedenfalls auf 43 km solide Spuren für alle Könnensstufen.

Wenn man vom »Toggenburg« spricht, meint man natürlich auch die Langlaufregion rund um Wildhaus: Auf rund 20 km verteilen sich fünf Spuren, die allerdings nicht miteinander verbunden sind. Die Talloipe Munzenriet ist 5 km lang (klassisch und Skating) und bietet

sich für Anfänger an, da sie über flaches Gelände führt und keine nennenswerten Abfahrten zu bewältigen sind (Umkleide- und Wachsraum vorhanden). Die 3 km lange Panoramaloipe Schwendisee ist mit dem Sessellift erreichbar. Start und Ziel ist Oberdorf oder direkt beim Schwendisee. Die Loipe ist für Fortgeschrittene, aber auch für Anfänger geeignet, da nur mit leichten Abfahrten von Oberdorf zum Schwendisee zu rechnen ist (Umkleideraum im Oberdorf). Schon eher nach dem Geschmack geübter Läufer ist die 7 km lange Panoramaloipe Oberdorf-Ölberg. Start und Ziel der ku-

pierten Spur, die durch Wälder und über Hügel führt, ist die Bergstation bzw. der Übungslift von Oberdorf (bis dahin mit dem Sessellift! Umkleideraum vorhanden). Eine ziemlich flache und für Anfänger ideale Spur wird regelmäßig bei Gamplüt auf einer Länge von 2,5 km gespurt. Eine herrliche Aussicht verspricht der Lauf in der Sonnenloipe Schönenboden. Die 5 km lange Rundspur beginnt und endet beim Schwimmbad Schönenboden.

Bestens gepflegte Doppelspuren bietet Alt-St. Johann seinen Langlaufgästen. Beim Skischulplatz beginnt eine 5 km

Geheimtipp für Geübte: die 15 km lange Obertoggenburger Panoramaloipe.

lange unkomplizierte Rundloipe nach Unterwasser, die mit einer Skatingspur angereichert wurde. Auf der speziellen Hundeloipe Munzenriet in Wildhaus können Langläufer sogar ihre Hunde mitlaufen lassen. Wen sogar noch abends oder nachts das Loipenfieber packt, für den wird die leicht zu laufende Spur am Dienstag, Donnerstag und Freitag von 17.30 bis 21.30 Uhr beleuchtet. Eine recht abwechslungsreiche, aber dennoch einfach zu bewältigende Strecke zieht sich von Alt-St. Johann bis nach Starkenbach. Die 5 oder 7 km lange Rundspur beginnt beim Skischulplatz, hinter dem Hotel Schweizerhof oder in Starkenbach beim Hotel Drei Eidgenossen (Postbushaltestelle).

Wer nach ein paar LL-Tagen den Horizont erweitern möchte, dem sei ein Tagesausflug zu den 30 km langen Loipen von **Ebnat-Kappel** angeraten.

Familienfreundlich sind nicht nur die Skireviere, sondern auch das Begleitprogramm mit Gästekindergarten, mit Schlittenfahren, Kinderskischulen, Puppentheater und einem Babysitter-Service für die Allerkleinsten. Das Après lässt man im Obertoggenburg gemütlich schweizerisch angehen. Ob bei Ostschweizer Spezialitäten oder im Pferdeschlitten – romantische Begegnungen sind überall möglich; Start und Informationen in Alt-St. Johann und Wildhaus. Wer Lust auf Abwechslung hat, der kann einen Ausflug zum Bummeln nach Bad Ragaz oder nach St. Gallen unternehmen.

Die flachen Talloipen sind ideal für Anfänger.

OBERTOGGENBURG

→ Die Langlaufgebiete

Alt-St. Johann, 900m
Unterwasser, 910m
Wildhaus, 1050m

Saison: Anfang Dezember bis März/April.

Anreise: Lindau, Feldkirch, Autobahn-Ausfahrt Haag, Wildhaus.

Tourist-Info: CH-9658 Wildhaus, Tel. 0 71/9 99 27 27, www.toggenburg.org (für alle Orte), E-Mail wildhaus@toggenburg.org; Tourist-Info: CH-9657 Unterwasser, Tel. 0 71/9 99 19 23, E-Mail unterwasser@toggenburg.org.; Tourist-Info: CH-9656 Alt-St. Johann, Tel. 0 71/9 99 18 88, E-Mail altstjohann@toggenburg.org.

 für alle Orte: 08 48/84 15 06.

→ Die Loipen

Insgesamt (3 in Alt St. Johann, 5 in Wildhaus).

Gesamtlänge: 43 km.

Schwierigkeit: 25 km leicht, 7 km mittel, 11 km schwer.

Längste Loipe: Obertoggenburger Panoramaloipe 15 km, mittel bis schwer, Alp Selamatt–Thurtalerstoffel.

Skatingloipen: 6 (22,5 km) in Wildhaus und Alt St. Johann.

Loipenhöhen: 900–1500 m.

Loipenbenutzung: Loipenpass (Tages-, Wochen- und Saisonkarte).

Umkleiden/Duschen: Parkanlage Curlinghalle in Lisighaus/Wildhaus mit Wachsraum, Tennishalle in Unterwasser mit Duschmöglichkeit, Berggasthaus Selamatt mit Wachsraum.

Höhenloipen: Obertoggenburger Panoramaloipe (siehe Top-Loipe), Gamplut, 2,5 km.

Nachtloipe: Alt-St. Johann–Unterwasser, 5 km, leicht, Di, Do und Fr 17.30–21.00 Uhr beleuchtet.

Loipenplan: Loipenkarte vor Ort.

Loipenstart: Am Gemeindehaus in Alt St. Johann, beim Hotel Drei Eidgenossen, bei der Itios- und der Selamattbahn, in Munzenriet und in Wildhaus.

LL-Schulen: Schweizer LL-Schule Wildhaus, Tel. 071/999 17 22; Schneesportschule Alt St. Johann, Tel. 0 71/9 99 37 70.

Leihausrüstung: in allen Sportgeschäften der drei Orte.

→ Allgemeine Informationen

 An den Talloipen ausreichend Stellplätze vorhanden.

Bus: Skibushaltestellen und Postbushaltestellen an den Loipen.

Ski alpin: 53 km Pisten (20 Anlagen).

Sport: Skitouren, Snowboardschule, Skiwandern, Schneeschuhwandern, Eislaufen, Eisstockschießen, Curling, Rodeln, Snowtubing, Gleitschirmfliegen, Kegeln, Squash, Badminton, Tennis, Hallenbad mit Sauna, Solarium und Fitnessraum.

Einkehr an der Loipe: Diverse Hotels, Restaurants und Teestuben in Loipennähe.

Après-Ski: Restaurants, Cafés, Bars, Tanz, Disko, Puppentheater, Konzerte, Museen, Pferdeschlittenfahrten.

 Kinderskikurse, Gästekindergarten in Wildhaus und Unterwasser, Puppentheater.

6500 Gästebetten aller Kategorien, vom Hotel bis zur Hütte.

→ Top-Loipe

An der Südseite des Tales erinnern sieben zinnenartige Zweitausender-Gipfel – die Churfirsten – stark an die Dolomiten. Schroff und kahl überragen sie das ganze Skigelände, dienen aber auch hervorragend zur Orientierung. Vor allem für die 15 km lange Obertoggenburger Panoramaloipe, die von Alt-St. Johann aus per Sesselbahn zu erreichen ist. Sie führt zu Füßen der Churfirsten durch verschneite Bergwälder und über Almen in alpinem Gelände von 1200 bis über 1500 m Höhe. Über sich die Gipfel der Churfirsten. Allerdings sollten sich nur geübte Langläufer in die teilweise steile und schwierige Spur wagen. Der kostenlose Zubringerlift von der Bergstation Selamatt erleichtert etwas den Aufstieg.

Höhenrausch

Schneesichere Hochtäler und mächtige Gipfel charakterisieren das Walliser Bergland. Die schönsten Spuren werden um Crans-Montana und durch das Gomstal gezogen. Im Herzen der Schweiz hingegen scharen sich rund um den Vierwaldstätter See eine Reihe gediegener Langlaufreviere.

Crans-Montana

Im Herzen der Alpen feierten 1993 die modernen Skiorte Crans-Montana, Aminona und Anzère auf dem 1500 m hoch gelegenen Gebirgsplateau ihren 100. Geburtstag. Die zur lebhaften Skistadt zusammengewachsenen Orte Crans und Montana wurden 1893 vereinigt und 1987 durch die alpine Ski-WM berühmt. Langläufer reizt vor allem die 12 km lange Gletscherloipe auf 3000 m Höhe!

Seit 1928 firmiert die Ferienregion, 160 km von Genf und 280 km von Zürich entfernt, unter dem gemeinsamen Namen Crans-Montana. Welches Fremdenverkehrsargument greift besser als die Tatsache, dass auf dem sonnigen Hochplateau im Herzen des Wallis hauptsächlich Schweizer Landsleute ihren Skiurlaub verbringen? Man mag den Charme wallisischer Bergdörfer vermissen, aber dafür bietet Crans-Montana alle Annehmlichkeiten einer Stadt, und das auf 1500 m Höhe. Shoppingstraßen, 80 Restaurants und 52 Hotels sprechen für sich. Zur Hauptzeit können in Crans-Montana rund 40000 Gäste untergebracht werden. Das heißt, wer Gedränge vermeiden will, der sollte einen Blick auf die Nebensaisonzeiten werfen. Der endgültige Durchbruch gelang 1987 mit der Austragung der alpinen Skiweltmeisterschaften. Doch weit gefehlt, wenn man annehmen wollte, dass sich auf der winterlichen Sonnenterasse alles auf den 160 km präparierten Alpin-Abfahrten abspielt. Langlaufen spielt hier eine wichtige Rolle und wird auf drei Ebenen angeboten. Die insgesamt 40 km gespurten Loipen liegen entweder um den Ort

✦✦✦✦ CRANS-MONTANA

→ **Das Langlaufgebiet**
Crans-Montana, 1500m

Saison: Dezember bis April, Sommerlanglauf Ende Juni bis Ende Juli (je nach Schneeverhältnissen).
* Schneesicher!

Anreise: Bern, Thun, Kandersteg, Lötschbergtunnel, Goppenstein, Sierre oder Zürich, Luzern, Interlaken, Kandersteg oder Bern, Fribourg, Vevey, Martigny, Sion, Sierre (auch Bahnstation).

ℹ Crans-Montana Tourismus (Bureau d'information) CH-3962 Crans Montana, Tel. 0 27/4 85 04 04, www.crans-montana.ch, E-Mail information@crans-montana.ch.

→ **Die Loipen: 6.**

Gesamtlänge: 40 km.

Schwierigkeit: 25 km leicht, 5 km mittel, 10 km schwierig.

Längste Loipen: Plan–Mayen (10 km, nur klassisch), Golf Plan–Bramois 7 km, Plain Morte 6 km, Bluche 5 km.

Skatingloipen: 30 km.

Nachtloipe: 3,5 km, jeden Di und Fr.

Loipenhöhen: 1500–3000 m.

Loipenbenutzung: Tageskarte 6 Sfr., Wochenkarte 30 Sfr., Saisonkarte 60 Sfr.

Höhenloipen: Gletscherloipe Plaine Morte 3000 m, 6 km, leicht.

Loipenplan: Von den Informationsbüros.

Umkleiden/Duschen: Beim Moubrasee.

Loipenstart: In den Ortschaften, am Golfplatz, am Moubrasee, auf dem Gletscher.

LL-Schulen: Schweizerische Ski- und Snowboardschule Crans bzw. Montana (Auskunft über Crans Montana Tourismus, Tel. 0 27/4 85 04 04).

Leihausrüstung: In allen (neun) Sportgeschäften.

Rennen/Volksläufe: La Foulée Blanche auf dem Golfplatz, Anfang Februar, Startgebühr 20 Sfr. pro Person.

→ **Allgemeine Informationen**

🅿 Vier Parkhäuser und zentrale Parkplätze an jeder Startstelle (z. B. am Golfplatz und am Moubrasee).

Bus: Kostenloser Pendelbus zwischen Crans-Montana und Aminona sowie Busse, die zu den Loipenstartplätzen fahren.

Ski alpin: 160 km Pisten.

Sport: Skitouren, Snowboard, Skiwandern, Winterwandern (60 km), Schneeschuhtouren, Snow-Tubing, Snowbike, Eislaufen, Curling, Rodeln, Drachen-/Gleitschirmfliegen, Reiten, Reithalle, Tennis-/Squashhalle, Bowling, Hallenbad mit Sauna und Solarium, Heißluftballon, Alpenflüge, nächtliche Ausflüge bis zum Alpmuseum Colombire.

Einkehr an der Loipe: Mehrere Möglichkeiten, z. B. Restaurant La Plage, Le Sporting, La Marquise, La Dent-Blanche.

Après-Ski: 80 Restaurants, Cafés, Weinstuben, Tanz, 20 Bars und 6 Discos, 8 Tea-Rooms, Folklore Diashows, Kino, Theater, Pferdeschlittenfahrten.

🧸 Kinderskiparadies (siehe dazu die Ski- und Snowboardschulen).

🛏 40 000 Gästebetten aller Kategorien, von der Familienpension bis zum Luxushotel.

auf 1500 m Höhe, führen in leichter Hanglage rund um viele Bergseen und über zwei verschneite Golfplätze. Die

zweite Etage liegt in halbhohem Gelände (bis 2000 m) und führt über 10 km durch Tannenwälder und teilweise über alpines Skiterrain. Und zuletzt das »Spitzenangebot«: Auf dem 3000 m hohen Gletscher Plaine Morte werden im ewigen Schnee sommers wie winters Loipen gespurt. Auf der 6 km langen leichten Doppelspur heißt es, weit abseits des Trubels diese Oase der Natur, die Stille und das Gipfelpanorama zu genießen. Für eingefleischte Loipenfans geht hier ein Traum in Erfüllung. Für weitere Aktivitäten sorgen 220 Skilehrer, werden 60 km Wanderwege freigeschaufelt, eine 6 km lange Rodelbahn unterhalten, und es wurden 2 Tenniszentren, 2 Kunsteisbahnen und eine Eishalle gebaut.

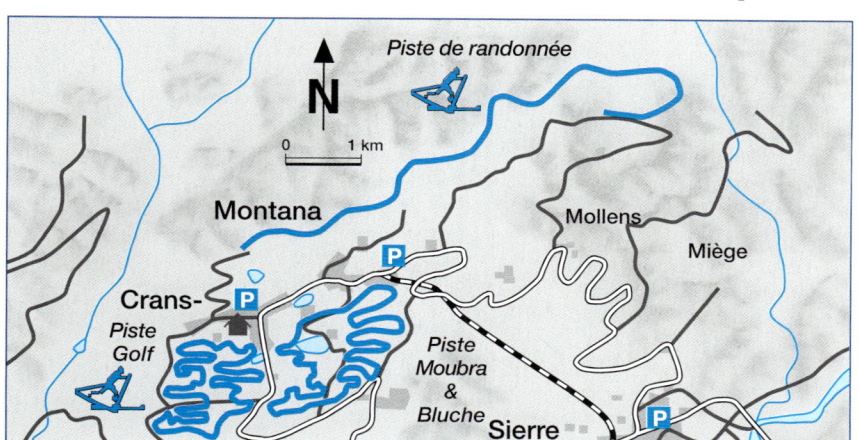

Goms

Das Hochtal des Goms zieht sich über 20 km durch das Obere Rhonetal. Rund um den Hauptort Münster verbindet ein LL-Netz von über 40 km Loipen zwölf Orte. Insgesamt verfügt das Goms über ein Angebot von 100 km Loipen, die, zur Freude aller Anhänger des freien Stils, auch für Skater gespurt werden.

Im Gomstal fährt von jedem Dorf ein Zug zum Ausgangspunkt zurück.

Der Weg in das Tal unterhalb des Rhonegletschers war nicht immer so bequem. Erst seit dem Bau des Furkatunnels können auch Skiurlauber ohne weitere Umwege ins Goms mit seinem weiten, bewaldeten Hängen gelangen. Im Dreieck zwischen Berner Oberland, der Zentralschweiz und Italien zieht sich das schmale Skiareal des Goms durch das 20 km lange Obere Rhonetal. Sonnenverbrannte Holzhäuser, kleine beschauliche Weiler und Schneesicherheit sind die Attribute dieses einzigartigen Langlaufdorados mit eigenständiger Tradition. Zwischen den Orten **Niederwald** und **Oberwald** entwickelte sich eines der schönsten Langlaufreviere der Schweiz. Die meist über flaches Gelände führenden Loipen streifen zwölf Orte entlang der jungen Rhone, darunter auch den Hauptort **Münster**. Für den gemütlichen Skiwanderer ist die Tal- oder Rottenloipe ideal, sie führt auf einer Höhe von 1300 m durch eine wunderschöne Winterlandschaft. Die parallel dazu führende, ebenfalls 44 km lange Hangloipe hingegen ist für den sportlichen Läufer geeignet. Anstelle eines Loipenbusses können Langläufer, denen diese lange Strecke von Oberwald nach Niederwald und zurück zu lang wird, in jedem Dorf entlang der Loipe vom Bahnhof (mit der Furka-Oberalp-Bahn) aus mit dem Zug zum Ausgangspunkt zurückfahren.

Eine echt nordisch anmutende Strecke ist die »Waldloipe« mit Ausgangs- und Endpunkt in Oberwald. Zwischen Ulrichen und Obergestein findet derjenige, der tagsüber keine Zeit zum Langlaufen hat, die Möglichkeit, seinen Sport jeden Abend bis 22 Uhr auszuüben. Ganz Sportliche suchen die Herausforderung auf den speziellen Trainingsloipen, die allerdings technisch perfekte Läuferinnen und Läufer voraussetzen.

Die bewaldeten Hänge entlang des weiten Tales sind auch bei Skitourengehern beliebt. Höhepunkt der LL-Saison ist der Gommer Volksskilauf über 21 km von Blitzingen nach Oberwald.

Idealspuren für Loipenfans.

GOMS

→ Die Langlaufgebiete

Münster, 1358m
Oberwald, 1368m

Saison: Mitte Dezember bis April.
* Schneesicher!

Anreise: Basel, Bern, Ausfahrt Spiez, Kandersteg (Autoverladung), Goppenstein, Brig oder Basel, Luzern, Göschenen, Realp (Autoverladung Furkatunnel-Oberwald); Bahnstationen sind Oberwald, Ulrichen, Münster, Reckingen und Niederwald.

 Goms Tourismus, CH-3984 Fiesch, Tel. 0 27/9 70 10 70, www.goms.ch, E-Mail tourismus@goms.ch.

Ab Mitte Dezember täglich ab 8 Uhr Informationen für Skater und klassische Langläufer: Wachstipp: 09 01/ 56 76 14; Verkehrs- und Loipeninformation: 0 27/9 73 30 40.

→ Die Loipen

Gesamtlänge 100 km.

Schwierigkeit: 35 km leicht, 50 km mittel, 15 km schwer.

Längste Loipe: Oberwald–Niederwald 50 km hin und zurück, leicht.

Skatingloipen: 100 km.

Loipenhöhen: 1200–1370 m.

Loipenbenutzung: Tageskarte 8 Sfr.

Nachtloipe: 3,5 km Ulrichen–Obergestein, 1346–1360 m, täglich bis 22 Uhr beleuchtet.

Hundeloipe: Diese befinden sich zwischen Oberwald und Obergestein sowie zwischen Reckingen und Ritzingen.

Umkleiden/Duschen: In Oberwald und in Niederwald.

Loipenplan: Für die Loipe GOMS (beim Tourismusamt).

Loipenstart: In jedem der zwölf Dörfer entlang der Loipe.

LL-Schulen: Hallenbarter Sport Shop, Obergestein, Tel. 0 27/9 73 27 37; Hisport, Oberwald, Tel, 0 27/9 73 11 03; Walther Markus, Selkingen, Tel. 0 27/9 73 11 70.

Leihausrüstung: In den meisten Sportgeschäften.

Rennen/Volksläufe: Gommerlauf, 21 km von Blitzingen nach Oberwald.

→ Allgemeine Informationen

P Gute Möglichkeiten in den einzelnen Orten.

Bahn: Die Gommer Loipe führt an den Bahnhöfen der Furka-Oberalp-Bahn vorbei.

Ski alpin: 25 km Pisten.

Sport: Skitouren, Skiwandern, Snowboarden, Gleitschirmfliegen, Squash, Badminton, Eisstockschießen, Eislaufen, Rodeln, Hallenbad mit Sauna und Solarium.

Einkehr an der Loipe: Möglichkeiten in den einzelnen Dörfern.

Après-Ski: Restaurants, Cafés, Weinstuben, Tanz, Disko, Folklore, Diashows, Kino, Theater.

 Nur Halbtagsbetreuung in den Kinderskikursen für Kinder ab 4 Jahren.

 20 000 Gästebetten in Hotels, Pensionen und Ferienwohnungen.

Flühli/Sörenberg

Sörenberg, der größte Winter-sportort im Kanton Luzern, ist ein kleines, aber feines Langlaufareal, für den Könner wie für den gemütlichen Genusslangläufer gleichermaßen. Besonders beliebt sind die Höhenloipen des Salwideli.

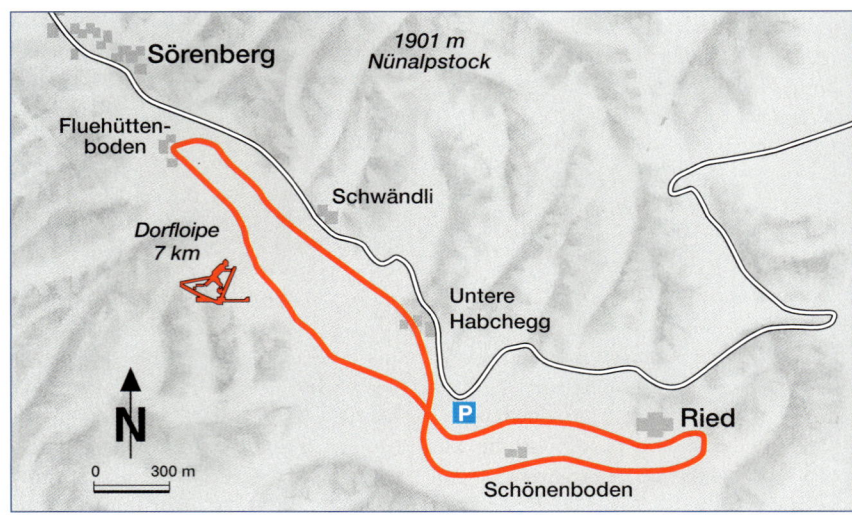

Wer mit dem Wagen von **Flühli** kommt, muss bei Schneefall da-mit rechnen, etwa 3 km vor **Sörenberg** Ketten auflegen zu müssen. Dennoch ist es »ein ideales Langlaufgelände«, schwärmte der ehemalige Trainer der Schweizer LL-Nationalmannschaft, an-lässlich der auf Salwideli, bei Sörenberg, ausgetragenen Meisterschaften. Titelge-winner Heinz Gähler pries das Hoch-plateau **Salwideli** (1350 bis 1500 m) damals gar als eines der schönsten Lang-laufzentren der Schweiz. Das LL-Zen-trum lässt mit Umkleideräumen, Du-schen, Gaststätten und bestens präpa-rierten Spuren (15 und 3,5 km) für alle Könnensstufen keine Wünsche offen und ist vor allem bei Familien beliebt. Ein Drittel des Parcours führt durch Wald, zwei Drittel übers offene Felder. Einziger längerer Aufstieg ist das Stück Bärsel-Blatten. Doch der landschaftlich reiz-volle Loipenabschnitt im Anschluss, über das Türnlimoos nach **Husegg**, belohnt jede Mühe.

Zentral gelegen, beginnt die 7 km lange Dorfloipe von Sörenberg (1170 m), dem touristischen Mittelpunkt, gleich neben der Talstation. Die in Form einer Acht angelegte Doppelspur wird täglich prä-pariert und fordert mit zwei etwas stei-ren Anstiegen zuweilen auch fortge-schrittene Langläufer heraus.

Flühli (1550 Einwohner), in unberühr-ter Landschaft gelegen, ist der ideale Luftkurort und eine echte Alternative zu Sörenberg als Station für gelungene Langlaufferien. Die 4 km lange Dorfloipe wird täglich gespurt und ist sogar nachts beleuchtet.

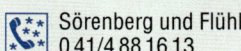 FLÜHLI / SÖRENBERG

→ Die Langlaufgebiete
Sörenberg, 1165m
Flühli, 884m

Saison: Mitte Dezember bis Mitte April.
* Schneesicher!

Anreise: Autobahn Basel Richtung Luzern, Ausfahrt Dagmersellen, Willisau, Wolhusen, Schüpfheim, Flühli, Sörenberg.

🛈 Sörenberg-Flühli Tourismus, CH-6174 Sörenberg, Tel. 0 41/ 4 88 11 85, www.soerenberg.ch, E-Mail verkehrsverein@soerenberg.ch.

📞 Sörenberg und Flühli: 0 41/4 88 16 13.

→ Die Loipen
Insgesamt 3, davon 2 in Sörenberg.

Gesamtlänge: 29 km. Neu: Loipenverbin-dung Rossweid–Salwideli (1 km, klassisch und Skating).

Schwierigkeit: 11 km leicht, 4 km mittel, 12 km schwer.

Längste Loipe: Große Salwideliloipe, 15 km, mittel (1350–1500 m).

Skatingloipen: 29 km.

Loipenhöhen: 840–1500 m.

Loipenbenutzung: Loipengebühr freiwillig: 6 Sfr./Tag, 25 Sfr./Woche, 60 Sfr./Jahres-karte inklusive Salwideli.

Höhenloipe: Salwideli 1350–800 m, 15 km.

Nachtloipe: Loipe Flühli, 3 km, Di, Fr und Sa von 19 bis 21 Uhr beleuchtet.

Duschen/Umkleiden: Im Gasthaus Salwi-deli.

Loipenplan: Beim Tourismusbüro.

Loipenstart: Flühli-Dorf, Südelhöhe sowie Schwändeli-Brücke in Sörenberg.

LL-Schule: Langlaufvereinigung Loipen Salwideli, Pius Schnider, Tel. 0 41/ 4 88 11 27 oder 0 41/4 88 21 56.

Leihausrüstung: Intersport Felder, Tel. 0 41/4 88 12 49.

Rennen/Volksläufe: Skischulrennen, Nordische Meisterschaften.

→ Allgemeine Informationen

🅿 In Sörenberg bei Rothornbahn-Tal-station, in Schönenboden (Dorfloipe) und Salwideli (jeweils gratis).

Bus: Gratis-Sportbus.

Ski alpin: 50 km Pisten.

Sport: Skitouren, Wandern, Snowboard, Eislaufen (Natureisfeld), Rodeln, Hallen-bad, Sauna/Solarium, Kegeln, Billard.

Einkehr an der Loipe: Gasthaus Salwideli (Sörenberg) und Gasthaus Thorbuch (Flühli).

Après-Ski: Restaurants, Cafés, Folklore, Pferdeschlittenfahrten.

🚼 Teilweise ganztägig in der Skischule.

🛏 in Flühli 280 Gästebetten und 5500 Gästebetten in Sörenberg in Hotels, Pensionen, Ferienwohnungen.

Bestens präparierte Spuren – mit Aussicht – für Anfänger und Könner.

Unteriberg, Stoos, Rig

*Nördlich und östlich des Vierwald-
stätter Sees verteilen sich die
attraktivsten LL-Spuren rund um
die bei Familien beliebten Wintersportorte Unteriberg, Oberiberg,
Rigi und Stoos. Die letzten beiden
zählen zur Gemeinschaft Auto-
freier Schweizer Tourismusorte,
kurz GAST, genannt.*

→ Top-Loipe

Die längste Spur (30 km) beginnt in Herti,
einem Ortsteil von Unteriberg und
entspricht der Strecke, die auch zum
Ybriger Volksskilauf gespurt wird.

Nach einem r...
starker Anstieg, ...
mittelschweres bis leichtes Gelände run...
die Strecke ab.

Wenn auch die Anreise teils nur
über Seilbahnen erfolgt, Langläufer kommen dennoch voll auf ihre
Kosten. Die mit 30 km längste Loipenverbindung bietet das Gebiet rund um
Unteriberg im Nordosten der Zentralschweiz. Einmal führt eine leichte bis
mittelschwere Loipe in südlicher Richtung, von **Herti** nach **Boden** bis **Weglosen**. Für konditionell fitte Läufer kann

sie in Richtung **Studen** (nördlich)
ausgebaut werden. Ergänzt wird das
Langlaufangebot um eine Höhen-
loipe auf der **Fuederegg**, im Hoch-
Ybrig, die von Weglosen mit einer
Seilbahn erreichbar ist. Ebenso hoch
hinaus geht das Langlaufrepertoire von
Stoos mit sechs verschiedenen Varian-

ten. Sie verteilen sich auf dem 1300 m
hoch gelegenen, autofreien Hochplateau
und sind alle miteinander verknüpft.
Rigi ist einer der schönsten Aussichts-
berge der Zentralschweiz. Die Pano-
rama-Loipe der Region wird auf dem
Rigiberg in einer Höhe von 1438 bis
1650 m gespurt.

✳✳✳✳ UNTERIBERG, STOOS, RIGI

→ Die Langlaufgebiete

**Ferien- und Sportregion Ybrig
(Unteriberg, 928 m, Hochybrig, 1465 m,
Studen), Stoos, 1300 m, Rigi, 1500 m**

Saison: Dezember bis März/April.
* Schneesicher!

Anreise Ferien- und Sportregion Ybrig:
Zürich, Einsiedeln (Bahnstation, Bus nach
Oberiberg und Weglosen), Unteriberg,
Oberiberg.

Anreise nach Stoos (autofrei!): Standseil-
bahn Schlatti-Stoos oder mit der Luftseilbahn von Morschach nach Stoos.

Anreise nach Rigi (autofrei!): Zahnrad-
bahn ab Vitznau oder Goldau, oder mit der
Luftseilbahn ab Weggis.

🛈 Verkehrsbüros: CH-8843 Oberiberg,
Tel. 0 55/4 14 26 26, www.ybrig.ch,
E-Mail touristik@ybrig.ch; Tourist-Info,
Tourist-Info Unteriberg, Tel. 0 55/4 14 33 17;
Ch-8842 Hoch-Ybrig, Tel. 0 55/4 14 17 56;
Tourist-Info Studen, Tel. 0 55/4 14 14 44;
Verkehrsverein, CH-6433 Stoos,
Tel. 0 43/8 11 15 50, www.stoos.ch,
E-Mail verkehrsverein_stoos@bluewin.ch;
Rigi Tourismus, CH-6356 Rigi-Kaltbad,
Tel. 0 41/3 97 11 28, www.rigi.ch,
E-Mail rigi-tourismus@bluewin.ch.

📞 Hoch-Ybrig 0 55/4 14 17 56;
Rigi 0 41/3 99 87 70; automatischer
Schnee- und Wetterbericht in Stoos,
Tel. 0 43/8 11 40 80.

→ Die Loipen

3 in der Ferien- und Sportregion Ybrig;
3 in Stoos; **1** in Rigi.

Gesamtlänge: Unteriberg–Studen 30 km;
Stoos 17 km (+3,5 km lange, ungespurte
Wanderloipe); Hoch-Ybrig, 1,5 km: Rigi
2 x 7 km = 14 km.

Schwierigkeit: 10 km leicht (Hoch-Ybrig,
1,5 km, ebenfalls leicht), 15 km mittel, 5 km
schwer.

Längste Loipe: Herti-Boden (Unteriberg,
siehe Rennen/Volksläufe) 14 km, leicht/
mittel/schwer; Rigi–Kaltbad–Rigi–Scheidegg 14 km, leicht bis mittel.

Skatingloipen: Die meisten Strecken sind
auch für Skating gespurt.

Loipenhöhen: 900–1650 m.

Loipenbenutzung: Loipenpass: Tageskarte
6 Sfr., Saisonkarte 60 Sfr.

Höhenloipe: Fuderegg-Seebliboden-Loipe,
1465 m (Hoch-Ybrig), 1,5 km, leicht; Rigi–
Kaltbad–Rigi–Scheidegg, 1438–1650 m,
14 km.

Nachtloipe: Loipe am Sportzentrum
Fronalp (Stoos) 1 km, von 18.30 bis
20.30 Uhr.

Loipenpläne: Bei den Verkehrsämtern.

Loipenstart: Wenige Minuten von den Parkplätzen entfernt in der Ferien- und Sportregion Ybrig; sowie in Rigi-Kaltbad und in
Rigi-Scheidegg.

LL-Schulen: Schweizer Ski- und Snow-
boardschule Stoos, Tel. 0 41/8 11 36 05
(Leitung: Edy Baumann); Langlaufschule
Schaad, Studen, Tel. 0 55/4 14 25 24.
Langlauflehrer in Rigi (Info über Rigi
Tourismus, Tel. 0 41/3 97 11 28).

Leihausrüstung: In den Sportgeschäften.

Umkleide/Duschen: Umkleiden und
Duschen im Sporthotel von Stoos (mit
Garderobe und Ski-Einstellräumen), gratis,
sowie im Werkhof in Rigi-Kaltbad.

Rennen/Volksläufe: Ybriger Volksskilauf
im Januar über 30 km. Startgebühr 40 Sfr.
Wintertriathlon in Stoos.

→ Allgemeine Informationen

🅿 Gratisparkplätze bei der Talstation
Schlattli der Stoosbahn; Parkhaus
neben der Talstation der Luftseilbahn in
Stoos (gratis); Parkplätze in Vitznau,
Weggis und Goldau; Parkplätze und
Parkhaus bei der Talstation der Hoch-Ybrig-
Bahn in Weglosen.

Ski alpin: 50 km (Ybrig), 8 km (Stoos),
12 km (Rigi).

Sport: Skitouren, Snowboarding, Schnee-
schuhwandern, Curling, Paragliding
(Stoos), Schlittenfahren, Winterwandern,
Eislaufen, Rodeln, Hallenbad, Sauna und
Solarium, Tennis.

Einkehr an der Loipe: In Unteriberg,
Studen, Hochybrig sowie Rigi-Kaltbad, -
First, -Unterstetten und -Scheidegg.

Après-Ski: Restaurants, Disko, Bars,
Pferdeschlittenfahrten.

🚸 Teilweise ganztags in den Kinderskischulen.

🛏 850 Gästebetten (Ybrig) in Hotels,
Ferienwohnungen und Gruppenunter-
künften; 750 Gästebetten (Rigi) in Hotels
und Ferienwohnungen, vier Gruppen-
unterkünfte mit 100 Betten; 500 Gästebetten (Stoos) in Hotels, Pensionen.

**Wallis und
Zentralschweiz**

Skandinavien

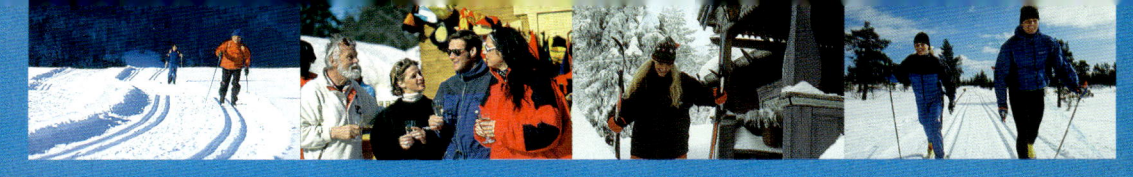

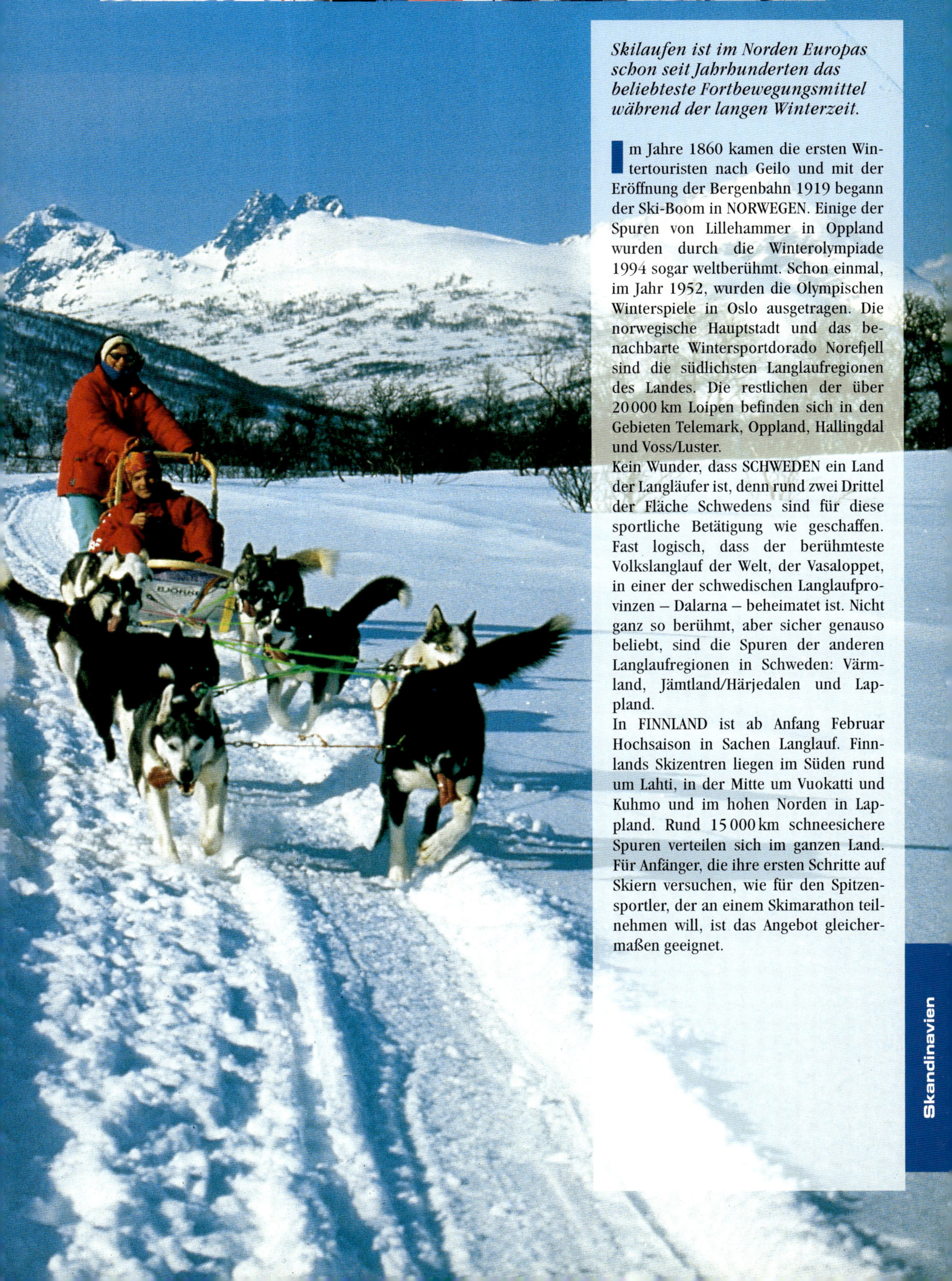

Skilaufen ist im Norden Europas schon seit Jahrhunderten das beliebteste Fortbewegungsmittel während der langen Winterzeit.

Im Jahre 1860 kamen die ersten Wintertouristen nach Geilo und mit der Eröffnung der Bergenbahn 1919 begann der Ski-Boom in NORWEGEN. Einige der Spuren von Lillehammer in Oppland wurden durch die Winterolympiade 1994 sogar weltberühmt. Schon einmal, im Jahr 1952, wurden die Olympischen Winterspiele in Oslo ausgetragen. Die norwegische Hauptstadt und das benachbarte Wintersportdorado Norefjell sind die südlichsten Langlaufregionen des Landes. Die restlichen der über 20 000 km Loipen befinden sich in den Gebieten Telemark, Oppland, Hallingdal und Voss/Luster.

Kein Wunder, dass SCHWEDEN ein Land der Langläufer ist, denn rund zwei Drittel der Fläche Schwedens sind für diese sportliche Betätigung wie geschaffen. Fast logisch, dass der berühmteste Volkslanglauf der Welt, der Vasaloppet, in einer der schwedischen Langlaufprovinzen – Dalarna – beheimatet ist. Nicht ganz so berühmt, aber sicher genauso beliebt, sind die Spuren der anderen Langlaufregionen in Schweden: Värmland, Jämtland/Härjedalen und Lappland.

In FINNLAND ist ab Anfang Februar Hochsaison in Sachen Langlauf. Finnlands Skizentren liegen im Süden rund um Lahti, in der Mitte um Vuokatti und Kuhmo und im hohen Norden in Lappland. Rund 15 000 km schneesichere Spuren verteilen sich im ganzen Land. Für Anfänger, die ihre ersten Schritte auf Skiern versuchen, wie für den Spitzensportler, der an einem Skimarathon teilnehmen will, ist das Angebot gleichermaßen geeignet.

12 LL-Regionen in Skandinavien

Norwegen
S. 208

Skilaufen war und ist im Land der Fjorde und der Berge (Fjells) schon seit Jahrhunderten die beliebteste Fortbewegungsart in der langen Winterzeit. Ein 2500 Jahre alter Ski wird im Holmenkollen Skimuseet von Oslo, unterhalb der Sprungschanze, ausgestellt als Beweis, dass der Skilauf in Norwegen erfunden wurde. Die Worte »Ski« und »Loipe« wurden aus dem Norwegischen übernommen. Die 1850 in Morgedal, in der Provinz Telemark erfundene Skibindung aus zusammengedrehten Zweigen hat Skigeschichte geschrieben und den modernen Skisport erst möglich gemacht. Norwegen ist das Langläuferland schlechthin und Langlaufen ist ein Volkssport für die ganze Familie. Kleinkinder werden im sogenannten »Pulk«, einem Kinderschlitten auf Kufen und mit Verdeck, per Schultergurte in der Spur hinterhergezogen. Auch ist es in Norwegen nicht ungewöhnlich, Loipen nachts zu beleuchten oder spezielle Spuren für Körperbehinderte und Blinde einzurichten. Über 20 000 km gespurte und markierte Loipen warten auf Langläufer und Skiwanderer jeden Alters und jeder Könnensstufe. Wie ein Netz durchziehen Spuren den feinen Schnee: durch tiefverschneite Wälder, über zugefrorene Seen, entlang an Flussläufen und in engen Tälern oder über endlos weite Hochebenen. Man kann in glasklarer Luft bis zum Sonnenuntergang laufen und danach vor dem prasselnden Kaminfeuer den Tag ausklingen lassen.

Die bekanntesten Wintersportregionen liegen in der Südhälfte Norwegens, in **Oppland ❶** . Direkt vom »Hoyfjellshotel« (Berghotel) oder der »Hytta« (Hütte) aus kann man rund um die Olympiastadt Lillehammer in die Spur steigen und eine Stunde oder auch eine Woche buchstäblich »lang laufen«: Die beliebteste Tour von Hütte zu Hütte führt entlang der fast 300 km langen Troll-Loipe durch das Rondane-Gebirge von Hjerkinn nach Hamar bei Lillehammer, dem Austragungsort der Langlaufwettbewerbe der Olympischen Winterspiele von 1994. **Hallingdal ❷** ist das Gebiet im Wintersportdreieck Geilo-Gol-Hemsedal und verbindet die Annehmlichkeiten der Zivilisation mit den Reizen unver-

dorbener Natur. Tradition verpflichtet: In **Telemark ❸**, sagt man, liegt die Wiege des Skilaufs. Hier, im Süden Norwegens, wurde auch der gleichnamige Skischwung erfunden. Für Langläufer breitet sich ein Areal von insgesamt über 3400 km präparierten oder markierten Spuren aus.

Jeden März finden rund um die berühmte Skisprunganlage auf dem Hausberg der Hauptstadt **Oslo ❹** die Holmenkollen-Skifestspiele statt. Selbst König Harald ließ es sich nicht nehmen, von seiner Residenz zu dem Holmenkollen-Loipennetz, mit über 2000 km präparierten Spuren das größte in Südnorwegen, zu fahren. Last but not least liegen rund um die Wintersportorte **Voss und Luster ❺**, im Westen Norwegens, viele weitere Möglichkeiten. Und zum Schluss noch ein paar Spezialtipps: Es gibt ein weites Netz maschinell präparierter Loipen und ein enormes Angebot sogenannter »Cross-Country«-Spuren. Diese Langlaufspuren werden hauptsächlich für die etwas breiteren Wanderski (auch Touren- oder Telemarkski) und nicht für schmale Rennski, wie sie in unseren Breitengraden üblich sind, angelegt.

Schweden
S. 220

Was Ingemar Stenmark jahrelang bei den »Alpinen« war, sind Thomas Wasberg, Gunde Svan und Torgny Mogren für schwedische Langläufer heute. Keine alpinen Anstiege und Schnee in rauen Mengen sind die idealen Voraussetzungen für schöne Langlauftage. Außerdem hat in Schweden die Langlaufleidenschaft einen historischen Hintergrund: 1521 floh der gegen die Dänenherrschaft rebellierende Adelige Gustav Wasa in Richtung Norwegen. Zwei Bauern aus Mora folgten ihm auf Ski, holten ihn nach 90 km kurz vor der norwegischen Grenze ein und überredeten ihn, zurückzukommen. Gustav Wasa wurde später als der große Befreier gefeiert. Auf seinen Spuren wird heute noch der bedeutendste Volksskilanglauf, der Wasa-Lauf von Mora nach Sälen, im großen Laufrevier **Dalarna ❻** ausgetragen. Über 10 000 begeisterte Langläufer folgen jedes Jahr am ersten Sonntag im März den

historischen Spuren der Marathonstrecke über 85 km. Der heutige König, Carl XVI. Gustaf, ist natürlich auch ein begeisterter Langläufer. Wer auf seinen Spuren laufen will, der kann sich auf das »Allemansrätt«, das Jedermannsrecht, verlassen. Das heißt, jeder darf überall Skilaufen, muss aber Rücksicht auf die Natur nehmen und sich entsprechend verantwortungsvoll verhalten.

In Nordschweden ist Langlaufen bis Mai kein Problem, im Süden hingegen werden die Loipen »nur« bis Ende März/Anfang April gespurt. Viele der 2000 km gespurten Loipen der anderen großen Langlaufreviere in Süd- und Mittelschweden, **Värmland ❼** und **Jämtland/Härjedalen ❽**, sind bis spät in die Nacht hinein beleuchtet. Die schönsten Skiurlaubsmonate im Winter sind, aufgrund der langen Sonnenscheindauer, der März, der April und der Mai. Dank der Nachtloipen ist aber auch in den Frühwintermonaten Dezember, Januar und Februar ausgiebiges Langlaufen möglich. Die Reviere von **Lappland ❾**, **Rajamaa** und **Kiruna**, bieten Langlauf für Einsamkeitsfanatiker, verdienen aber auch das Prädikat familienfreundlich. Zum Après-Ski laden viele gemütliche Hütten zu einem Gläschen heißem »Glögg« bei prasselndem Kaminfeuer ein. Wer zur Entspannung einmal Eislochangeln ausprobieren will, hat die Qual der Wahl, in Schweden gibt es rund um 96 000 Seen!

Finnland
S. 227

Finnland gehört zu den arktischen Gebieten des Erdballs. Die Durchschnittstemperaturen liegen während der Wintermonate in ganz Finnland unter dem Gefrierpunkt. Durch den Golfstrom ist das Klima im Unterschied zu anderen arktischen Regionen jedoch milder, und da Finnland im Einflussbereich des Kontinentalklimas liegt, ist die Luft verhältnismäßig trocken.

Wie die Finnen die lange Winterzeit von November bis März, in Lappland von Oktober bis Mai, überstehen? Mit viel Geduld und langjährigem »Snowhow«! Ab Anfang Februar ist Hochsaison in Finnlands Skizentren und im März/April scheint für die Skifahrer in Lappland schon 16 bis 18 Stunden lang die Sonne – Nacht-Langlaufen ohne Flutlicht, und das oft bis Mai oder sogar Juni! Als Faustregel gilt: Schneehöhen und Tageslängen ergeben die besten Skibedingungen im Süden im Februar, in Mittelfinnland im März und in Nordfinnland (Lappland) ab April. Die große Wintersport-Stadt Lahti im **Süden Finnlands** ❿ war schon fünfmal Austragungsort von Nordischen Weltmeisterschaften. Für das Jahr 2006 bewirbt sich die Ski-Metropole als Olympiastadt, musste dann aber Turin den Vortritt lassen.

Im waldreichen **Mittelfinnland** ⓫ stellen sich rund um die Langlaufzentren Vuokatti und Kuhmo in der Regel im März die angenehmsten Schnee-/Temperatur-Bedingungen ein. Den Skispringer Toni Nieminen oder die Langlaufweltmeisterin über 5 km, Marjut Rolig, kennt in Finnland jedes Kind, und spätestens nachdem »Riese« Juha Mieto im Langlaufsport jahrelang dominierte, wurde Finnland auch im restlichen Europa als Langlaufdo-

rado bekannt. Die finnische Nationalmannschaft trainiert noch bis Ende Mai/Anfang Juni in der Nordwestecke von **Lappland** ⓬, bei Kilpisjärvi. Im Oktober trainieren sie schon wieder bei Muonio, in der Nähe von Yiläs, dem bekanntesten Wintersportort Lapplands. Bei Urlaubern beliebt sind Langlauf-Safaris mit Schneemobilen oder Hundeschlitten quer durch Lappland. Eine angebotene Tour zum Beispiel führt in elf Tagen über 320 km vom Feriendorf Ukonjärvi, 300 km nördlich

des Polarkreises am südlichen Ufer des Inari-Sees, durch die unberührte Natur. Unterbringung ist in gemütlichen Blockhäusern mit offenem Kamin und Sauna, in Gasthäusern, Wildnishütten oder in Laavus, in beheizten Lappenzelten, möglich.

Die längste Skiwanderung führt in Mittel-Finnland über eine Strecke von 360 km vom modernen Hotel Kalevala bei Kuhmo im Osten über die russische Grenze und nach Nurmijärvi zurück.

Die Wiege

Norwegen ist aufgrund seiner mittelgebirgsähnlichen Landschaftsstruktur, den Hochplateaus und mehr als 200 Gipfeln mit über 2000m Höhe sowohl für Langläufer als auch für »Alpine« interessant.

Oppland/»Troll-Park«

Schon vor der Winterolympiade 1994 in Lillehammer war Oppland die führende Wintersportregion Norwegens. Nun wurde das beliebte Skirevier rund um das Gudbrands- und das Valdrestal mit der östlich an Schweden grenzenden Hedmark zum großen Winter-Reich »Troll-Park« vereint.

Zu den beliebtesten Freizeitbeschäftigungen zählen in Norwegen geführte Safaris.

Die ersten Touristen kamen bereits im 19. Jahrhundert in das »Bundesland« Oppland. Die wichtigsten und größten Langlaufreviere des großen Troll-Parks befinden sich in den Bergen des Opplands und der Hedmark: das heißt, im hügeligen Rondane und Dovrefjell oberhalb des Gudbrandstales (bei **Lillehammer**), im Bergland gegenüber, im »Peer-Gynt-Reich«, etwas westlich davon, rund um die Bergriesen von Jotunheimen und im Valdres an der Grenze zum Hallingdal. Der Troll-Park besteht aus vielfältigen Landschaftsformen, von der flachen Hochebene bis zur bewaldeten Hügelkette, weiten Tälern und mächtig anfragenden Gebirgsmassiven. Für norwegische Langläufer und speziell für Loipenfreunde aus der Hauptstadt ist das Gudbrandstal mit der berühmten »Zentrale« Lillehammer der Ausgangspunkt in ein wahrhaft paradiesisches Langlaufrevier. In der Mitte zwischen Oppland und der Hedmark durchschneidet das 200 km lange, mal schmale, mal weite Gudbrandstal das riesige Areal des Troll-Parks. Zwischen Lillehammer, **Nordseter**, **Sjusjøen** und **Øyer** verteilen sich rund 800 km gespurte Loipen, im gesamten Rondane-Nationalpark sind es weit über 1000 km. Die längste und beliebteste Langlauf-Strecke des Loipennetzes verläuft parallel zum Gudbrandstal in den Hochlagen des Rondane.

Die Troll-Loipe ist 300 km lang und hauptsächlich für Skitouren geeignet, also für Cross-Country-Ski gespurt. Rechts und links davon und vor allem bei den größeren Skizentren, die auf der Strecke liegen, werden auch schmale Spuren angelegt. Die Troll-Loipe führt in der Hochgebirgslandschaft, zwischen **Hjerkinn** im Nord-Rondane und **Hamar** (Hedmark) im Süden, über kahle, weite Hochebenen oder durch vereinzelte Waldgebiete, meist fern von größeren Ansiedlungen. Beliebt sind die Ski-

Wanderungen auf der Troll-Loipe von einem zum anderen Hochgebirgshotel. Das Gepäck kann auf Wunsch jeweils vorausgeschickt oder auf dem Hundeschlitten befördert werden (Infos: **Otta** Turistkontor). Entlang der Route passiert man auch die Loipen von Sjusjoen, dem LL-Gebiet von Lillehammer. Die Provinzhauptstadt von Oppland – Austragungsort der 17. Olympischen Winterspiele – liegt am größten See Norwegens (Mjosa) und ist über Sjusjoen (850 m) an ein 300 km langes Loipennetz angeschlossen.

Tipp: In Sjusjoen leitet Odd Dag Björndal stimmungsvolle Pferdeschlittenfahrten bei Glockengebimmel und Fackelschein durch die nächtliche Winterlandschaft und erzählt dabei alte Märchen.

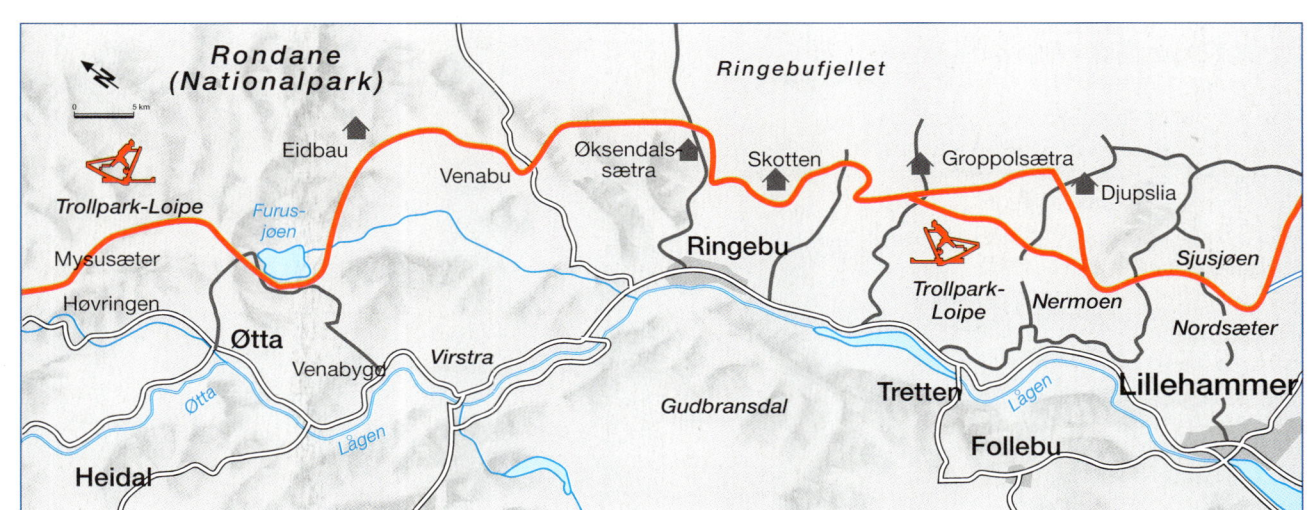

Einsame Spuren in der schier endlosen Weite des Rondane-Gebirges.

Danach kehrt man in eine der gemütlichsten Kaminstuben des Gudbrandstal, in die Sjusjoen Fjellstue ein. In der Ski-Welt ist die 22500-Einwohner-Stadt Lillehammer wegen des traditionellen »Birkebeiner-Rennens«, einem Skilanglauf-Marathon über 55 km (mit 5,5 kg Pflichtgepäck auf dem Buckel) eine bekannte Größe. Das LL-Rennen von Lillehammer nach **Rena** wird seit 1932 zum Gedenken an die Birkebeiner an einem Märzsonntag ausgetragen. Sie trugen Birkenrinde als Schuhwerk, als sie im Winter 1205/1206 den 18 Monate alten Königssohn Håkon vor einer Mörderbande von Hamar nach Trondheim in Sicherheit brachten – auf Ski versteht sich. Peer Gynts Reich, die schöne Gebirgslandschaft nordwestlich von Lillehammer, ist eines der ältesten und traditionsreichsten Wintersportgebiete Norwegens. Insgesamt werden 130 km Loipen (Doppelspur) im Espetal und rund um **Gola** maschinell gespurt. Eine schöne Tagestour für erfahrene Langläufer ist die 30 km lange Ruten-Loipe um den Ruten-Gipfel im Peer-Gynt-Reich. Die Spur steigt teilweise steil an und endet auf 1517 m Höhe. Auf dem Gipfel wird man mit einem Rundumpanorama über die

»Sieben blauen Bergrücken«, auf die 200 Zweitausender von Jotunheimen und Rondane belohnt. Im Espedalen gibt es die größte Kunstschneeloipe Europas,

Nachtloipen sowie Spuren für Behinderte und Blinde.

Westlich von Lillehammer, auf der anderen Seite des Gudbrandstales, breitet sich die mächtige Gebirgskette des Nationalparks Jotunheimen, übersetzt: das »Heim der Riesen«, im Valdresgebiet aus. Das imposante Gebirge kann mit dem 2469 m hohen Galdhopiggen (Sommerskigebiet!) und dem 2472 m hohen Glittertind, den höchsten Gipfeln Norwegens bzw. Nordeuropas aufwarten. Das Skigelände ist von November bis Mai schneesicher. Das weit und breit größte LL-Revier mit fast 500 km Spuren breitet sich nordwestlich des in ganz Norwegen bekannten Wintersportortes **Beitostølen** (900 m) und südlich des touristischen Zentrums von Jotunheimen, dem Ort **Lom**, aus. Täglich werden allein im näheren Umkreis über 100 km Loipen präpariert und ab der letzten Woche vor Ostern weit über 100 km Cross-Country-Spuren markiert. Das Jotunheimengebiet ist für seine schönen Skitouren von Hütte zu Hütte, zum Teil auch über Gletscher (organisiert von DNT, siehe Seite 211), im Frühjahr bekannt.

Nach **Fagernes**, dem zweiten größeren Wintersportort, sind es von Oslo 190 km und von Lillehammer 100 km auf gut ausgebauten Straßen. Das Wald-und-Seen-Land der Hedmark ist zusammen mit Østerdalen an der schwedischen Grenze ein Cross-Country-Dorado, mit einem Spurenangebot von über 3500 km rundum die Orte **Elverum, Trysil, Engerdal, Åmot, Koppang, Rendalen, Folldal, Alvdal, Tolga** und **Tynset**. **Røros** ist der Mittelpunkt der nördlichen Hedmark. Die 10 000-Einwohner-Stadt steht unter dem UNESCO-Schutz als wichtiges Kulturerbe der Welt.

Tipp: Sehenswerte Steinkirche von 1784, von 11 bis 13 Uhr geöffnet.

Bei Røros und dem LL-Zentrum **Os** breitet sich ein 240 km umspannendes Loipennetz mit speziellen Trainings-, Cross-Country-, Nacht- und Hundespuren aus. Das Mittlere Østerdal beginnt östlich von Lillehammer und erstreckt sich vom Stor-Elvtal (Loipen rund um **Koppang**) bis zum Engerdal an der schwedischen Grenze. Das Engerdal ist in Norwegen bekannt für sein großzügiges Langlaufrevier mit über 300 km gespurten LL-Trassen

Die beiden kleinen, lokalen Volksskiläufe »Vardjfelløpet« und »Kvitvaloløpet« finden an den beiden ersten Aprilsonntagen statt und führen über 27 und 26 km rund um Engerdal. Das dritte wichtige LL-Gebiet der Hedmark erstreckt sich rund um Trysil. Mit 370 km

ges퍼spurten Langlauf- und Cross-Country-Loipen zählt das Skigebiet rund um den 1132 m hohen Trysilfjell zu den größten Norwegens mit Schneegarantie von November bis Mai.

Die mit Stöcken gekennzeichneten Loipen werden vom norwegischen Wanderverein, dem DNT, ständig kontrolliert. Einige Strecken werden allerdings nur zu bestimmten Zeiten markiert. So beispielsweise einige Loipen im Jotunheimen-Gebiet, die erst ab einer Woche vor Ostern gekennzeichnet werden. Dafür garantieren die Spuren von Jotunheimen schönste Langlauferlebnisse während des gesamten Frühjahrs, oft noch bis in den Mai hinein.

Die prächtigen Verhältnisse verführen zu akrobatischen Einlagen.

Rastplatz mit Panorama-Aussicht im Reich der Trolle.

⛷⛷⛷⛷ OPPLAND

→ Das Langlaufgebiet
Oppland, 800–1400m

Saison: November bis Mai.

Anreise: 170 km von Oslo, Bahnstationen sind neben Lillehammer alle größeren Orte, wie z.B. Dombas, Røros, Beitostølen; Flugplatz in Fagernes und Røros.

ℹ️ Norwegisches Fremdenverkehrsamt, Neuer Wall 41, 20354 Hamburg, Tel. 0 40/22 94 15-18, www.norwegeninfo.com; Lillehammer Turist, N-2609 Lillehammer, Tel. 00 47/61 25 92 99, www. Lillehammerturist.no, Oppland: Oppland Reiseliv, Kirkegarten 76, N-2600 Lillehammer, Tel. 00 47/61 28 91 84; Rondane: N-2675 Otta Turistkontoret, Tel. 00 47/61 23 66 50, www.visitrondane.com, E-Mail sel.rondane@online.no und N-2630 Ringebu Tourist Office, Tel. 00 47/ 61 28 05 33; Jotunheimen: Jotunheimen Reiseliv A/S, N-2686 Lom, Tel. 00 47/ 61 21 12 86, www.visitlom.com; N-2953 Beitostølen Turistinformasjon, Tel. 00 47/ 61 35 22 00, www.visitbeitostolen.com; Dovrefjell: N-7461 Roros Turistinform, Tel. 00 47/7 24 00 50; N-2440 Engerdal Tourist Office, Tel. 00 47/62 45 99 00, www.engerdal.com. **Internet:** Informationen über Wintersport für ganz Norwegen unter: www.skiinfo.no.

→ Die Loipen
Gesamtlänge: ca. 6000 km.

Schwierigkeit: Überwiegend leicht und mittelschwer.

Längste Loipe: »Troll-Loipe«, 300 km, zwischen Hjerkinn und Hamar (Rondane), Cross-Country, alle Schwierigkeitsgrade; »Ruten«-Loipe im Peer-Gynt-Reich, 30 km, 1517 m, mittelschwer; »Mollmannsdalen-

Skakas-Loipe« bei Røros, 30 km, leicht/mittel.

Loipenhöhen: 450–1520 m.

Loipenbenutzung: Gratis.

Höhenloipen: Bitihornloipe bei Beitostolen, 1150 m; Rutenloipe, 1517 m, 30 km.

Nachtloipen: In Espedalen und Røros.

Blinden-/Behindertenloipen: Espedalen.

Loipenplan: Von den Touristenbüros.

LL-Schulen: In den »Ski Centres«.

Leihausrüstung: In allen größeren Orten und in den Ski Centres.

Rennen/Volksläufe: »Birkebeiner-Rennet«, 55 km (mit 5,5 kg Gepäck) von Lillehammer nach Rena oder umgekehrt, an einem Sonntag im März; »Raid Norvegia Svezia«, 2 Tage, 110 km, von Femund-Engertal nach Idre (S) über 54 km und Saerna (S) 56 km, im März.

→ Allgemeine Informationen

🅿️ In allen größeren Skiorten; Loipen beginnen meist unweit der Hotels.

Ski alpin: Über 50 Lifte in 10 Skizentren mit gemeinsamem Skipass »Troll-Pass«; 28 km Olympia-Pisten bei Lillehammer.

Sport: Skitouren, Snowboard, Telemark, Pferde-, Rentier- und Hundeschlittenfahrten, Eislaufen, Eislochfischen, Rodeln, Tennis, Hallenbad, Sauna.

Après-Ski: Restaurants, Pubs, Cafés, Tanz, Disko, Museen.

 Kinderskikurse und Babysitterservice in allen größeren Orten.

 Gästebetten in Hotels, Appartements und Hütten.

Hallingdal

Der Bezirk Hallingdal, 200 km von Oslo entfernt, bietet die ideale Mischung aus »Natur pur« und allen Annehmlichkeiten der Zivilisation. Das bekannte Ski-Dreieck Geilo, Gol und Hemsedal im Herzen Südnorwegens kann nicht nur mit hervorragenden Skipisten aufwarten, sondern auch mit einem Langlaufrevier von 3000 km Spuren in feinstem Schnee und glasklarer Luft.

Das Gebiet um Geilo bietet alles für einen gelungenen Winterurlaub.

Rund 200 bis 250 km nordwestlich von Oslo und 300 km von Bergen entfernt erstreckt sich im Bezirk Buskerud das Hallingdal. Man kann diese Region mit den Wintersportorten **Geilo, Gemsedal, Al, Nesbyen, Gol, Nore og Uvdal** und **Aurland** wegen seiner Form und der Lage als Herz Südnorwegens bezeichnen. Es ist heute das am besten entwickelte Gebiet für Skitourismus in ganz Norwegen. Das Wintersportrevier ist sowohl mit dem Auto auf fünf Hauptstraßen aus sieben Himmelsrichtungen, mit der berühmten Bergenbahn, die zwischen Oslo und der Küstenstadt Bergen das Hallingdal in der Mitte durchquert, als auch per Flugzeug gut erreichbar. Mit der Eröffnung der Bergenbahn 1919 begann der Ski-Boom in den bekannten Winterrevieren: Geilo, Gol und **Hemsedal**, den, neben Oslo und Lillehammer, bekanntesten Skiorten Norwegens. Die drei großen Alpinzentren (mit 38 Liften) bewährten sich bereits bei vielen Ski-Weltcup-Veranstaltungen, wurden vom kritischen Osloer Publikum geprüft und brauchen sich hinter der Konkurrenz in den Alpen nicht zu verstecken. Geilo ist der beliebteste Wintersportort Nordeuropas. Hallingdal stellt alle Grundvoraussetzungen für einen gelungenen Winterurlaub bereit: von Skitouren, Snowboard, Telemark, über Pferde-, Rentier oder Hundeschlittenfahrten bis zum Eislochfischen.

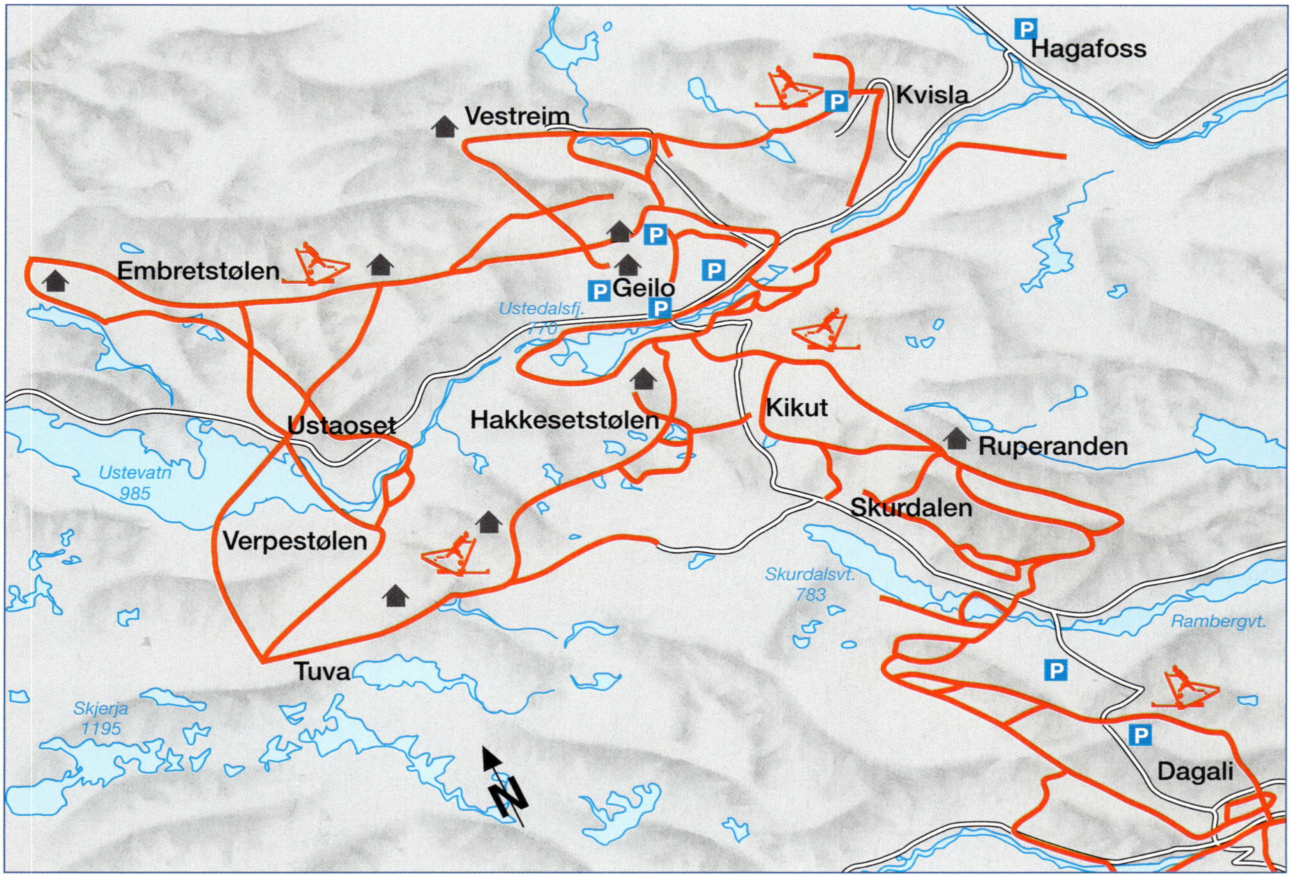

Dazu gesellt sich eine reiche Auswahl an Après-Ski und Shopping-Gelegenheiten, eine breite Palette an Unterkünften in Hotels, Appartements oder Hütten und eine intakte, ursprüngliche Winterlandschaft, die ideale Voraussetzungen für Langläufer bietet. Alle Arten von Langlaufspuren durchkreuzen das Hallingdal, von 1200 km maschinell präparierten Loipen bis zu 2000 km Cross-Country-Spuren. Dazu werden 130 km Hochgebirgsloipen in Hemsedal, die bis zu 1920 m über dem Meeresspiegel liegen, von Ende Januar bis in den Mai hinein gespurt. Etwa 100 Einkehrmöglichkeiten entlang der Loipen lassen manche Cross-Country-Route nicht ganz so einsam werden.

Für Familien mit Kindern am besten geeignet ist das 250 km lange, präparierte Loipennetz rund um Gol und das Skigebiet Golsfjell. Relativ neu ist das schneesichere LL-Areal am Rande des Hardangervidda von Nore und Uvdal. Ungefähr 100 markierte und gespurte Wanderloipen erstrecken sich über abwechslungsreiches Gelände in 1100 m Höhe. Das LL-Revier von Hallingdal ist auch beliebtes Trainingsgelände der internationalen Langlaufelite. Skirennen für das Volk wurden in Skandinavien erfunden: 10 000 Langläufer aller Klassen treten am letzten Samstag im April zum weltweit größten Skilanglaufwettbewerb, dem »Skarverennet«, von **Finse** nach **Ustaoset**, an; ein Drittel der Starter sind aktive Wettkämpfer, der Rest sind echte Volkslangläufer. Um die schönsten Spuren im Hallingdal per LL-Ski kennen zu lernen, ist es empfehlenswert, Cross-Country-Touren mit einem Führer, am besten von Hütte zu Hütte, zu unternehmen

Tipp: Die weite, einsame Hochebene des Hardangervidda, das größte Hochplateau Europas. Ein »Muss« ist der Ausflug in die kleine Welt von **Finse**, am Nordrand des Hardangervidda, auf 1222 m Höhe gelegen. In dem idyllischen Ort, mitten in der unberührten Bergwelt zu Füßen des mächtigen Hardangerjokul-Gletschers (Sommerskigebiet), gibt es weder Bus- noch Autoverkehr. Finse ist nur mit der Bergenbahn (40 Minuten von Geilo) oder per Ski zu erreichen. Superlative: In Finse befindet sich Norwegens höchstgelegener Le-

✦✦✦✦ HALLINGDAL

→ Das Langlaufgebiet
Nesbyen, 150m
Gol, 250m
Ål, 450m
Geilo, 800m
Hemsedal, 650m

Saison: Anfang November bis Ende Mai.

Anreise: Von Oslo über die RV 7 170 bis 240 km oder mit der Bergenbahn; Flugplatz Geilo Lufthavn.

ℹ️ Gol Reisemol, N-3550 Gol, Tel. 00 47/ 32 02 97 00, www.golinfo.no, E-Mail gol@golinfo.no; Geilo Turistservice, N-3580 Geilo, Tel. 00 47/32 09 59 20, www.geilo.no, E-Mail touristservice@geilo.no; N-3560 Hemsedal Turistkontor, Tel. 00 47/ 32 05 50 30, www. Hemsedal.com, E-Mail hemsedal@hemsedal.net; Al Turistinformasjon, N-3570 Ål, Tel. 00 47/32 08 10 60, E-Mail al.turistinfo@al.online.no; Gol Reisemal, N-3550 Gol, Tel. 00 47/32 02 97 00, www.golinfo.no, E-Mail gol@golinfo.no; Hallingdal Informasjonssenter As, N-3540 Nesbyen, Tel. 00 47/32 07 01 70, E-Mail nesinfo@online.no; Uvdal Alpinsenter, N-3632 Uvdal, Tel. 00 47/32 74 37 95, E-Mail knut@uvdalalpin.no. **Internet:** Die Märchenstraße: www.eventyrveien.com. Informationen über Wintersport für ganz Norwegen unter: www.skiinfo.no.

→ Die Loipen
1200 km LL-Loipen präpariert und 2000 km Cross-Country-Spuren.

Gesamtlänge: 3021 km; Gol: 250 km LL-Loipen und 250 km Cross-Country; Geilo: 220 km LL-Loipen und 250 km Cross-Country; Hemsedal: 90 km LL-Loipen und 130 km Cross-Country; Nesbyen: 100 km LL-Loipen und 140 km Cross-Country; Aurland: 12 km LL-Loipen und 30 km Cross-Country; Nore og Uvdal: 110 km LL-Loipen und 500 km Cross-Country; Sunddalen: 100 km LL-Loipen und 100 km Cross-Country.

Schwierigkeit: Leicht/mittel/schwer.

Skatingloipen: 65 km (4 km in Hemsedal, 30 km in Geilo).

Loipenhöhen: 500–1800 m.

Loipenbenutzung: Gratis.

Längste Loipen: Eventyrloypa Sud (Ustaoset–Geilo–Al-Nes-Noresund) 144 km. Eventyrloypa Nord (Sundnalen–Al–Hemsedal–Gol–Nes–Fla) 162 km oder 104 km.

Höhenloipen: 130 km bis 1500 m, von Januar bis Mai in Hemsedal und Al.

Nachtloipen: Hemsedal: 3 km; Ål: 20 km; Hol: 14 km; Nesbyen: 15 km; Gol: 8 km; Geilo: 8 km.

Loipenplan: Von der jeweiligen Tourist Information.

Loipenstart: In Geilo und in Ustaoset sowie bei den Skiliften.

LL-Schulen: Skischulen in Geilo (Tel. 00 47/ 32 09 06 90 oder 00 47/32 09 17 10 oder 00 47/32 09 55 15); sowie Skischule in Hemsedal.

Leihausrüstung: In den Sportgeschäften.

Rennen/Volksläufe: Vektersprinten, Ende November in Geilo; Gaurhovdrennet, 24/16/9/5 km, Februar, Start bei der Liatoppen Fjellstove; Brendhovdrennet, März, 20/10 km, Start Steinstolen; Golsfjelletrundt, März, 28/20/10 km, Start Solseter Fjellstue; Skurdalsrennet, März, 40/25/ 12 km, Start Lia Fjellstue; Bergsjorundt, April, 22/12 km, Start Bergsjo Hoyfjellshotell; Storeskarsrennet, Ende März, 20 km, Start Bjoberg; größtes LL-Rennen der Welt: Skarverennet, letzter Aprilsamstag, 37 km, alle Klassen, Finse-Ustaoset, Veranstalter: Geilo idrettslag, Tel. 00 47/32 07 51 50 (Gebühr inklusive Transport NKr. 280,–).

Hundeschlitten: Information bei der jeweiligen Tourist Information.

→ Allgemeine Informationen
🅿️ In der Nähe der Loipen.

Bus: Bus vom Bahnhof zum Skigebiet. Kostenloser Skibus in Geilo und in den meisten anderen Orten.

Ski alpin: 90 km Pisten.

Sport: Skitouren, Snowboard, Telemark, Pferde-, Rentier- und Hundeschlittenfahrten, Eislaufen, Eislochfischen, Gletschereisklettern, Rodeln, Tennis-/Squashhalle, Hallenbäder mit Saunen, Solarien und Dampfbäder in Hotels.

Einkehr an der Loipe: Mehrere Möglichkeiten.

Après-Ski: Restaurants, Pubs, Cafés, Tanz, Disko, Folklore, Diashows, Kino, Museen.

🧒 Kinderskikurse; Kinder bis 7 bzw. 8 Jahre bekommen die Liftkarte gratis! Kinderschlitten im Skizentrum und »Trollia«-Kinderpark in Hemsedal mit Wickelraum, Troll-Club im Vestlia Skicenter.

🛏️ 15 000 Gästebetten in Hotels, Appartements, Hütten und Campinghütten (z. B. 3000 Betten in Geilo).

bensmittelladen, Norwegens größte Ski-Kreuzung und der höchstgelegene Bahnhof Nordeuropas. Eine der schönsten gespurten Loipen führt von **Geilo**, dem »Tor« zum Hardangervidda nach **Ustaoset**, mit einer traumhaften Aussicht auf das Hochgebirgsplateau und über den Ustevatn-See. Rund 90 Prozent der Fläche von Geilo liegt über 900 m Seehöhe. Das bedeutet für skandinavische Verhältnisse ein absolut schneesicheres Terrain für über 500 km Langlaufspuren.

Telemark

Im Bezirk Telemark erfand Sondre Norheim im Jahr 1850 die Skibindung. Seither gilt Morgedal, der Geburtsort des ersten Telemark-Skifahrers, als Wiege des Skilaufs. Die langjährige Wintersport-tradition und der Skitourismus »verpflichten« die sieben wichtigen Skiregionen Telemarks zur Pflege eines der größten und schönsten Loipennetze Norwegens.

Der kleine Ort Morgedal, in der Mitte des Bezirks Telemark auf 450 m Höhe, ist von einem großen Waldgebiet umgeben und in ganz Norwegen als Heimat des berühmten Sondre Ouversen Norheim, dem Erfinder der Skibindung (1850) und des Telemark-Schwungs, bekannt. Der gebürtige Mor-

gedaler erfand auch die sogenannte Telemarklandung beim Skisprung. Aus dieser Technik kreierte er den Telemarkstil bis hin zu den ersten »Slalom«-Läufen. »Sla« bedeutet Hang und »Lam« eine Spur. Morgedal gilt seither als die Wiege des modernen Skilaufs. Daher wurde auch das olympische Feuer für die Winterspiele in Oslo 1952 nicht nur in Athen, sondern auch in Morgedal entzündet. Für die Winterolympiade in Lillehammer 1994 diente Morgedal in Telemark wieder als »Initialzündung«. Ein bis zwei Autostunden von Oslo entfernt bietet die traditionsreichste Skiregion Norwegens beste Langlaufbedingungen sozusagen direkt vor der Haustür. Die sieben wichtigsten Skireviere Telemarks können zudem mit einer breiten Palette landschaftlicher Höhepunkte aufwarten.

Rauland und **Vinje**, am Südrand des Nationalparks Hardangervidda, liegen in einer der schönsten Winterlandschaften Norwegens. Die Rauland-Skiregion, zwischen 700 und 1000 m Höhe, bietet ein schneesicheres Loipennetz von 150 bis 200 km präparierten Spuren für Anfänger und Fortgeschrittene. Außerdem gibt es zwei Alpinzentren, ein Reitzentrum und Möglichkeit zum Eisangeln. Ganz im Westen des Bezirks Telemark liegt Haukelifjell im Hardangervidda-Nationalpark, mit dem höchsten Gipfel der Gegend (1600 m Höhe) und einem Netz von 180 km markierten Spuren. Beim Haukelifjell befinden sich noch Rentierherden, die frei in der unberührten Natur umherstreifen.

Rund 120 km gespurte Loipen gibt es um das Skigebiet von Hovden, am Westrand

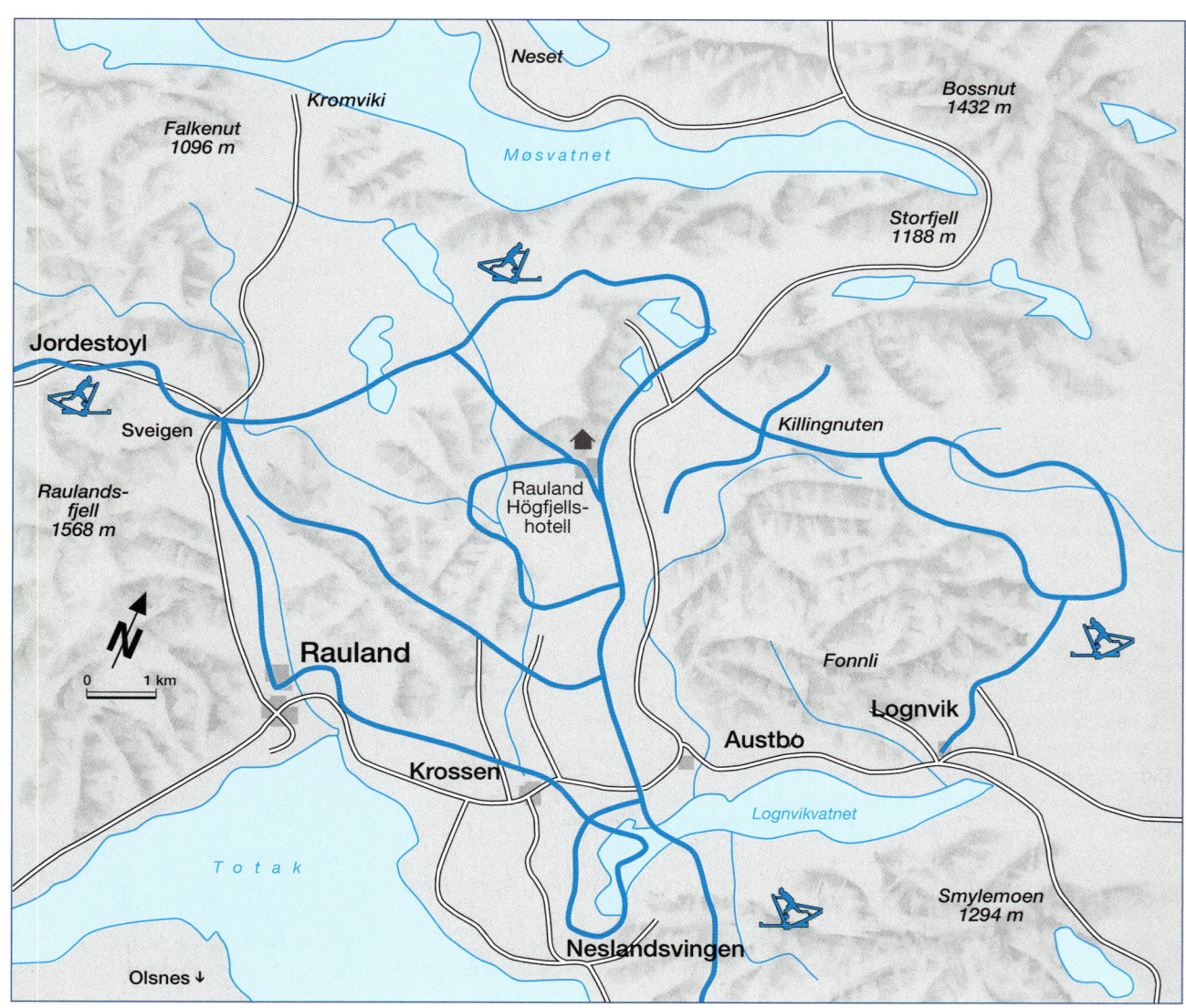

Pferde-Trekking in nahezu unberührter Natur in der Telemark, der Wiege des Skilaufs.

von Telemark auf einer Höhe von 800 m gelegen. **Hovden** liegt 290 km westlich von Oslo und 300 km östlich von Bergen und zählt zu den bekanntesten Skigebieten Norwegens. Alpinskifahrer, Telemarker, Snowboarder und Langläufer finden ein komplettes Angebot. Die höchsten Loipen werden in 1300 m Höhe gespurt und nach Sonnenuntergang wird eine Flutlichtloipe für beide Stilarten beleuchtet. Als Ausgleich kann man auf einem der höchstgelegenen Eisplätze Europas eine Runde drehen.

Tipp: Nach dem Skitag im neuen »Badeland« entspannen.

Das Rjukan-/Gaustagebiet liegt im Vestfjorddalental unterhalb der höchsten Erhebung in Telemark, dem 1883 m hohen Gaustatoppen, der für norwegische Verhältnisse recht imposant wirkt und auf den ersten Blick wie ein erloschener Vulkan aussieht. Die abwechslungsreiche Loipenlandschaft zählt zu den reizvollsten in ganz Telemark. Das LL-Revier erstreckt sich zwischen dem Tinnsjo-See und den Rjukan-Wasserfällen am Rande des Hardangervidda-Nationalparks über 80 km, wird hauptsächlich für Cross-Country-Läufer abgesteckt und liegt in 900 bis 1000 m Höhe. Die längste Loipe führt über 23 km rund um das Gaustablikk Skicenter.

Durch ausgedehnte Waldgebiete und zu einem der größten Seen Norwegens, dem Nisser-See, führen die 60 km (1000 m) Spuren um den traditionellen Skiort Vradal im Herzen von Telemark. Die Loipen sind zum Teil mit Skiliften erreichbar.

Von Oslo und Larvik (90 km) aus leicht zu erreichen ist die Skiregion bei **Lifjell**, im Südosten Telemarks. Das Loipenrevier umfasst 50 km täglich maschinell gespurte Trassen. Daneben gibt es 3 Pisten und 2 Lifte für Alpinskifahrer. Zum Übernachten stehen gut ausgestattete Gebirgshotels, teils im Telemarkstil, und reichlich Ferienhäuser zur Auswahl. Als Skigebiet und Fremdenverkehrsregion wurde Gautefall erst vor gut 20 Jahren entdeckt. In der südlichsten Region Telemarks breiten sich zwischen 500 und 1000 m Seehöhe auf sanften Hügeln 110 km gut präparierte Doppelspuren aus, von denen die längste 35 km lang ist.

Tipp: In Ost-Telemark steht Norwegens größte und besterhaltene Stabkirche (»Heddal«).

TELEMARK

→ **Das Langlaufgebiet**

Telemark, 100–1883 m

Saison: Dezember bis April.

Anreise: Von Oslo nach Telemark mit dem Auto oder per Bahn nach Bo und weiter mit dem Autobus.

🛈 Telemarkreiser, S-3707 Skien, Pb. 3133, Handelstorget, Tel. 00 47/35 90 00 20, www.visitTelemark.com; E-Mail info@telemarkreiser.no. **Internet:** Informationen über Wintersport für ganz Norwegen unter: www.skiinfo.no.

→ **Die Loipen**

800 km Loipen und 2620 km markierte Cross-Country-Spuren.

Gesamtlänge: 3420 km.

Schwierigkeit: Überwiegend leicht und mittel.

Längste Loipe: Gaustablikkloipe, 23 km (Info: Gaustablikk Skicenter, N-3660 Rjukan, Tel. 00 47/35 09 14 22).

Skatingloipe: 4 km in Hovden.

Loipenhöhen: 300–1200 m.

Größter Höhenunterschied: 370 m.

Loipenbenutzung: Gratis.

Nachtloipen: 2,5 km in Rauland (Info: Rauland Skisenter, N-3864 Rauland, Tel. 00 47/35 06 21 50); 4 km in Hovden (N-4695 Hovden Ferie, Tel. 00 47/37 93 96 30); 1 km in Vrådal (N-3853 Vrådal, Turistservice, Tel. 00 47/35 05 63 70); 2 Flutlichtloipen in Bo bei Lifjell.

Loipenplan: Bei den örtlichen Touristenbüros.

LL-Schulen und Skiverleih: In allen Alpincentern.

Rennen/Volksläufe: »Koyvingen«, 32 km, Februar; »Tysja-lopet«, 32 km; »Falkerisrennet«, 32 km, Ende Februar von Vierli nach Rauland; »Skinnarburennet«, 32 km, Ende März; »Sigurdsbu-lopet«, 532 km, Vamark, April.

🅿 In allen Orten in der Nähe der Loipen.

Ski alpin: 25 Lifte, 49 Pisten.

Sport: Skitouren, Snowboard, Telemark, Gleitschirmfliegen (Hovden), Pferde- und Hundeschlittenfahrten, Eislaufen, Eislochfischen, Rodeln, Hallenbad, Sauna.

Après-Ski: Restaurants, Pubs, Cafés, Tanz, Disko.

Kinderskikurse, Kinderermäßigung (in der Regel bis zum Alter von 3 Jahren in Hotels 70 Prozent oder ganz frei).

Gästebetten in Hotels (Hoyfjellhotell), 94 Appartements und Hütten.

Norwegen

Oslo und Norefjell

Langlaufen ist in Norwegen Volkssport. Mit ein wenig Glück kann man an einem schönen Sonntag sogar König Harald in einer der Holmenkollen-Loipen der Haupt- und Residenzstadt Oslo finden. In der berühmtesten Skiarena der Welt freut sich seine Majestät über den schönen Blick auf die Stadt und über 2000 km täglich frisch präparierte Langlaufspuren.

Alljährlich finden im März die Holmenkollen Skifestspiele rund um die berühmteste Skiarena der Welt, die für 50000 Besucher Platz bietet, statt. Wahrzeichen der seit 1892 ausgetragenen größten Skisprung- und Skilanglaufwettkämpfe ist die im Osloer Norden weithin sichtbare Sprungschanze. Im Skimuseum unterhalb der Schanze wird ein 2500 Jahre alter Ski ausgestellt, Beweis dafür, dass der Skisport in Norwegen erfunden wurde. Oslo ist eine der wenigen Hauptstädte der Welt, die unmittelbar an ein Loipennetz angeschlossen sind. Den Einstieg in das

Rund um Oslo breitet sich ein Loipenareal von über 2.000 km gespurten Trassen aus.

Langlaufareal kann man bequem mit Straßenbahnen oder Bussen erreichen. Es handelt sich im übrigen nicht nur um ein paar Freizeitspuren, sondern um

über 2000 km täglich frisch präparierte Loipen! Manchmal werden 2400 oder 2600 km angegeben, da die Loipen von Jahr zu Jahr, je nach Wetterbedingungen,

OSLO / NOREFJELL

→ Das Langlaufgebiet
Oslo, 250–700 m
Norefjell, 185–1100 m

Saison: Dezember bis Ende April.

Anreise: Mit der Fähre von Kiel und Frederikshavn (Dänemark) oder per Flugzeug, täglich von Hamburg, Berlin, Hannover, Frankfurt, Düsseldorf, Stuttgart und München nach Oslo; mit dem Auto/Bus von Oslo Richtung Norden zum Norefjell Sportcenter.

Oslo Promotion A/S, N-0250 Oslo, Vestbaneplassen 1, Tel. 00 47/ 22 83 00 50, www.oslopro.no; Touristeninformation, Tel. 23 11 78 80; Norefjell - Turistservice, N-3536 Noresund, Tel. 00 47/ 32 15 05 50, www.skiinfo.no/norefjell, E-Mail booking@norefjell-turistservice.no; Hütten: Den Norske Hytteformidling, Nedre Vollgate 3, N-0158 Oslo, Tel. 00 47/ 23 35 62 70. **Internet:** Informationen über Wintersport für ganz Norwegen unter: www.skiinfo.no.

→ Die Loipen
Gesamtlänge: über 2000 km rund um Oslo; 220 km in Norefjell.

Schwierigkeit: Leicht/mittel/schwer.

Längste Loipe: Frognerseteren-Björnholt und zurück, 28 km, schwer (Oslo–Nordmarka).

Skatingloipen: Es werden je nach Schneeaufkommen einige Loipen gespurt.

Loipenhöhen: 250–700 m (Oslo); 150–1100 m (Norefjell).

Loipenbenutzung: Gratis.

Nachtloipen: 160 km.

Behinderten-/Blindenloipe: Bogstad, 3,5 km.

Loipenplan: Vom Touristenbüro.

LL-Schule: Tomm Murstad's Skiskole, Trines Rennskole, Övreseterliern, Oslo 3, Tel. 00 47/22 14 46 65; Norefjell Skiskole, Tel. 00 47/32 14 92 03.

Leihausrüstung: A/S Skiservice Tomm Murstad jr., Bahnhof Vokserikollen, Tryvannsveien 1, N-0394 Oslo, Tel. 00 47/22 14 96 78.

Umkleiden/Duschen: In den Norefjell-Hotels können Schließfächer und Duschen »gemietet« werden.

Rennen/Volksläufe: Holmenkollenmarsch, Volkslanglauf über 21 und 42 km, am Holmenkollen-Sonntag (wechselnder Termin). Information und Anmeldung: www.skiforeningen.no.

→ Allgemeine Informationen

Direkt an den Loipeneinstiegen, Busse und Straßenbahnen von der Stadtmitte zu den Loipen; bei Norefjellstua neben Skicenter.

Ski alpin: 20 Pisten Oslo/Nordmarka; 24 km Pisten Norefjell.

Sport (Oslo): Skitouren, Snowboard, Telemark, Eislaufen, Eislochfischen, Curling, Rodein, Reithalle, Tennis-/Squashhalle, Hallenbad, Sauna, Pferde- und Hundeschlittenfahrten.

Einkehr an der Loipe: Im Norefjell in Nähe der Skilifts.

Après-Ski (Oslo): internationale und norwegische Restaurants, Pubs, Cafés, Tanz, Disko, Folklore, Diashows, Kino, Theater, Oper, Museen, Galerien, Konzerte, Volkstanz, Nachtclubs, Sightseeing.

Kinderbetreuung für Kinder zwischen 1 und 6 Jahren in Norefjell zwischen 10 und 15 Uhr. Kinderskikurse, Kinder-Holmenkollentag am ersten Holmenkollen-Skifestivaltag.

15 000 Gästebetten in Hotels aller Kategorien, Appartements, Privatquartieren und Hütten; 1000 Betten in den Norefjell-Berghotels.

unterschiedlich lang gespurt werden, vielleicht aber auch, weil man sie unterdessen gar nicht mehr alle zählen kann. Am Osloer Skifestwochenende findet ein spezieller Kinder-Holmenkollentag statt. Direkt hinter der Holmenkollenschanze beginnt die 1,5 km lange Verbindungsspur zu einem der beliebtesten Langläufertreffs der Stadt, zur Skihütte »Rundloyper« von **Grognerseteren** in den Nordmarka-Bergen. Von hier führen mehrere Spuren verschiedener Schwierigkeitsgrade in das dichte Loipennetz der Nordmarka, dem bekannten Skiwanderrevier nördlich von Oslo. In der gesamten Skiregion verteilen sich über 70 Skihütten, die teilweise mit Übehrnachtungsmöglichkeiten ausgestattet sind. Am Holmenkollen-Sonntag strömen Tausende von Skiläufern anlässlich des traditionellen »Holmenkollenmarsch«, einem Volkslanglaufrennen über 21 und 42 km, in die Loipen der Nordmarka.

In Skandinavien geht die Sonne in den Wintermonaten Dezember bis März bekanntlich schon recht zeitig schlafen, daher werden etwa 160 km Loipen nach Sonnenuntergang beleuchtet. Zu den beliebtesten zählen die 33 km Nachtspuren rund um die Ostmarka-Berge und die 25 km lange Nachtloipe von Lillomarka. Einsamere Spuren finden die Naturfreunde unter den Langläufern etwas außerhalb, etwa eineinhalb Autostunden von der Hauptstadt entfernt. Täglich werden fünf Loipen aller Schwierigkeitsgrade auf einer Länge von 110 km in etwa 700 m Höhe am Hausberg der Osloer, dem **Norefjell**, gespurt. Dazu kommen noch einmal so viele Skiwanderspuren rund um den 1459 m hohen »Hogevarde«. Neben ein paar Skiliften, ein paar Hotels und Gaststuben gibt es nur noch Wälder, Berge und Loipen.

Einmalig ist in der Hauptstadt des Skisports die Kombinationsmöglichkeit von »Ski total« mit einem adäquaten Après-Ski-Programm. Von Alpinskifahren auf Pisten und an Skiliften, direkt beim Stadtgebiet, bis zu Eislaufstadien, Pferde- und Hundeschlittenfahrten, Eisangeln und Curling, Schwimmen oder Tennis bleibt kaum ein Wunsch unerfüllt. Dazu bietet sich noch die breite Palette an kulturellen Möglichkeiten, von der Oper bis zum Volkstanz und vom Heimatmuseum bis zum Nachtclub.

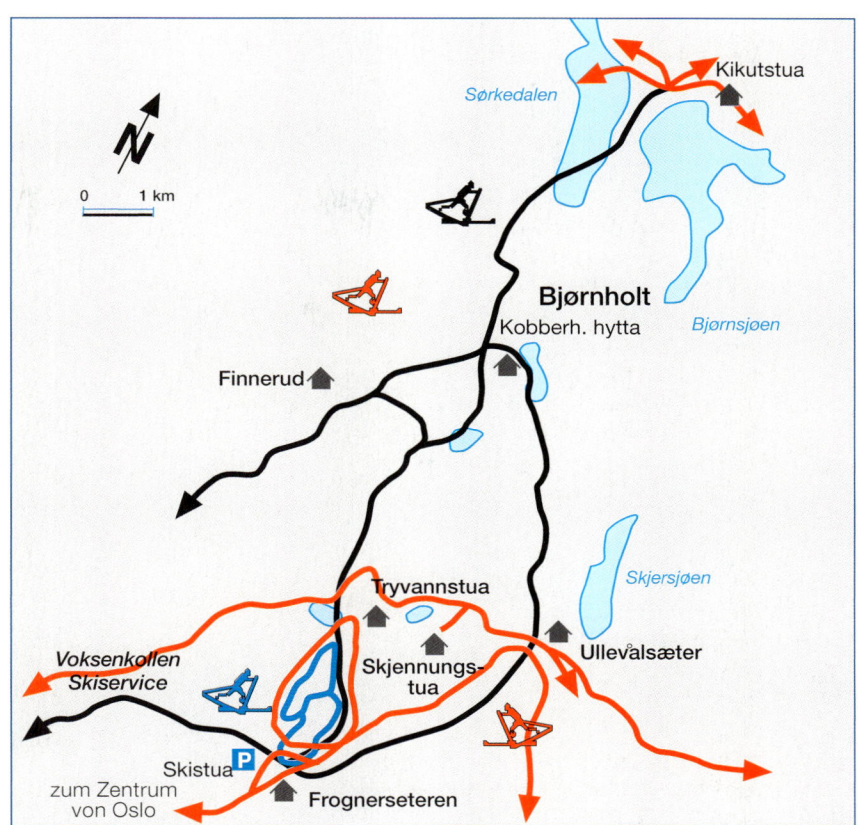

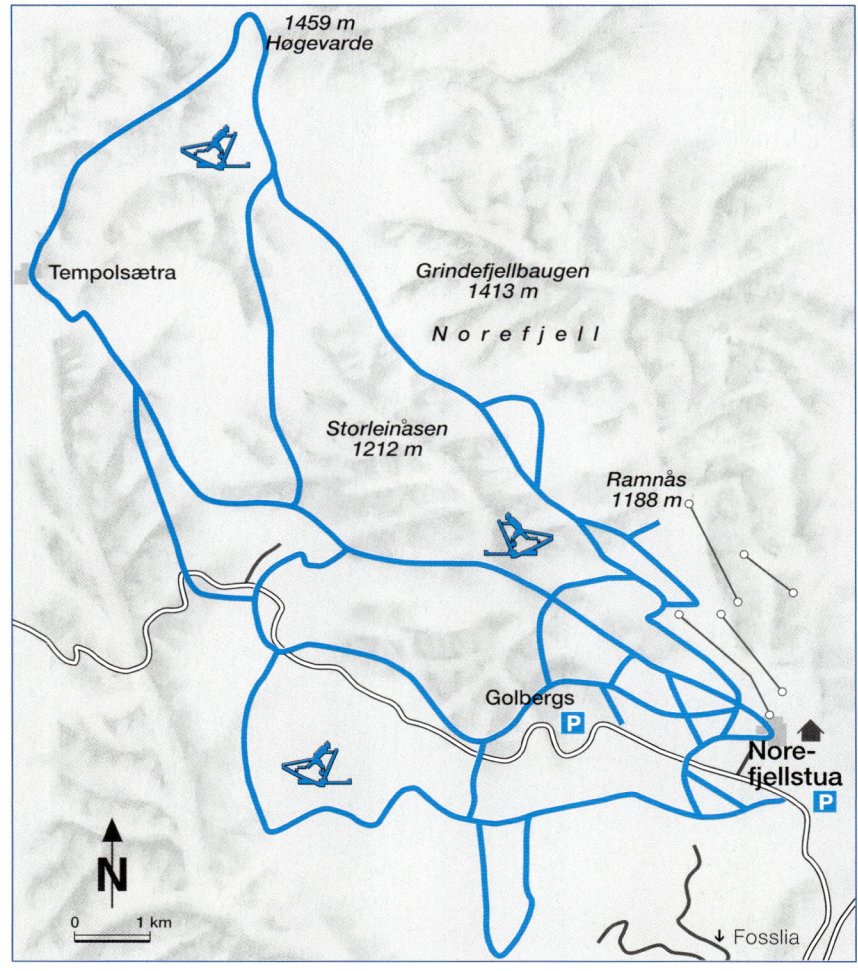

Norwegen

217

Voss/Luster

Im Westen Norwegens liegt nicht nur die weltberühmte, von Fjorden durchschnittene Küste, sondern auch eine für Langläufer interessante Skiarena. Von einer nachts beleuchteten Höhenloipe blickt man zum Beispiel über die Berg- und Seenlandschaft der Skistadt Voss. Einmalig ist auf alle Fälle die Verbindung aus dem längsten Fjord Europas, den größten Festlandsgletschern und den Bergriesen von Jotunheimen.

Westlich der großen Skiregionen von Oppland und Hallingdal erstreckt sich zwischen den beiden größten Fjorden Norwegens, dem Sognefjord im Norden und dem Hardangerfjord im Süden, ein beachtliches Langlaufrevier rund um die oft mit Winterorten der Alpen verglichene Skistadt **Voss** (14 000 Einwohner). Das Zentrum der von Landwirtschaft, Handel und Tourismus lebenden Stadt liegt zwar nur auf 57 m über dem nahen Meeresspiegel, aber dennoch zählt Voss zu den beliebtesten Wintersportgebieten Norwegens. Wo sonst können Skifahrer mitten in der Stadt auf einen 817 m hohen Hausberg hinaufgondeln (die Seilbahn kommt übrigens aus Bayern) und in ein sehenswertes Alpin-

Eislochfischen gehört zu den beliebtesten Freizeitbetätigungen.

gelände auf 720 m Seehöhe gelangen, auf dem auch schon Weltcups ausgefahren wurden? Immerhin werden über 30 km Spuren täglich rund um den »Hangur« angelegt und bei den Olympischen Spielen von Lillehammer kamen 6 Teilnehmer aus Voss. Bei durchschnittlich 0,60 bis 2 m Schneehöhe im Winter kann man die LL-Bedingungen als ausreichend bezeichnen. Eine Spezialität scheinen die Nachtloipen zu sein: In den hügeligen Stadtteilen Hanguren, Hodnaberg, Skulestadmo bei Dugstad, Bjørgum und Bordalen (jeweils bei der Schule) werden die Loipen nachts mit Flutlicht erhellt. Zu den schönsten Nachtspuren zählt die 4 km lange Höhenloipe beim Hangurslift, die mit der Gondelbahn zu erreichen ist. Sie wird täglich von 17.30 bis 20.30 Uhr von Januar bis Ende Februar beleuchtet, und der Blick auf die Lichter der Stadt am zugefrorenen Vangsvatnet-See belohnt die nächtliche Auffahrt. Die Loipen von Voss werden bei genügend Schnee auch schon im November gespurt. Für Anfänger empfehlen sich die 2 bis 3 Tage dauernden Langlauftouren von Berghütte zu Berghütte. Auf unpräparierten, aber markierten Spuren geht's täglich 5 bis 6 Stunden durch die herrliche Winterlandschaft.

Lohnend ist auch der Ausflug zum 45 Autominuten entfernten Mjølfjell mit weiteren Skiwandermöglichkeiten (Cross-Country). Ein Gläschen Glühwein zum Après-Ski wird auch in Norwegen geschätzt. Ab 15 Uhr sitzt man zum Beispiel im gemütlichen Kaminzimmer von Fleischers Hotel, im Rondo Sporthotel oder lässt den Skitag in einem der zahlreichen Pubs der Stadt ausklingen

Nördlich von Voss liegt am Ende des längsten Fjords Europas, dem Sognefjord, die reizvolle Berglandschaft der **Luster**-Region. Zum Lustergebiet zählt auch der größte Festlandsgletscher Europas, der Jostedalsbre im Jostetal. Um einen kleinen Überblick über die Region zu geben, ein paar Zahlen: 89 Prozent der Luster-Region werden von Gebirgen, Gletschern und Seen bedeckt, 9 Prozent sind bewaldet und nur 2 Prozent der Gemeindefläche sind bebaut. Nicht weit entfernt liegen die Zweitausender des Nationalparks Jotunheimen. Hauptort der 2680 qkm großen Gemeinde Luster ist Gaupne an der Mündung des Jostetalselv in den Lusterfjord. Wildromantisch ist das Jostetal, das zu den Ausläufern des Jostedalsbregletschers, dem Nigardsbre, führt. Skifahrern ist hier auch im Sommer auf dem 1400 m hohen Sognefjellet möglich. Zwei Loipen von 5 bis 15 km Länge (für beide Stilarten) werden nahe der höchsten Passstraße Nordeuropas, der RV 55, und in der Gletscherlandschaft des Fanaråk gespurt. Norwegens längster Skilift (1910 m lang) bringt Skifahrer und Langläufer im Heggmyra Skizentrum auf den Hausberg von **Gaupne** bei Hafslo. In der Nähe des Parkplatzes befindet sich das Langlaufzentrum mit einer 10 km langen gespurten Loipe (4,1 km sind beleuchtet). Dazu wird noch eine 15 km lange Cross-Country-Spur angelegt. Der Ausgangspunkt für landschaftlich reizvolle Skiwanderungen liegt am Ende des Skilifts. Ein weiteres weitläufiges Loipenareal breitet sich im Nationalpark der nahe gelegenen Jotunheimen-Berge aus mit Blick auf die tiefverschneiten Gipfel der Zweitausender.

Tipp: Zum Ausgleich bieten sich in Luster die geführten Gletscherwanderungen (N-5828 Gjerde) an. Zum ausgiebigen Kulturprogramm rund um Luster zählt der Besuch der ältesten Stabkirche Norwegens – sie stammt aus dem frühen 12. Jahrhundert – in Urnes.

Die Einkehr in eine gemütliche Hütte gehört zum Pflichtprogramm.

𝕏𝕏𝕏𝕏 VOSS UND LUSTER

→ **Das Langlaufgebiet**

Voss, 57m
Luster, 50m

Saison: Dezember bis Ende April.

Anreise: Etwa eine Autostunde von Bergen, 5 bis 6 Autostunden von Oslo auf der E 16, Bahnstationen in Voss; Oslo–Luster 375 km, Bergen–Luster 260 km, Straße 55 über den Sognefjell von Lom nach Luster während des Winters gesperrt.

Fremdenverkehrsamt N-5700 Voss, Tel. 00 47/56 51 12 12 oder 00 47/56 52 08 00; Fremdenverkehrsamt Luster, N-5820 Gaupne, Tel. 00 47/57 68 15 88.
Internet: Informationen über Wintersport für ganz Norwegen unter: www.skiinfo.no.

→ **Die Loipen**

9 in Voss, 2 in Luster, 2 in Gaupne.

Gesamtlänge: 32,3 km; in Luster: 20 km.

Schwierigkeit: Leicht/mittel.

Längste Loipe: 15 km Cross-Country-Loipe am Heggmyrane Skisenter in Hafslo.

Skatingloipen: Sognefjell Sommerskicenter.

Nachtloipen: Neben einer ganzen Reihe von Nachtloipen ist die 4 km lange Höhenloipe beim Hangurslift empfehlenswert, von 17.30 bis 20.30 Uhr von Januar bis Ende April beleuchtet; 4,1 km beim LL-Zentrum von Hafslo (Gaupne).

Loipenbenutzung: Gratis; Gebühr für Loipen im Sognefjell Sommerskicenter.

Loipenplan: Beim Voss Utferdslag und beim Fremdenverkehrsamt erhältlich.

LL-Schulen: N-5700 Voss Ski & Surf, Tel. 00 47/56 51 00 32, bei der Hangursbahn-Bergstation.

Leihausrüstung: Voss Ski & Surf; Gausel Skiutleige.

→ **Allgemeine Informationen**

Voss: Parkmöglichkeiten gibt es an der Talstation des Sessellifts. Luster: beim LL-Zentrum Hasflo, beim Sognefjell Sommerskicenter.

Ski alpin: 11 Lifte in Voss (60 km Pisten).

Sport: Skitouren, Snowboard, Telemark, Eislaufen, Eislochfischen, Gletscherführungen (Luster), Squash, Hallenbad, Sauna, Bowling.

Après-Ski: Restaurants, Pubs, Cafés, Tanz, Disko, Museen.

Kinderskikurse mit teilweise ganztägiger Betreuung.

3000 Gästebetten in Hotels, Appartements und Hütten von Voss; 1000 Gästebetten in Luster.

LL-Dorado

Mit der gleichen Selbstverständlichkeit, mit der wir ins Auto steigen, steigt man in Schweden in die Loipe. Damit sich der Langläufer nicht »nur« auf den Tag beschränken muss, werden viele Spuren bis spät in die Nacht hinein beleuchtet.

Jämtland und Härjedalen

Zentrum der großen Langlauf-reviere in Mittelschweden sind die Wintersportorte Åre in Jämtland und Funäsdalen in der Provinz Härjedalen. Funäsdalen wirbt gar mit dem größten zusammen-hängenden Loipennetz der Welt.

Die beiden großen Wintersportre-gionen in Mittelschweden, an der norwegischen Grenze, vereinen alpines Flair mit typisch nordischer Landschaft. Das größte Loipennetz der Welt stellt nach eigenen Angaben Funäsdalen in Härjedalen mit 300 km zusammen-genden, regelmäßig gespurten LL-Tras-sen auf die Beine.
Der Weltcuport **Åre** in Jämtland ist mit seinen 86 Pisten, 29 Liftanlagen und dem mit 1420 m für Schweden beachtlichen Gipfel (Åreskutan) der größte und be-kannteste Alpin-Skiort Skandinaviens. Doch auch für Langläufer ist dieses Win-tersportgebiet mit der »Bergstation« Ul-lådalen, dem Nachbarort **Duved** sowie einigen kleineren LL-Destinationen (zum Beispiel **Kall, Husä, Häggsjönäs, Ed-såsdalen, Trillevallen, Ottsjä, Vall-bo, Undersåkaer**) mit etwa 300 Loipen-kilometern die lange Anreise wert. Åre und **Ullådalen** verfügen über ein ausge-zeichnetes Loipensystem aller Schwie-rigkeitsgrade. Speziell für Familien bie-tet sich das LL-Gelände um Duved (51 km) und bei **Björnänge** und **Åre Björnen**, 6 km hinter Åre (30 km), an. Für sportlich ambitionierte Langläufer bietet der Kall-Distrikt (50 km) alle Möglichkeiten: von der speziell für Ska-ter präparierten Spur über Flutlichtloi-pen bis hin zu Umkleideräumen und Du-schen entlang der Spuren. Eine halbe Schneemobilstunde von Åre entfernt wird in malerischer Natur auf der Rück-seite des Åreskutans eine 4 km lange Spur für Genießer bei der alten Minen-stadt Husä präpariert.
Im Sommerfjällgebiet, südlich der Åref-jällregion, bestätigt sich die Meinung von Kennern, das die Urlaubszeit hier im Spätwinter, Ende April/Anfang Mai, ver-bracht werden sollte. Wärmender Son-nenschein, funkelnder Schnee und ide-ale Langlaufverhältnisse belohnen den langen Anfahrtsweg. Die schnellste Ver-bindung ist der Flug nach Östersund, dann mit dem Bus oder der Bahn weiter

ins Jämtlandsfjällengebiet, zum Bei-spiel nach Ljungdalen oder Ramund-berget. Die höchste Erhebung von Süd- und Mittelschweden, der 1796 m hohe Helgas, thront hoch über der einsamen Bergewelt Jämtlands und bietet den be-sten Blick auf das Langlaufdorado, das vor allem durch seine Skiwanderwege (durch Pfähle mit roten Andreaskreu-zen gekennzeichnet) bekannt wurde. Fernab der großen Skizentren entwi-ckelte sich hier vor allem ein Revier für Skitourengänger, die Unterkunft in rund einem Dutzend STF-Fjällhütten (mit Alpenvereinshütten vergleichbar) finden.

Tipp: Die STF-Hütten gibt es seit über 100 Jahre (280 in Schweden). Für STF- oder Jugendherbergsmitglieder (DJH) werden Rabatte eingeräumt. Informatio-nen: Svenska Turistföreningen, Drott-ninggatan 33, S-10120 Stockholm, Tel. 00 46/8/4 63 21 00.
Zentrum des 300 km großen, zu-sammenhängenden Loipennetzes in Här-jedalen ist das Nordic Ski Center bei dem Wintersportort **Funäsdalen**. Etwa 20 Loipenrundkurse von je 2,5 bis 15 km Länge sind mit sogenannten Transitloi-pen verbunden. Eine »Transitspar« ver-knüpft Funäsdalen mit den Spuren von **Tänndalen, Tännäs, Ljusnedal** und

---

🎿🎿🎿🎿 JÄMTLAND / HÄRJEDALEN

→ Die Langlaufgebiete

Åre, 372m
Funäsdalen, 781m

Saison: Oktober/November bis April/ Anfang Mai.
* Schneesicher!

Anreise: Mit dem Auto: von Oslo ca. 440 km (Fährverbindung von Fredrikshavn/ Dänemark), von Göteborg ca. 660 km (Fährverbindung Kiel oder Frederikshavn oder via Kopenhagen über die große Hängebrücke über den Großen Belt), von Stockholm ca. 600 km. Flughafen in Rorös (in Norwegen, 75 km nach Funäsdalen), in Åre, in Östersund (mit Bus nach Ljung-dalen) oder in Mora; Bahnstationen sind Åre, Duved, Enafors, Undersåker (Jämt-land) und Funäsdalen (Härjedalen).

ℹ️ Schweden-Werbung für Reisen und Touristik, D-20095 Hamburg, Lilienstraße 19, Tel. 0 40/32 55 13-55, www.schweden-urlaub.de; Härjedalen Turistbyrå S-84095 Funäsdalen, Tel. 00 46/6 84/1 64 10, www.harjedalen.se; Jämtland: Turistbyrå S-83013 Åre, Tel. 00 46/6 47/1 77 21, www.jamtland.se.

→ Die Loipen

Härjedalen 34; Jämtland 11.

Gesamtlänge: Härjedalen 347 km; Jämt-land: Årefjällen 300 km; Funäsdalen Nordic Ski Center 300 km.

Schwierigkeit: Alle Schwierigkeitsgrade, überwiegend leicht und mittelschwer.

Skiwanderwege: Anbindung vom Nordic Ski Center an 450 km markierte Skifern-wanderwege.

Längste Loipe: Von Ljusnedal nach Back-vallen, 30 km hin und zurück, in 800 m Höhe; Anåfjälls-Rundkurs, 30 km, von Ljusnedal nach Backvallen.

Skatingloipen: Alle Spuren des Nordic Ski Center (bei Funäsdalen), rund 300 km.

Loipenhöhen: Härjedalen: 500–1000 m.

Loipenbenutzung: Gratis.

Höhenloipen: Mittåkläppenloipen in 900 m, 20 km, Fjäll-Loipe bei Hamra, 930 m, 10 km, Loipe bei Helgas.

Umkleiden/Duschen: Entlang der Transit-loipen in Härjedalen, entlang der Loipen des Kall-Distrikts und in STF-Hütten.

Loipenplan: Von den Verkehrsämtern; Ge-bühr für die Karte von Funäsdalen.

LL-Schulen: In allen größeren Skiorten, Skischule Åre.

Leihausrüstung: In fast allen Sport-geschäften.

Rennen/Volksläufe: Nordic Ski Marathon, 42 km, Anfang Februar von Bruksvallarna nach Tänndalen; Fjälltoppsloppet, 25–37 km, Anfang April, von Tänndalen nach Bruksvallarna.

→ Allgemeine Informationen

🅿️ In allen Orten zentral oder an den Loipeneinstiegen.

Bus: Skibusse in Åre und in Härjedalen.

Ski alpin: Härjedalen 95 km und in Jämt-land 86 km Pisten.

Sport: Skitouren, Snowboard, Telemark, Hundeschlittenfahrten, Motorschlitten-Safaris, Eislaufen, Eislochfischen, Tennis-halle, Hallenbad, Sauna.

Après-Ski: Restaurants, Pubs, Cafés, Tanz, Disko.

 Kinderskikurse; Kinderbetreuung im »Bamse Club« in Åre Björnen.

🛏️ In Härjedalen 25 700 und in Jämt-land 15 000 Gästebetten in Hotels, Feriendörfern, Ferienhäusern und Hütten.

Ideale Verhältnisse für sportlich ambitionierte Langläufer.

von **Bruksvallarna**. Untereinander sind die »Satelliten«-Porte teilweise auch noch miteinander verbunden. Die 7 bis 24 km langen und 5 m breiten Transitspuren werden zuweilen durch recht einsames Gelände, über zugefrorene Seen, verschneite Felder und durch dichte Wälder angelegt, sind aber mit nicht zu übersehenden Hinweisschildern markiert. Die landschaftlich schönsten Loipen führen von Funäsdalen über Ljusnedal zur höchsten Erhebung der Gegend, dem Anå-Berg (1347 m), eine für schwedische Verhältnisse respektable

Erscheinung, und über 10 km (von Funäsdalen) zum etwa 930 m hoch gelegenen Hamra (Fjäll-Loipe). Ein Steilstück zum Abfahren reizt geübte Langläufer im Tal zwischen **Ljusnedal** und Bruksvallarna. Die längsten Langlaufstrecken über 24 km verbinden Tänndalen mit Funäsdalen und Bruksvallarna mit Ljusnedal. Der mit 15 km (einfache Strecke) längste Kurs wird rund um Bruksvallarna gespurt. Ein tolles Bergpanorama verspricht die auf etwa 900 m gelegene und 20 km lange Loipe auf dem »Mittåkläppen«. Beliebt sind Ski-Safaris über mehrere Tage mit Übernachtungsmöglichkeit in Hotels oder Hütten, die entlang der Loipe liegen. Die Rückfahrt erfolgt mit dem Skibus. Eine Anbindung an 450 km Skifernwanderweg ist bei Funäsdalen möglich.

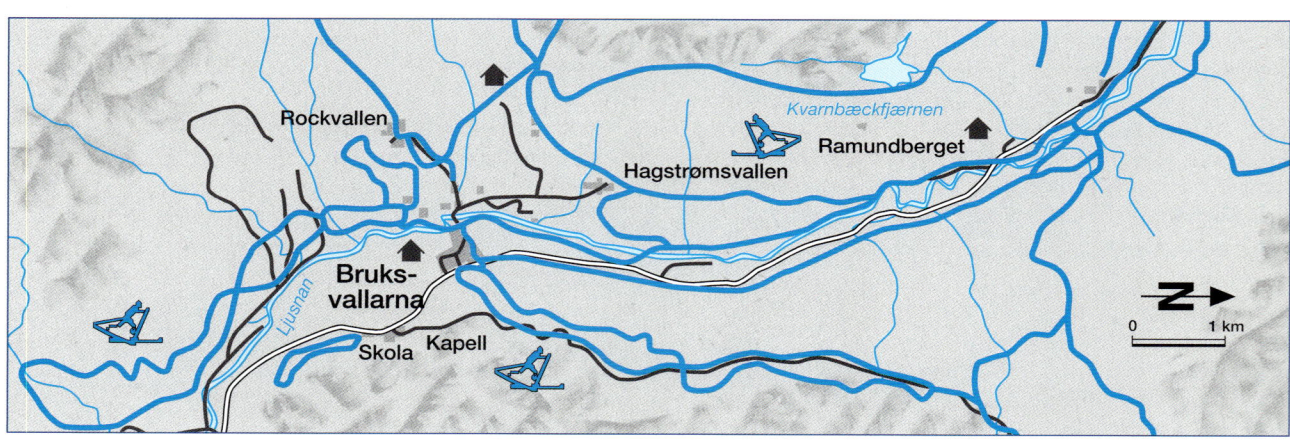

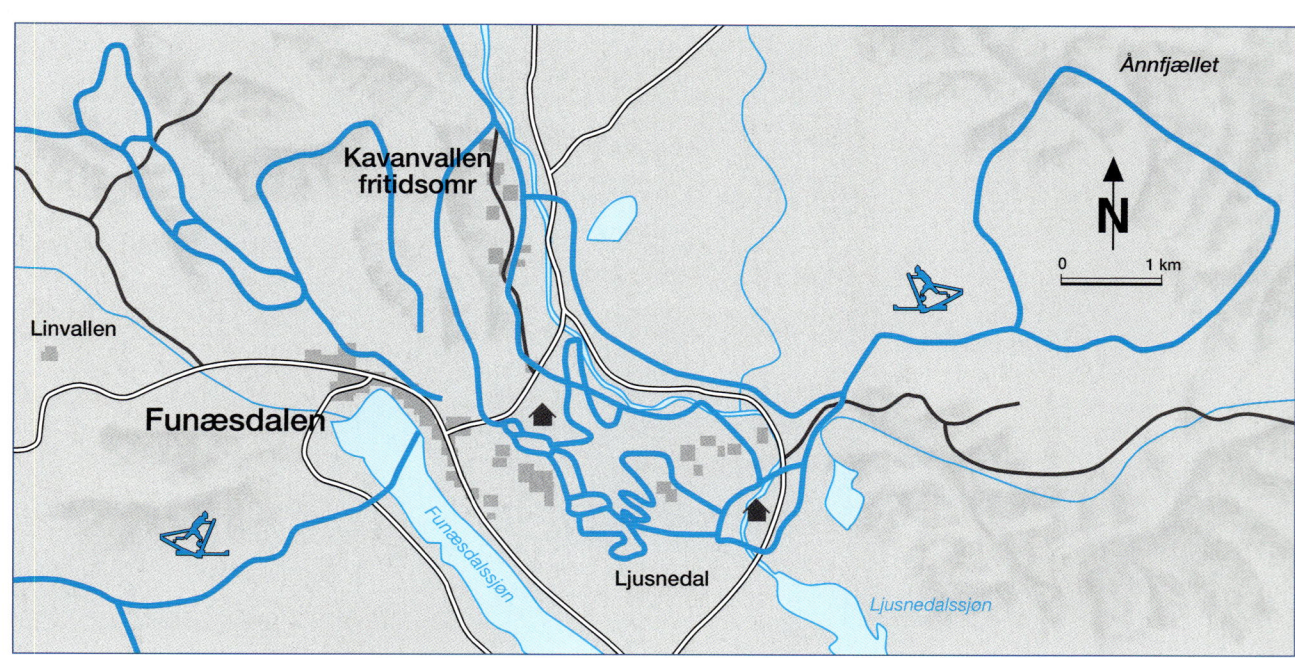

Dalarna

Die Skiregion im Herzen Schwedens ist drauf und dran, den Stil alpenländischer Wintersportorte zu übernehmen. Alpine Pistenzentren wechseln sich mit schneesicheren Langlaufrevieren ab. Die landschaftlich reizvollsten Loipen finden Skiwanderer, wenn sie den Spuren des berühmten Biologen Carl von Linné oder des noch berühmteren Befreiers von der Dänenherrschaft, König Gustav Wasa, folgen.

Viele der insgesamt über 700 km langen Loipen sind – für Cross-Country – ungespurt.

Im Herzen von Schweden, knapp 300 km nordwestlich von Stockholm, liegt Dalarna am Siljan-See. Dalarnas Landschaft ist sehr wechselhaft: von weiten Tälern und sanften Hügeln im Süden über dichte Nadelwälder und zugefrorene Seen bis zu schroffen und kahlen Bergen im Norden. Im Westen von einer Bergkette vor milder Meeresluft abgeschirmt, sind die Winter kalt und schneereich. Die schneesicheren LL-Reviere erstrecken sich in den beliebten Wintersportgebieten von **Sälen, Mora, Orsa/Grönklitt** und **Idre**.

Dalarna ist nicht die größte, dafür aber die bekannteste Skiregion Schwedens. Der perfekt erschlossene Wintersportort Sälen ist rundum familienfreundlich.

Etwa 30 km Skipisten wurden angelegt und 65 km Loipen (im Großraum Sälen sind es sogar 260 km) vom Olympiasieger und Weltmeister Gunde Svan konzipiert. Dort trainiert er manchmal noch in seinen »eigenen« Langlaufspuren.

In einigen LL-Zentren des »Tores zur Fjällwelt«, zum Beispiel in Idre, Särna und Grövelsjön in Nord-Dalarna, an der Grenze zur Provinz Härjedalen, beginnt die Skisaison oft schon Ende Oktober/Anfang November. Etwa 400 Loipenkilometer werden im LL-Großraum rund um den kleinen romantischen Wintersportort Idre präpariert. Viele Spuren werden (schon) im Oktober oder (noch) im Mai sogar durch Schneekanonen künstlich schneesicher gemacht. Nach Särna kommt man nicht nur wegen des Langlaufs, sondern auch wegen des imposanten Fulufjälls oder der in ganz Schweden bekannten Kirche Gammelkyrkan. Bei **Fjäterålen** wird mit 100 km das größte Loipennetz der Region und bei **Grövelsjön** und Idre das zweit- und das drittgrößte mit jeweils 90 km gespurt. Wem die eine oder andere Strecke zu lang ist, der kann sich mit dem Motorschlitten ziehen lassen und nur der Rückweg in der Loipe laufen. In Nord-Dalarna heißt es, den Spuren des berühmten schwedischen Forschers Carl von Linné zu folgen. Der Biologe brach im Juli 1734 auf, um die unberührte Wildmark Nordwest-Dalarnas zu entdecken. Noch heute verdanken ihm viele Pflanzen ihre lateinischen Namen.

✶✶✶✶ DALARNA

→ Das Langlaufgebiet

Sälen, 300m
Idre, 450m
Mora, 180m
Skigebiet: bis 1200m

Saison: Dezember bis Ende März.

Anreise: Mit dem Auto oder per Flugzeug zum Flughafen in Idre, Bahnstationen sind Idre und Sälen.

ℹ️ Idre Turistbyrå, S-79091 Idre, Tel. 00 46/2 53/2 00 00 (Katalog: Tel. 2 53/1 00 00); Särna Turisbyrå, S-79090 Särna, Tel. 0 46/2 53/1 02 05; Siljan, Turism S-79230 Mora, Tel. 00 46/2 50/59 20 20, www.mora.se, E-Mail mora.kommun@mora.se.

→ Die Loipen: 55.

Gesamtlänge: Grönklitt-Orsa 100 km, Särna/Idre/Grövelsjön 400 km, Sälenfjället 260 km.

Schwierigkeit: In ganz Dalarna überwiegend leicht bis mittel, bei Idre mittel bis schwere Loipen.

Längste Loipe: 85 km.

Skatingloipen: Grönklitt-Orsa 100 km.

Loipenhöhen: 500–600 m.

Loipenbenutzung: Gratis.

Duschen/Umkleiden: In Hemus und Grönklitt-Orsa.

Loipenplan: Bei den Touristenbüros.

LL-Schulen: In Mora, Sälen und Idre.

Leihausrüstung: In den größeren Sportgeschäften, z. B. im Inter-Sport von Mora und bei Limbys Sport in Grönklitt-Orsa.

Rennen/Volksläufe: Mora ist Zielstation des 85 km langen Wasa-Laufs am ersten Sonntag im März; »Mora pinglan«-Rennen für 8- bis 16-jährige im Dezember (Mora).

→ Allgemeine Informationen

🅿️ In der Nähe der Loipeneinstiege; großer Parkplatz bei Hemus.

Bus: Keine Loipenbusse.

Ski alpin: 175 Pisten, 123 Lifte.

Sport: Skitouren, Snowboard, Telemark, Eisklettern, Hundeschlitten-Safaris, Eislaufen, Eislochangeln, Tennis, Hallenbad, Sauna.

Après-Ski: Restaurants, Pubs, Cafés, Tanz, Disko.

🚗 Kinderskikurse und Skikindergarten für 3-bis 7jährige im »Barnens Vinterland« in Idre.

🛏️ Etwa 50 000 Gästebetten in Hotels, Appartements und Hütten.

Starke Läufer testen ihre Kondition auf den Spuren des berühmten Forschers Carl von Linné.

Tipp: Mit dem Hundeschlitten und Langlaufski drei bis sechs Tage über die Berge ziehen. Ein spezielles Programm (nach eigenen Aussagen das erste dieser Art) wird in Idre angeboten. Übernachtet wird in Hütten, Fjällhöfen oder in Lappenzelten.

Eines der beliebtesten Langlaufreviere Schwedens liegt beim Siljan-See. Bei Mora werden regelmäßig elf Spuren angelegt und der sechs Monate dauernde Winter auf einer 3 km langen, künstlich beschneiten Loipe sogar noch um ein paar Wochen verlängert. Ein bekanntes

Langlaufzentrum ist Hemus. Hier werden (unter anderem) vier Skatingspuren über 3, 5, 10 und 15 km gespurt, und von Januar bis Februar kann man sogar auf der Wasa-Lauf-Loipe skaten.

Zum 70. Mal wurde am ersten Märzwochenende der älteste Worldloppet-Lauf und das wohl traditionsreichste Volkslaufereignis gestartet: Der »Vasaloppet«, wie ihn Insider nennen, ist schon in die Geschichte eingegangen. Im Jahr 1521 floh der gegen die Dänenherrschaft rebellierende Adelige Gustav Wasa in Richtung Norwegen. Die zwei besten Skiläufer Moras wurden hinterher geschickt, um ihn zurückzuholen. Sie holten Wasa in Sälen, kurz vor der norwegischen Grenze ein. Er kehrte zurück und führte die Schweden in ihrem Kampf um die Unabhängigkeit an; später wurde er zum König Gustav Wasa erkoren. Zu seinem Gedenken wird der 90 km lange Wasa-Lauf von Sälen nach Mora ausgetragen. In Grönklitt-Orsa, einem beliebten Trainingslager für Rennläufer, etwas nördlich von Mora gelegen, werden etwa 100 km Langlauftrassen für beide Stilarten gespurt. Neben Grönklitt-Orsa ist auch **Garberg** bis April ein zuverlässiges Schneegebiet.

Lappland

Ursprüngliche Natur und weite, einsame Langlaufreviere kennzeichnen die Provinz Schwedens im hohen Norden. Mit über 200 km gespurten Loipen erstreckt sich das größte Langlaufgebiet Nordschwedens – »Rajamaa« – entlang des Grenzflusses »Muonio älv« bis nach Finnland.

In der nördlichsten Provinz Schwedens trifft man natürlich auch noch auf Rentiere.

Zwischen Norwegen und Finnland liegt die größte und zugleich nördlichste Provinz Schwedens: Lappland. Sie wird oft als die letzte Wildnis Europas bezeichnet, viel ursprüngliche Natur, hohe Berge und weite Ebenen fordern geradezu zum Langlaufen heraus. Die höchste Erhebung ist der 2111 m hohe »Kebnekaise« westlich von Lapplands Hauptstadt **Kiruna**. Ab November setzt die lange Polarnacht ein. Das Tageslicht zeigt sich erst wieder so richtig im Februar. Dafür scheint im April die Sonne von 4 Uhr morgens bis 20 Uhr abends – länger als in Südschweden – und die Temperaturen klettern im Durchschnitt wieder über null Grad.

Lappland ist auf drei Staaten verteilt. Für viele Langläufer ist Lappland das Loipendorado Schwedens. Da ein großer Bezirk Lapplands auch auf finnischem Gebiet liegt, kommt es oft zu grenzüberschreitenden Langlauftouren: Die bekannte Langlaufregion **Rajamaa** liegt im Nordosten, an der Grenze zu Finnland, und bietet zahlreiche, sozusagen »überlappende« LL-Spuren entlang des Grenzflusses »Muonio älv«. Der größte Ort der gesamten Region heißt **Muonio** und befindet sich auf finnischer Seite. Insgesamt werden hier etwa 1000 km Loipen mehr oder minder regelmäßig gespurt. Ein Netz mit etwa 200 km LL-Trassen werden auf schwedischer Seite präpariert. Beachtlich sind die rund 100 km Loipen, die für Anhänger des Skatingstils angelegt werden. Rajamaa ist ein über Schwedens Grenzen hinaus bekanntes Trainingsgelände für zahlreiche europäische Langlauf-Nationalmannschaften, die zum Teil schon Mitte Oktober hierher anreisen. Lappland gilt bis Mai als schneesicher, die Touristensaison endet in der Regel gegen Ende April.

Als Geheimtipp für Langläufer, die die Einsamkeit lieben, gilt die Gegend bei Kiruna in Nordlappland. Die 30 000-Einwohner-Stadt ist flächenmäßig eine der größten Gemeinden der Welt. Zu den beliebtesten Freizeitbeschäftigungen zählen hier die geführten Safaris auf LL-Ski, in Begleitung von Hunde- oder Motorschlitten, auch Snowscooter oder Snowmobil genannt. Aber auch das Ausreiten auf Island-Ponys oder ein Ausflug ins Vindeltjällen-Naturreservat sind gefragte Winterangebote. Höhepunkt der Snowmobil-Ausflüge in die Wildnis Lapplands ist meist die »abendliche« Lagerfeuerromantik oder die Entspannung nach einem langen Tag auf LL-Ski in der Sauna eines Berghotels. Trotz der Abgeschiedenheit brauchen LL-Touristen in der Einsamkeit Lapplands nicht auf gewohnten Hotelkomfort zu verzichten.

🎿🎿🎿🎿 LAPPLAND

→ **Die Langlaufgebiete**

Rajamaa, 400–700 m
Kiruna, 500–600 m

Saison: Dezember bis Mai.

Anreise: Bahn: Stockholm–Kiruna mit dem Nordpilen-Express oder per Flugzeug nach Kiruna.

ℹ️ Turistbyrå Rajamaa, S-98485 Pajala, Tel. 00 46/9 78/1 03 23, www.pajala.se; Turistbyro Kiruna, S-98185 Kiruna, Tel. 00 46/9 80/1 88 80, www.kiruna.se.
Weitere Internetadressen:
www.lappland.se,
www.turism.norrbotten.se.

→ **Die Loipen: 10.**

Gesamtlänge: Rajamaa 200 km.

Schwierigkeit: Leicht und mittel, schwere Spuren hauptsächlich in Rajamaa.

Skatingloipen: 100 km in Rajamaa.

Loipenbenutzung: Gratis oder im Preis der Hotelübernachtung eingeschlossen.

Loipenplan: Von den Touristenbüros.

LL-Schulen: In den Skiorten und in größeren Berghotels.

Leihausrüstung: In Sportgeschäften, Skischulen und Berghotels.

Rennen: Lokale Meisterschaften und Volksläufe in Rajamaa, November, März und April.

→ **Allgemeine Informationen**

🅿️ In der Nähe der Loipeneinstiege.

Ski alpin: 47 Pisten, 15 Lifte in Kiruna.

Sport: Skitouren, Snowboard, Motorschlitten-Safaris, Telemark, Hundeschlittentouren, Eislaufen, Eislochfischen, Reiten, Hallenbad, Sauna, Squash.

Après-Ski: Restaurants, Pubs, Cafés, Tanz, Disko.

 Kinderskikurse mit teilweise ganztägiger Betreuung.

 Etwa 20 000 Gästebetten in Hotels, Ferienhäusern und Hütten.

Värmland

Die sanft gewellte Hügellandschaft in Mittelschweden ist vor allem bei Skifahrern aus der etwa 300 km entfernten Hauptstadt Stockholm beliebt. Alpinskifahrer und Langläufer kommen bei den sechs gut erschlossenen Skizentren gleichermaßen auf ihre Kosten.

Värmland gilt wegen seines leichten Geländes als ideales Familienrevier.

Die auf Skitouristen bestens eingerichtet LL-Region zwischen dem großen Vänern-See im Süden und der Skiprovinz Dalarna im Norden kann 27 perfekt erschlossene Skiorte vorweisen. Das zweitgrößte Loipennetz Värmlands breitet sich in Schwedens südlichster Gebirgslandschaft, dem Hovfjället aus, 27 km nördlich von **Torsby**, einer malerischen Kleinstadt am Övre-Fryken-See. Das Skizentrum hat insgesamt über 65 km Loipen (mit Skiwanderwegen) zu

bieten. Die Mehrzahl der Spuren entfällt dabei auf die Skigebiete bei Hovfjället: Gammelbyn Antilla und Nyskoga.
Die meisten Spuren Värmslands hat **Långberget** mit 50 km gespurten Loipen vorzuweisen. Dazu kommt noch ein Netz von 50 km Skiwanderwegen. Das künstlich angelegte Skiressort **Branäs**, 170 km von Karlstadt entfernt, im schönen Kla-

rälven-Tal gelegen, wurde erst 1988 errichtet und avancierte schnell zu einem der beliebtesten Ski-, beziehungsweise LL-Zentren in Värmland. Das Skirevier im Norden der Provinz Värmlands hat sieben präparierte Loipen von 1 bis 10 km Länge anzubieten. Umfangreich sind die fünf Skatingloipen von Branäs, die, miteinander verbunden, zahlreiche Varianten ermöglichen. Weitere bekannte Langläufer-Treffpunkte, mit zusammengezählt fast 100 km gespurten Loipen, befinden sich bei den Wintersportorten **Sunne**, **Långberget**, **Värmullsåsen**, **Valfjället** und **Damshöjden** bei Filipstad. Die Spuren werden im Frühwinter aufgrund der sich recht zeitig einstellenden Dunkelheit oft schon nachmittags beleuchtet. Dank der Schneesicherheit ist Langlaufen bis April, manchmal auch bis in den Mai hinein möglich, wenn die meisten Liftanlagen schon geschlossen haben. Dann scheint die Sonne ja bekanntlich bis in die späten Abendstunden. Während der Osterferien im April sind die schwedischen Skigebiete allerdings zu meiden, weil zu dieser Zeit alles auf Skiern unterwegs ist, was laufen kann. Värmland verdient das Prädikat familienfreundlich, da zum einen alle Voraussetzungen für Kinder jeden Alters gegeben und zum anderen das Klima (gegenüber Lappland) als mild zu bezeichnen sind.
Die längste Loipe in Värmland wird von der 14 000-Einwohner-Stadt Sunne über 47 km nach **Arvika** im Westen gespurt. Sunne, der größte (Alpin-)Skiort Värmlands, liegt etwa in der Mitte zwischen Torsby und dem großen Vänern-See. Langläufer können hier unter 15 Loipen bis zu 10 km Länge die schönsten Spuren wählen. Ein angenehmer Service ist der kostenlose Skibus, der die Skifahrer vom Hotel zum Skihang und zu den Loipen bringt.

☃☃☃☃ VÄRMLAND

→ Die Langlaufgebiete

Långberget, 500–630 m
Branäs, 500–567 m
Hovfjället, 500–542 m
Sunne, 62–357 m

Saison: Dezember bis März/April.

Anreise: Von Norden über Trysil, von Osten über Stockholm, Sälen, Stollet, von Süden über Karlstadt, Sunne, Torsby und Stollet auf Bundesstraßen; Bahnstation ist Torsby (keine Busse zu den Skizentren).

Värmlands Turistråd, S-65220 Karlstad, Tel. 00 46/54/22 25 50, E-Mail info@varmalnd.org; Turistbyra, S-65108 Karlstad, Tel. 00 46/54 22 21 40, E-Mail tourist@lkarlstad.se; Torsby Turistbyrå, S-68500 Torsby, Tel. 00 46/5 60/1 05 50, E-Mail turist@torsby.se. Infocenter Sunne, S-68626 Sunne, Tel. 00 46/5 65/1 64 00, E-Mail turist@sunne.se., www.skisunne.se.

→ Die Loipen

Branäs 7, Hovfjället 7, Valfjället 7, Sunne 4, Långberget 16.

Gesamtlänge: Hovfjället 65 km, Branäs 30 km, Sunne 32 km, Långberget 90 km (und 50 km Skiwanderwege).

Schwierigkeit: Überwiegend leicht und mittel, aber auch schwierige Loipen.

Längste Loipe: Von Sunne nach Arvika über 47 km.

Skatingloipen: Hovfjället 4, Valfjället 2, Branäs 5, Sunne 4.

Nachtloipen: Värmullsåsen 2 (gegen Gebühr).

Loipenhöhe: Ca. 500 m.

Loipenbenutzung: Gratis in Sunne, die Loipen von Hovfjället und Långberget gegen Gebühr.

Loipenplan: Bei den Touristenbüros.

Umkleiden/Duschen: In Långberget.

LL-Schulen: Hovfjället Sport Service, S-68500 Torsby.

Leihausrüstung: In den Sportgeschäften.

→ Allgemeine Informationen

Ⓟ Im Zentrum von Branäs und bei den Loipeneinstiegen.

Bus: Kostenloser Skibus in Sunne, keine Busse in Hovfjället.

Ski alpin: 47 Pisten, 30 Lifte.

Sport: Skitouren, Snowboard, Skooter-Safaris, Telemark, Hundeschlittenfahrten, Eislaufen, Eislochfischen, Tennis, Hallenbad, Sauna.

Einkehr an der Loipe: Im Långbergetgebiet Restaurants und Cafés.

Après-Ski: Restaurants, Pubs, Cafés, Tanz, Disko.

Aufsicht in Långberget. Kinderskikurse mit teilweise ganztägiger Betreuung.

Über 10 500 Gästebetten in Hotels, Ferienhäusern und Hütten der sechs Skizentren Branäs, Hovfjället, Långberget, Sunne, Valfjället und Värmullsåsen. Jugendherberge in Långberget.

Ski total

Bedingt durch die schneereiche lange Winterzeit, durch viel unberührte Natur, durch die dichten Wälder und die weiten Ebenen ohne Zäune ist und bleibt Finnland das klassische Land des Langlaufs.

Lappland (Finnland)

In Nordfinnland regiert sieben Monate lang der Winter.
Im April dauert in Lappland ein Tag 16 bis 18 Stunden, und die Durchschnittstemperaturen liegen zwischen +2 Grad und −2 Grad. In den wichtigsten Wintersport-revieren werden über 2000 km LL-Spuren auf 10 bis 75 cm durch-schnittlicher Schneehöhe gespurt.

In Lappland kann man den Winter drei-teilen. Einmal in die dunkle Frühwin-terzeit, die in Finnland »kaamos« ge-nannt wird, in den Mittwinter mit hartem Frost, aber auch ersten Anzeichen der wieder erwachenden Natur, und in den Spätwinter, mit genug Schnee und viel Sonnenschein, die die besten Vorausset-zungen für gelungene Langlauftage bie-ten. **Rovaniemi** liegt am Polarkreis und ist die Hauptstadt und das Tor zur Pro-vinz Lappland. Helsinki ist 835 km, der Inari-See in Nordlappland 332 km ent-fernt. Die Flugzeit von Helsinki beträgt etwa eine Stunde, von Frankfurt ist man per Flugzeug in »nur« 3,5 Stunden mit-ten in Lappland. Im Oktober misst man zwischen +3 und −4 Grad, im Januar und Februar pendeln sich die Tempera-turen im Durchschnitt bei −11 bis −14 Grad Celsius ein. Im Januar liegen in Ro-vaniemi zwischen 50 und 70 cm Schnee, im März sind es im Durchschnitt 62 cm. Beste Langlaufmonate sind Ende März, April und Anfang Mai. Schnee liegt in Nordlappland oft noch bis Juni.

Skifahrer treffen sich in der modernen Hauptstadt Lapplands beim Skizentrum Ounasvaara, dem Hausberg von Rova-niemi, mit drei Skiliften, Sprungschan-zen und dem Ausgangspunkt zu etwa 50 bis 100 km gespurter Loipen (je nach Jahreszeit). Eine mit Kunstschnee ge-schaffene Loipe verlegt den Saisonbe-ginn bereits in den Oktober. Wegen der frühen Dunkelheit in den Wintermona-ten (November bis März) werden 26 km Loipen bereits ab Nachmittag beleuchtet. Eine Skiwanderstrecke wird von Rova-niemi bis **Pohtimolampi** über 27 km angelegt, zum Polarkreis führt eine etwa 10 km lange Spur. Après-Tipp in Rova-niemi: Besuch im Arktikum (Pohjois-ranta 4, FIN-96200 Rovaniemi, Tel. 0 03 58/61/31 78 40). Es zeigt aktuelle Forschungsergebnisse über Leben und

Ausdehnung der Arktis und erläutert lappländische Kulturtraditionen. Für Fa-milien: Ein Ausflug zum nahegelegenen Dorf des Weihnachtsmannes, mit eige-nem Postamt, Gabenhaus und Rentier-garten.

Tipp: Langlaufferien in **Ylitornio**, 60 km von Rovaniemi entfernt, an der westlappländischen Grenze. Idyllisches und preiswertes Familien-Urlaubsziel mit etwa 60 km Loipen.

Rovaniemis Geschichte reicht 8000

♦♦♦♦ LAPPLAND

→ Das Langlaufgebiet

Lappland, 500–1000 m

Saison: Oktober bis Mai/Juni.

Anreise: Flug Helsinki-Rovaniemi, ca. 1 Stunde oder direkt von Frankfurt nach Rovaniemi in 3,5 Stunden.

ℹ Verkehrsamt: SF-96200 Rovaniemi, Koskikato 1, Tel. 0 03 58/16/34 62 70, www.rovaniemi.fi , E-Mail rovaniemi@rovaniemi.fi; Tourismusbüro Nordlappland, SF-99830 Saariselkä, Tel. 0 03 58/16/66 84 02, www.saariselka.fi, E-Mail pohjoislapinmatkailu@saariselka.fi, Fremdenverkehrsamt, SF-93600 Kuusamo, Tel. 0 03 58/8/8 50 29 10, www.kuusamo.fi, E-Mail info@kuusamo.fi; Yllas: Zentralbuchungsstelle Ylläksen Matkailu Oy, Tel. 0 03 58/16/5 10 51 00; E-Mail yllaksen.matkailu@yllas.fi; Gemeinde Muonio, SF-99300 Muonio, Tel. 0 03 58/16/5 10 33 33, www.muonio.fi. Geführte LL-Touren bei »Arctic Adventure Treks«, Lamperontie 16, SF-96700 Rovaniemi, Tel. 0 03 58/16/3 79 92 33 oder »Arctic Circle Tours«, Koskikato 6, Tel. 0 03 58/60 36 91 46 in Rovaniemi, oder vor Ort über die zuständigen Verkehrsämter bzw. Hotels.

→ Die Loipen

Gesamtlänge über 2000 km in den wich-tigsten Wintersportregionen: Region Ro-vaniemi 135 km, Ylitornio 60 km, Region Ylläs-Levi-Muonio 1000 km, Region Salla 130 km, Region Kuusamo-Ruka 400 km, Region Pyhä-Luosto 150 km, Region Saariselkä und UKK-Nationalpark 250 km, Region Hetta 130 km.

Schwierigkeit: Leicht (mehr als die Hälfte), mittel und schwer.

Skatingloipen: 120 km in Rovaniemi, 200 km in Ruka, 280 km in Ylläs und teil-weise auch in den anderen Skiorten.

Nachtloipen: Zahlreiche beleuchtete Loipen, z. B.: Saariselkä–Kiilopää–Kaks-lauttanen und die »Mondscheinloipe« Saariselkä–Välimaa–Laanila (5,2 km); 16 km in Ruka, 39 km in Rovaniemi, 22 km in Ylläs. Die beleuchteten Loipen haben meist eine ausgezeichnete, breite Skatingspur.

Loipenhöhen: 500–1000 m.

Loipenbenutzung: Gratis.

Höhenloipen: Tundra-Fjäll-Gebiet zwi-schen Kilpisjärvi und Halti (Nordwest-lappland) 600–1000 m.

Loipenplan: Bei den Verkehrsämtern und in den Gebirgshotels.

LL-Schulen: Ounasvaara Langlaufschule in FIN-96600 Rovaniemi und in allen ande-ren Wintersportzentren.

Leihausrüstung: In allen Wintersport-zentren (in Kuusamo z. B. im Sporthouse Esukki, in Ylläs z. B. Ylläs Holiday Service und Iso-Ylläs Skischule).

Rennen/Volksläufe: Lapponia-Langlauf-woche (3 Läufe zwischen 40 und 80 km, im April), Volksskiläufe über 40 bis 80 km, Muonio–Pallas–Hetta, Ende März. Kuusamo-Lauf im März und Livaara-Lauf im April (beide ohne Startnummern). Polarkreis-Lauf im März (60 km). Vaskooli-hiihto-Lauf (20, 40, 60 km) am Karfreitag; Turre-Nachtlauf von Tankavaara nach Saariselkä (55 km) Ende April, beide ohne Startnummern.

→ Allgemeine Informationen

P Parkplätze bei den meisten Loipen-einstiegen vorhanden.

Ski alpin: 3 Skilifte in Rovaniemi; 34 Pisten in Ylläs.

Sport: Skitouren, Telemark, Langlauf-Safa-ris, Rentier- und Hundeschlittenfahrten, Schneemobil-Safaris, Eislaufen, Eisloch-fischen, Hallenbad.

Einkehr an der Loipe: Entlang der Routen gibt es Restaurants, Cafeterias und Wildniscafeterias (Öffnungszeiten besser vorher erfragen), überdies auch Wärme-stuben, Lappenzelte und Feuerstände.

Après-Ski: In Rovaniemi und anderen grö-ßeren Wintersportorten: Restaurants, Pubs, Cafés, Tanz, Disko, Stadttheater in Rovaniemi, Ausstellungen, Museen (Arkti-kum!).

👪 Kinderskikurse und Weihnachts-mann-Dorf in SF-96930 Napapiiri, Tel. 0 03 58/6 06 20 96.

🛏 Gästebetten hauptsächlich in Hotels, Feriendörfern und Hütten 7000 Betten in Ruka-Kuusamo, 6000 Betten in Ylläs, 1900 Betten in Rovaniemi.

Langlaufen am Polarkreis: Die beste Zeit dafür ist im März, im April und Anfang Mai. Schnee liegt oft bis in den Juni hinein.

Jahre zurück, die erste urkundliche Erwähnung erfolgte im 15. Jahrhundert, aber erst Ende des 19. Jahrhunderts entwickelte sich die natürliche lappländische Gastfreundschaft, weiter zu den Anfängen des Tourismus. Rovaniemi wurde zur wichtigsten Marktstadt Lapplands.

Die wichtigsten Wintersportreviere Lapplands konzentrieren sich auf die bei Langläufern bekannten Orte im Osten und in der Mitte: **Kuusamo**, Posio, **Salla**, **Kemijärvi**, **Savukoski**, **Luosto**, **Saariselkä**, **Kakslauttanen** und **Inari**; im Süden und Westen liegen Rovaniemi, Ylitornio, und im Nordwesten **Hetta**, **Levi**, **Muonio** und **Ylläs** zwischen **Kittilä** und **Kolari**, dem größten Skigebiet Finnlands. Rund um Ylläs (718 m) wird das größte Loipennetz Finnlands mit über 280 km maschinell gespurten LL-Trassen angeboten und bietet somit jedem Langläufer eine geeignete Herausforderung. Mit Verbindungsloipen zu den benachbarten Gebieten, zum Beispiel nach **Levi** (200 km Spuren) oder nach Muonio (250 km Loipen) stehen dem Langläufer insgesamt fast 1000 Loipenkilometer zur Verfügung. In Ylläs befindet sich das größte Alpinzentrum Finnlands. Kuusamo, südöstlich von Rovaniemi, gehört zwar verwaltungstechnisch nicht zur Provinz Lappland, fühlt sich aber sowohl geographisch wie »wintersportlich« dazugehörig. Das Wintersportzentrum von Kuusamo ist nach dem gleichnamigen Berg »Ruka« (491 m) benannt, liegt etwa 25 km nördlich der Stadt und zählt zu den bekanntesten aller finnischen Skiorte. Vor allem wegen seiner alpinen Pisten, aber auch wegen der guten LL-Bedingungen (400 km Loipen) ist das Skirevier von Ruka beliebt.

Luxus-Tipp: Geführte Skiwanderungen von Salla nach Kuusamo über den Polarkreis. Während der 120 km langen LL-Tour übernachtet man in Vier-Sterne-Hotels und in zwei Ferienhäusern geho-

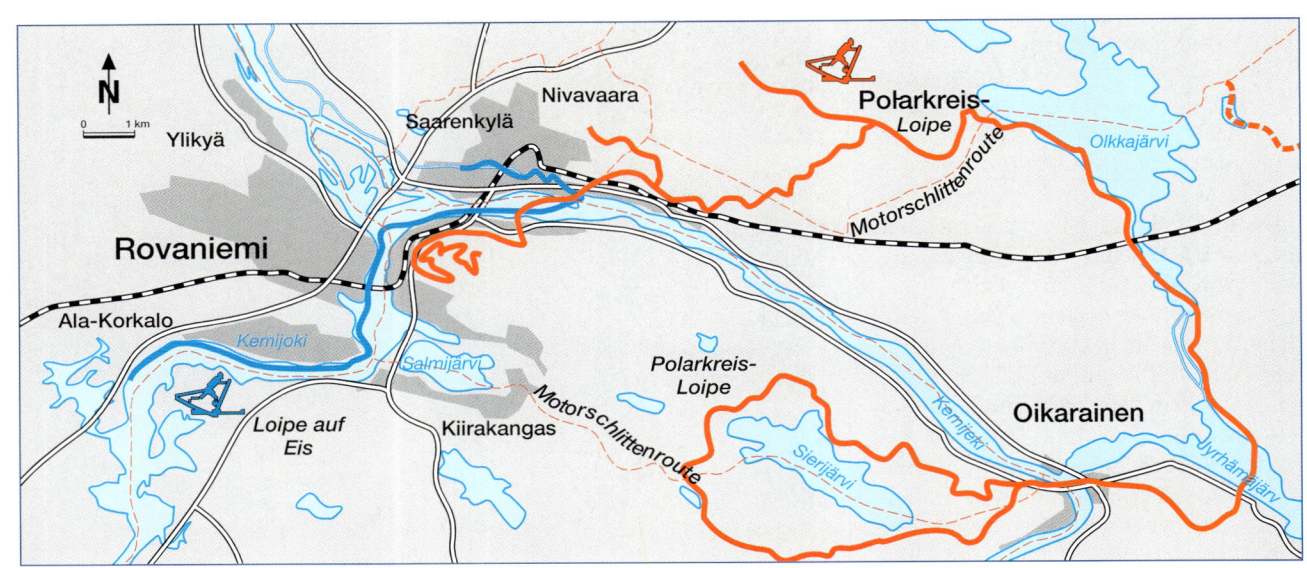

benen Niveaus. Salla ist der bekannteste Wintersportort in Ostlappland. Im Skizentrum von **Salla**, Sallatunturi, beginnt das 135 km lange ausgeschilderte und präparierte Loipennetz mit Rast- und Feuerplätzen.

Wie einsam Lappland ist, zeigt die Bevölkerungsdichte: Auf die Region um Rovaniemi konzentriert sich mit 34 000 Einwohnern ein Viertel aller Einwohner Lapplands. Das winterliche Frühjahr im Norden Lapplands, 300 km nördlich von Rovaniemi und dem Polarkreis, bedeutet, dass im April der Tag schon 16 Stunden lang ist und die Durchschnittstemperatur −2 Grad Celsius beträgt. Die LL-Spuren werden auf 40 bis 50 cm durchschnittlicher Schneehöhe angelegt und führen durch einsame, unberührte Natur, über weite Ebenen ohne Zäune und über zugefrorene Seen. Von den Berggipfeln blickt man über die weite, weiße Wildmark bis zum Horizont. Das bedeutet aber auch, dass sich Langläufer im hohen Norden hauptsächlich in vereinzelt gelegenen Berghotels treffen, die oft weit von der nächsten Stadt entfernt liegen. Dafür beginnen direkt vor der Hoteltür die Loipen: so zum Beispiel das riesige Loipennetz (250 km) beim Hotel Kakslauttanen (mit 25 Blockhütten) im

Lappland ist die Heimat der Samen.

lappländischen Fjällgebiet von **Saariselkä**, dem touristischen Zentrum von Nordlappland, in der Nähe des Urho-Kekkonen (UKK)-Nationalparks. Hier werden geführte LL-Touren über 120 km quer durch die lappländische Wildnis des UKK-Nationalparks angeboten. Zwischen den Skirevieren von Inari, Saariselkä und **Kakslauttanen**, beim 546 m hohen Kiilopää, erstreckt sich ein Loipennetz von über 250 km gespurten Langlauftrassen.

Eine beliebte Art, viel von Lappland kennenzulernen, sind Langlauf-Safaris, begleitet von Schneemobilen oder Hundeschlitten. Von Rovaniemi aus werden

geführte Skiwanderungen von 3 bis 12 km Länge (3 bis 5 Stunden) und eine dreistündige LL-Tour durch die arktische Nacht angeboten. Eine andere Tour führt in elf Tagen über 320 km vom Feriendorf **Ukonjärvi**, 300 km nördlich des Polarkreises am südlichen Ufer des Inari-Sees, in die unberührte Natur Nordlapplands. Die Unterbringung erfolgt in gemütlichen Blockhäusern mit offenem Kamin und Sauna, in Gasthäusern, Wildnishütten oder in Laavus, den beheizten Lappenzelten. Die Tagesetappen betragen etwa zwischen 25 und 40 km und sind auch von Langlauf-Anfängern mit Hilfe der Schlitten zu bewältigen.

Echte, urwüchsige und unberührte Natur erlebt man im Nordwesten Lapplands. Im Land der letzten Lappen warten noch Abenteuer und Skitouren abseits der Wintersportzentren. Ausgangspunkte sind **Hetta** und das LL-Gebiet **Enontekiö**. die Einsamkeit der Wildmark und die höchsten Berge (600 bis 1000 m) Lapplands erleben Skiwanderer im Tundra-Fjäll-Gebiet, oberhalb der Baumgrenze zwischen **Kilpisjärvi** und **Halti** an der norwegischen Grenze. In der Nordwestecke Lapplands trainiert übrigens die finnische Langlauf-Nationalmannschaft.

Skiwanderer können hier eine Strecke von über 100 km auch im Alleingang bewältigen.

Finnland Mitte

In Mittelfinnland finden Langläufer in der schnee- und waldreichen Hügellandschaft die besten Voraussetzungen für einen gelungenen Winterurlaub. In der berühmten Skischule von Jorma Suvikas in Vuokatti, einem der bekanntesten LL-Reviere Finnlands, lernen Anfänger und Fortgeschrittene das Neueste in Sachen Langlauf.

Finnland liegt auf der gleichen Höhe wie Südgrönland oder wie Alaska und kann sich über Schneemangel nicht beklagen. In Mittelfinnland schneit es sogar noch ein wenig mehr als im Süden und im Norden. Sind es im Dezember durchschnittlich 17 cm, steigt die Schneehöhe an Neujahr auf 35 cm und bis auf 56 cm im März. Weite, endlos scheinende Wälder mit sanften Bergen und Hügeln, mit für finnische Verhältnisse großen Höhenunterschiedne, bilden den Rahmen für einen gelungenen Winterurlaub. Die Wälder Nordkareliens und der Pielinensee charakterisieren die Langlaufregion an der Südostseite Mittelfinnlands. Bekanntester Anhaltspunkt ist der 347 m hohe Berg Koli, 520 km von Helsinki und 100 km vom Flughafen in Joensuu entfernt. Von seinem Gipfel hat man ein Panorama auf die gesamte Pielinen-Skiregion. Eine der landschaftlich schönsten Loipen Finnlands wird in Lieksa, flächenmäßig eine der größten Städte Finnlands, bei den Koli-Bergen an der russischen Grenze gespurt. Das präparierte Loipennetz erstreckt sich zwischen **Lieksa** und **Nurmes**, 130 km vom Flughafen in Kajaani entfernt, über 85 km in zumeist waldreichem Gebiet.

Lieksa ist auch der Zielort der in ganz Finnland bekannten »Ahma«-Skiwanderung. Die UKK-Tour führt von Vuokatti durch die Einöden von Kainuu und Nordkarelien (sieben Tage lang mit Tagesetappen von 30 bis 40 km) über Nurmes bis nach Lieksa. Die 220 km lange, organisierte und geführte Skiwanderung – jedes Jahr im März – ist nach dem ehemaligen finnischen Präsidenten und passionierten Skiläufer Urho Kaleva Kekkonen benannt. Das Gepäck wird jeweils zur nächsten Etappe transportiert, und übernachtet wird (je nach Veranstalter)

auf einem Bauernhof, in Hotels, in Schulen oder in einem Feriendorf. Ebenso bekannt ist die 1234 km lange Skiwanderung auf dem Karhunpolku (»Bärenpfad«) von Kurkilahti bis Teljo in Richtung Lieksa.

Der Wintersportplatz **Vuokatti** (»Waukati« ausgesprochen) bei Sotkamo zählt zum besten, was Finnland zu bieten hat. In Vuokatti befindet sich das Trainingszentrum für finnische und ausländische LL-Leistungssportler und das bereits 1945 gegründete Sportinstitut, Zentrum der finnischen LL-Skilehrerausbildung. Das Loipennetz umfasst 100 km gespurte Trassen aller Schwierigkeitsstufen. Neu-

ester Hit ist der Skitunnel, eine Skilanglaufröhre in unmittelbarer Nähe des Sportinstituts, der Langlaufen ganzjährig möglich macht. Vom nahegelegenen Flughafen in Kajaani gibt es direkte Busverbindungen nach Vuokatti, und der Zug aus Helsinki hält direkt beim Sportinstitut. Finnlands bekanntester Langlauflehrer, Jorma Suvikas, ist auch Besitzer eines ganz auf Langlauf eingestellten Familienhotels mit hauptsächlich ausländischen Gästen. Suvikas Schule führt täglich Ausflüge in der näheren Umgebung des Hotels durch, das mit dem Titel »Bestes Skihotel Finnlands« ausgezeichnet wurde.

🎿🎿🎿🎿 FINNLAND-MITTE

→ Die Langlaufgebiete

Region Pielinen, 135–347 m
Vuokatti, 350 m
Koillismaa, 470 m
Kuhmo, 307 m

Saison: Dezember bis Ende April/Anfang Mai.

Anreise: Flughäfen: Kajaani, Joensuu, Juopio, Oulu, Kuusamo; Bahnstation sind Nurmes, Vuokatti, Oulu, Taivalkoski, Kajaani, Lieksa.

ℹ️ Tourist Service, SF-81700 Lieksa, Tel. 0 03 58/13/6 89 40 50, www.lieksa.fi; Verkehrsamt, SF-88600 Sotkarno, Tel. 03 58/8 66 00 55, Verkehrsamt, SF-93600 Kuusamo, Tel. 0 03 58/8 50 29 10, www.kuusamo.fi, E-Mail info@kuusamo.fi; Verkehrsamt, SF-88900 Kuhmo, Tel. 0 03 58/8/ 6 55 63 82, www.kuhmo.fi, E-Mail kuhmon.matkailutoimisto@kuhmo.fi; Vuokatti Info, SF-88610 Vuokatti, Tel. 0 03 58/8/6 66 00 55, www.vuokatti.fi.

→ Die Loipen

Gesamtlänge in der Region Pielinen 85 km; Vuokatti 100 km; in der Region Kuusamo 200 km (davon 70 km um Ruka); Koillismaa 185 km; Kuhmo 100 km.

Schwierigkeit: Überwiegend leicht und mittel, aber auch schwere Loipen.

Höhenloipen: 3 Rundkurse (10 km, 18 km, 24 km) bei Voukatti, die zu den schönsten ganz Finnlands gehören. An der 24-km-Strecke gibt es Cafés für Ruhepausen und Kaloriennachschub.

Längste LL-Tour: Skiwanderloipe Vuokatti Lieksa, 220 km; internationale Kalevala Skiverstaltung über 360 km von Kuhmo (Finnland) nach Russland und nach Nurmijärvi (Finnland), Mitte Februar; »Karhunpolken«, Lieksa 20 km; Skiwanderweg von

Kuusamo, »Bärenrunde« über 50 km (Mitte Februar–Mitte April) von Hütte zu Hütte.

Skatingloipen: 90 km bei Vuokatti.

Loipenhöhen: 50–200 m.

Loipenbenutzung: Gratis.

Nachtloipen: Nurmes 4,5 km; Vuokatti 16 km; Syöte 8 km; Talvalvaara 5,5 km; Kuhmo 15 km; Lentiira 2,5 km; Koli/Lieksa 48 km.

Loipenplan: Von den Skihotels und den Verkehrsämtern.

LL-Schulen: In jedem Langlaufzentrum und in der Langlaufschule von Jorma Suvikas in Vuokatti.

Leihausrüstung: In allen Wintersportzentren und in Hotels.

Rennen/Volksläufe: Skimarathon »von der Ostgrenze zur finnischen Westgrenze« (»Rajalta Rajalle-Hiihto«), ab Kuusamo 400 km (Tagesetappen: 44–69 km), im März (Anmeldeschluss: 31.12.). Elias-Lauf im März von Kajaani nach Vuokatti (37–75 km (keine Startnummern).

→ Allgemeine Informationen

🅿️ Bei den Hotels und bei den Loipenstartpunkten.

Ski alpin: 45 Pisten.

Sport: Telemark, Rentier- und Hundeschlittenfahrten, Eislaufen, Eislochfischen, Tennis, Hallenbad, Sauna, Motorschlittenfahrten, (Motorschlittensafari im Feriendorf Petäjäniemi).

Après-Ski: Restaurants, Pubs, Cafés, Tanz, Disko.

🧒 Kinderskikurse mit teilweise ganztägiger Betreuung.

🛏️ Gästebetten in Hotels, Ferienhäusern und Hütten.

In Vuokatti befindet sich das Trainingszentrum für Langlauf-Leistungssportler.

Tipp: Entspannung finden abgeschlaffte Langläufermuskeln im Herzen der Ferienanlage Katinkulta, einem subtropischen Badeparadies mit Whirlpools, Wasserrutschen, einem japanischen Garten mit Holzbrücken und Bambushütten, drei verschiedenen Saunen (türkische, traditionell finnische, römische) sowie Dampfbädern. Darum herum stehen vier Restaurants, ein Nachtclub, Hallen-Tennisplätze, Squash- und Badmintoncourts, ein Fitnessraum, Bowlingbahnen, ein Beauty- und Friseursalon, Masseure, ein Lebensmittel- und ein Sportgeschäft zur Verfügung. Kinder sind bei speziellen Kinder-»Animateuren« gut aufgehoben.

Koillismaa ist noch ein Geheimtipp und steht für eine der schneereichsten Regionen Finnlands. Das Tor zu Lappland im Norden Mittelfinnlands ist bekannt für seine lange Skisaison und die guten Langlaufbedingungen. Zwischen den Wintersportzentren Syöte bei **Pudasjärvi** und Taivalvaara in **Taivalkoski** verbinden sich die beiden Loipennetze von 100 und 80 km Länge zu einem wahren LL-Dorado.

Die vierte bekannte Skiregion, **Kuhmo**, liegt 60 km östlich von Vuokatti/Sotkamo und grenzt auf einer Länge von 122 km an das Nachbarland Russland. Die Gesamtfläche des Gebietes ist zu 80 Prozent mit Wald bedeckt und bietet Langläufern

ruhige und einsame Reviere in unberührter Natur. Die durchschnittliche Schneehöhe beträgt im April 54 cm bei einer Durchschnittstemperatur von 0,8 Grad minus. Alle Schwierigkeitsgrade bietet das 100 km Loipennetz von Kuhmo. Dazu kommen 45 km vom nahegelegenen Wintersportrevier in **Lentiira**. Eines der architektonisch interessantesten Hotels Finnlands ist das 1989 eröffnete Kalevala-Hotel, benannt, nach dem finnischen Nationalepos. Es liegt

→ Top-Loipe

Die 48 km lange Loipe von Koli bei Lieksa ist weit über die regionalen Grenzen hinaus bekannt. Sie ist nicht nur die landschaftlich reizvollste der ganzen Gegend, sondern vor allem deshalb beliebt, weil sie die längste beleuchtete Loipe Finnlands ist. Es wird auch eine Extratrasse nur für Skater präpariert.

4 km außerhalb des Stadtzentrums direkt neben dem Langlaufzentrum. Hier ist auch der Ausgangspunkt der 1991 gegründeten »Internationalen Kalevala Skiveranstaltung«, deren Höhepunkt eine 360 km lange finnisch-russische Langlauf-Safari darstellt. Die neuntägige Ski-Reise beginnt Mitte Februar beim Hotel Kalevala mit dem Transfer zur finnisch-russischen Grenze, von dort werden die Teilnehmer mit dem Hubschrauber weiter nach Kalevala/Uhtua in Russland gebracht. Weiter geht es auf Skiern in 40 bis 60 km lange Tagesetappen über **Vuokkiniemi, Kostamus, Vartius, Lentiira, Kuhmo** nach **Nurmijärvi**. Doch die beliebteste und bekannteste Langlaufveranstaltung ist der LL-Volksmarathon von **Saunavaara** nach **Tornio**, von Grenze zu Grenze (siehe Kasten unten links).

Längster Langlauf-Ski-Marathon der Welt

Über 400 km führt die längste organisierte Langlauf-Wanderung der Welt. Der »Rajalta Rajalle-Hiihto« beginnt jedes Jahr im März in dem kleinen Ort Saunavaara, nördlich von Kuusamo, an der finnischen Ostgrenze zu Russland. In sieben Tagesetappen zwischen 44 und 69 km Länge führt die Strecke quer durch Finnlands Mitte zur Westgrenze, nach Tornio. Die Loipe ist auf der gesamten Strecke maschinell präpariert, für Verpflegung und Unterkunft ist gesorgt. Da die Teilnehmerzahl beschränkt ist, muss die Anmeldefrist 31. 12. eingehalten werden. Teilnahmegebühr, Gepäcktransport und Vollpension (inkl. Sauna, Diplom und offizielle Wollmütze): 2600 Finnmark. Anmeldung und Information: Rajalta Rajalle-Hiihto, Ranuan kunta, SF-97700 Ranua, Tel. 0 03 58/16/3 55 91 11.

Finnland Süd

Urlauber kennen die finnische Seenplatte vielleicht von einer Reise im Sommer. Rund um Lahti gibt es aber auch für Wintersportler alle Möglichkeiten – vor allem für einen gelungenen Langlaufurlaub. Die Wintersportorte im Süden Finnlands sind von Deutschland aus (relativ!) leicht erreichbare Langlaufziele. Und die Loipen? Sie sind schier unendlich!

In der großen Wintersportmetropole Lahti, 100 km von der Hauptstadt Helsinki entfernt, lässt sich Stadturlaub wunderbar mit Langlauf verbinden. In der WM-Stadt (mehrmals Austragungsort der Nordischen Ski-Weltmeisterschaft) Südfinnlands beginnt die Skisaison Mitte Dezember und dauert bis Ende März/Anfang April. Im Januar ist die Schneedecke im Durchschnitt 24 cm, im Februar fast doppelt so hoch. Die Tage sind im März schon 13 Stunden lang. Das Skigebiet der 100 000-Einwohner-Stadt Lahti befindet sich etwas außerhalb der Stadt, in **Messilä**. Das dichte Loipennetz von etwa 180 km Länge wird regelmäßig um den Ski-Stadtteil Messilä gespurt, davon 60 km Skating-Trassen und 35 km Flutlichtloipen. Die geschäftige Industrie- und Handelsstadt Lahti bietet alle Voraussetzungen für große Wintersportereignisse und rechnet sich daher immer wieder Chancen aus, den Zuschlag für eine Winterolympiade zu erhalten.

Im Sata-Häme-Gebiet, nordwestlich von Lahti, erstreckt sich ein wahres Langlaufdorado. Bei **Tampere** breitet sich rund um den Rautavesi-See, am Fuß des Teufelsberges, eines der schönsten Langlaufreviere Finnlands aus. Mehrere Loipen unterschiedlichster Länge stehen zur Auswahl. Langläufer treffen sich vor allem im Sporthotel Ellivuori, 45 km westlich von Tampere, besonders, wenn zwischen Lahti und Tampere jeden Winter die bekanntesten Skimarathon-Wettbewerbe Finnlands stattfinden: der Finlandia-Lauf über 75 km von **Hämeenffima** nach Lahti, der Mondschein-Finlandia über 50 km von Lahti nach **Hollola** und zurück, der 90 km lange Pirkka-Lauf von Niinisalo nach Tampere und der Halbe Pirkka über 45 km von Hämeenkyrö nach Tampere. Der »Finlandia« wurde 1993 bereits zum achtundzwanzigsten Mal ausgetragen und gehört zur Worldloppet-Serie. Mit fast 10 000 Teilnehmern aus 25 Ländern ist er einer der weltgrößten Skiveranstaltungen.

Wegen der abwechslungsreichen Landschaft ist bei ausländischen Langläufern die Skiregion von Joutsa, etwa 100 km nördlich von Lahti, äußerst beliebt. Als internationale Arena für nordische Skiwettbewerbe hat die mit 120 000 Einwohnern dicht besiedelte Region Jyväskylä natürlich auch auf Freizeit-Langläufer große Anziehungskraft. Eine in ganz Finnland beispielhafte Loipe von 72 km Länge wird regelmäßig von der Stadt **Jyväskylä** nach **Jämsä** gespurt. Entlang der Strecke wurden Hinweista-

Die Wintersportmetropole Lahti lässt keine Wünsche offen.

feln, Markierungen und Unterstände eingerichtet. Alle zwei bis drei Langlaufstunden lädt ein Rastplatz zum Pausieren ein.

✕✕✕✕ FINNLAND-SÜD

→ Die Langlaufgebiete

Lahti, 170 m
Jyväskylä, 197 m
Kuopio, 231 m

Saison: Dezember bis März/April.

Anreise: Von Helsinki mit Auto oder Bahn nach Lahti (ca. 100 km); Flugplätze in Lahti, Tampere, Savonlinna, Mikkeli, Jyväskylä, Kuopio und Joensuu.

Fremdenverkehrsamt SF-15111 Lahti, Tel. 0 03 58/3/87 76 77, www.lahtitravel.fi, E-Mail info@lahtitravel.fi; Tourist Service SF-40100 Jyväskylä, Tel. 03 58/14/62 49 03, www.jyvaskyla.fi ; Kuopio Tourist Service SF-70101 Kuopio, Tel. 0 03 58/17/18 25 84, www.kuopio.fi.

→ Die Loipen

Gesamtlänge: über 1000 km; Lahti/Messilä 180 km; Joutsa/Joutsenlampi 35 km; Jyväskylä 60 + 72 km; Saarijärvi 30 km; Kerimäki/Kerimaa 20 km; Kuopio 400 km; Tuupovaara 23 km; Ilomantsi 100 km.

Schwierigkeit: Leicht (überwiegend)/mittel/schwer.

Längste Loipe: Jyväskylä–Jämsä 72 km, leicht/mittel/schwer.

Skatingloipen: 60 km in Lahti, 80 km in Jyväskylä, 100 km in Kuopio.

Nachtloipen: Etwa 100 km beleuchtete Loipen allein im Gebiet von Lahti; 10 km beleuchtete Loipen in Lajavuori und weitere 25 km im Bereich von Jyväskylä, 35 km in Kuopio.

Loipenhöhen: 100–250 m.

Loipenbenutzung: Gratis.

Loipenplan: Bei den Verkehrsämtern und Hotels.

LL-Schulen: Lahti/Messilä (im SkiCenter, Tel. 00358/3/860 11), Tampere, Jyväskylä und in den Wintersportzentren. Informationen auch im Lahti Sports Office, Tel. 0 03 58/3/81 68 16.

Leihausrüstung: Lahti (z. B. in Messilä im SkiCenter, Tampere und in allen größeren Wintersportorten.

Rennen/Volksläufe: Finnlandia-Lauf, 75 km, Hämeenlinna-Lahti, Ende Februar, klassischer und freier Stil; Pirkka-Lauf, 90 km, Niinisalo-Tampere, Anfang März, klassischer und freier Stil; Halber Pirkka, 45 km, Hämeenkyrö-Tampere, Anfang März, klassischer Stil; Mondschein-Finlandia, 50 km, Lahti-Holloia-Lahti, Anfang März.

→ Allgemeine Informationen

P Bei den Loipeneinstiegen und bei den Hotels.

Bus: Shuttle-Service zu den Loipen.

Ski alpin: 9 Pisten in Messilä/Lahti.

Sport: Telemark, Rentier- und Hundeschlittenfahrten, Eislaufen, Eislochfischen, Tennis (Lahti), Hallenbad, Sauna.

Einkehr an der Loipe: Im Lahti Sports-Center, in Messilä im SkiCenter und in der Tapanila Skihütte.

Après-Ski: Restaurants, Pubs, Cafés, Tanz, Disko (Lahti).

Kinderskikurse mit teilweise ganztägiger Betreuung.

Gästebetten in Hotels, Ferienhäusern und Hütten. Jugendherbergen in Laajavuori und in Jynkä.

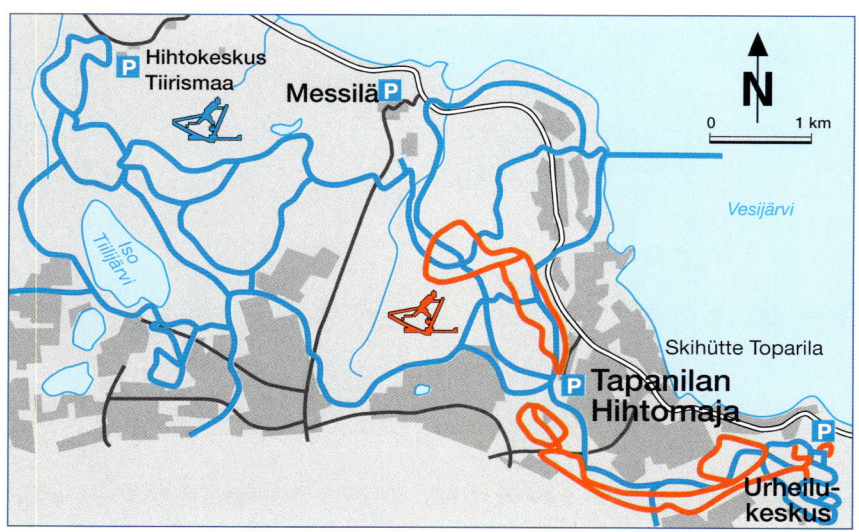

Ein perfektes Skizentrum mit Pisten und Nachtloipen wurde in Laajavuori, im Zentrum von Jyväskylä, eingerichtet. Im Loipennetz aus 200 km gespurter Trassen werden 10 km auch abends beleuchtet. Neben den Kleinstädten **Saarjärvi** und **Kerimäki**, am Rande der finnischen Seenplatte, hat sich vor allem **Kuopio** im Nordosten als LL-Revier einen guten Namen gemacht. Im Mittelpunkt des großen LL-Areals steht das Langlauf-Wettkampfzentrum in **Puijo** bei Kuopio. Keine andere Stadt in Finnland bietet so viele Loipen in direkter Nähe zum Stadtzentrum; eine weitere Besonderheit ist,

dass die Loipen die ganze Stadt umrunden. Die größte Stadt des Saimaa-Seengebietes hat eine lange Tradition als Wintersportort und stellt daher mit 400 km gespurten Loipen einen Langlauf-Schwerpunkt in der Südhälfte Finnlands dar. Noch ein Geheimtipp ist das Langlaufrevier vom **Illomantsi** im Osten, 480 km von Helsinki entfernt. Zusammen mit dem Nachbarort **Tuupovaara** bietet die familienfreundliche Skiregion Karelien, an der Grenze zu Russland, einen weiteren LL-Schwerpunkt. Auf den 200 km gespurten Loipen werden, zumindest auf einem Teilstück, die Wettbe-

werbe des in ganz Finnland (und auch im Ausland) bekannten »Pogosta-Laufs« ausgetragen. Die Loipe führt durch die Hügellandschaft Nordkareliens noch auf der finnischen Seite.

Tipp: Der Skimarathon findet jeden Winter Mitte März rund um Illomantsi statt, führt entweder über 50 oder über 75 km, im klassischen oder im freien Stil, und kann auch von Freizeitläufern bewältigt werden. Anmeldung: Homantsin Urheilijat ry. Liikuntahalli, SF-82900 Ilomantsi.

Höhepunkt der Langlaufsaison, nicht nur in Südfinnland, sondern im ganzen Land, ist der Skimarathon »Finlandia Hihto«. Der traditionelle Volkslanglauf fand erstmals 1974 statt. Er zählt zum »Worldloppet« und wird zwischen Hämeenlinna und Lahti durchgeführt. Start ist auf einem See neben der schönen alten Stadt Hämeenlinna, Ziel ist das Skistadion von Lahti. Die Streckenlänge für Läufer mit klassischer oder freier Technik beträgt 75 km. Man kann aber das Rennen auch auf 41 km beschränken. Die Starthöhe beträgt 80, 4 m. Den höchsten Punkt erreichen die Läufer bei Kilometer 60 auf 160 m Höhe, das Skistadion liegt auf 120 m Höhe.

Fast an jedem Winterwochenende finden in Finnland Volksläufe statt. Der berühmteste ist der »Finlandia« mit bis zu 10 000 Teilnehmern.

Volksskilangläufe auf einen Blick

DEUTSCHLAND

Fischen: Internationaler Allgäuer Latschenkiefer Nachtlanglauf, Ende Dezember

Gefrees: Fichtelgebirgsmarathon, 25 und 50 km, Start in Gefrees, im Februar

Hindelang: Skitrail Allgäu–Tirol im Januar

Kniebis: Internationaler Kniebis Skimarathon, 42,2 km, am letzten Sonntag im Januar

Oberammergau: Internationaler König-Ludwig-Volkslauf, 7, 15, 30, 55 und 65 km, am ersten Februarwochenende, freie Technik; »Mini-Kini« Kindervolkslauf, 7 km

Oberpfälzer Wald: Internationaler Deutscher Skimarathon im LL-Leistungszentrum Silberhütte

Oberwiesenthal: Internationaler Volksskilanglauf, 10, 20 und 40 km, im März
Finnischer Langlauf in Zinnwald, 15 km und rund um die Lugsteine, 15 km; Kammlauf Klingentahl, 25 km und 50 km

Ruhpolding: Ruhpoldinger Skiwander-Abzeichen, 25, 60 und 100 km

Sauerland: Sinerlänner Skiloap in Schmallenberg, 36 km, im Februar

Schonach: Schwarzwälder Skimarathon, von Schonach nach Hinterzarten, 60 km, klassische Technik, im Februar; Rucksacklauf um den Wäldercup, auf dem Fernskiwanderweg von Schonach zum Belchen, 100 km, Anfang Februar

Schliersee: Volksskilauf um den Leitzach-Taler, Ende Januar

Thüringer Wald: Rennsteiglauf von Brotterode nach Oberhof, 30 km, im Februar

West-Harz: Braunlager Skimarathon, 42 km, für Familien 20 km, im Februar

ÖSTERREICH

Bregenzerwald: Internationaler Langlauf-Nachtsprintlauf in Sulzberg am 29. Dezember

Bad Kleinkirchheim: Dreiländerlauf, in Arnoldstein, im Februar; FIS-Volksskilanglauf »Römerlauf« auf der Strecke Reichenau–Gnesau–Bad Kleinkirchheim, 20 und 42 km, im Februar und zeitgleich »Mini-Römerlauf« für Kinder von 6–14 Jahren, 5 km

Defereggental: Internationaler Schwarzachlauf

Lienz/Osttirol: Internationaler Dolomitenlauf, rund um Lienz, 25 und 60 km, klassisch und freie Technik, im Januar

Karnische Skiregion: Obergailtaler Langlaufmarathon, 60 km, im Januar

Mallnitz: Osterlauf, am Ostermontag (bei guter Schneelage), 8 km

Neustift: Internationaler Nachtsprintlauf

Salzburger Sportwelt Amadé: Internationaler Tauernlauf, 30 und 60 km; Internationaler Nachtsprintlauf in Radstadt, im Januar

Seefeld: Ganghoferlauf, 40 km (Skating) und 25 km (klassisch), im Dezember

St. Johann: Internationaler Koasalauf, 42 km und »Mega-Koasa«, 84 km, klassisch und freie Technik, letztes Februar-Wochenende

Steirisches Salzkammergut: Steira-Lauf, 50 km, im Februar

Weißensee/Spittal: Internationaler Eiskristalllauf, 6, 10 und 30 km, im Januar

SCHWEIZ

Appenzell: Alpsteinlauf Weissbad–Urnäsch, im Februar, 27 km, klassische Technik, zählt zum »Suisse-Loppet«

Adelboden: Altjahrswoche, Nachlanglauf

Bullet: Maralauf in Les Rasses sur St-Croix, im März, 42 km, zählt zum »Suisse-Loppet«

Davos: »Sonntags-Blick Langlaufplausch«, Ende November; Internationale LL-Tage/Davos Nordic, im Dezember

Disentis: Surselva-Marathon, 42 km, freie Technik, zählt zum »Suisse-Loppet«

Einsiedeln: Einsiedler Volksskilauf, Februar, 30 km, klassische Technik, zählt zum »Suisse-Loppet«

Goms: Gommer Volksskilauf, von Blitzingen nach Oberwald, 21 km, im März, freie Technik, zählt zum »Suisse-Loppet«

2002	Rennen	Distanz	Land
31.8.	**Australia's Ski Marathon KANGAROO HOPPET**, Falls Creek, Victoria	42 km FT	AUS
13.1.	**JIZERSKÁ PADESÁTKA**, Liberec	50 km CT	CZE
20.1	**DOLOMITENLAUF**, Lienz	65 km FT	AUT
27.1.	**MARCIALONGA**, Moena–Cavalese	70 km FT	ITA
2.2.	**KÖNIG-LUDWIG-LAUF**; Oberammergau	55 km FT	GER
3.2.	**TARTU MARATON**, Otepää–Elva, Offene Spur	63 km CT, FT	EST
10.2.	**TARTU MARATON**, Otepää–Elva	63 km CT,FT	EST
10.2	**SAPPORO INTERNAT. SKI MARATHON**, Sapporo	50 km FT	JPN
16.2.	**KESKINADA LOPPET**, Hull, Quebec	50 km CT	CAN
17.2.	**KESKINADA LOPPET**, Hull, Quebec	50 km FT	CAN
17.2.	**TRANSJURASSIENNE**, Lamoura–Mouthe	76 km FT	FRA
23.2.	**AMERICAN BIRKEBEINER**, Cable-Hayward, Wisconsin	51 km FT	USA
23.2.	**FINLANDIA HIIHTO**, Lahti	60 km CT	FIN
24.2.	**VASALOPPET**, Sälen–Mora, Offene Spur	90 km CT	SWE
25.2.	**VASALOPPET**, Sälen –Mora, Offene Spur	90 km CT	SWE
3.3.	**VASALOPPET**, Sälen–Mora	90 km CT	SWE
10.3.	**ENGADIN SKIMARATHON**, Maloja–Zuoz/S-chanf	42 kmFT	SUI
19.3.	**BIRKEBEINER RENNET**, Rena–Lillehammer	58 km CT	NOR

*) Auch für Worldloppet-Passinhaber; **FT** = Freie Technik; **CT** = Klassische Technik

Grindelwald: Inferno-Langlauf und Inferno-Triathlon im Januar

Lenzerheide-Valbella: Aroser Volkslanglauf, 30 km, Januar; Planoiras, 30 km, klassische Technik, im Januar; Volksnachtlanglauf (Skatingsprint), 10 km, im Januar, zählt zum »Suisse-Loppet«

Les Verrières: Marathon des neiges Franco-Suisse, Februar 42 km, freie Technik, zählt zum »Suisse-Loppet«

Maloja: Engadiner Skimarathon von Maloja nach Zuoz/Schanf, 42 km, am 2. Sonntag im März (eine Woche vorher Engadin Skimarathon für Behinderte, 42 km), zählt zum »Suisse-Loppet« und zum »Worldloppet«, klassische und freie Technik erlaubt; Maloja-Lauf, letzter Samstag im Dezember

Pontresina: Roseglanglauf für Veteranen (Damen und Herren ab Jahrgang 1942), 10 km, Ende Januar, klassische Technik, Start beim LL-Zentrum Pontresina und Ziel beim Restaurant Roseggletscher

Rothenthurm: Rothenthurmer Volksskilauf, 25 km, Januar, freie Technik, zählt zum »Suisse-Loppet«

Saanenland: Volkslauf Anfang Januar

Scuol: Volkslanglauf »Passlung«, von Scuol nach Martina, 22 km, im Februar

Unteriberg: Ybriger Volksskilauf, von Herti nach Boden, 30 km, im Januar, freie Technik, zählt zum »Suisse-Loppet«

ITALIEN

Antholz: Pustertaler Skimarathon, 35 und 50 km, am 3. Sonntag im Januar

Cortina d'Ampezzo: Internationaler Volkslanglauf, von Toblach nach Cortina, 42 km, am 1. Sonntag im Februar

Fassatal/Fleimstal: Marcialonga, Moena-Cavalese, am letzten Sonntag im Januar, 70 km; Mini-Marcialonga, für Kinder, am Samstag vor Marcialonga; Lavazèloppet (Lavazéhiihto) am Donnerstag vor Marcialonga

Innichen: Pustertaler Skimarathon, 35 und 50 km, im Januar, klassische und freie Technik

Sexten/Toblach: Internationaler Volkslanglauf Toblach-Cortina, 42 km, am 1. Sonntag im Februar; Pustertaler Skimarathon, 35–50 km, am 1. oder 2. oder 3. Sonntag im Januar

St. Martin/Gsies: Internationaler Gsieser-Tal-Lauf, rund um St. Martin, 28 und 42 km, am 3. Sonntag im Februar, freie Technik, zählt zur Kombination »Tirol Trophy« (zusammen mit Dolomitenlauf und Koasalauf), sowie zum Dolomiten Cup (zusammen mit Pustertaler Skimarathon und Volkslanglauf Toblach-Cortina)

SKANDINAVIEN

Oslo/Norwegen: Hollmenkollenmarsch, 21 und 42 km, an einem Sonntag im März (wechselnder Termin)

Oppland/Norwegen: Birkebeiner-Rennet, Lillehammer-Rena oder umge- kehrt, 55 km (mit 5,5 kg Pflicht-Gepäck), an einem Sonntag im März; »Raid Norvegia Svezia«, über 2 Tage, 110 km, von Femund-Engertal nach Idre (S), 54 km, oder nach Saerna (S) 56 km, im März

Hallingdal/Norwegen: Vektersprinten, Ende November in Geilo; Gaurhovdrennet, 5, 9, 16 und 24 km, Start bei der Liatoppen Berghütte, im Februar; Brendhovrennet, 10 und 20 km, Start bei Steinstolen, im März; Golsfjelletrundt, 10, 20 und 28 km, Start bei der Solseter Berghütte, im März; Bergsjorundt, 12 und 22 km, im April; Storeskarsrennet, 20 km, Ende März; Skarverennet, von Finse nach Ustaoset, 37 km, alle Klassen, letzter Samstag im April

Telemark/Norwegen: Koyvingen, 32 km, im Februar; Tysia-lopet, 32 km, im Februar; Falkerisrennet, 32 km, Ende Februar; Mogedalslami, von Gjerjord nach Morgedal, 32 km, Ende März; Skinnarburennet, 32 km, Ende März; Snowshoe Thompsonrennet, 20 km; Sigurdsbu-lopet, 532 km

Härjedalen/Schweden: Nordic Skimarathon, von Bruksvallarna nach Tänndalen, 42 km, Anfang Februar; Fjälltoppsloppet, von Tänndalen nach Bruksvallarna, 25 und 37 km, Anfang April

Mora/Schweden: Wasa-Lauf, 85 km, am ersten Sonntag im März

Lappland/Finnland: Lapponia Langlaufwoche, Muonio–Pallas–Hetta; Volksskiläufe von 40 bis 80 km, Ende März; Kuusamo-Lauf im März; Livaara-Lauf im April; Polarkreis-Lauf im März; Vaskoolihiihto-Lauf (20, 40 und 60 km), am Karfreitag; Turre-Nachtlauf von Tankavaara nach Saariselkä (55 km), Ende April

Finnland Mitte: Rajalta Rajalle–Hiihto, ab Kuusamo (von der Ost- zur Westgrenze Finnlands), 400 km (Tagesetappen: 44–69 km), im März; Elias-Lauf von Kajaani nach Vuokatti (37–75 km), im März

Finnland Süden: Finlandialauf, von Härmeenlinna nach Lahti, 75 km, Ende Februar; Pirkkalauf, von Niinisalo nach Tampere, 90 km, Anfang März, klassische und freie Technik; »Halber Pirkka«, von Härmeenkyro nach Tampere, 45 km, Anfang März; »Mondschein Finlandia«, von Lahti über Kollola nach Lahti zurück, 50 km, Anfang März

Register

Impressum

Titelfoto: Langlauf in Längenfeld in Tirol (Foto: Bernd Ritschel).
Umschlagrückseite: Gemütliche Spuren im Zillertal (Foto: Tourismusverein Tux)

Eine Produktion des Bruckmann-Teams, München
Herstellung: Hubert Bertele und Team
Layout und Satz: Rüdiger Wagner, Nördlingen
Kartografie: Anneli Nau, München

Bildnachweis:

TV Achenkirch am Achensee: S. 88, 88/89, 101; Tourist Center Adelboden: S. 178, 179; TV Alta Badia: S. 140 (2), 141; Arosa Tourismus: S. 182, 184 und 185 (Foto: LL-Schule Geeser); TI Arrach: S. 53, 59; KVV Bad Gastein: S. 8 o., 112, 119 (Foto: Wolkersdorfer); FV Bad Goisern: S. 112/113, 113; Kur- und Wirtschaftsbetriebe Bad Harzburg: S. 69 (2); Bad Kleinkirchheim: S. 126/127; KA Bad Wiessee: S. 45; Baiersbronn Touristik: S. 4, 16 (2), 18; Heinrich Bauregger: S. 144; Bregenzerwald Tourismus: S. 78, 79, 82, 83, 84; Gästeinformation Brotterode: S. 67 u.; VV Buchenberg: S. 12/13; Crans-Montana Tourismus: S. 198 (4), 198/199, 199 (4) ; TV Crontour: S. 140 (Foto: V. Repke), 141, 144, 157; Verkehrsbüro Deutschnofen (Eggental): S. 144, 152 (Foto: H. Andergasser); TV Donnersbachwald: S. 134/135; TI Feldberg: 22, 23; TI Fichtelgebirge: S. 62 (2), 62/63; Azienda di Promozione Turistica di Val di Fassa: S. 167 (2), 168; FVA Filzmoos: S. 11; Finnische Zentrale für Tourismus (Frankfurt): S. 204 und 205, 227, 230 (2), 233; TB Fischbachau: S. 47 (Foto: Silbernagl); KV Fischen: S. 4, 12, 27; FVA Flachau: S. 7; Alpenarena Flims-Flaax: S. 171(4); TI Frankenwald: S. 13 (Foto: Reinhard Feldrapp), 61; Donatus Fuchs: S. 180; Füssen Tourismus: S. 5, 30; Goms Tourismus: S. 201 (2); TV Gosau: S. 116; TI Grafenau: S. 53, 56; TV Gröden: S. 148, 149; TV Gsies: S. 141, 235; Harzer Verkehrsverband: S. 68, 68/69, 69 (2); TV Heiligenblut: S. 127; KV Hindelang: S. 4, 5, 26, 26/27, 27; VA Hinterstoder: S. 113; TV Hochpustertal: S. 140, 145 (2), 154, 155; TI Hochtaunus: S. 68, 70; VA Immenstadt: S. 26; TV Ischgl: S. 91; KV Isny: S. 35; Georg Jung: S. 4, 12/13, 16/17 (4), 20, 21, 27, 32, 36 (2), 36/37, 37 (4), 38, 39, 50, 51, 164, 174/175, 181, 204/205, 225, 227, 229; Kandersteg Tourismus: S. 170 (3), 171, 174, 175; FVV Kastelruth: S. 145 (Foto: Helmuth Rier), 150, 151; TV Kitzbühel-Reith-Aurach: S. 88, 89, 102, 103, 104; Kleinwalsertal Tourismus: S. 78, 82, 86; TI Klingenthal: S. 4, 62 (2), 63 (2), 65; KVV Klosters: S. 174, 186, 187, 194 (4), 195 (4); TV Kössen-Walchsee: S. 2, 6, 105; VA Krün: S. 42/43; TV Lenzerheide-Valbella: S. 182/183; TV Leogang: S. 121; TV Lermoos: S. 88; TV Lienzer Dolomiten: S. 109, 110; Ferienregion Lötschberg: S.176/177, 177; Ferienregion Lungau: S. 112, 113 (2), 118; Azienda di Promozione Turistica Madonna di Campiglio: S. 162, 162/163, 169; Gästeinformation Mauth-Finsterau: S. 52; FV Meßstetten: 24 (Foto: Ulrike Hirschoff), 25; KV Mittenwald: S. 13; Montafon Tourismus: S. 82/83; TV Neukirchen am Großvenediger: S. 126; TI Neustadt/Saale: S. 72, 73 (Fotos: M. Haugen); TV Neustift: S. 111; Norwegisches Fremdenverkehrsamt (Hamburg): S. 204, 205, 208 (alle Fotos: Pål Bugge), 209, 210 (Foto: Bosse Lind), 212 (Foto: Terje Rakke), 216 (Foto: Kim Hart/Samfoto), 218 (Foto: Arild Sønstrød), 219 (Foto: Bosse Lind); KV Oberhof: S. 13, 63, 67 o.; KV Oberstdorf: S. 12(3), 13, 26, 27; Odlo International: S. 8 u., 9, 33; TV Ortlergebiet: S. 161 (Foto: Tappeiner); TV Ostbayern: S. 52 (2), 53; KVV Pontresina: S. 182 (2), 183 (2), 191 (Foto: Siegentaler); TV Ramsau am Dachstein: S. 134 (2), 135 (3), 139; VA Reit im Winkl: S. 49; TV Reutte: S. 1; Bernd Ritschel: Titelfoto, S. 10, 44, 112, 137 (2), 222; Røros Touristkontor: S. 211 o.; Tourist Office Rovaniemi: S. 232, 234; TV Salzburger Saalachtal: S. 122; Salzburger Sportwelt Amadé: S. 112; TV Salzkammergut-Steiermark: S. 136; Samnaun Tourismus: S. 170/171; TV Sand in Taufers (Tauferer/Ahrntal): S. 140/141, 141, 144/145, 147; KVV Silvaplana: S. 182 (Foto: Chr. Perret); TV Schlern: S. 144, 145; Gästeinformation Schliersee: S. 46; Schönseer Land: S. 12; Schroders Fotoservice Trondheim: S. 211 u.; KV Schwangau: S. 5, 26; Schweden-Werbung für Reisen und Touristik (Hamburg): S. 204, 205, 220, 223, 224 (alle Fotos: Göran Assner); TV Seefeld: S. 78/79, 89, 96 (2), 98; Serfaus Information: S. 88, 92, 93; Sörenberg-Flühli Tourismus: S. 202; Gästeamt Sonthofen: S. 4; Städt. Kurverwaltung St. Andreasberg: S. 4/5, 68; TV St. Anton am Arlberg: S. 78, 90; TI St. Englmar: S. 52; KVV St. Moritz: S. 183 (2), 190 (Foto: Chr. Perret), 193; Telemarkreiser: S. 215 (Foto Skien); Tiroler Zugspitz Arena: S. 94/95; TI Toggenburg: S. 194/195, 196; TV Tux: S. 106 o., 106 u. (Foto: J. P. Fankhauser); Val di Fieme/Cavalese: S. 162 (2), 163 (4); Värmland Turist Råd: S. 220 (3); Villach Tourismus: S. 126, 127, 130 und 132 (Foto: M. Leischner); VA Vinschgauer Oberland: S. 160; Weissensee-Tourismus: S. 126, 127, 133; TI Wildhaus: S. 197; KV Willingen: S. 75; TV Windischgarsten: S. 124, 125; KV Zwiesel: S. 52/53.

Alle Angaben dieses Werkes wurden vom Herausgeber sorgfältig recherchiert und auf den aktuellen Stand gebracht sowie vom Verlag auf Stimmigkeit geprüft. Für die Richtigkeit der Angaben kann jedoch keine Haftung übernommen werden. Für Hinweise und Anregungen sind wir jederzeit dankbar. Bitte richten Sie diese an den Bruckmann Verlag, Lektorat, Postfach 80 02 40, 81602 München, E-Mail lektorat@bruckmann.de.

Gedruckt auf chlorfrei gebleichtem Papier

Die Deutsche Bibliothek – CIP Einheitsaufnahme
Ein Titeldatensatz für diese Publikation ist bei
Der Deutschen Bibliothek erhältlich.

Gesamtverzeichnis gratis:
Bruckmann Verlag GmbH, 81664 München
Internet: www.bruckmann.de

© 2002 Bruckmann Verlag GmbH, München
Alle Rechte vorbehalten.
Printed in Italy by G. Canale & C. S.p.A.
ISBN 3-7654-3742-5